패커 박사의 책과 글은 많이 있지만, 그 중에서도 「하나님을 아는 지식」은 가장 뛰어난 작품으로 알려져 있다. 그 이후 많은 저자들이 하나님을 갈망하고, 사랑하고, 섬기고, 찾는 것에 관한 책을 썼지만, 패커의 책은 그것에 대해 가장 단순하게 가장 잘 이야기해 준다.

—조니 에릭슨 타다 Joni Eareckson Tada

기독교 서적 중에 '현대의 고전'이라는 이름을 붙일 만한 책이 있다면 패커의 「하나님을 아는 지식」이야말로 그 책이라고 믿는다. 이 개정판이 많은 새로운 독자들에게 이 위대한 학자의 영적인 깊이, 지혜, 영원한 믿음을 알려 주기를 소망한다. 그는 하나님의 말씀을 아는 것이 하나님을 아는 가장 직접적인 길임을 발견했고 그 비결을 독자들과 공유하고 있다.

—제임스 케네디 D. James Kennedy

나는 1977년에 미국에서는 9쇄로 나온 이 책을 처음 읽었다. 제자도가 뭔지 몰랐을 때 이 책으로 제자도를 배웠다. 최근에 이 책을 다시 읽었는데 나는 당황하지 않을 수 없었다. 내 것이라 생각했던 많은 개념들이 사실은 이 책에서 나온 것임을 깨달았기 때문이다. 나쁜 책들은 우리에게 생각해야 할 거리들을 제시해 주려 하지만, 좋은 책들은 우리가 생각하도록 도와준다. 하지만 진정으로 좋은 책은 우리의 생각하는 방식을 형성해 준다. 이 책이 내게 해준 일이 그것이다. 이 책의 관점에 영향을 받지 않고 만든 노래는 하나도 없다.

—마이클 카드 Michael Card

글을 읽을 수 있는 한 나는 해마다 패커의 「하나님을 아는 지식」을 읽고 싶다. 너무나 기본적이고, 학구적이고, 따뜻하고, 경건한 책이라 이 책 없이 삶을 꾸려 갈 수 있을지 모르겠다.

—스튜어트 브리스코 Stuart Briscoe

신학적으로도 탁월하고, 실제적인 면에서도 풍성한, 진정으로 읽을 만한 책이다.

─고든 루이스 Gordon R. Lewis

패커의 글은 간결하고 생생하며 기지가 넘친다. 성경 전체의 장면들을 개관해 가는 그의 관점은 우리의 지성을 넓혀 준다. 그가 다루는 진리는 가슴에 불을 붙인다. 적어도 나의 가슴을 뜨겁게 할 뿐 아니라 돌아서서 경배하고 기도하게끔 하는 힘이 있다.

─존 스토트 John R. W. Stott

이 책은 내가 매년 읽으려고 노력하는 책이자, 지속적으로 참고하는 몇 권 안 되는 책 가운데 하나다.

─게리 데이비 Gerry Davey

「하나님을 아는 지식」 개정판이 필요하다.…이전 책이 너무 닳고 닳았다.

─빌 하이벨스 Bill Hybels

나는 여러 해 동안 내가 읽은 최고의 기독교 서적 20선을 꼽으라는 요청을 받았는데, 1970년대 중반 이후부터 그 목록에 「하나님을 아는 지식」이 있었다. 패커의 최고의 책이다.

─척 스윈돌 Chuck Swindoll

여기 양들이 쉽게 다가갈 수 있게 여물을 마련해 둔 신학자가 있다. 그는 하나님을 아는 것이 무엇을 의미하는지 평범한 대중에게 알기 쉽게 보여 주었다.

─엘리자베스 엘리엇 Elisabeth Elliot

패커 박사의 글을 더욱 생생하고 실제적이고 믿을 만한 것으로 만드는 것은, 자신이 쓴 대로 산다는 사실이다. 「하나님을 아는 지식」은 계속해서 그분을 알아가고 우리에게 그 방법을 보여 주는 한 사람의 작품이다.

—잭 해이포드 Jack Hayford

「하나님을 아는 지식」은 최고의 신학자가 쓴 최고의 작품이다. 하나님의 위엄을 보지 못하고 잠들어 있는 이들을 깨우는 자명종이다.

—스프라울 R. C. Sproul

'기독교 클래식'이라 불릴 말한 책은 많지 않지만, 이 책은 단연코 그 가운데 하나다. 목회자의 심정, 신학자의 지식, 예언자의 열정으로 패커는 독자들이 살아 계신 하나님과 얼굴을 맞대고 대면하게 해준다.

—척 콜슨 Chuck Colson

수백 년 동안 몇 권 정도만이 기독교 클래식으로 받아들여지고 널리 읽힌다. 패커 박사의 「하나님을 아는 지식」은 당연히 그 책들 가운데 하나에 속한다. 재능 있는 신학자요 저자인 패커 박사는 심원하고 기본적인 영적 진리를 실제적이고 아주 읽기 쉬운 방식으로 다루는 보기 드문 능력을 지녔다. 이 책은 모든 독자들이 성경의 가장 위대한 진리—하나님이 원하시기에 우리가 인격적으로 하나님을 알 수 있다는 진리—를 온전히 이해하도록 도울 것이다.

—빌리 그레이엄 Billy Graham

자신의 신앙을 진지하게 생각하는 그리스도인이라면 당연히 「하나님을 아는 지식」을 읽어야 한다. 신학을 다루지만 실제적이고, 깊이 있지만 읽기 쉽다. 적극 추천한다.

—존 퍼킨스 John Perkins

"하나님을 아는 이들은 그분 안에서 놀라운 만족을 경험한다." 하지만 이토록 만족하지 못하는 이들이 많다는 것은 놀랄 일이 아니다. 그들은 하나님을 알지 못하는 것이다. 그들이 「하나님을 아는 지식」을 경건의 시간에 사용할 수만 있다면 좋으련만! 이 책은 그분의 말씀 가운데서 그분에게 다가가고자 하고 그분을 마시고자 하는, 하나님을 향한 더 깊은 갈망을 끌어낸다. 이 책은 나로 하여금 하나님의 주권에 대해 연구하도록 하나님이 사용하신 고전이다. 이 책이 없었다면 그렇게 할 수 없었을 것이다.

―케이 아더 Kay Arthur

성경의 교리를 새롭게 풀어 쓴 탁월한 성경 주해일 뿐 아니라 우리 시대의 필요에 딱 맞춘 책이다.

―*Christianity Today*

보기 드문 보물이다.

―*Bookstore Journal*

하나님의 능력에 대해 이렇게 잘 표현하고 찬양한, 하나님의 속성과 그 속성이 우리 삶에 미치는 영향에 대해 이렇게 훌륭한 관점으로 표현한 책을 만나보지 못했다. 이 책을 읽을 때 당신이 하나님의 자녀라는 사실이 당신을 흥분시킬 것이다.

―*Alliance Witness*

IVP
모던 클래식스
0 0 7

하나님을 아는 지식

제임스 패커

Ivp

IVP(InterVarsity Press)는
캠퍼스와 세상 속의 하나님 나라 운동을 지향하는
IVF(InterVarsity Christian Fellowship)의 출판부로
생각하는 그리스도인을 위한 문서 운동을 실천합니다.

Copyright ⓒ 1973 by Hodder and Stoughton Ltd.
Originally published in English under the title
Knowing God by J. I. Packer
Published by Hodder and Stoughton Ltd.
338 Euston Road, London NW1 3BH, England
All Rights reserved.

Translated and used the permission of Hodder and Stoughton Ltd.
through the arrangement of rMaeng2, Seoul, Korea.

Study Guide Copyright ⓒ 1975 by InterVarsity Press.
P. O. Box 1400, Downers Grove, IL 60515, U. S. A.

Korean Edition ⓒ 2008 by Korea InterVarsity Press
156-10 Donggyo-Ro, Mapo-Gu, Seoul 04031, Korea

Knowing God

J. I. Packer

IVP 모던 클래식스를 펴내며

느린 생명의 속도로 가장 먼저 진리에 가 닿다

"참다운 정신으로 참다운 책을 읽는 것은 고귀한 수련"이라고 한 헨리 D. 소로우의 말처럼, 그리스도인에게 독서는 그 어느 수련보다도 평생에 걸쳐 쌓아야 할 영성 훈련이다. 경건한 독서는 성경을 대체하거나 방해하는 것이 아니라 하나님의 말씀을 바르게 사용하도록 하며, 그리스도인의 성품을 영적으로 각성시켜 그분의 나라를 세우도록 도전하기 때문이다.

그러나 '21세기 속도에 발맞춘 생각의 속도'라는 명분으로 독서는 정보 획득의 수단으로 전락해 버리고, 눈과 귀를 자극하며 육감만을 작동시키는 이미지, 온라인 지식 정보로 대체된 읽기 습관, 영상으로 치우쳐 가는 관심은 사고의 획일화와 빈약함, 경박함을 낳고 있다. 거기에다, 새로운 것이라면 더 좋고 진실에 가까울 것이라는 근거 없는 생각이 독서 및 고전에 대한 오해와 무관심은 물론 총체적 지적(知的) 부실이라는 결과를 초래했다.

이러한 상황 가운데 출간하게 된 IVP 모던 클래식스는 복음주의라는 신학적 스펙트럼을 통해 문화, 사회, 정치, 경제, 윤리, 공동체, 세계관, 영성 그리고 신학 등 현대 교회가 직면한 광범위한 주제와 이슈를 다룰 것이다. 이에 대해 단순히 정보를 제공하거나 지적 호기심을 자극하는 데 그치지 않고 주체적이고 적극적인 사고 활동의 기초와 방향을 제시하고자 한다. 이 시리즈는 IVP 모던 클래식스 자문 위원회의 선정 작업을 거쳐 19세기 말에서 20세기까지 출판된 기독교 저작 가운데 선별된다. 고전의 본의를 온전히 담아내면서도 주제, 접근, 기술(記術) 방식 등에 유연성을 부여하여 고전의 대중성 또한 최대한 살리고자 한다. 특별히 독자의 이해를 돕고자 저자와 책 내용에 대한 국내외 전문가의 해설 및 추천 도서를 통해, 분명하고 균형 잡힌 성경적 지혜와 현실 적용 가능한 지식을 한국 교회에 제공하고자 한다.

범람하는 정보들의 무분별한 채택과 즉각적인 결과 기대의 문화적 흐름 속에서, 거듭난 기독교적 지성과 영성 형성을 위해 생명의 속도에 맞추어 고전 읽기에 헌신하는 반(反)시대적 용기가 더욱 절실하다. IVP 모던 클래식스와 함께하는 느리고 진지한 독서를 통해 오히려 가장 먼저 진리에 가 닿을 수 있게 되기를 간절히 바란다.

―IVP 모던 클래식스 기획편집팀

차례

한국어판 서문(2008)   12
서문(1973)   15

제1부 · 여호와를 알라
1. 하나님에 대한 연구   23
2. 자기의 하나님을 아는 사람들   35
3. 아는 것과 아신 바 되는 것   51
4. 오직 참되신 하나님   67
5. 성육신하신 하나님   81
6. 그가 증언하실 것이요   103

제2부 · 네 하나님을 보라
7. 변치 않으시는 하나님   117
8. 하나님의 위엄   127
9. 지혜로우신 하나님   139
10. 하나님의 지혜와 우리의 지혜   155
11. 주의 말씀은 진리니이다   171
12. 하나님의 사랑   185

13. 하나님의 은혜	203
14. 심판자 하나님	219
15. 하나님의 진노	235
16. 인자하심과 준엄하심	251
17. 질투하시는 하나님	265

제3부 · 하나님이 우리를 위하시면

18. 복음의 핵심	281
19. 하나님의 자녀	315
20. 우리의 인도자 하나님	365
21. 내적 시련	387
22. 하나님의 충족성	403

해설	449
연구 및 토론 문제	461
성구 색인	491
저자 연보	502

한국어판 서문(2008)

지난 세기에 전 세계 그리스도인들을 놀라게 만든 한 가지 사실은 한국 방방곡곡에서 예수 그리스도의 복음이 전파되었고, 그로 인해 영적으로 큰 열매를 거두었다는 것이다. 또 한 가지 나를 개인적으로 놀라게 만든 사실은 하나님이 내가 쓴 「하나님을 아는 지식」을 전 세계에서 그리스도인을 양육하는 자료로 사용하셨다는 것이다. 이 책은 스무 개 이상의 언어로 번역되었으며, 전 세계 온갖 부류의 사람들이 내게 편지를 써서 그 책을 통해 어떻게 도움을 받았는지 알려 왔다.

이 책은 기초적인 내용을 다룬 것으로, 하나님이 누구이시고, 어떻게 행동하시며, 그분을 믿는 자들을 위해 어떤 일을 행하셨고 행하시고 행하실 것인지, 그리고 우리가 어떻게 하나님을 알고 믿으며 사랑하고 예배드리고 하나님이 우리의 사고와 삶의 전 영역을 채우시게 할 것인지를, 단순하면서도 극단적으로 단순화하지 않고 보여 준다. 이 중대한 각각의 주제에 대해서는 이 책의 내용 외에도 훨씬 많은 것을 말할 수 있을 것이다. 하지만 하나님은 자비롭게도, 이 책을 거듭 사용하여 사람들이 하나님 중심적이고 그리스도를 존중하는 삶을 시작하도록 도우셨다. 이에 경외감을 느끼며, 감사드린다.

이제 이 책이 한국에서 더욱 새로운 모습으로 출간된다. 하나님이 이전처럼 앞으로도 계속 이 책을 축복하시고 사용하시기를 바란다. 그리고 계속 한국을 하나님의 변혁시키는 진리, 전 세계가 필요로 하는 복음의 보루와 등대로 사용하시기를 기원한다.

2008년 2월

J. I. 패커

한국어판 서문(1996)

지금으로부터 약 25년 전 본서의 원고를 출판사에 넘겼을 때만 해도, 나는 이 책을 일반 사람들은 거의 흥미를 갖지 않을 연구서라 생각했다. 하지만 내 생각이 틀렸다. 이 책은 150만 권 이상 팔려 나갔고, 12개가 넘는 언어로 번역되었으며, 그리스도인들을 위한 양육서가 되었다. 내가 쓴 몇 권의 책을 포함해서, 다른 양육서들은 도중에 사라져 버렸지만, 이 책은 계속 사용되고 있다. 그리고 꾸준히 밀려드는 편지들로 보아 이 책이 계속해서 사람들에게 도움을 주고 있음을 알 수 있다. 이에 나는 놀라움과 경외심을 느끼며, 겸허해지고, 계속해서 하나님께 감사드리게 된다.

이제 한국에서 본서가 새롭게 번역되어 한국 독자들에게 인사드리게 된 것을 영광으로 생각한다. 이 책을 통해 여러분도 하나님께 더욱 가까이 나아가는 유익을 얻기를 기원한다. 우리의 구원자이신 예수 그리스도를 통하여 창조주 되신 하나님과 힘써 교제하는 것이야말로 누구에게나 가장 중요한 일이다. 영국인이든 캐나다인이든 미국인이든 한국인이든 지구 어느 곳에 사는 사람이든 마찬가지다.

이 책을 읽는 한국 독자 여러분에게 하나님의 은혜가 함께하길 기원한다.

1996년 8월

# 서문(1973)

연극 배우라면 "햄릿"을 공연하기를 열망하듯이, 나는 하나님에 대한 학술적 논문을 쓰고 싶었다. 하지만 이 책이 그 논문은 아니다. 이 책의 분량을 보면 그러한 시도를 한 것처럼 보일지 모르지만, 이 책을 그런 식으로 생각하는 사람은 실망하고 말 것이다. 이 책은 기껏해야 한 줄로 꿰어진 구슬일 뿐이다. 위대한 주제에 대한 작은 연구 시리즈라 할 수 있을 것이다. 대부분의 글이 처음에 *Evangelical Magazine*에 실렸던 것이기에 그렇다. 개별적인 메시지로 쓰인 글들을 이제 함께 소개하는 것은, 이 연구들을 하나님과 우리 삶에 대한 하나의 메시지로 통합할 수 있을 것 같았기 때문이다. 어떤 주제들을 넣고 뺄 것인가, 그리고 그 주제를 어떤 방식으로 다룰 것인가 등은 실제적인 목적에 따라 결정했다.

존 맥케이(John Mackay)는 「기독교 신학 서문」(*A Preface to Christian Theology*)에서, 기독교에 관심을 보이는 두 가지 유형의

사람들에 대해 설명한다. 먼저 스페인 풍 집의 높은 발코니에 앉아 여행자들이 길을 가고 있는 모습을 내려다보는 사람들이 있다. '발코니에 앉아 있는 사람들'은 여행자들이 하는 이야기를 엿들을 수도 있고 그들과 이야기를 나눌 수도 있다. 여행자들이 가는 길에 대해 이러쿵저러쿵 비판적으로 말할 수도 있다. 길에 대한 문제들, 곧 어떻게 그 길이 존재할 수 있는가 또는 그 길은 어디에 이르게 되는가, 그 길을 따라가다 만나는 다양한 지점에서는 무엇을 볼 수 있는가 하는 문제 등에 대해 논할 수도 있다. 하지만 이 때 그들의 위치는 구경꾼이며, 그들이 제기하는 문제는 이론적인 성격을 띨 뿐이다. 이와 대조적으로, 여행자들은 나름대로 이론적인 측면을 고려하긴 하지만, 본질적으로 실제적인 문제들, 곧 '어떤 길로 갈 것인가', '어떻게 갈 것인가'와 같은 유형의 문제들, 즉 이해뿐만 아니라 결단과 행동을 요구하는 문제들에 직면한다.

발코니에 앉아 있는 사람들과 여행자들은 같은 영역에 대해 검토하고 있을지 모르지만, 그들이 직면하는 문제는 서로 다르다. (예를 들어) **악**과 관련하여 발코니에 앉아 있는 사람의 문제는, 어떻게 악이 하나님의 주권 및 선하심과 양립할 수 있는가에 대한 이론적인 설명을 찾아내는 것이다. 그러나 여행자의 문제는 어떻게 악을 정복하고 그것으로부터 유익을 얻을까 하는 것이다. 또 **죄**에 관해서 생각해 보자. 발코니에 앉아 있는 사람은 인류가 죄성을 지니고 있고 개개인들이 다 사악하다는 것이 정말로 확실한가 하고 묻지만, 여행자는 자기 안에 있는 죄성을 이미 알고는 거기서 해방될 수 있는 가능성이 있는가 하고 묻는다.

혹은 **신성**의 문제를 생각해 보자. 발코니에 앉아 있는 사람은 한 분 하나님이 도대체 어떻게 세 분이 될 수 있는지, 세 위격이 어떤 종류의 연합을 누릴 수 있는지, 그리고 하나를 이루는 셋이 어떻게 각각 인격적인 존재가 될 수 있는지를 묻지만, 여행자는 지금 자신을 죄로부터 이끌어내어 영광에 이르도록 함께 역사하시는 세 위격에게 어떻게 하면 적절한 경의와 사랑과 신뢰를 보여 드릴 수 있는지를 알고 싶어한다. 이런 식의 예는 계속해서 들 수 있다.

이 책은 여행자들을 위한 책이며, 이 책에서 다루는 문제는 여행자들이 던지는 질문이다.

이 책의 이면에 있는 확신은, 오늘날 교회의 연약함의 근저에는 하나님에 대한 무지, 곧 하나님의 도(ways) 및 하나님과 교통하는 일에 대한 무지가 자리잡고 있다는 것이다. 이러한 사태는 두 가지 불행한 경향에서 비롯된 듯하다.

첫 번째 경향은 **기독교적 지성이 현대의 풍조를 따르게 되었다는** 것이다. 이는 인간에 대해서는 대단하게 생각하지만 하나님에 대해서는 사소하게 생각하는 풍조를 말한다. 현대인들이 하나님을 완전히 부인하는 것은 아니지만, 그들은 그분을 멀리 떨어져 있는 존재로 여긴다. 그리고 기이한 것은 비종교적인 세상에서 종교적인 관행들을 유지하는 일에 열중하는 현대 그리스도인들이 하나님을 멀리 떨어져 있는 존재로 만들었다는 것이다. 명민한 사람들은 이것을 보고서 혐오감을 느껴서, 교회를 떠나 자기 스스로 하나님을 추구하고 싶어한다. 하지만 이들을 그저 비난할 수만은 없는 것은, 망원경을 잘못 집어들고 반대쪽을 통해 하나님을 바라봄으로써 그분을 아주 왜소하게 축소해 버리는 신자들은 왜소한 그리스도인 이상의 존재가 되기를 바랄 수 없으며, 명민한 사람들은 당연히 이보다 나은 어떤 것을 원하기 때문이다. 게다가 죽음, 영원, 심판, 영혼의 중대함, 순간의 결정에 따른 영속적인 결과 등에 대한 생각은 모두 현대인이 보기에 '유행에 뒤진' 것이다. 그리고 교회가, 세상 사람들에게 잊혀져 가는 것들을 소리 높여 상기시키는 대신 세상 사람들과 똑같은 방식으로 이러한 주제들을 과소평가하는 습관을 형성해 온 것은 우울한 일이다. 이처럼 현대의 풍조에 항복해 버리는 일은 그리스도인의 삶에서 정말로 자살 행위와 같다.

두 번째 경향은 **기독교적 지성이 현대의 회의주의에 의해 혼란을 겪게 되었다**는 사실이다. 3세기 이상 르네상스식 사고방식 안에 있었던 자연주의라는 누룩은 서구의 사상에서 암적 존재가 되어 왔다. 17세기의 아르미니우스 교도들과 이신론자들은 16세기의 소치니파 교도들과 마찬가지로 종교개혁 신학에 반대하여, 하나님이 자신이 만드신 세상을 직접 또한 완전하게 통제하신다는 것을 부인하였으며, 그 이래로 신학과 철학과 과학은 대체로 한데 결합하여 그 주장을 견지했다. 그 결과 성경은 맹렬한 비난의 세례를 받았으며, 역사적 기독교의 많은 사건들 역시 더불어 비난받게 되었다. 사람들은 믿음의 토대가 되는 사실들에 대해 이의를 제기한다. 하나님은 시내산에서 이스라엘 백성을 만나셨는가? 예수님은 영적인 인간 이상의 존재였는가? 복음서에 나오는 기적들은 정말로 일어났는가? 복음서에 나오는 예수님은 가상의 인물이 아닌가? 등등.

이뿐 아니라, 신적 계시와 기독교의 기원에 대한 회의주의는 진리의 통일성에 대한 모든 생각, 그리고 그와 함께 인간이 통합된 지식을 얻을 수 있다는 소망을 모두 포기해 버리는 좀더 광범위한 회의주의를 낳았다. 그래서 이제 하나님은 세상 '저쪽에' 계시는 것이 아니라, 단지 '여기' 영혼 속에 계실 뿐이기 때문에, 각자의 종교적인 견해들은 외부에 존재하는 것들에 대한 과학적 지식과는 아무런 상관도 없다고 여겨진다. 우리 시대의 특징인 하나님에 대한 확신의 결여와 혼란은 2세기 때 영지주의 접신론이 기독교를 삼키려고 애썼던 이래, 다른 무엇보다도 나쁜 것이다.

오늘날은 신학이 그 어느 때보다도 강력하다는 이야기가 종종 들린다. 학문적인 전문 지식 및 출판된 책들의 양과 질이라는 견지에서 본다면 이 말이 맞을 것이다. 하지만 교회로 하여금 복음의 실재를 고수하도록 하는 기본 임무라는 면에서, 신학은 오래 전부터 아주 약하고 서툴렀다. 90년 전에 스펄전(C. H. Spurgeon)은 당시 침례교도들이 성경과 속죄와 인간의 운명에 대한 개념에서 흔들리는 것을 보고 '내리막'이라고 묘사했다. 그가 현재 개신교도들의 하나님관(觀)을 조사해 보았다면, 아마도 '급강하'라고 말할 것이다!

"너희는 길에 서서 보며 옛적 길 곧 선한 길이 어디인지 알아보고 그리로 가라. 너희 심령이 평강을 얻으리라"(렘 6:16). 이 책은 바로 이와 같이 하도록 독자들의 손을 잡아 이끈다. 이는 새로운 길들에 대한 비판이 아니라 옛적 길로 되돌아오라는 단도직입적인 소환이다. '선한 길'은 여전히 늘 있던 그 길이기 때문이다.

독자들이 내가 이야기하는 것들을 나 스스로 아주 잘 알고 있다고 생각하지 않기를 바란다. 루이스(C. S. Lewis)는 이렇게 썼다. "상상력이 순종보다 훨씬 앞서는 나 같은 사람들은 정당한 벌을 받아야 한다. 우리 같은 사람은 자신이 진정으로 도달한 상태보다 훨씬 더 높은 상태에 있는 것처럼 상상하기 쉽다. 우리가 상상한 것을 묘사할 때, 그로 인해 다른 사람들 그리고 우리 자신도 우리가 정말로 그런 상태에 도달했다고 믿게 될 수 있다." 그리고 그럼으로써 그들과 우리 자신 모두를 기만할 수 있는 것이다(*The Four Loves*, Fontana ed., p. 128, 「네 가지 사랑」, 홍성사). 경건 서적을 읽는 사람들과 쓰는 사람들은 모두 루이스의 말을 잘 숙고해 보아야 한다. 그러나 "기록된 바 내가 믿었으므로 말하였다 한 것같이 우리가 같은 믿음의 마음을 가졌으니 우리도 믿었으므로 또한 말하노라"(고후 4:13). 내가 이 글을 쓸 때 했던 묵상들이 나에게 도움을 주었던 것처럼, 만일 여기에 쓰인 것이 누군가에게 도움이 된다면, 나의 노력은 충분히 보람 있었다고 볼 수 있으리라.

1972년 7월
브리스톨의 트리니티 대학에서
J. I. 패커

제1부 · **여호와를 알라**

1 하나님에 대한 연구

1855년 1월 7일, 영국 서더크(Southwark)에 있는 뉴 파크 스트리트 교회의 목사는 다음과 같은 말로 아침 설교를 시작했다.

> 누군가 '인류가 연구해야 할 합당한 주제는 인간이다'라고 말한 적이 있습니다. 저는 그러한 생각에 반대하지 않습니다. 하지만 하나님의 택함을 받은 자들이 연구해야 할 합당한 주제는 하나님이라는 것도 마찬가지로 사실이라고 생각합니다. 그리스도인이 연구해야 할 합당한 주제는 하나님의 본성입니다. 하나님의 자녀의 주의를 끌 수 있는 최고의 학문, 가장 고상한 사색, 가장 강력한 철학은 그가 아버지라 부르는 그 위대하신 하나님의 이름과 본성과 인격과 역사와 행사와 존재입니다.
> 신성을 묵상하는 일에는 우리의 지성을 엄청나게 향상시켜 주는 무엇이 있습니다. 그 주제는 너무나 광대해서 우리의 모든 사고는 그 광

대함 속에서 길을 잃고 맙니다. 그 주제는 너무나 심오해서 우리의 교만은 그 무한함 속에 잠겨 버리고 맙니다. 우리는 다른 주제들은 이해하고 파악할 수 있습니다. 우리는 그 안에서 일종의 자기 만족을 느끼며, '보라, 나는 지혜롭다'고 생각하면서 자기 갈 길을 갑니다. 하지만 이 최고의 학문에 이르면, 우리의 다림줄로 그 깊이를 잴 수 없으며, 우리의 형안으로 그 높이를 볼 수 없다는 사실을 깨닫습니다. 스스로 우쭐대며 지혜로워지려고 했지만 실상은 마치 야생 당나귀 새끼같이 풋내기일 뿐이라고 생각하면서, 또한 '나는 어제의 나일 뿐이며 아무것도 모른다'고 엄숙하게 외치면서 돌아서게 됩니다. 하나님에 대한 생각들보다 더 마음을 겸손하게 해주는 묵상 주제는 없을 것입니다.…

이 주제는 마음을 **겸손하게** 해주는 한편, 또한 마음을 넓혀 줍니다. 하나님에 대해 자주 생각하는 사람은 좁은 지상의 일만을 갖고 씨름하는 사람보다 더 넓은 마음을 가지게 될 것입니다.…영혼을 넓혀 주는 가장 뛰어난 연구는 그리스도에 대한, 십자가에 달리신 그분에 대한 학문이며, 영광스러운 삼위일체에 나타난 신성에 대한 지식입니다. 지성을 확장시키는 데는 신성이라는 위대한 주제를 열렬하고 진지한 태도로 지속적으로 연구하고 조사하는 것보다 더 나은 것이 없습니다. 그 무엇도 인간의 영혼 전체를 그처럼 확대시키지 못할 것입니다.

또한 이 주제는 마음을 겸손하게 하고 확장시키는 한편, 크나큰 **위안**이 됩니다. 오! 그리스도를 묵상하면 모든 상처를 치유하는 치유제를 얻을 수 있습니다. 하나님 아버지에 대한 명상은 모든 슬픔을 근절시켜 줍니다. 성령님의 감화력 안에는 모든 아픈 곳을 잊게 해주는 진통제가 있습니다. 여러분의 슬픔을 잊고자 하십니까? 여러분의 염려를 잊고 싶으십니까? 그렇다면 신성의 깊고 깊은 바다에 잠겨 보십시오. 하나님의 광대함에 몰두해 보십시오. 그러면 여러분은 안식처에서 나오는 것처럼 기운을 차리고 생기가 돌 것입니다. 저는 신성이라는 주제에 대해 열심히 묵상하는 일보다 더 영혼에 위로를 주는 것을 알지 못합니다. 슬픔과 비탄의 굽이치는 파도를 그처럼 진정시키며, 시련의 바람을 평온하게 해주는 것을 알지 못합니다. 오늘 아침 여러분을 바로 이 주제로 초대하고자 합니다.

한 세기 전 스펄전(믿을 수 없게도 당시 그는 겨우 스무 살이었다)이 한 이 말은 당시에도 맞는 말이었으며, 지금 역시 그러하다. 이 말은 하나님의 본성과 성품에 대한 연구 시리즈에 알맞는 서두다.

누구에게 신학이 필요한가?

어떤 사람은 이렇게 말한다. "하지만 잠깐만요. 좀 말해 보세요. 이 여정이 정말로 필요한 것입니까? 스펄전 시대의 사람들은 신학을 흥미로운 것이라 생각했지만, 나는 그것을 따분하다고 생각합니다. 왜 오늘날 당신이 제안하는 그런 유의 연구를 위해 시간을 허비해야 합니까? 평신도들은 어쨌든 그런 것 없이도 잘 지낼 수 있지 않습니까? 지금은 20세기지 19세기가 아니란 말입니다!"

이것은 정당한 질문이다! 하지만 나는 이에 대한 설득력 있는 대답이 있다고 생각한다. 질문을 한 사람은 분명 하나님의 본질과 성품을 연구하는 일이 비실제적이며 삶과는 무관하다고 여기고 있다. 그러나 사실상 그것은 우리에게 가장 실제적인 연구 과제다. 하나님에 대해 아는 일은 우리 삶에 아주 중요하다. 아마존의 부족민 한 사람을 비행기에 태워 런던으로 데려와서는 아무런 설명도 없이 트

라팔가 광장에 내려놓고, 그가 살아가기 위해 필요한 영어나 영국에 대해 아무것도 모르는 채로 남겨 둔다면, 그것은 매우 무자비한 짓일 것이다. 마찬가지로 우리가 이 세상의 주인이시며 이 세상을 운행하시는 하나님에 대해 모르는 채로 살려고 애쓴다면, 우리 자신을 무자비하게 대하는 것이다. 하나님에 대해 모르는 사람들에게는, 이 세상이 이상하고 미친 듯하며 고통스러운 장소이고, 삶은 실망스럽고 불쾌한 일이다. 하나님에 대한 연구를 등한시하는 것은 눈가리개를 하고서 아무런 방향 감각 없이 그리고 주위에 무엇이 있는지 이해하지 못한 채로 살아가는 것과 같다. 아마도 당신은 사는 동안 내내 비틀거리고 머뭇거리게 될 것이며, 그렇게 인생을 낭비하고 영혼을 잃어버릴 수 있다.

하나님에 대한 연구가 가치 있는 일이라고 인식했다면, 이제 우리는 출발할 준비가 된 것이다. 하지만 어디서 출발해야 하는가?

분명 우리는 현재 처해 있는 곳에서 출발할 수밖에 없다. 그것은 폭풍우 속에서 출발하는 것이다. 오늘날 하나님에 대한 교리는 폭풍의 중심부이기 때문이다. 소위 하나님에 대한 논쟁은 깜짝 놀랄 만한 표어들, 곧 '하나님에 대해 우리가 가진 이미지는 사라져야 한다', '하나님은 죽었다', '우리는 사도신경을 노래할 수는 있지만 그것을 고백할 수는 없다' 등과 함께 우리 주변에 창궐해 있다. 사람들은 그리스도인들이 역사적으로 지속해 온 '하나님에 대한 이야기'는 교묘하게 꾸민 헛소리이며, 하나님에 대한 지식은 허구일 뿐이라고 말한다. '칼뱅주의', '근본주의', '개신교 스콜라주의', '구정통주의' 등 그러한 지식을 공언하는 가르침들은 유행에 뒤떨어진 것으로 치부된다. 우리는 어떻게 해야 하는가? 폭풍우가 잠잠해질 때까지 여정을 연기한다면 우리는 결코 출발하지 못할지도 모른다.

나는 이렇게 제안하고자 한다. 독자들은 번연(Bunyan)의 순례자가 여정을 떠나려 할 때 아내와 아이들이 돌아오라고 부르자 '손가락으로 귀를 막고 생명, 생명, 영원한 생명 하고 외치면서 계속 달려갔던' 것을 기억할 것이다. 나는 독자들에게, 하나님에 대한 지식으로 이르는 길은 없다고 하는 사람들의 말에 대해서는 잠시 귀를 막고, 나와 함께 그 길을 나서 보자고 요청하고자 한다. 결국 백문이 불여일견이며, 실제로 분명히 존재하는 길을 따라가는 사람이라면 다른 사람들이 그런 길이란 존재하지 않는다고 수군거리는 것을 듣는다 해도 그리 염려하지는 않을 것이다.

그렇다면 폭풍우가 불건 그렇지 않건 우리는 출발할 것이다. 하지만 어떻게 우리의 행로를 정할 것인가?

다섯 개의 기본 진리, 곧 그리스도인들이 갖고 있는 하나님에 대한 지식의 다섯 가지 근본 원리가 우리의 행로를 처음부터 끝까지 결정할 것이다. 그 원리들은 다음과 같다.

1. 하나님은 인간에게 말씀하셨으며, 성경은 구원에 이르는 지혜를 갖도록 하기 위해 우리에게 주어진 하나님의 말씀이다.

2. 하나님은 그분이 지으신 세상의 주님이시며 왕이시다. 하나님은 하시는 모든 일에서 완전하심을 나타내 보이시면서 자신의 영광을 위해 모든 것을 다스리신다. 이로 인해 인간들과 천사들은 하나님을 예배하고 찬미한다.

3. 하나님은 구세주로서, 믿는 자들을 죄책과 죄의 권세로부터 구하시기 위해 주 예수 그리스도를 통해 주권적인 사랑을 적극적으로 나타내 보이신다. 그리고 그들을 자녀로 삼으시고 그들에게 합

당한 복을 주신다.

4. 하나님은 삼위이시다. 신성 안에는 성부와 성자와 성령이라는 세 위격이 있으며, 구원 사역은 이 세 위격이 함께하시는 역사다. 곧 성부께서 구속하기로 결심하시고, 성자께서는 그 구속을 이루시며, 성령께서는 그것을 적용하신다.

5. 경건이란 하나님의 계시에 대해 신뢰와 순종, 믿음과 예배, 기도와 찬양, 복종과 섬김으로 반응하는 것을 의미한다. 삶은 하나님의 말씀 아래서 드러나고 영위되어야만 한다. 이것이 바로 참된 종교다.

우리는 이제 이러한 일반적이고 기본적인 진리들을 토대로, 지금까지 말해 온 하나님의 본질과 성품에 대해 성경이 무엇을 보여 주는가를 상세히 검토할 것이다. 우리는 커다란 산을 멀리서 관찰하고, 그 주위를 여행해 보고, 그것이 어떻게 풍경을 좌우하고 주변 경관에 영향을 미치는지를 관찰한 후에, 이제 그 산에 오를 생각으로 직접 거기에 접근하는 여행자의 입장에 있다.

기본적인 주제들

그 등반에는 무엇이 포함될 것인가? 우리의 주의를 끌게 될 주제들은 무엇인가?

우리는 하나님의 **신성**, 곧 하나님을 인간과 구분해 주고 창조주와 그분의 피조물의 차이점과 간격을 표시해 주는 신성의 특성들을 다루어야 할 것이다. 이는 하나님의 자존하심, 무한하심, 영원하심, 불변하심과 같은 특성들이다. 우리는 하나님의 **능력** 곧 하나님의 전능하심, 전지하심, 편재하심 등을 다루어야 할 것이다. 또한 하나님의 **완전하심**, 말씀과 행동에 나타나는 하나님의 도덕적 성품의 여러 측면—거룩하심, 사랑과 자비, 진실하심, 신실하심, 선하심, 오래 참으심, 정의—을 다루어야 할 것이다. 우리는 무엇이 하나님을 기쁘시게 하는가, 무엇이 하나님의 기분을 상하게 하는가, 무엇이 하나님의 진노를 불러일으키는가, 무엇이 하나님께 만족과 기쁨을 드리는가에 주목해야 할 것이다.

우리 대부분에게 이것들은 친숙한 주제가 아니다. 그러나 그 주제들이 하나님의 백성에게 언제나 생소했던 것은 아니다. 하나님의 속성이라는 주제가, 교회에서 모든 아이가 배우고 모든 어른이 당연히 알아야 하는 교리 문답서에 포함될 만큼 중요하게 생각되었던 적도 있었다. 그래서 웨스트민스터 소요리 문답의 네 번째 질문인 '하나님은 어떤 분이신가?'에 대한 답은 "하나님은 영이시며, 무한하시고, 영원하시며, 지혜와 능력과 거룩함과 정의와 선하심과 진리가 변치 않으시는 존재다"라고 되어 있다. 위대한 찰스 핫지(Charles Hodge)는 이 진술을 "아마도 일찍이 인간이 쓴 바, 하나님에 대한 최고의 정의"라고 말했다.

하지만 오늘날 웨스트민스터 소요리 문답을 배우면서 자라는 아이는 거의 없으며, 현대의 예배자들 가운데 차녹(Charnock)의 묵직한 「하나님의 존재와 속성에 관한 설교」(*Discourses on the Existence and Attributes of God*, 1682)와 같이 하나님의 성품에 대한 교리를 망라하는 연속 설교를 들어 본 사람 역시 거의 없을 것이다. 또한 하나님의 성품이라는 주제에 대한 단순하고도 단도직입적인 글을 읽어 본 사람도 거의 없을 것이다. 현재 그러한 글은 거의 존재하지 않기 때문이다. 그러므로 앞에서 언급한 주제들을 탐구하는 일은, 우리에게 새로이 생각해 볼 내용과 곰곰이 생각하고 음미해 볼 신선한 개념을 많이 던져 주리라 예상할 수 있다.

적용된 지식

바로 이러한 이유 때문에 우리는 산에 오르기 전에 멈춰 서서 아주 근본적인 질문 한 가지를 스스로에게 던져 볼 필요가 있다. 그것은 우리가 성경의 어떤 부분이든 하나님의 거룩한 책인 성경을 연구하는 일에 착수할 때면 언제나 스스로에게 던져 보아야만 하는 질문이다. 바로 배우는 자인 우리의 동기와 목적에 관련된 것이다. 우리는 스스로 다음과 같이 물어 보아야 한다. '내가 이러한 것들에 몰두하는 궁극적인 목표와 목적은 무엇인가?' '나는 하나님에 대한 지식을 갖게 되면 그 지식을 가지고 무엇을 **하려고** 하는가?' 우리는 다음과 같은 사실에 직면해야 한다. 즉 우리가 신학적 지식 자체를 위하여 신학적 지식을 추구한다면, 그것은 반드시 우리에게 나쁘게 작용할 것이라는 점이다. 그것은 우리를 교만하고 우쭐하게 만들 것이다. 주제의 위대함 자체에 도취되어 우리는 그것에 관심이 있고 그것을 파악했다는 것 때문에, 다른 그리스도인들보다 한 단계 위에 있다고 생각하게 될 것이다. 그리고 우리가 보기에 미숙하고 부적절한 신학 개념들을 가진 사람들을 경멸하고 그들을 아주 가련한 자로 치부해 버릴 것이다. 바울이 우쭐해하는 고린도 사람들에게 말했듯이 "지식은 교만하게 하며…만일 누구든지 무엇을 아는 줄로 생각하면 아직도 마땅히 알 것을 알지 못하는 것"(고전 8:1-2)이기 때문이다.

신학적 지식 자체를 목적으로 지식을 얻는 일에 몰두한다면, 단지 정답을 모두 알려는 열망만으로 성경 공부에 착수한다면 곧장 자기 만족적인 자기 기만 상태에 이를 것이다. 우리는 그런 태도를 갖지 않도록 마음을 지켜야 하며, 그렇게 되지 않도록 기도해야 한다. 앞에서 살펴보았듯이, 교리적 지식이 없이 영적 건강은 있을 수 없다. 하지만 교리적 지식이 **있어도** 영적 건강이 없을 수 있다는 말 역시 똑같이 옳다. 잘못된 목적으로 그것을 추구하며, 잘못된 기준으로 그것을 평가한다면 말이다. 이렇듯 교리 연구는 영적 생활에 정말로 위험할 수 있으며, 우리 역시 예전에 살았던 고린도인들과 마찬가지로 이 점에서 조심할 필요가 있다.

하지만 어떤 사람은 '계시된 진리에 대한 사랑과, 할 수 있는 한 그 진리를 많이 알고자 하는 열망은, 거듭난 사람이라면 누구나 자연스럽게 갖게 되는 것이 사실 아닌가?' 하고 묻는다. 시편 119편을 보라. "주의 율례들을 내게 가르치소서"(12절). "내 눈을 열어서 주의 율법에서 놀라운 것을 보게 하소서"(18절). "내가 주의 법을 어찌 그리 사랑하는지요"(97절). "주의 말씀의 맛이 내게 어찌 그리 단지요, 내 입에 꿀보다 더 다니이다"(103절). "깨닫게 하사 주의 증거들을 알게 하소서"(125절). 하나님의 자녀는 누구나 이 시편 기자처럼 하늘에 계신 우리 아버지에 대해 할 수 있는 한 많이 알고자 열망하지 않겠는가? 이렇게 하나님의 진리를 사랑하는 마음을 받았다는 사실은 우리가 거듭났음을 보여 주는 증거가 아닌가?(살후 2:10을 보라) 또한 하나님이 주신 이 같은 열망을 철저히 만족시키고자 애쓰는 것은 옳은 태도가 아닌가?

물론 그렇다. 하지만 시편 119편을 다시 잘 살펴보면 하나님에 대한 지식을 얻으려는 시편 기자의 관심은 이론적인 것이 아니라 실제적인 것임을 알 수 있다. 그의 가장 큰 바람은 하나님을 알고 즐기는 것이었으며, 그는 하나님에 대한 지식을 그 목적을 이루기 위한 수단으로 생각했다. 그는, 마음으로 하나님의 진리에 반응하기 위해 그리고 삶으로 그 진리를 따르기 위해 하나님의 진리를 원했다. 이 시의 처음 부분에 나오는 구절들이 강조하는 바를 살펴보라. "행위가 온전하여 **여호와의 율법을 따라 행하는 자들**은 복이 있음이여, **여호와의 증거들을 지키고 전심으로 여호와를 구하는 자**는 복이 있도다.…내 길을 굳게 정하사 주의 율례를 지키게 하소서"(1-2, 5절).

시편 기자는 진리와 정통 교리, 성경의 가르침과 신학에 관심을 가지고 있었다. 그리고 그것들 자체를 목적으로 여겨서가 아니라, 삶과 경건이라는 다른 목적들을 위한 수단으로서 그것에 관심을 가진 것이다. 그의 궁극적인 관심사는, 그가 이해하고자 애썼던 그 진리의 소유자, 바로 그 위대한 하나님을 알고 섬기는 것이었다.

우리 역시 이러한 태도를 견지해야만 한다. 신성을 연구하는 우리의 목적은 하나님을 더 잘 아는 것이 되어야만 한다. 우리의 관심사는 하나님의 속성에 대한 교리들만이 아니라 그 속성을 지닌 살아 계신 하나님을 더 잘 아는 것이 되어야만 한다. 하나님이 우리 연구의 주제이며 연구하는 우리를 도우시는 분이듯이, 하나님 그분이 연구의 목적이 되어야 한다. 우리는 하나님을 연구하면서 하나님의 인도를 받기를 구해야 한다. 계시는 바로 이러한 목적을 위해 주어진 것이며, 우리는 그것을 그렇게 사용해야만 한다.

진리에 대해 묵상함

우리는 어떻게 이 일을 해야 하는가? 어떻게 하나님**에 대한** 지식을 하나님**을 아는** 지식으로 바꿀 수 있는가? 이렇게 하는 데 필요한 규칙은 간단하지만 만만치 않은 것이다. 그것은 하나님**에 대해** 배운 각각의 진리를, 하나님 **앞에서** 묵상하는 내용으로 바꾸어 하나님**을 향한** 기도와 찬양으로 이어지도록 하는 것이다.

아마도 우리는 기도가 무엇인가에 대해서는 어느 정도 이해하고 있을 것이다. 하지만 묵상에 대해서는 그렇지 않다. 그렇기에 묵상이 무엇인지를 물어 보는 것은 당연하다. 묵상은 오늘날 잃어버린 기술이며, 그리스도인들은 그것을 몰라서 통탄할 만큼 괴로움을 당하고 있기 때문이다.

묵상이란 하나님의 사역과 도(道), 목적과 약속들에 대해 자신이 아는 것을 상기하고, 숙고하고, 깊이 생각해 보고, 자신에게 적용하는 활동이다. 그것은 하나님의 임재 안에서, 하나님이 보시는 가운데, 하나님의 도우심으로, 하나님과 교통하는 수단으로서, 의식적으로 수행하는 거룩한 사고 활동이다.

묵상의 목적은 하나님에 대한 우리의 정신적, 영적 시각을 밝히는 것이며, 하나님의 진리가 우리 마음과 뜻에 충분하고도 적절히 영향을 끼치도록 하는 것이다. 묵상은 자신에게, 하나님과 자기 자신에 대해 말하는 것이다. 그것은 종종 자신과의 싸움, 의심과 불신의 풍조에서 벗어나 하나님의 능력과 은혜를 분명하게 이해하도록 스스로를 설득하는 것이다.

묵상은 어떤 결과를 낳는가? 우리는 하나님의 위대하심과 영광 그리고 우리 자신의 하찮음과 죄성을 묵상함으로 겸손해진다. 또한 우리 주 예수 그리스도 안에 드러난 신비로운 하나님의 자비를 묵상함으로써 격려받고 평안을 얻는다. 즉 묵상은 우리를 '위로해 준다'(긴 역사를 지닌 강력한 성경적 의미에서). 이것이 바로 이 장 첫 부분에 나온 인용문에서 스펄전이 강조한 요점이며, 그것은 사실이다. 그리고 우리가 이처럼 겸손해지고 고양되는 체험 속으로 깊이 들어가면 갈수록 하나님을 아는 우리의 지식은 점점 증가하며, 그와 함께 우리의 평화, 힘, 기쁨도 증가한다. 하나님에 대한 우리의 지식으로 인해 곧 우리 모두가 참으로 '여호와를 알게' 되는 은혜가 임하기를 기원한다!

2. 자기의 하나님을 아는 사람들

나는 한 학자와 함께 햇살이 쏟아지는 길을 걷고 있었다. 그는 은혜의 복음 문제를 놓고 고위 성직자들과 충돌하여 사실상 학자로서 출세할 가능성을 잃은 사람이었다. 그는 이렇게 말했다. "하지만 상관없어요. 나는 하나님을 알고 있고, 그 사람들은 그렇지 못하니까요." 그것은 그저 여담이었고, 내가 한 말에 대해 슬쩍 덧붙인 말이었다. 하지만 그 말은 나의 마음에 계속 남아 있었고, 나의 생각을 자극하였다.

우리 가운데 하나님을 알고 있다고 자연스럽게 말할 수 있는 사람은 많지 않다. 하나님을 안다는 말은, 우리 대부분이 정직하게 말해서 자신에게 여전히 낯선 것이라고 인정할 수밖에 없는 어떤 명확하고 사실적인 체험을 암시한다. 아마도 우리는 간증거리를 갖고 있다고 주장하며 우리의 회심 이야기 중 가장 그럴듯한 부분만 추려서 줄줄 외워 댈 수 있을 것이다. 우리는 하나님을 **안다**고 말한다. 결국 복음주의자들이라면 그렇게 말하도록 되어 있다. 하지만 정말 아무런 망설임 없이, 우리 개인사의 특정한 사건들과 관련해서 하나님을 **알아 왔다**고 말할 수 있는가? 내가 이 문제에 의문을 가지는 까닭은, 우리 대부분이 하나님에 대해 그처럼 생생하게 체험한 적은 없다고 생각하기 때문이다.

또한 나는, 우리가 누리는 하나님에 대한 지식에 비추어 볼 때 과거의 실망과 현재의 비통함은 아무래도 **상관없다**고 자연스럽게 말할 수 있는 사람이 그렇게 많으리라고 생각하지 않는다. 그것들은 분명 우리 대부분에게 실제로 영향을 미치기 때문이다. 우리는 그것들을 자신의 '십자가'(우리는 이렇게 부른다)로 여기면서 살아간다. 그것들을 곰곰이 생각하면(실제로 우리는 자주 그렇게 한다) 계속해서 우리는 비통함과 냉담함, 침울함에 빠져 들어가는 것을 발견한다. 우리가 세상 사람들에게 보이는 태도는 일종의 메마른 냉정함일 뿐이며, 이는 "말할 수 없는 영광스러운 즐거움"(벧전 1:8)과는 한참 거리가 멀다. 하지만 베드로는 그의 독자들이 그러한 즐거움을 나타내 보이는 것을 당연하게 여겼다. 우리의 친구들은 우리에 대해 이렇게 말한다. "불쌍한 친구들 같으니! 그토록 **고난을 당하다니**." 그리고 우리는 우리 자신에 대해 바로 그렇게 느낀다!

하지만 하나님을 정말로 아는 사람들은 이같이 거짓되고 과장된 생각을 마음속으로 은밀히 하지 않는다. 그들은 일어났을지도 모르는 일에 대해서는 신경을 쓰지 않으며, 잃었을지도 모르는 것들에 대해서는 결코 생각하지 않는다. 그들은 자신이 얻은 것에 대해서 생각할 뿐이다.

바울은 이렇게 썼다. "그러나 무엇이든지 내게 유익하던 것을 내가 그리스도를 위하여 다 해로 여길 뿐더러 또한 모든 것을 해로 여김은 내 주 그리스도 예수를 아는 지식이 가장 고상하기 때문이라. 내가 그를 위하여 모든 것을 잃어버리고 배설물로 여김은 그리스도를 얻고 그 안에서 발견되려 함이니… 내가 그리스도…을 알고자 하여"(빌 3:7-10). 자기가 잃어버린 것을 '배설물' 즉 '똥'(KJV)으로 여긴다는 바울의 말은 그것들을 아무런 가치도 없는 것으로 생각한다는 뜻일 뿐만 아니라, 또한 그것들을 계속 마음속에 둔 상태로 살아가지 않는다는 뜻이다. 정상적인 사람이라면 누가 향수에 젖어서 멍하니 똥거름을 생각하면서 시간을 보내겠는가? 하지만 사실상 많은 사람이 바로 이러한 일을 한다. 그리고 이는 우리가 하나님을 아는 참된 지식을 갖고 있지 못하다는 사실을 분명히 보여 준다.

직접 아는 것과 들어서 아는 것

이 시점에서 솔직하게 우리 자신의 모습을 직면해 볼 필요가 있다. 우리는 아마도 정통적인 복음주의자들일 것이다. 우리는 복음을 분명하게 진술할 수 있고, 건전하지 못한 교리는 아무리 멀리 떨어진 곳에서도 감지해 낼 수 있다. 어떻게 하나님을 알 수 있느냐는 질문을 받는다면, 즉시 올바른 대답을 할 수 있다. 즉 주 예수 그리스도를 통해, 그리스도의 십자가와 중보 덕에, 그리스도의 약속의 말씀에 근거해서, 성령의 능력에 의해, 개인적인 믿음을 갖는 것을 통해서 하나님을 알게 된다고 말할 수 있다. 하지만 하나님을 아는 사람들의 특징인 쾌활함, 선함, 자유로움 등은 우리에게 거의 나타나지 않는다. 아마도 복음 진리를 비교적 덜 분명하고 덜 완전하게 아는 다른 사람들과 비교해 봐도 더 드물게 나타날 것이다. 이 점에서도 나중 된 자가 먼저 되고 먼저 된 자가 나중 되는 것이 입증되는 것처럼 보인다. 하나님을 아는 약간의 지식이 하나님에 대한 많은 양의 지식보다 값지다.

이 점을 집중적으로 살펴보기 위해, 다음의 두 가지 사항을 짚어 보자.

1. 우리는 하나님을 많이 알지 못하면서도 하나님에 대해서는 많은 것을 알 수 있다. 분명 우리 중 많은 사람은 이 점을 이해하지 못할 것이다. 우리는 신학(물론 이것은 가장 매혹적이고 흥미를 자아내는 주제다. 17세기에는 신학이 신사라면 누구나 즐기는 취미였다)에 깊은 관심이 있는 사람들이다. 우리는 신학적 설명과 변증에 대한 책들을 읽는다. 교회사와 기독교 신조들에 대한 연구에도 손을 댄다. 성경 여기저기에서 우리가 행해야 할 길을 발견하는 법도 배운다. 다른 사람들은 이러한 것들에 대한 우리의 관심을 감지한다. 우리는 사람들 앞에서 이러저러한 기독교적 질문에 대한 우리 의견을 제시하며, 스터디 그룹을 이끌고, 논문이나 글을 쓰고, 공식적으로는 아니더라도 우리가 속한 기독교 공동체의 정통 교리들을 가르치고 조정하는 책임을 맡아 달라고 요청받는다. 친구들은 우리의 공헌을 얼마나 소중하게 생각하는지를 말해 줄 것이며, 이로 인해 우리는 사람들이 요구하는 것들에 부응하기 위해 하나님의 진리를 연구하는 일에 박차를 가한다.

이것은 모두 아주 좋은 일이다. 하지만 신학에 대한 관심, 하나님에 대한 지식, 기독교의 주제들에 대해 명료하게 생각하고 잘 말할 수 있는 능력은 결코 하나님을 아는 것과 같지 않다. 우리는 칼뱅이 알았던 것만큼이나 하나님에 대해 알면서도—그의 저술들을 부지런히 연구한다면 조만간 우리는 그렇게 될 것이다—처음부터 끝까지 (칼뱅과는 달리) 하나님을 거의 알지 못할 수도 있다.

2. 우리는 하나님을 많이 알지 못하면서도 경건에 대해 많은 것을 알 수 있다. 그것은 우리가 듣는 설교, 읽는 책, 사귀는 친구에 의해 좌우된다. 오늘날과 같이 분석적이고 과학 기술이 발달된 시대에는 기도하는 법, 증거하는 법, 성경을 읽는 법, 십일조를 드리는 법, 어린 그리스도인이 되는 법, 장성한 그리스도인이 되는 법, 행복한 그리스도인이 되는 법, 헌신하는 법, 사람들을 그리스도께로 이끄는 법, 성령을 받는 법(혹은 어떤 경우에는, 성령을 받는 것을 피하는 법), 방언을 말하는 법(혹은 오순절파 계통의 여러 현상들을 잘 해명하는 법) 그리고 일반적으로 각 계통의 교사들이 그리스도인이 되는 것과 관련시키는 갖가지 활동을 모두 거치는 법 등에 대한 책이나 강단의 설교는 차고 넘친다. 또한 우리가 흥미 있게 읽을 만한, 과거의 그리스도인들의 전기도 많다.

이러한 상황에 대해 여러 가지로 말할 수 있겠지만, 분명 그것은 기독교의 관행들에 대해 아주 많은 것을 간접적으로 배울 수 있게 해준다. 더구나 상식적인 재치가 있는 사람이라면, 종종 이같이 배운 것을 가지고 덜 안정된 기질로 인해 허둥거리는 그리스도인들이 설 자리를 찾고 그들에게 닥친 어려움에 대해 균형 감각을 계발하도록 도와줄 수 있으며, 그렇게 해서 정말로 대단한 사역자라는 평판을 얻을 수도 있다. 하지만 이 모든 것을 가지고 있으면서도 하나님은 전혀 모를 수 있다.

그렇다면 우리는 출발점으로 되돌아왔다. 문제는 우리가 신학을 잘 알고 있는가, 아니면 그리스도인의 삶의 문제들에 대한 접근법이 '균형 잡혀'(이는 너무나 자의식적인 단어다!) 있는가 하는 것이 아니다. 문제는 우리가 복음주의자로서 하나님을 안다고 말해야만 한다고 느끼기 때문이 아니라, 명백한 사실이기 때문에 그렇게 말할 수 있는가이다. 그리고 우리가 하나님을 알기 때문에, 그리스도인이 되고 나면 과거에 경험한 불쾌한 일이나 경험하지 못한 유쾌한 일들이 아무런 문제도 되지 않는다고 있는 그대로 솔직하게 말할 수 있는가이다. 만일 정말로 하나님을 안다면 우리는 바로 그렇게 말할 것이며, 만일 그렇게 말하지 못한다면, 하나님을 아는 것과 단지 하나님에 대해 아는 것의 차이에 좀더 명확하게 직면할 필요가 있다는 징조다.

하나님을 아는 증거

우리는 사람들이 하나님을 알 때, 어떤 손해나 '십자가들'은 그들에게 더 이상 아무런 문제도 되지 않는다고 말했다. 그들이 얻은 것은, 잃어버린 것과 십자가를 마음속에서 완전히 몰아내 버린다. 하나님을 아는 지식은 사람들에게 어떤 또 다른 영향을 미치는가? 성경의 여러 부분은 서로 다른 관점에서 이 질문에 대답한다. 아마도 모든 대답 중 가장 분명하고 주목할 만한 대답은 다니엘서에 나와 있는 것 같다. 우리는 그것을 다음의 네 명제로 요약할 수 있다.

1. 하나님을 아는 사람들은 하나님을 위한 엄청난 열정을 갖고 있다. 다니엘서에서 예언이 나와 있는 장 가운데 하나를 보면 "오직 자기의 하나님을 아는 백성은 강하여 용맹을 떨치리라"(11:32)고 되어 있다. 이것을 RSV는 "자기의 하나님을 아는 사람들은 **확고히**

서서 행동을 취하라"고 번역하였다. 문맥을 살펴보면, 이 말은 "그러나"(but)라는 말로 시작되어, "비천한 사람"(21절)의 행동과 대조를 이룬다. 비천한 사람은 비천한 "멸망하게 하는 가증한 것"을 세우고 하나님의 언약에 대한 충성을 저버린 사람들을 듣기 좋은 아첨의 말로 타락시키려 한다(31-32절). 그러므로 이 구절은, 하나님을 아는 사람들이 취하는 행동은 그들 주위에서 일어나는, 하나님을 대적하는 경향에 대한 반작용이라는 것을 보여 준다. 그들은 그들의 하나님이 도전이나 무시를 받는 한 가만히 있을 수 없다. 그들은 무엇인가를 해야만 한다고 느낀다. 하나님의 이름이 모욕당하는 것이야말로 그들로 하여금 행동을 취하게 하는 일이다.

다니엘서 중 다니엘과 그의 세 친구의 '위업'에 대해 말하는 장들에서 우리는 바로 이러한 일이 일어나는 것을 본다.

이 네 사람은 하나님을 아는 사람들이었으며, 그 결과 때때로 반(反)종교와 그릇된 종교의 관례나 명령들에 적극적으로 저항하지 않을 수 없다고 느꼈다. 다니엘은 특히 그런 상황이 일어나도록 내버려두지 않을 것이며 공공연하게 그것에 도전을 가해야 한다고 느낀 사람으로 나타난다. 그는 왕궁의 음식을 먹음으로써 의식상 부정하게 될 수도 있는 위험을 무릅쓰기보다는, 채식만을 먹겠다고 고집해 환관장을 깜짝 놀라게 했다(1:8-16). 다리오 왕이 기도하는 관습을 한 달 간 금하고 이를 위반하면 사형에 처하겠다고 했을 때도, 다니엘은 계속해서 하루에 세 번씩 기도했을 뿐 아니라, 열린 창 앞에서 그렇게 함으로써 모든 사람이 자기가 무엇을 하는지 볼 수 있게 했다(6:10).

이러한 행동들을 오해해서는 안 된다. 다니엘은 반항하는 일에 탐닉하고, 정부에 정면으로 '대항했을' 때에만 행복해하는 무모한 인간, 고집쟁이가 아니다. 하나님을 아는 사람들은 하나님의 진리와 명예가 직접적이거나 암암리에 위태로운 지경에 빠지는 상황에 민감하며, 일이 그냥 진행되도록 놓아두기보다는 개인적인 위험을 감수하고라도 사람들이 그 문제에 관심을 갖도록 하고, 그것에 대해 마음의 변화가 일어나도록 한다는 것을 보여 줄 뿐이다.

하나님을 위한 이러한 열정은 또한 공개적인 행위에서 끝나지 않는다. 사실 그것은 거기서 시작되지 않는다. 하나님을 아는 사람들은 무엇보다도 먼저 기도하는 사람들이며, 하나님의 영광을 위한 그들의 열심과 에너지는 기도에서 처음으로 표현된다. 다니엘 9장에서 우리는 다니엘 선지자가 예언된 바 이스라엘의 포로 생활의 기한이 끝나 간다는 것을 "책을 통해…깨달았을"(2절) 때, 그리고 동시에 그 민족의 죄가 하나님의 자비보다는 심판을 불러일으킬 만큼 여전히 크다는 것을 깨달았을 때, 하나님을 어떻게 찾고 기도했는지를 보게 된다. 그는 "금식하며 베옷을 입고 재를 덮어쓰고…기도하며 간구"(3절)했고, 예루살렘의 회복을 위해 기도했다. 이 때 그가 보여 준 열렬함과 간절함과 영적 고뇌를 우리 대부분은 전혀 알지 못한다.

참으로 하나님을 아는 지식의 변치 않는 결과는 하나님의 대의를 위해 기도하는 열정으로 표현된다. 하나님을 아는 이들의 내적 긴장은 실로 기도를 통해서만 표출되고 경감될 수 있다. 하나님을 아는 지식이 많아질수록 그러한 열망은 더욱 커진다. 우리는 이것으로 우리 자신을 점검해 볼 수 있다. 우리는 불경함과 배교에 대항해서 공개적인 행동을 취해야 하는 처지에 있지는 않을지도 모른다. 어쩌면 늙었거나 아프거나 아니면 우리의 물리적 상황으로 인해 다른 식으로 제한을 받는지도 모른다. 하지만 우리에게 그러한 기도를 하고자 하는 열망이 없다면, 그리고 실제로 그러한 기도를 거의 하지 않는다면, 이는 우리가 아직 우리의 하나님을 거의 모른다는 분명한 표시다.

2. 하나님을 아는 사람들은 하나님에 대한 위대한 생각을 품고 있다. 이 글에서 우리는 다니엘서가 말하는 바, 곧 역사를 다스리는 위대하신 하나님의 지혜와 힘과 진리에 대해, 그리고 다니엘서가 보여 주는 바, 곧 하나님의 선하시고 기뻐하시는 뜻에 따라 개인들과 나라들을 향해 내리시는 심판과 자비의 행위들에 나타난 하나님의 주권을 집대성할 수는 없다. 아마도 성경에서 하나님의 주권의 실재를 그처럼 생생하고 지속적으로 진술하는 다른 책은 없으리라고 말하는 것으로 충분할 것이다.

팔레스틴을 집어삼킨 바벨론 제국의 힘과 장려함 그리고 또 다른 위대한 제국이 뒤따라 나타날 가능성, 곧 인간적인 기준으로 보면 이스라엘을 왜소하게 보기에 충분한 상황에 직면해서, 다니엘서는 이스라엘의 하나님이 왕의 왕이시며 주의 주가 되신다는 사실과 "하나님이 다스리심"(4:26)을 이야기한다. 역사의 모든 시점에서 하나님의 손이 작용하신다는 것, 역사(history)는 실로 '그분의 이야기'(his story) 곧 그분의 영원한 계획이 펼쳐지는 것에 불과하다는 것 그리고 결국에 가서 하나님의 나라가 승리하리라는 것을 극적으로 상기시켜 준다.

다니엘은 바로 그 진리를 2장과 4장에서 느부갓네살에게 가르쳤으며, 5장에서 벨사살에게 상기시켰고(18-23절), 4장에서 느부갓네살은 이를 인정했으며(34-37절), 6장에서 다리오가 고백했다(25-27절). 또한 "지극히 높으신 이가 사람의 나라를 다스리신다"(4:25; 또한 5:21과 비교해 보라)는 진리는, 2장과 9장에 나오는 다니엘의 기도들, 1장과 6장에서 당국에 도전을 가한 그의 확신, 그리고 3장에서 당국에 도전을 가한 그의 친구들의 확신 등의 기초가 되었으며, 2, 4, 7, 8, 10, 11, 12장에서 하나님이 다니엘에게 드러내신 모든 중요한 내용을 형성한 중심이었다. 하나님은 모든 것을 아시되 미리 아시며, 하나님의 미리 아심은 예정하심이다. 그러므로 하나님은 세계 역사와 각 인간의 운명에 대해 최후의 결정을 내리시며, 하나님 나라와 의는 결국에 가서 승리할 것이다. 인간들도 천사들도 하나님을 저지하지 못할 것이기 때문이다.

바로 이러한 것들이 다니엘의 마음을 가득 채우고 있던 하나님에 대한 생각이었고, 이는 다니엘의 기도(기도는 어떤 사람이 하나님을 어떻게 생각하는가를 보여 주는 최고의 증거다)들이 입증해 준다. "영원부터 영원까지 하나님의 이름을 찬송할 것은 지혜와 능력이 그에게 있음이로다. 그는 때와 계절을 바꾸시며 왕들을 폐하시고 왕들을 세우시며 지혜자에게 지혜를 주시고 총명한 자에게 지식을 주시는도다. 그는 깊고 은밀한 일을 나타내시고 어두운 데에 있는 것을 아시며 또 빛이 그와 함께 있도다"(2:20-22). "크시고 두려워할 주 하나님, 주를 사랑하고 주의 계명을 지키는 자를 위하여 언약을 지키시고 그에게 인자를 베푸시는 이시여…주여, 공의는 주께로 돌아가고(you are righteous)…우리 하나님께는 긍휼과 용서하심이 있사오니…우리의 하나님 여호와께서 행하시는 모든 일이 공의로우시나"(9:4, 7, 9, 14).

우리는 하나님을 이러한 분으로 생각하는가? 우리의 기도는 하나님에 대한 이러한 견해를 표명하는가? 하나님의 거룩하신 엄위, 하나님의 도덕적 완전함, 하나님의 자비로운 신실하심에 대한 이러한 엄청난 느낌으로 인해 우리 역시 다니엘처럼 겸손하고 의존하며 경외하고 순종하게 되는가? 우리는 이를 통해 우리가 얼마나 많이 혹은 얼마나 조금 하나님을 아는가를 측정해 볼 수 있을 것이다.

3. 하나님을 아는 사람들은 하나님을 위한 담대함을 드러낸다. 다니엘과 그의 친구들은 위험을 자초한 사람들이었다. 그러나 그것은 저돌적인 무모함이 아니었다. 그들은 자신들이 무엇을 하는지를 알았다. 그들은 그것을 위해 치러야 할 대가를 계산했고, 닥칠 위험을 평가했다. 그들은 하나님이 기적적으로 간섭하지 않으신다면 그들의 행동이 어떤 결과를 초래할지를 잘 알고 있었다. 그러나 하나님은 실제로 간섭하셨다.

하지만 그들은 이런 것들로 인해 마음이 흔들리지 않았다. 일단 자신들의 태도가 옳으며 하나님께 충성하기 위해서는 그런 태도를 취해야 한다는 것을 확신하고 나자, 그들은 오스왈드 챔버스(Oswald Chambers)의 말처럼 "결과와 상관없이 기쁘게 그 일들을 행했다." "사람보다 하나님께 순종하는 것이 마땅하니라"(행 5:29)고 사도들은 말했다. "내가 달려갈 길…을 마치려 함에는 나의 생명조차 조금도 귀한 것으로 여기지 아니하노라"(행 20:24)고 바울은 말했다.

이것이 바로 다니엘과 사드락과 메삭과 아벳느고가 가지고 있던 마음이었다. 그것은 하나님을 아는 모든 사람의 마음이다. 그들은 어떤 길이 올바른가를 결정하는 일은 고민스럽고 어려움을 알지만,

일단 그것에 대해 분명히 알고 나면, 그것을 담대하게 주저없이 받아들인다. 그들은 다른 사람들이 문제를 어떤 식으로 보는지 개의치 않고 그들과 같은 편에 서지 않는다고 해서 걱정하지 않는다(유대인들 가운데 사드락과 메삭과 아벳느고만이 느부갓네살의 신상에 절하기를 거부했을까? 성경 어디에도 그들이 그것에 대해 알았다거나, 신경을 썼다는 암시가 나와 있지 않다. 그들은 자신들이 무엇을 해야 하는지 분명하게 알았으며, 그것으로 충분했다). 우리 역시 이러한 잣대를 통해서도 우리가 하나님을 얼마나 잘 아는지를 측정해 볼 수 있다.

4. 하나님을 아는 사람들은 하나님 안에서 커다란 만족을 얻는다. 자신들이 하나님을 알고 하나님은 자신들을 안다는 확신, 이러한 관계가 죽음을 넘어서 영원토록 삶 속에서 그들을 향한 하나님의 사랑을 보증해 준다는 확신에 사로잡힌 사람들이 누리는 평화는 무엇과도 비교할 수 없다.

이것이 바로 바울이 로마서 5:1에서 "우리가 믿음으로 의롭다 하심을 받았으니 우리 주 예수 그리스도로 말미암아 하나님과 화평을 누리자"고 말하며, 로마서 8장에서 다음과 같이 그 내용을 상세히 분석하는 그러한 평화다. "그러므로 이제 그리스도 예수 안에 있는 자에게는 결코 정죄함이 없나니…성령이 친히 우리 영과 더불어 우리가 하나님의 자녀인 것을 증언하시나니…하나님의 상속자요…우리가 알거니와 하나님을 사랑하는 자…들에게는 모든 것이 합력하여 선을 이루느니라.…의롭다 하신 그들을 또한 영화롭게 하셨느니라.…만일 하나님이 우리를 위하시면 누가 우리를 대적하리요…누가 능히 하나님께서 택하신 자들을 고발하리요…누가 우리를 그리스도의 사랑에서 끊으리요…내가 확신하노니 사망이나 생명이나…현재 일이나 장래 일이나…우리를 우리 주 그리스도 예수 안에 있는 하나님의 사랑에서 끊을 수 없으리라"(1, 16-17, 28, 30-31, 33, 35, 38-39절).

이것이 바로 사드락과 메삭과 아벳느고가 알았던 그 평화다. 그래서 그들은 느부갓네살의 최후 통첩인 "너희가 만일 (우상에) 절하지 아니하면 즉시 너희를 맹렬히 타는 풀무불 가운데에 던져 넣을 것이니 능히 너희를 내 손에서 건져낼 신이 누구이겠느냐"(단 3:15)에 직면해서도 만족하면서 자기 입장을 굽히지 않았다. 그들은 고전이 될 만한 대답(3:16-18)을 한다. "느부갓네살이여, 우리가 이 일에 대하여 왕에게 대답할 필요가 없나이다"(겁먹은 모습이라고는 없다!). "왕이여, 우리가 섬기는 하나님이 계시다면 우리를 맹렬히 타는 풀무불 가운데에서 능히 건져내시겠고 왕의 손에서도 건져내시리이다"(이는 정중하지만 결정적인 말이다. 그들은 그들의 하나님을 알았다!). "그렇게 하지 아니하실지라도—구조되지 못한다 해도—왕이여, 우리가 왕의 신들을 섬기지도 아니…할 줄을 아옵소서"(결과가 어떠하든지 아무런 차이가 없다! 살든지 죽든지 그들은 만족한다).

주님, 내가 살든지 죽든지 그것은
    내가 상관할 바가 아닙니다.
당신을 사랑하고 섬기는 일이 나의 몫이니
    주의 은혜로 이것을 주시옵소서.

인생이 길면, 나는 기뻐하리니
　내가 오랫동안 순종할 수 있기 때문입니다.
인생이 짧다 해도 왜 내가 슬퍼하리요?
　끝없는 날로 날아오르는데 말입니다.

우리의 만족이 얼마나 광범위한가 하는 것 역시 우리가 정말로 하나님을 아는가를 판단할 수 있는 또 하나의 척도다.

첫 단계

이와 같이 하나님을 아는 지식을 원하는가? 그렇다면 다음의 두 단계를 거쳐야 한다.

먼저, 우리는 우리에게 하나님을 아는 지식이 얼마나 부족한가를 인식해야 한다. 우리는 하나님에 대한 지식이 아니라, 우리의 은사와 교회에서의 책임이 아니라, 어떻게 기도하며 우리 마음에서 무엇이 진행되고 있는가에 의해 자신을 측정하는 법을 배워야만 한다. 이 단계에서 우리가 얼마나 무력한가에 대해 우리 중 많은 사람이 모르는 것이 아닌가 하는 생각이 든다. 우리에게 이를 보여 주시도록 주님께 간구하자.

둘째로, 우리는 구세주를 찾아야만 한다. 주님은 지상에 계셨을 때, 사람들을 청하여 그들과 사귀셨다. 그래서 그들은 구세주를 알게 되었으며, 그분을 앎으로써 그분의 아버지이신 하나님을 알게 되었다. 구약 성경은 여호와께서 성육신 이전에 나타나셔서 그와 똑같은 일, 즉 사람들이 여호와를 알도록 여호와의 사자로 나타나 그들과 교제하신 일을 기록하고 있다. 다니엘서는 그러한 경우처럼 보이는 두 가지를 말해 준다. 다니엘의 세 친구와 풀무불 속에서 함께 거닐었던 "신들의 아들과 같았던" 네 번째 사람(3:25)은 누구였으며, 다니엘이 사자굴에 있을 때 하나님이 보내사 사자들의 입을 막도록 하신 그 천사(6:22)는 누구였을까? 주 예수 그리스도께서 지금 몸으로는 우리와 함께 계시지 않지만, 영적으로 볼 때는 그것이 아무런 문제도 되지 않는다. 여전히 우리는 예수님을 찾고 발견하는 것을 통해 하나님을 발견하고 알 수 있다. 주 예수를 발견하기까지 그분을 찾은 사람들만이 세상 사람들 앞에서 자신의 하나님을 안다고 증거할 수 있다. 우리가 마음을 다해서 예수님을 찾으면, 분명히 그분을 찾게 되리라는 것이 예수님의 약속이기 때문이다.

3. 아는 것과 아신 바 되는 것

우리는 무엇을 위해 창조되었는가? 하나님을 알기 위해서다.

우리는 인생에서 어떤 목표를 세워야 하는가? 바로 하나님을 아는 것이다.

예수님이 주시는 '영생'이란 무엇인가? 그것은 하나님을 아는 지식이다. "영생은 곧 유일하신 참 하나님과 그가 보내신 자 예수 그리스도를 아는 것이니이다"(요 17:3).

삶에서 다른 어떤 것보다도 더 큰 기쁨과 즐거움과 만족을 가져다주는 최고의 것은 무엇인가? 하나님을 아는 지식이다. "여호와께서 이와 같이 말씀하시되 지혜로운 자는 그의 지혜를 자랑하지 말라. 용사는 그의 용맹을 자랑하지 말라. 부자는 그의 부함을 자랑하지 말라. 자랑하는 자는 이것으로 자랑할지니 곧 명철하여 나를 아는 것과 나 여호와는…자인 줄 깨닫는 것이라"(렘 9:23-24).

인간의 상태 중에서 하나님께 가장 큰 기쁨을 드리는 상태는 어떤 것인가? 바로 하나님 그분에 대한 지식을 갖고 있는 때다. "나는…번제보다 하나님을 아는 것을 원하노라"(호 6:6)고 하나님은 말씀하신다.

이상 몇 개의 문장에서 우리는 엄청나게 많은 것을 말했다. 모든 그리스도인은 이 말들에 공감할 것이다. 물론 형식뿐인 종교를 가진 사람은 그로 인해 감동을 받지는 않을 것이지만 말이다(그리고 바로 그러한 사실로 인해 그가 중생하지 못한 상태에 있음을 알게 될 수도 있다). 우리가 지금까지 말한 내용은 곧바로 우리 삶의 기초와 형태와 목표를 제공해 주며, 우선순위의 원리와 가치 평가의 기준까지도 제공해 준다.

이 땅에서 해야 할 주된 일이 하나님을 아는 것이라는 사실을 알고 나면, 삶의 문제들 대부분은 저절로 자기 자리를 찾게 된다. 오늘날의 세계는 알베르 카뮈(Albert Camus)가 부조리('인생은 서투른 농담이다')라 집약한 소모성 질환에 시달리는 사람들, 그리고 마리 앙투아네트(Marie Antoinette) 열병이라 부를 수 있는 불만[그녀가 그것을 묘사하는 문구('아무것도 이해할 수 없어')를 찾아낸 장본인이다]으로 고생하는 사람들로 가득 차 있다. 이러한 병은 인생의 모든 것을 시들게 한다. 모든 것이 갑자기 문젯거리요 따분한 일이 되어 버린다. 애쓸 가치가 있는 것이란 도무지 없는 듯이 보인다. 하지만 그리스도인들은 유혹의 힘이 그들의 지성을 엉망으로 짓눌러 한바탕 교란시킬 때 외에는, 본질적으로 이러한 고질적인 부조리와 앙투아네트 열병에 감염되지 않는다. 그리고 하나님의 자비로 이러한 교란들도 그리 오래 지속되지 않는다.

충분히 큰 목표가 있다면, 인생은 가치가 있다. 이는 우리의 상상력을 자극하고 우리의 충성을 사로잡는다. 그리스도인들은 이 점에서 다른 사람들이 갖지 못한 것을 갖고 있다. 하나님을 아는 것보다 더 높고, 더 숭고하며, 더 사람의 마음을 끄는 목표가 어디에 있겠는가?

그러나 다른 각도에서 보면 우리는 아직 그리 많은 것을 말하지 않았다. 하나님을 아는 것에 대해 말할 때 우리는 언어적 표현을 사용하는데, 그러한 표현들은 마치 수표와도 같아서 어떻게 그것을 현금으로 바꿀 수 있는지를 알지 못한다면 아무런 쓸모도 없다. **하나님을 아는 것**이라는 문구를 사용할 때 우리는 무엇에 대해 말하는 것인가? 특별한 종류의 감정 혹은 등줄기를 타고 내려오는 오싹하는 기분인가? 꿈결 같고 땅 위에 붕 뜬 듯한 느낌인가? 마약 사용자들이 추구하는 것과 같은 흥분된 전율과 들뜬 기분인가? 아니면 하나님을 아는 것은 어떤 특별한 종류의 지적 체험인가? 우리는 어떤 목소리를 듣는가? 어떤 환상을 보는가? 우리의 지성을 자극하며 계속 이상한 생각들이 떠오르는 것을 발견하는가? 아니면 그 무엇인가? 이러한 것들은 논의할 필요가 있다. 특히 성경에 따르면, 이러한 영역에서 우리는 스스로에게 속아 실제로 하나님을 모르면서도 하나님을 안다고 생각하기 쉽기 때문에 더욱 그렇다. 그렇다면 우리는 다음과 같은 질문을 제기할 수 있다. '하나님을 아는 것'이라고 적절하게 묘사할 수 있는 것은 어떤 종류의 활동 혹은 사건인가?

하나님을 아는 것에 포함되는 것

먼저 하나님을 '아는 것'은 다른 어떤 사람을 '아는 것'보다 당연히 더 복잡한 일이다. 이는 이웃 사람을 '아는 것'이 어떤 집, 어떤 책 또는 어떤 언어를 '아는 것'보다 더 복잡한 일인 것과 마찬가지다. 대상이 복잡할수록 그것을 아는 일은 더 복잡해진다. 언어처럼 추상적인 것에 대한 지식은 학습으로 습득할 수 있다. 벤 네비스 (Ben Nevis; 스코틀랜드 중서부에 있는 영국 최고의 산—역주)나 대영 박물관과 같은 무생물에 대한 지식은 시찰하고 답사하면 획득된다. 그러한 활동들은 노력을 집중해야 한다는 면에서 힘겨운 작업이기는 하지만, 비교적 묘사하기 쉬운 활동이다. 하지만 살아 있는 생물체를 아는 것은 훨씬 더 복잡한 일이다. 살아 있는 것들이라면, 그것의 과거 역사뿐 아니라 특정한 상황에서 어떻게 반응하고 행동할지를 알기까지는 그것을 아는 것이 아니다. 어떤 사람이 "나는 이 말[馬]을 알아"라고 말한다면, 보통 그것은 단지 "나는 이 말을 이전에 본 적이 있어"라는 의미가 아니다(그 말을 사용하는 투에 따라서는 단지 그런 의미일 수도 있지만). "나는 이 말이 어떻게 행동하는지 알고, 이 말을 어떻게 다루어야 하는지 말해 줄 수 있다"는 의미일 가능성이 더 많다. 그리고 이전부터 그 말과 어느 정도 면식이 있어 그 말이 행동하는 모습을 보았고, 스스로 그것을 다루어 보려고 애쓴 적이 있던 경우에만 그러한 지식을 가질 수 있다.

인간에 대해서라면 형세는 더욱 복잡해진다. 말들과는 달리 사람들은 비밀을 지니고 있기 때문이다. 사람들은 모든 사람에게 자신의 마음속에 있는 것을 다 보여 주지는 않는다. 말 한 마리에 대해서 남김없이 알기 위해서는 며칠로 충분하지만, 어떤 사람과 몇 달 혹은 몇 년 동안 함께 일하고 나서도 여전히 "그 사람은 정말로 도무지 **알 수** 없어"라고 말할 수밖에 없을 때도 있다. 우리는 다른 사람들을 아는 데 몇 가지 등급이 있음을 인식하게 된다. 우리에게 자신을 얼마나 많이 혹은 얼마나 조금 열어 보이는가에 따라, 그 사람들을 잘 안다, 그리 잘 알지 못한다, 그저 악수나 나눌 정도다, 친밀하게 안다, 샅샅이 다 안다고 나누어 말할 수 있다.

따라서 우리가 다른 사람들을 아는 일의 특성과 범위는 우리에게 달려 있다기보다는 상대방에게 달려 있다. 우리가 그들을 아는 것은, 좀더 직접적으로는, 우리가 그들을 알려고 시도한 결과라기보다는 그들이 우리에게 그들을 알도록 허용해 준 결과다. 만남이 이루어졌을 때, 우리 편에서 할 일은 그들에게 주의와 관심을 기울이고, 그들에게 호의를 보여 주며, 우호적으로 우리 마음을 열어 보이는 것이다. 하지만 그 다음에 우리가 그들을 알게 될지 말지를 결정하는 것은 우리가 아니라 그들이다.

이제 우리가 신분상으로건, 지적인 명성에서건, 전문적인 기술에서건, 개인적인 고결함에서건 혹은 다른 어떤 점들에서라도 우리 '위에' 있다고 느끼는 어떤 사람에게 소개된다고 상상해 보자. 우리가 자신의 열등함을 인식할수록, 우리의 할 일은 단지 이 사람의 말을 정중하게 경청하고 그가 대화에서 주도권을 잡도록 하는 것뿐이라고 느낄 것이다(여왕이나 대통령을 만난다고 생각해 보라). 우리는 이 존귀한 사람을 알고 싶겠지만 이것은 상대방이 결정해야 할 문제라는 것을 충분히 인식한다. 만일 그가 정중한 격식을 갖춘 관계만을 원한다면 우리는 실망할지 모르지만 불평할 수는 없다고 느낀다. 실상 우리에게는 우정을 요구할 권리가 없다.

하지만 오히려 상대방이 즉시 자신의 비밀을 털어놓고 공통 관심사에 대해 심중에 있는 것을 솔직하게 말하며, 자신이 계획한 특별한 사업을 같이 해 보자고 권하거나 이런 유의 동업을 영구히 같이 해 보자고 청한다고 생각해 보자. 우리는 엄청난 특권을 얻었다고 느낄 것이며, 이제 우리의 사고방식은 예전과는 하늘과 땅만큼 달라지게 될 것이다. 지금까지는 인생이 하찮고 따분하게 보였다 해도, 이제 이 위대한 사람이 그의 개인적인 보좌역 가운데 한 명으로 삼아 주었으니 더 이상 그렇지 않다. 이것은 정말로 대단하고 또한 우리 삶을 바칠 만한 무엇이다!

이것은 하나님을 아는 것이 무엇을 의미하는가에 대한 하나의 실례다. 하나님이 예레미야를 통해 "자랑하는 자는 이것으로 자랑할지니 곧 명철하여 나를 아는 것과"라고 하신 것은 당연한 일이다. 하나님을 아는 것은 사람의 마음을 흥분시키는 그런 관계를 갖는 것이기 때문이다.

전능하신 창조주, 만군의 주, 그 앞에서는 모든 나라가 물통 속의 물 한 방울과 같은 그 위대한 하나님이 당신에게 오사, 성경의 말과 진리들을 통해 당신에게 말씀하시기 시작한 것이다. 당신은 오랫동안 성경과 기독교 진리들에 정통해 있었지만, 그것이 당신에게 거의 아무런 의미도 없었을지 모른다. 그런데 어느 날 하나님이 성경의 메시지를 통해 실제로 당신에게—바로 당신에게!—말씀하시고 있다는 사실에 눈을 뜨게 된다. 하나님의 말씀을 들으면서 당신은 자신이 매우 낮아지는 것을 발견한다. 하나님은 당신의 죄와 죄책과 연약함과 무지함과 어리석음에 대해 말씀하셔서, 당신으로 하여금 스스로를 절망적이고 무력하다고 판단하며 소리쳐 용서를 구하지 않을 수 없게끔 하시기 때문이다.

하지만 이것이 전부가 아니다. 당신이 하나님의 말씀에 귀기울일 때 하나님은 실제로 그분의 마음을 열어 보이시며, 당신과 친구가 되시고, 당신을 동료로, 바르트(Barth)의 말로 하면 **언약의 동반자**로 삼아 주신다는 것을 깨닫게 된다. 이것은 깜짝 놀랄 만한 일이지만, 분명히 사실이다. 곧 죄 많은 인간들이 하나님을 앎으로 누리는 관계는, 말하자면 하나님이 인간들을 자신의 동료로 삼으사 이제부터는 하나님의 동역자(고전 3:9을 보라)와 개인적인 친구가 되게 하는 그런 관계다. 요셉을 감옥에서 꺼내어 바로 왕의 총리가 되게 하시는 하나님의 행동은, 모든 그리스도인에게 행하시는 하나님의 행동에 대한 묘사. 즉 당신은 사탄의 포로에서 하나님을 섬기는 신뢰받는 위치로 옮겨진 것이다.

종이 되는 것이 수치스러운 일이 되는가, 자랑스러운 일이 되는가는 누구의 종이냐에 달려 있다. 많은 사람이 제2차 세계대전 중 윈스턴 처칠 경을 개인적으로 섬긴 것에 대해 매우 큰 자부심을 느꼈다고 말한다. 하늘과 땅의 주님이신 하나님을 알고 섬기는 일은 얼마나 더 자랑스럽고 기쁜 일이겠는가!

그렇다면 하나님을 아는 것은 어떤 활동을 포함하는가? 앞에서 대략 쓴 대로, 이러한 관계에 포함되는 여러 요소를 결합해 보자. 하나님을 아는 것은 첫째로, 하나님의 말씀에 귀를 기울이고 성령께서 해석해 주시는 대로 그것을 자신에게 적용하는 것, 둘째로, 하나님의 말씀과 사역이 드러내는 하나님의 본질과 특성에 주목하는 것, 셋째로, 하나님의 초청을 받아들이고 하나님이 명하시는 일을 행하는 것, 넷째로, 하나님이 이처럼 가까이 오사 당신을 이러한 신적 교제로 이끌어들인 것에서 보이신 사랑을 인식하고 기뻐하는 것을 포함한다고 말할 수 있다.

예수님을 아는 것

성경은 생생한 묘사와 유추를 사용해서 이러한 개념들을 상세히 설명해 준다. 성경은 아들이 아버지를 아는 것처럼, 아내가 남편을 아는 것처럼, 신하가 왕을 아는 것처럼, 양이 목자를 아는 것처럼(이는 성경에서 주요하게 사용하는 네 가지 유추다), 우리가 하나님을 안다고 말한다. 이 네 가지 유추는 모두 아는 자가 대상을 '바라보고' 그 대상은 아는 자의 복지에 책임을 지는 관계를 나타낸다. 이것이 하나님을 아는 것에 대한 성경적 개념의 일부다. 하나님을 아는 자들, 즉 하나님이 자신이 알려지는 것을 허용하신 자들은 하나님의 사랑과 돌보심을 받는다. 잠시 후에 이에 대해 더 자세히 살펴보도록 하자.

다른 한편 성경은 육신으로 나타난 하나님이신 예수 그리스도를 아는 것을 통해서만 하나님을 알 수 있다고 덧붙인다. "네가 나를 알지 못하느냐? 나를 본 자는 아버지를 보았거늘"(요 14:9), "나로 말미암지 않고는 아버지께로 올 자가 없느니라"(요 14:6). 그러므로 예수 그리스도를 **아는** 것이 무엇을 의미하는가에 대해 마음속으로 분명하게 정리하는 것이 중요하다.

예수님이 지상에 계실 때 그분의 제자들이 예수님을 알았던 행위는, 앞의 예에 나온 처칠 경을 아는 것과 직접적으로 비교할 수 있는 일이었다. 제자들은 예수님의 특별한 관심을 끌 만한 점이라고는 아무것도 없는 평범한 갈릴리 사람들이었다. 하지만 예수님, 즉 권위를 가지고 말하는 랍비이자, 선지자 이상의 선지자였고, 점차 더 많은 경외심과 경건함을 불러일으켜 마침내 제자들이 그들의 하나님으로 인정할 수밖에 없도록 만드신 주님이, 그들을 부르사 자신의 비밀을 털어놓고 그들을 자신의 대리인들로 삼으시고 하나님 나라를 세상에 선포하도록 하셨다. "이에 열둘을 세우셨으니 이는 자기와 함께 있게 하시고 또 보내사 전도도 하며"(막 3:14). 그들은 자신들을 택하시고 친구라 부르신 예수님을 "그리스도시요, 살아 계신 하나님의 아들"(마 16:16), 왕으로 나신 분, "영생의 말씀"을 지니신 분(요 6:68)으로 인식했다. 그리고 이러한 지식으로 말미암은 충성과 특권 의식은 그들의 삶 전체를 변화시켰다.

예수 그리스도가 다시 살아나셨다는 신약 성경 말씀의 의미 가운데 하나는, 갈보리에서 죽으신 그리스도께서 이제 풀려나 자유롭게 되었으며, 따라서 어느 곳에 있는 누구든지 예수님이 육신을 가지셨던 시절에 제자들이 누렸던 것과 같은 관계를 누릴 수 있다는 말이다.

차이점들이 있다면 다음과 같은 것들이다. 첫째, 예수님은 그리스도인들에게 육신적이 아니라 영적으로 임재하시므로 우리의 육안으로는 보이지 않는다. 둘째, 그리스도인들은 신약의 증거에 의거해서, 원래의 제자들이 일정한 기간에 걸쳐 서서히 이해했던 예수님의 신성과 속죄의 희생에 대한 진리를 처음부터 안다. 셋째, 오늘날 예수님은 우리에게 새로운 말씀을 하시는 것이 아니라, 복음서들에 기록된 자신의 말씀을 다른 성경적 증거들과 함께 우리의 양심에 적용하심으로써 말씀하신다. 하지만 예수 그리스도를 아는 것이 명확하게 개인적 제자도의 관계라는 사실은 예수님과 열두 제자의 관계가 그러했던 것과 마찬가지다. 복음서 이야기들 속에서 행하시는 예수님이 이제는 그리스도인들과 함께 행하시며, 그 때나 지금이나 예수님을 아는 것에는 예수님과 같이 행하는 것이 포함된다.

예수님은 "내 양은 내 음성을 들으며 나는 그들을 알며 그들은 나를 따르느니라"(요 10:27)고 말씀하셨다. 예수님의 "음성"은 예수님의 주장, 약속, 부르심이다. "나는 생명의 떡이니…나는 양의 문이라.…나는 선한 목자라.…나는 부활이요"(요 6:35; 10:7, 14; 11:25). "아들을 공경하지 아니하는 자는 그를 보내신 아버지를 공경하지 아니하느니라. 내가 진실로 진실로 너희에게 이르노니 내 말을 듣고 또 나 보내신 이를 믿는 자는 영생을 얻었고"(요 5:23-24). "수고하고 무거운 짐 진 자들아, 다 내게로 오라. 내가 너희를 쉬게 하리라.…나의 멍에를 메고 내게 배우라. 그리하면 너희 마음이 쉼을 얻으리니"(마 11:28-29).

예수님의 주장이 인정될 때, 예수님의 약속이 신뢰를 받을 때, 예수님의 부르심에 응답이 있을 때, 예수님의 음성은 '들린' 것이다. 그 때부터 예수님은 목자로 알려지시며, 그분을 신뢰하는 사람들을 자신의 양으로 아신다. "나는 그들을 알며 그들은 나를 따르느니라. 내가 그들에게 영생을 주노니 영원히 멸망하지 아니할 것이요 또 그들을 내 손에서 빼앗을 자가 없느니라"(요 10:27-28). 예수님을 아는 것은 금세와 내세에서 그분에 의해 죄와 죄책과 사망으로부터 구원받는 것이다.

인격적 문제

이제 한걸음 물러서서 "유일하신 참 하나님과 그가 보내신 자 예수 그리스도를 아는 것"이 의미하는 바에 대해 말한 것을 검토해 볼 때, 우리는 다음과 같이 강조점을 정리할 수 있다.

첫째, **하나님을 아는 것은 인격적인 교제다**. 인격적인 존재들과 직접적으로 알려면 다 그런 것과 마찬가지다. 하나님을 아는 것은 하나님에 대해 아는 것 이상이다. 그것은 하나님이 자신을 열어 보이심에 따라 하나님과 교제하는 것, 그리고 하나님이 당신을 아심으로 하나님의 교제의 대상이 되는 것이다. 하나님에 대해 아는 것은 하나님을 신뢰하기 위한 선결 조건이지만["그들이…듣지도 못한 이를 어찌 믿으리요"(롬 10:14)], 하나님에 대한 우리 지식의 폭이 하나님을 아는 우리 지식의 깊이를 측량해 주는 척도는 아니다.

존 오웬(John Owen)과 장 칼뱅은 존 번연이나 빌리 브레이(Billy Bray)보다 신학을 더 많이 알았다. 하지만 번연과 브레이가 어느 모로 보나 오웬과 칼뱅만큼 그들의 하나님을 잘 알았다는 것을 누가 부인하겠는가?(물론, 이 네 사람은 모두 성경을 열심히 연구하는 사람들이었으며, 이것은 공식적인 신학 훈련보다 훨씬 더 중요하다) 만일 정확하게 개념을 아는 것이 가장 중요하다면, 가장 박식한 성경학자야말로 다른 어떤 사람보다 하나님을 잘 알 것이다. 하지만 그렇지 않다. 머릿속으로는 올바른 개념을 가지고 있으면서도 가슴으로는 그 개념들이 언급하는 실재를 전혀 맛보지 못할 수도 있다. 성령으로 충만해 성경을 읽고 설교를 듣는 순박한 사람들은, 신학적으로 자신이 옳다고 만족하는 박식한 학자보다 하나님과 구세주를 훨씬 더 깊이 알 것이다. 전자는 실제로 진리를 자신의 삶에 적용하는 것과 관련하여 **하나님과 교제를 나눌** 것이지만, 후자는 그렇지 않을 것이기 때문이다.

둘째, **하나님을 아는 것은 인격적으로 관련되는 일이다**. 곧 지성과 의지와 감정이 관련된다. 그렇지 않다면 그것은 완전히 인격적인 관계가 아니다. 다른 사람을 알기 위해, 우리는 그 사람의 교우 관계와 관심사들을 확실히 알아야 하고, 그가 관심을 갖는 일에 관여할 준비가 되어 있어야 한다. 이것이 없다면, 당신과 그 사람의 관계는 피상적이고 무미건조할 것이다.

"너희는 여호와의 선하심을 맛보아 알지어다"(시 34:8)라고 시편 기자는 말한다. 우리가 말하는 '맛본다'는 것은 맛을 음미할 셈으로 한입 '시식'해 보는 것이다. 보기에 좋고 요리사가 적극 추천하는 것이라 해도 맛보기 전까지는 음식의 진정한 특성을 알 수 없다.

마찬가지로, 우정의 경험을 '맛보기'까지는 다른 사람의 진정한 특성을 알 수 없다. 친구란 서로에 대한 생각(사랑에 빠진 사람들을 생각해 보라)을 나누고 공통 관심사에 대한 생각을 나눔으로써, 서로에게 언제나 어떤 맛을 전달한다. 이처럼 말과 행동으로 서로에게 마음을 열어 보일 때, 그들은 슬픔에 대해서건 기쁨에 대해서건 다른 사람의 특성을 '맛보는' 것이다. 그들은 상대방의 관심사에 관여하며, 그럼으로써 인격적으로나 감정적으로나 서로에게 관련된다. 그들은 상대방에 대해 생각할 뿐 아니라 상대방에게 공감한다. 이는 친구들이 상대방에 대해 갖는 지식의 본질적인 측면이며, 하나님을 아는 그리스도인의 지식—앞에서 살펴본 대로 이것 자체가 친구 사이의 관계다—에도 이와 똑같은 것이 적용된다.

오늘날에는 하나님을 아는 것의 감정적 측면은 종종 경시된다. 감상적인 자기 도취를 부추길까 우려해서다. 물론 자기 도취적인 종교는 가장 비종교적이며, 하나님이 우리에게 위로를 주시거나 우리의 행복이나 만족을 위해 혹은 '종교적 체험들'을 공급해 주기 위해—마치 이것들이 인생에서 가장 재미있고 중요한 것이라도 되는 듯이—존재하시는 것이 아니라는 사실은 끊임없이 강조할 필요가 있다.

또한 누구든지 '종교적 체험들'에 근거해서 "그를 아노라 하고 그의 계명을 지키지 아니하는 자는 거짓말하는 자요 진리가 그 속에 있지 아니하다"(요일 2:4; 비교. 9, 11절; 3:6, 11; 4:20)는 것을 강조할 필요가 있다.

하지만 이 모든 것에도 불구하고, 하나님을 아는 것은 지적이고 의지적인 관계일 뿐 아니라 감정적인 관계이며, 만일 그렇지 않다면 실로 인격적이고 깊은 관계가 되지 못하리라는 사실을 잊어버려서는 안 된다. 처칠의 개인 참모들이 전쟁의 성쇠에 대해 감정적으로 민감했던 것과 마찬가지로, 그리스도인은 세상에서 하나님의 대의가 승리하는 것과 그 과정들에 대해 감정적으로 관여하게 되며 또한 그래야 한다. 신자들은 하나님이 영광을 받으시고 정당함이 입증될 때 기뻐하며, 하나님이 조롱당할 때 가장 격심한 비탄을 느낀다.

바나바는 안디옥으로 와서 "하나님의 은혜를 보고 기뻐하였다"(행 11:23). 이와는 대조적으로 시편 기자는 "그들이 주의 법을 지키지 아니하므로 내 눈물이 시냇물같이 흐르나이다"(시 119:136)라고 썼다. 마찬가지로 그리스도인들은 주님을 실망시켰다는 사실을 깨달을 때 수치와 비통함을 느끼며(예를 들어, 시 51편과 눅 22:61-62을 보라), 때때로 하나님이 그들에게 보이신 그 영구한 사랑의 영광을 이러저러한 방식으로 확신케 될 때 기쁨에 도취되는 것을 느낀다["말할 수 없는 영광스러운 즐거움으로 기뻐하니"(벧전 1:8)].

이것이 바로 하나님과의 우정이 지니는 감정적이고 경험적인 측면이다. 그것을 무시하는 것은, 하나님에 대한 생각들이 얼마나 참되건 간에, 자신이 생각하는 그 하나님을 아직 모른다는 것을 나타내 준다.

셋째로, **하나님을 아는 것은 은혜다.** 그것은 반드시 또 처음부터 끝까지 하나님께 주도권이 있는 관계다. 하나님은 너무나도 완전하게 우리 위에 계시고, 우리는 죄로 인해 하나님의 은총을 요구할 모든 권리를 완전하게 잃었기 때문이다.

우리가 하나님과 사귀는 것이 아니라 **하나님이** 자신의 사랑을 우리에게 알리심으로 우리가 하나님을 알도록 하셔서 **우리와** 사귀시는 것이다. 바울은 갈라디아 사람들에게 "이제는 너희가 하나님을 알 뿐 아니라 더욱이 **하나님이 아신 바 되었거늘**"(갈 4:9)이라고 씀으로써, 하나님을 아는 우리의 지식에는 이처럼 은혜가 우선되어야 함을 표명한다. 이 성경 구절에서 나타나듯이, 사도 바울은 구원에는 은혜가 우선적이며 계속해서 기초가 된다고 생각했다. 그리스도인이 하나님을 아는 것은 하나님이 그들을 아신 결과다. 하나님이 먼저 은혜로 그들을 택하셨기 때문에 그들이 믿음으로 하나님을 아는 것이다.

안다는 말이 하나님에 대해 이런 식으로 사용될 때는, 하나님이 사랑하시고 선택하시며 구속하시고 부르시고 보존하시는 일에 주도권을 쥐시는 것을 가리키는, 주권적인 은혜의 단어가 된다. 하나님은 우리를 완전히 아신다. '우리를 철두철미하게 아신다'는 것이 분명히 그 말의 의미다. 고린도전서 13:12에 나온 바, 하나님에 대한 우리의 불완전한 지식과 우리에 대한 하나님의 완전한 지식의 대조에서 나타나듯이 말이다. 하지만 철두철미함이 이 말이 지닌 가장 중요한 의미는 아니다. 제일 중요한 의미는 다음과 같은 구절들에 나타난다.

"여호와께서 모세에게 이르시되…너는 내 목전에 은총을 입었고 **내가 이름으로도 너를 앎이니라**"(출 33:17). "내가 너(예레미야)를 모태에 짓기 전에 **너를 알았고** 네가 배에서 나오기 전에 너를 성별하였고"(렘 1:5). "나는 선한 목자라. 나는 **내 양을 알고** 양도 나를 아는 것이…나는 양을 위하여 목숨을 버리노라.…내 양은 내 음성을 들으며 **나는 그들을 알며**…영원히 멸망하지 아니할 것이요"(요 10:14-15, 27-28). 하나님이 자기 사람들을 아시는 것은, 자비로운 구원이라는 전체 목적과 관련되어 있다. 그 아심은 아시는 자들을 향한 하나님의 개인적 애정, 구속의 행위, 언약적 신실함, 섭리적 보살핌을 의미한다. 다시 말해, 그것은 앞에서 우리가 암시한 것처럼 지금부터 영원토록 주어지는 구원을 의미한다.

아신 바 되는 것

그러므로 가장 중요한 것은, 내가 하나님을 안다는 사실이 아니라 그 사실의 근저에 있는 더 큰 사실 곧 **그분이 나를 아신다**는 사실이다. 나는 하나님의 손바닥에 아로새겨진 존재다. 나는 결코 하나님의 마음에서 떠나지 않는다. 하나님을 아는 나의 모든 지식은 하나님이 계속해서 주도권을 쥐시고 나를 아시는 것에 달려 있다. 하나님이 먼저 나를 아셨기 때문에, 그리고 계속해서 나를 아시기 때문에 내가 하나님을 안다. 하나님은 친구로서 그리고 나를 사랑하는 분으로서 나를 아신다. 하나님의 눈이 내게서 벗어나거나, 하나님의 주의가 다른 곳으로 가는 순간은 없으며, 따라서 하나님의 돌보심이 멈칫 하는 때는 없다.

이것은 중대한 사실이다. 하나님이 계속해서 사랑 가운데 나를 아시고 나의 유익을 위해 나를 지켜보고 계심을 알면 말할 수 없는 위로, 말하자면 힘을 쪽 빠지게 하는 것이 아니라 활기를 돋우어 주는 그런 종류의 위로를 받게 된다. 나에 대한 하나님의 사랑은 나에 대한 최악의 것들을 처음부터 끝까지 미리 알고 계시는 상태에서 주어지는 완전히 현실적인 사랑이다. 그렇기 때문에 내가 무언가 때문에 환멸을 느끼더라도 그로 인해 하나님이 나에 대해 환멸을 느끼실 수 없으며, 내게 복을 주시고자 하는 하나님의 결심을 억누를 수도 없다. 이 사실은 우리에게 큰 위안을 준다.

하나님이 동료 인간들은 보지 못하는(그래서 나는 기쁘다!) 나의 뒤틀린 부분을 모두 보시며, 내 안에서 내가 보는 것(정말로, 그것으로 충분하다)보다 더 많은 부패함을 보신다는 것을 생각하면 분명 겸손해질 만한 충분한 이유가 있다. 하지만 어떤 알 수 없는 이유로 하나님이 우리를 친구로 삼기 원하시며 나의 친구가 되기를 바라신다는 것, 그리고 나를 위해 자신의 아들을 주셔서 죽게 하심으로 이러한 목적을 이루신 것을 생각해 보면, 또한 하나님을 예배하고 사랑할 만한 충분한 동기가 생긴다. 이러한 생각들을 여기서 다 상세히 설명할 수는 없다. 단지 그것들을 언급하는 것만으로도, 아는 것이란 단지 우리가 하나님을 아는 것이 아니라 하나님이 우리를 아시는 것을 의미한다는 사실을 보여 주기에 충분하다.

4. 오직 참되신 하나님

우상 숭배라는 말을 들을 때 당신은 마음속에 무엇이 떠오르는가? 토템 폴(totem pole: 토템의 상을 조각하거나 단청한 기둥으로 주로 집 앞에 세운다-역주) 앞에 넙죽 엎드리는 미개인들? 힌두교 신전 안에 있는 잔인한 얼굴을 한 형상들? 엘리야와 맞서 제단 주위를 돈 바알 선지자들의 고행적 춤? 이것들은 아주 명백하게 우상 숭배적이다. 하지만 우리는 더 교묘한 형태의 우상 숭배가 있다는 것을 깨달아야 한다.

십계명 중 제2계명을 살펴보자. 그것은 다음과 같다. "너를 위하여 새긴 우상을 만들지 말고 또 위로 하늘에 있는 것이나 아래로 땅에 있는 것이나 땅 아래 물 속에 있는 것의 어떤 형상도 만들지 말며 그것들에게 절하지 말며 그것들을 섬기지 말라. 나 네 하나님 여호와는 질투하는 하나님인즉"(출 20:4-5). 이 계명은 무엇에 대해 말하는가?

만일 이 구절만 따로 떨어져 있다면, 여호와 아닌 다른 신들의 형상을 섬기는 것을 언급한다고 생각하는 것이 자연스러울 것이다. 예를 들면, 이사야가 비웃었던 바벨론의 우상 숭배(사 44:9-20; 46:6-7) 혹은 바울이 로마서 1:23, 25에서 "썩어지지 아니하는 하나님의 영광을 썩어질 사람과 새와 짐승과 기어다니는 동물 모양의 우상으로 바꾸었느니라.…그들이 하나님의 진리를 거짓 것으로 바꾸어 피조물을 조물주보다 더 경배하고 섬김이라"고 묘사한 바, 바울이 살던 시대에 그리스와 로마 세계에서 행해지던 우상 숭배 말이다. 하지만 전후 문맥으로 보아 이 두 번째 계명은 이런 종류의 우상 숭배를 언급하는 것이 아니다. 만일 그렇다면 그것은 첫 번째 계명의 개념에 아무것도 덧붙이지 않고 단순히 반복만 할 뿐이기 때문이다.

따라서 (찰스 핫지의 말을 인용하면) 두 번째 계명은 "우상 숭배가 거짓 신들을 숭배하는 것만 말하는 것이 아니라, 형상을 가지고 참되신 하나님을 숭배하는 것도 포함한다"는 원리를 지적한다. 사실상 그것은 언제나 그렇게 받아들여졌다. 그리스도인들에게 적용해 보면, 그것은 예배를 위해 삼위 하나님 혹은 삼위일체의 어떠한 위격을 눈에 보이도록 표현하거나 그림으로 나타낸 것을 사용해서는 안 된다는 의미다. 이처럼 이 계명은 예배의 대상에 대해 다루는 것이 아니라 예배의 방식에 대해 다룬다. 곧 우리가 예배하는 분인 하나님에 대한 형상과 그림들이, 하나님을 예배하기 위한 보조 수단으로 사용되어서는 안 된다는 의미다.

형상의 위험

처음에는 이러한 금지 사항이 기독교의 열 가지 기본 원리에 끼어 있는 것이 좀 이상해 보일지도 모른다. 첫눈에는 그것이 그리 대단한 의미를 지니는 것처럼 보이지 않기 때문이다. 우리는 '형상들과 그림들이 예배자의 마음을 하나님께로 향하게 하는 데 도움이 된다면 예배자가 그런 것으로 둘러싸여 있다고 해서 무슨 해가 되겠는가?' 하고 묻는다.

우리는 이러한 것들을 사용하는 문제를 기질과 개인적 취향에 따른 것으로 취급하곤 한다. 어떤 사람들은 자기 방에 십자가에 못 박힌 예수님 상이나 그리스도의 그림을 걸어 놓는다. 그리고 기도할 때 이러한 것들을 바라보면 그리스도께 생각을 집중하는 데 도움이 된다고 말한다. 많은 사람이 그러한 장식물이 없는 교회보다는 그러한 장식물들로 가득 찬 교회에서 더 마음껏 더 쉽게 예배할 수 있다고 주장한다. 자, 그렇다면 그것이 뭐가 잘못된 것인가? 이런 것들이 어떤 해를 끼칠 수 있는가? 만일 사람들이 정말로 그러한 것들이 도움이 된다고 생각한다면, 더 이상 무슨 말을 할 필요가 있겠는가? 그것들을 금지하는 것이 무슨 의미가 있을 수 있는가? 이러한 당혹스러운 사실에 직면하여, 어떤 사람들은 두 번째 계명이 단지 이교의 제사 의식에서 따온, 하나님을 비도덕적이고 욕되게 표현하는 것들에만 적용되며, 그 외의 다른 것에는 적용되지 않는다고 주장할 것이다.

하지만 그 계명의 표현 자체가 이러한 제한된 해설을 배제한다. 하나님은 상당히 단호하게, 예배 때 사용하기 위해 **"어떤 것이든 조금이라도 닮은 것을 만들지 말라"**고 말씀하신다. 이 단호한 진술은 하나님을 동물로 묘사하는 그림이나 상을 사용하는 것뿐 아니라, 우리가 아는 가장 고귀한 피조물인 인간으로 묘사하는 그림과 상을 사용하는 것 역시 배제한다. 그것은 또한 예수 그리스도를 인간으로 묘사한 그림과 상을 사용하는 것도 배제한다. 비록 예수님은 인간이었고 아직도 여전히 인간이긴 하지만 말이다. 모든 그림과 형상은 필연적으로 우리가 생각하는 이상적인 인간됨을 '닮은 모습'으로 만들어지며, 따라서 계명에서 금하는 범주에 들어가기 때문이다.

역사적으로 볼 때, 제2계명이 가르침과 교훈을 주기 위한 목적으로 예수님의 그림을 사용하는 것(예를 들면, 주일학교 교실에서)을 금하는 것인가 아닌가에 대해서는 여러 가지 견해가 있었으며, 이에 대해서는 결론을 내리기가 쉽지 않다. 하지만 그 계명이 공적 예배에서나 개인적인 예배에서나 성부 하나님의 그림 및 형상 사용을 금하는 것과 마찬가지로, 그리스도의 그림 및 형상을 사용하는 것을 금한다는 것에 대해서는 의심의 여지가 없다.

하지만 그러한 경우라면, 이처럼 포괄적으로 금지하는 것이 무슨 의미가 있는가? 그 계명에 덧붙여진 엄청난 제재 규정(하나님이 질투의 하나님이시라는 것과, 그 계명을 위반하는 자들을 매우 엄중하게 벌하시리라는 것을 선포함)과 함께, 그 계명 자체가 강조된 것을 볼 때, 우리는 이것이 정말로 지극히 중요한 문제라고 추측할 수 있을 것이다. 하지만 정말로 그런가?

그렇다. 성경은 하나님의 영광과 인간의 영적 안녕 둘 다가 그것과 직접적이고 밀접한 관련이 있음을 보여 준다. 두 가지 견해가 이 명령을 그처럼 단호하게 강조했어야 하는 이유를 충분히 설명해 준다. 그 견해들은 형상이 지닌 진정한 유용성 혹은 추정된 유용성과 관련된 것이 아니라 형상의 **진상**과 관련되어 있다. 그것들은 다음과 같다.

1. **형상들은 하나님의 명예를 손상시킨다. 그것은 하나님의 영광을 가리기 때문이다.** 하늘에 있는 것들(해, 달, 별)과 땅에 있는 것들(사람, 짐승, 새, 곤충)과 바다에 있는 것들(물고기, 포유류, 갑각류)의 형상은 창조주의 형상과 똑같지 않다. 칼뱅은 이렇게 썼다. "하나님의 참된 형상은 세상 속에서 발견되어서는 안 된다. 그리고…하나님이 눈에 보이는 형태로 제시되면, 하나님의 영광은 더럽혀지며 그분의 진리는 거짓에 의해 타락해 버리고 만다.…그러므로 하나님의 형상을 고안해 내는 것은 그 자체가 불경스러운 일이다. 하나님의 존엄성이 훼손되며, 하나님은 실제의 하나님이 아닌 다른 어떤 존재로 나타나기 때문이다."

여기서 요점은, 하나님이 사실은 몸도 몸의 기관들도 가지고 있지 않은데, 형상은 하나님이 그러하다고 묘사한다는 것이 아니다. 만일 이것이 형상들에 대해 반대하는 유일한 근거라면, 그리스도를 형상화하는 것에 대해서는 아무런 비난도 할 수 없다. 문제는 실로 훨씬 더 심각하다. 그림과 형상을 반대하는 핵심적인 이유는, 그것들이 묘사하는 신적 존재의 인격적 본질과 특성에 대한 진리의 대부분을—전부는 아니라 하더라도—불가피하게 숨기게 되기 때문이다.

예를 들어 보자. 아론은 금송아지(즉 황소의 형상)를 만들었다. 그것은 여호와 곧 이스라엘을 애굽으로부터 이끌어낸 위대한 하나님을 나타내는 가시적인 상징이 되도록 만들어졌다. 분명 그 형상은 하나님의 위대한 힘을 적절하게 상징함으로써, 하나님을 영화롭게 할 것이라 생각되었다. 하지만 사실은 그런 상징이 하나님을 모욕한다는 것을 깨닫기는 어렵지 않다. 황소 모양으로 하나님의 형상을 만들어 놓은 것을 바라보면서 어떻게 하나님의 도덕적 성품, 하나님의 의로우심, 선하심, 오래 참으심 등에 대해 생각할 수 있겠는가? 그런 까닭에 아론의 형상은 여호와의 영광을 가렸다.

마찬가지로, 십자가에 달리신 예수님 상이 드러내는 비애감은 그리스도의 영광을 가린다. 그것은 그리스도의 신성, 십자가 상에서 이루신 그리스도의 승리 그리고 현존하는 그리스도의 나라 등의 사실을 감추어 버린다. 그것은 그리스도의 인간적 연약함은 나타내 보이지만, 그분의 신적인 힘은 숨겨 버린다. 그것은 그리스도가 받은 고통의 실재는 나타내 보이지만, 그리스도의 기쁨과 그분의 능력의 실재는 드러내지 않는다. 이 두 가지 경우 모두에서 상징은 특히 그것이 나타내지 못하는 것 때문에 무가치하다. 신성에 대한 다른 모든 가시적인 표현도 마찬가지다.

문화적인 관점에서 종교 예술을 어떻게 생각하건 간에, 우리는 하나님을 그린 그림들에 의지해서 하나님의 영광을 보아서는 안 되며 그것들로 마음의 감동을 받아 예배하려 해서는 안 된다. 하나님의 영광은 그런 그림들로는 결코 우리에게 보여 줄 수 없는 것이기 때문이다. 그리고 바로 이 때문에 하나님은 제2계명에서 자신에 대해 불순종하는 자들에게 복수하는 '질투하는' 분이라고 덧붙이신 것이다. 성경에서 하나님의 '질투'는 하나님 자신의 영광을 유지하려는 하나님의 열심이기 때문이다. 그런데 예배 시에 형상들이 사용될 때 그 영광은 위태로워진다.

성경은 이사야 40:18에서, 하나님의 측량할 수 없는 위대하심을 생생하게 선포하고 난 후에 이렇게 묻는다. "그런즉 너희가 하나님을 누구와 같다 하겠으며 무슨 형상을 그에게 비기겠느냐?" 이 질문은 대답이 아니라, 다만 잠잠한 침묵을 기대한다. 이 질문은 우리에게 어떤 피조물의 모양을 본떠서 만든 형상—형상들은 그렇게 만들 수밖에 없다—이 창조주 하나님이 받으실 만한, 그분을 닮은 모습이 되리라고 생각하는 것은 불경할 뿐더러 어리석다는 것을 상기시켜 준다.

예배 드릴 때 형상들을 사용해서는 안 되는 까닭은 여기에 그치지 않는다.

2. 형상들은 우리를 그릇된 길로 인도한다. 그것들은 하나님에 대한 그릇된 개념을 전달하기 때문이다. 형상들은 하나님을 나타내기에 부적절하며 그러기에 하나님에 대한 우리의 생각을 왜곡하며, 우리 마음속에 하나님의 성품과 뜻에 대한 온갖 잘못된 생각을 심는다.

아론은 송아지 형태로 하나님의 형상을 만듦으로써, 이스라엘 사람들이 광란과 방탕함으로 예배 드려도 하나님이 받으실 거라고 생각하도록 만들었다. 그래서 아론이 제정한 "여호와의 절일"(출 32:5)은 수치스럽고 난잡한 야단법석의 장이 되고 말았다. 또한 역사적으로 사람들은 십자가에 달린 예수 상을 기도의 보조물로 사용함으로써, 경건을 그리스도의 육체적인 고난을 곰곰이 생각하는 것과 같다고 보는 위험에 빠지곤 했다. 그리하여 육체적 고통의 영적 가치에 대해 불건전한 생각을 갖게 되었으며, 부활하신 구세주를 알지 못하게 되었다.

이러한 예들은 어떻게 형상이 사람들의 마음속에서 하나님의 진리를 왜곡하게 되는가를 보여 준다. 심리학적으로 볼 때, 기도를 드릴 대상의 형상이나 그림에 습관적으로 초점을 맞추다 보면, 곧 그 형상이 묘사하는 대로 생각하고 그것에 기도하게 된다. 따라서 이런 의미에서 형상에 '절하고' '섬기게' 될 것이다. 그리고 형상이 하나님에 대한 진리를 말해 주지 못하므로 그만큼, 진리 안에서 하나님께 예배 드리지 못하게 될 것이다. 바로 이 때문에 하나님은 우리가 예배 드릴 때 형상과 그림을 이용하지 못하도록 금하신 것이다.

부어 만든 형상과 마음속의 형상

하나님의 형상과 그림이 하나님에 대한 우리의 생각에 영향을 끼친다는 것을 인식하고 나면, 제2계명이 금지하는 또 다른 영역을 발견하게 된다. 제2계명은 주물을 녹여서 하나님의 형상을 만드는 것을 금하면서 또한 마음속으로 하나님의 형상을 생각해 내는 것도 금한다. 머릿속으로 하나님을 상상해 보는 것은 손으로 만든 작품으로 하나님을 상상하는 것과 마찬가지로 제2계명을 어긴 것이다.

우리가 얼마나 자주 다음과 같은 식의 말을 듣는가 생각해 보라. "나는 하나님을 위대한 건축가(혹은 수학자 혹은 예술가)로 **생각하는 것을 좋아해요**." "나는 하나님을 심판관으로 생각하지 않아요. 하나님을 그저 아버지로 **생각하는 게 좋아요**." 우리는 경험을 통해 이런 식의 말이 종종 성경이 하나님에 대해 말하는 어떤 내용을 부인하기 위한 서곡 구실을 하는 것을 알고 있다. **자신이 원하는 대로** 하나님을 생각할 자유가 있다고 주장하는 사람들은 제2계명을 어기는 것이라는 사실은, 최대한 강조하여 말할 필요가 있다. 기껏해 봤자 그들은 하나님을 인간의 형상, 아마도 이상적인 인간 혹은 초인으로 생각할 수 있을 뿐이다. 하지만 하나님은 어떤 부류의 사람도 아니다. 우리는 하나님의 형상으로 만들어졌지만, 하나님이 우리가 만든 형상 안에 존재하신다고 생각해서는 안 된다. 그러한 생각은 하나님을 아는 것이 아니라 하나님에 대해 무지한 것이다.

성경의 계시보다 철학적 추론에 의거하는 모든 사변적인 신학은 이 점에서 잘못되어 있다. 바울은 이런 유의 신학이 결국 어떻게 되는가를 말한다. "이 세상이 자기 지혜로 하나님을 알지 못하므로"(고전 1:21). 신학의 영역에서 자기 마음의 상상력을 따라가는 것은, 하나님에 대해 여전히 무지한 채로 있는 것이다. 이는 자신의 추측과 상상력으로 만든, 하나님에 대한 그릇된 형상인 우상을 숭배하는 길이다.

이에 비추어 보면, 제2계명의 적극적인 측면은 명백하다. 이 계명은 소극적으로 보면, 하나님의 명예를 실추시키고 하나님의 진리를 왜곡하는 예배 방식과 종교적 관행에 대한 경고다. 반면 적극적으로 보면, 창조주 하나님은 초월하시고 신비로우시며 불가해하시고 우리가 할 수 있는 모든 상상과 철학적 사고 범주 너머에 계시다는 것을 인식하라는 명령이다. 따라서 이는 겸손하게 자신을 낮추고, 하나님께 귀를 기울이고 하나님에게서 배우며, 하나님이 어떤 분이신가 하는 것과 우리가 하나님을 어떻게 생각해야 하는가에 대해 하나님이 우리를 가르치시도록 하라는 명령이다.

하나님은 "내 생각은 너희의 생각과 다르며", "내 길은 너희의 길과 달라서"라고 말씀하신다. "하늘이 땅보다 높음같이 내 길은 너희의 길보다 높으며 내 생각은 너희의 생각보다 높기"(사 55:8-9) 때문이다. 바울은 같은 맥락에서 이렇게 말한다. "깊도다! 하나님의 지혜와 지식의 풍성함이여, 그의 판단은 헤아리지 못할 것이며 그의 길은 찾지 못할 것이로다. 누가 주의 마음을 알았느냐"(롬 11:33-34).

하나님은 우리와 같지 않으시다. 하나님의 지혜, 하나님의 목적, 하나님의 가치 평가 기준, 하나님의 행동 양식은 우리의 것과 엄청나게 다르다. 그러므로 우리가 직관으로 그것들에 이르는 길을 추측하거나, 이상적인 인간됨에 대한 개념으로부터 유추하여 짐작하기란 도무지 불가능하다. 하나님이 우리에게 자신에 대해 말씀해 주지 않으신다면 우리는 하나님을 알 수 없다.

하지만 하나님은 말씀하셨다. 하나님은 선지자들과 사도들에게, 또 그들을 통해 말씀하셨으며, 아들의 말씀과 행위들로써도 말씀하셨다. 성경을 통해 접하게 된 이 계시를 통해, 우리는 하나님에 대한 참된 개념을 가질 수 있다. 성경이 없다면 우리는 결코 그렇게 할 수 없다. 따라서 제2계명의 적극적인 효과는, 다른 어떤 출처도 아닌 하나님 자신의 말씀인 성경으로부터 하나님에 대한 견해를 취할 수밖에 없도록 하는 것이다.

계명이 진술되어 있는 형태로 미루어 볼 때 그것이 그 계명의 적극적인 취지라는 것은 분명하다. 하나님은 형상을 만들고 섬기는 일을 금지하신 후에, 자신이 질투하는 분이라고 단언하신다. 하나님은 형상을 예배하는 자들 자체를 벌하시는 것이 아니라, 하나님의 계명을 전반적으로 소홀히 하는 '그분을 미워하는' 모든 사람을 벌하실 것이다.

전후 문맥으로 보아 우리는 이제 형상을 사용하는 사람들에 대한 특정한 경고가 나오리라고 자연스럽게 예상하게 된다. 그런데 왜 하나님의 경고는 일반적인 형태로 되어 있는가? 분명 그것은 형상을 만들고 예배에 사용하는 사람들, 그럼으로써 불가피하게 그 형상으로부터 그들의 신학을 취하게 되는 사람들은 사실상 모든 점에서 하나님의 계시된 뜻을 소홀히 하는 경향이 있으리라는 것을 깨닫도록 하기 위해서다. 형상을 신봉한다면, 그는 하나님의 말씀을 사랑하고 그것에 유의하는 법을 아직 배우지 못한 지성을 소유한 것이다. 물질적인 형상이든 정신적인 형상이든 인간이 만든 형상이 자신을 하나님께로 인도하리라고 기대하는 사람들은 하나님의 계시에 대해 바람직할 만큼 심각하게 생각하지 않는 것이다.

신명기 4장에서 모세는 예배 드릴 때 형상 사용을 금지하는 이유를 바로 다음과 같이 설명한다. 그는 형상을 만드는 것이 하나님의 말씀과 계명에 주의를 기울이는 것과 완전히 배타적이라는 듯이 이 둘을 대립시킨다. 모세는 사람들에게, 비록 그들이 시내산에서 하나님이 임재하셨다는 표시를 보긴 했지만 하나님이 나타나신 것을 눈으로 보지는 못했으며, 단지 하나님의 말씀을 들었을 뿐임을 상기시킨다. 그러면서 모세는 계속해서 시내산의 경험을 기억하면서 살라고 권고한다. 즉 귓가에 생생하게 울리며 그들을 인도하는 하나님의 말씀에 따라 살며, 상상이 만들어 낸 하나님의 형상이 눈앞에서 그들의 마음을 산만하게 하지 않도록 하라는 것이다.

요점은 분명하다. 하나님은 눈에 보이는 상징을 보여 주신 것이 아니라 그들에게 말씀하셨다. 그러므로 그들은 눈에 보이는 상징이 아니라, 단지 하나님의 말씀에 순종하는 삶을 살아야 한다. 아마도 모세는 이스라엘 사람들이 주변에 있는 우상 숭배 국가들로부터 형상의 표본을 빌려 올까 봐 두려웠을 것이다. 정확한 요점은 바로 이것이다. 즉 인간이 만든 하나님의 형상은 주물을 부어서 만든 것이건 정신적인 것이건 간에 모두 죄 많고 불경한 세상의 도구들로부터 빌려 온 것이며, 그렇기 때문에 하나님의 거룩하신 말씀과 조화를 이룰 수 없다. 어떤 형상을 만드는 것은, 하나님에 대한 우리의 생각을 하나님이 아니라 인간적 출처에서 취하는 것이며, 형상을 만드는 일이 잘못된 까닭이 여기에 있다.

참 하나님을 바라봄

지금까지 말한 바들을 돌이켜 볼 때 우리 모두에게 떠오르는 질문은 과연 우리가 제2계명을 얼마나 잘 지키고 있는가 하는 것이다. 우리가 출석하는 교회에는 금송아지 상 같은 것은 없으며, 집에 십자가에 달리신 예수 상 같은 것도 없다고 치자(재고해 보아야 할 만한 그림들을 벽에 붙여 놓았을지는 모르지만). 하지만 우리가 예배하고자 하는 하나님이 성경의 하나님, 삼위이신 여호와가 확실한가? 우리는 진리 안에서 유일하신 참 하나님께 예배하고 있는가? 하나님에 대한 우리의 개념이 사실은 왜곡되어 있어서 **기독교의** 하나님이 아니라 다른 어떤 하나님을 믿는다고 말할 정도는 아닌가? 회교도, 유대인, 여호와의 증인이 다른 하나님을 믿는 것과 마찬가지로 말이다.

당신은 '내가 어떻게 알 수 있는가?' 하고 반문할지도 모른다. 그 때 검토해 볼 수 있는 기준은 이것이다. 성경의 하나님은 아들 안에서 말씀하셨다. 하나님의 영광을 아는 빛은 예수 그리스도의 얼굴 안에서 주어진다. 우리는 하나님의 본성과 은혜에 대해 최종적인 진리를 보여 주는 주 예수 그리스도의 인격과 사역에 끊임없이 의지하는가? 하나님의 모든 목적이 그리스도에게 집중되어 있음을 깨닫는가?

만일 지금까지 이것을 볼 수 있었고 상상 속에서 갈보리로 가서 갈보리의 해결책을 붙잡을 수 있었다면, 우리는 진정 참 하나님을 예배하고 있었으며, 그분이 나의 하나님이시라는 것, 그리고 우리 주님의 다음과 같은 정의에 따라 지금 영생을 누린다는 것을 알 수 있다. "영생은 곧 유일하신 참 하나님과 그가 보내신 자 예수 그리스도를 아는 것이니이다"(요 17:3).

덧붙이는 말(1993)

나는 오랜 세월에 걸쳐 꾸준하게 독자들의 편지를 받았는데, 그 편지들은 교훈이나 예배의 목적으로 하나님의 형상을 사용하는 것을 그만두라는 내 주장이 너무 지나치다고 주장했다. 정말 그런가?

그들은 다음 세 가지 주장을 사용하여 내 의견을 반박했다. 첫째로, 하나님께 예배하는 데는 가족 사랑과 이웃 사랑을 통한 그리스도인의 도덕적 표현 못지않게 시각 예술을 통한 그리스도인의 미학적 표현도 필요하다. 둘째로, 상상력은 하나님이 지으신 인간 본성의 일부다. 따라서 우리가 창조주와 교제할 때 그것이 비난받고 억눌리기보다는 성화되고 표현되어야 한다. 셋째로, 형상(십자가에 달리신 그리스도 상, 성화, 성상들, 예수님을 그린 그림)은 실제로 경건함을 불러일으킨다. 그런 것들이 없다면 경건은 약화될 것이다.

첫 번째 주장의 원리는 분명 옳다. 그러나 그것은 올바로 적용될 필요가 있다. 상징 예술은 분명 여러 모로 예배에 기여할 수 있다. 하지만 제2계명은 여전히 하나님의 형상을 나타낸다고 생각할 만한 어떤 것도 사용해서는 안 된다고 말한다. 만일 성육신하신 성자 예수님에 대한 그림과 소묘, 조상(彫像)이 예수님이 실제로 어떤 모습인가를 시사하기보다는, 항상 그것들을 만든 문화의 완전한 인간의 상징(흰 얼굴을 한 앵글로 색슨인, 검은 얼굴을 한 아프리카인, 노란 얼굴을 한 중국인 혹은 다른 인종)으로 여겨졌다면, 아무런 해도 없었을 것이다. 하지만 어린아이들이건 단순한 어른들이건 그것들을 이런 식으로 보지 않기 때문에, 내 생각으로는 그것들 없이 예배를 드리는 것이 더 지혜로운 것 같다.

두 번째 주장의 원리 역시 옳다. 하지만 그것들로 하나님을 나타내는 정적이고 묘사적인 형상을 만듦으로써 제2계명에 정면으로 도전하기보다는, 선지서들과 시편에서 그러하듯이 우리의 언어적, 시각적 상상력을 하나님의 역사적 행위의 극적인 면모와 경이를 이해하는 데 이용하는 것이 성경적이다.

세 번째 주장에서 문제는 형상들이 상징적인 것이기보다는 하나님의 실제 모습을 묘사하는 것으로 취급되는 순간, 오히려 불러일으킨 경건을 타락시키기 시작한다는 것이다. 우리로서는 이러한 함정을 피하기가 어려우므로, 지혜는 다시 한 번 그것들 없이 지내는 법을 배우는 것이 더 낫고 안전한 길이라고 충고해 준다. 어떤 위험들은 감수할 만한 가치가 없는 것이다.

5 성육신하신 하나님

 신중한 사람들이 복음을 믿기 어렵다고 생각하는 것은 놀라운 일이 아니다. 복음이 다루는 실재는 우리의 이해력을 뛰어넘기 때문이다. 하지만 너무나 많은 사람이 잘못된 곳에서 난점을 발견하여 믿음을 필요 이상으로 어렵게 만드는 것은 애석한 일이다.

 예를 들어, 속죄를 생각해 보자. 많은 사람이 이것을 이해하는 데 어려움을 느낀다. 어떻게 나사렛 사람 예수, 로마의 교수대에서 숨을 거둔 사람의 죽음이 세상 사람들의 죄를 없애 준다고 믿을 수 있는가? 어떻게 그 죽음이 오늘날 하나님이 우리 죄를 용서해 주시는 것과 조금이라도 관계가 있는가?

 아니면 너무나 많은 사람에게 걸림돌이 되는 듯한 부활의 문제를 생각해 보자. 그들은 예수님이 죽은 자 가운데서 육체적으로 살아나셨다는 것을 어떻게 믿을 수 있는가 하고 묻는다. 무덤이 비어 있었다는 사실은 부인하기가 어렵다고 치자. 하지만 예수님이 그 무덤에서 나와 영원한 생명을 누리게 되었다는 사실을 믿는 것은 훨씬 더 어렵지 않을까? 기절한 후에 일시적으로 의식을 회복했다거나, 시체를 도둑맞았다는 식의 이론이 부활에 대한 기독교 교리보다 더 믿기 쉬워 보인다.

아니면, 동정녀 탄생을 생각해 보자. 이것은 금세기 들어 개신교도조차 널리 부인해 온 교리다. 도대체 어떻게 이 같은 생물학적 변칙을 믿을 수 있느냐고 사람들은 묻는다.

아니면, 복음서에 나오는 기적들을 생각해 보자. 많은 사람이 이것을 여러 난점의 근원이라 생각한다. 예수님이 병자들은 고치셨다고 치자(증거로 보아 예수님이 병을 고치셨다는 것을 의심하기는 어려우며, 어쨌든 역사를 보면 병 고치는 사람이 더러 있었다). 그러나 예수님이 물 위를 걸으셨다는 것이나 5천 명을 먹이셨다는 것 혹은 죽은 자를 살리셨다는 것을 어떻게 믿을 수 있겠는가? 이런 이야기들은 상당히 믿기 어렵다. 이와 비슷한 문제들로 인해 믿음의 변두리에서 맴도는 사람들 다수는 상당히 당혹해하고 있다.

가장 큰 신비

하지만 사실상 진정한 난점, 복음이 우리로 하여금 맞닥뜨리게 하는 최고의 신비는 이러한 점에 있지 않다. 그것은 속죄라는 수난일의 메시지에 있는 것도 아니고, 부활이라는 부활절의 메시지에 있는 것도 아니라, 성육신이라는 성탄절 메시지에 있다. 정말로 우리를 깜짝 놀라게 만드는 것은 나사렛 예수가 하나님으로서 사람이 되셨다는 사실이다. 즉, 신성의 제2위가 인간의 운명을 결정하는

"둘째 사람"(고전 15:47), 인류를 대표하는 둘째 우두머리가 되셨다는 것, 그리고 신성을 상실하지 않은 채 인성을 취하셨기 때문에 나사렛 예수는 참으로 완전하게 인간이셨고 마찬가지로 참으로 완전하게 신적 존재라는 것이다.

여기에는 두 가지 신비가 담겨 있다. 하나님의 단일성 안에 여러 위격이 있다는 것 그리고 예수님의 인격 안에는 신성과 인성이 결합되어 있다는 것이다. 바로 여기, 곧 첫 번째 성탄절에 일어난 일에 기독교 계시의 가장 심오하고 가장 헤아릴 수 없는 깊이가 있다. "말씀이 육신이 되어"(요 1:14). 하나님이 인간이 되셨다. 신적 존재이신 성자가 한 유대인이 되셨다. 전능하신 분이, 다른 모든 아이와 마찬가지로 먹을 것을 받아먹어야 하고 기저귀를 차야 하고 말하는 법을 배워야 하는 어린아이, 누워서 빤히 바라보며 꼼지락거리고 시끄러운 소리를 내는 것밖에 할 수 없는 무력한 어린아이로 이 땅에 오셨다. 여기에 착각이나 속임수는 없다. 성자 하나님이 아기였던 시절이 있었다는 것은 엄연한 사실이다. 더 많이 생각해 볼수록 그것은 더 엄청난 사실이다. 심지어 소설 속의 사건조차도 이 성육신의 진리보다 더 굉장한 것은 없다.

이것이 기독교의 진짜 걸림돌이다. 바로 이 점에서 유대인, 회교도, 일신론자들(이들은 삼위일체를 인정하지 않는다—역주), 여호와의 증인 그리고 동정녀 탄생, 기적, 속죄, 부활을 이해하는 데 어려움을 느낀 많은 사람이 실패를 했다. 복음서의 다른 난점들 역시 보통 성육신에 대한 그릇된 신앙, 아니면 적어도 부적절한 믿음으로 인해 생겨난다. 하지만 일단 성육신을 실제로 이해하면, 이 난점들은 사라진다.

만일 예수님이 아주 훌륭하고 경건한 인간에 불과하다면, 예수님의 생애와 사역에 대해 성경이 말해 주는 바를 믿는 일은 정말로 엄청나게 어려울 것이다. 하지만 만일 예수님이 영원하신 말씀이며, 창조 시에 성부의 집행자가 되셔서 "그로 말미암아 모든 세계를 지으신"(히 1:2) 바로 그분이라면, 예수님이 이 세상에 오시고, 이 세상 안에서 사시고, 이 세상에서 떠나시는 중에, 창조의 능력을 보여 주는 일련의 행위를 행하셨다 해도 놀라운 일이 아니다. 생명의 창시자이신 예수님이 죽은 자 가운데서 살아나셨다는 것은 이상한 일이 아니다. 예수님이 정말로 성자 하나님이라면, 그분이 다시 살아나셨다는 것보다 죽으셨다는 사실이 훨씬 더 놀라운 일이다.

"그것은 모두 신비다! 불멸하시는 그분이 죽으시다니"라고 웨슬리(Wesley)는 썼다. 불멸하시는 분이 부활하신 것은 그에 필적할 만한 신비가 아니다. 그리고 만일 불멸하시는 하나님의 아들이 정말로 죽음을 맛보시는 일을 감수하셨다면, 그러한 죽음이 멸망받을 수밖에 없는 인류를 구원할 수 있다는 것은 이상한 일이 아니다. 일단 예수님을 신적 존재로 인정한다면, 앞의 내용 가운데 무엇을 믿기 어렵다고 생각하는 것이 도리어 불합리하다. 그것들은 모두 한 종류이며, 완전히 앞뒤가 일치한다. 성육신은 그 자체로는 헤아릴 수 없는 신비지만, 신약에 담겨 있는 다른 모든 것을 뜻이 통하도록 해준다.

이 아이는 누구인가?

마태복음과 누가복음은 성자 하나님이 어떻게 이 세상에 오셨는지를 상세하게 말해 준다. 그분은 로마 제국이 위세를 떨치던 시절에 눈에 띄지 않는 유대 마을의 조그마한 여관 밖에서 태어나셨다. 우리가 성탄절에 대해 이야기할 때, 보통 그 이야기는 예쁘게 장식되곤 하지만 실제로는 언짢고 잔인한 이야기다. 예수님이 여관 바깥에서 태어나신 이유는, 그 여관이 만원이었으며 어느 누구도 해산하려는 여인에게 잠자리를 제공해 주지 않았기 때문이다. 그래서 여인은 마구간에서 아기를 낳고 말구유에 뉘어야 했다. 이 이야기는 감정에 치우치지 않고 아무런 논평도 없이 기록되어 있으나, 사려 깊은 독자라면 누구나 그 장면이 보여 주는 인간의 무정함과 비열함에 전율하지 않을 수 없을 것이다.

하지만 복음서 기자들이 이 이야기를 하는 것은 도덕적인 교훈을 이끌어내기 위함이 아니다. 그들이 말하려는 요점은 예수님의 탄생 환경이 아니라(그 일이 베들레헴에서 일어났기에 예언이 성취되었다는 점만은 말하려고 한다; 마 2:1-6을 보라), 그 아이의 신원이다. 이에 대해 신약은 두 가지 사항을 말해 준다. 우리는 이미 그것들이 무엇인지 지적한 바 있다. 이제 좀더 자세히 살펴보도록 하자.

1. **베들레헴에서 태어난 그 아기는 하나님이었다.** 좀더 정확하게 성경 용어를 사용해서 말하면, 그분은 **하나님의 아들**이셨다. 혹은 신학적인 표현에 의하면, 그분은 **성자 하나님**이셨다. 그분은 **한 아들**(a Son)이 아니라, 그 아들(the Son)이셨다. 요한은 독자들이 예수님의 독특성을 이해하는지를 분명하게 확인하기 위해 *그가 쓴 복음서의 처음 세 장에서 네 번이나* 그분이 **하나님의 독생자**(only begotten or one and only Son of God)라고 말한다(요 1:14, 18; 3:16, 18을 보라). 이에 따라서 교회는 "…하나님 아버지를 믿사오며 그 외아들 우리 주 예수 그리스도를 믿사오니"라고 고백한다.

기독교 변증가들은 때때로 예수님이 하나님의 독생자라는 진술이, 예수님의 신원에 대한 모든 질문에 답할 수 있는 최종적이고 완전한 대답인 것처럼 말한다. 하지만 그렇지 않다. 그 말 자체가 의문들을 제기하며, 또한 쉽게 오해될 수 있기 때문이다. 예수님이 하나님의 아들이시라는 진술은 사실상 두 신(神)이 있다는 말인가? 그렇다면 기독교는 유대인이나 회교도가 주장하는 대로 다신론의 종교인가? 아니면 **하나님의 아들**이라는 말은, 예수님이 피조물 중에서는 단연 비길 데 없는 분이지만 인격적으로는 성부 하나님과 똑같은 의미의 신성을 가지고 있지는 않다는 의미인가? 초대교회의 아리우스파 사람들이 이렇게 주장했으며, 현대에 와서는 일신론자들, 여호와의 증인 등이 이와 같은 사상을 주장한다. 그들의 주장은 옳은가? 성경에서 예수님을 하나님의 아들이라고 부를 때 그것이 진정 **의미하는** 바는 무엇인가?

이러한 질문에 대해 어떤 사람들은 당혹스러움을 느낀다. 하지만 신약 성경은 그러한 질문들에 어떻게 대답해야 하는지에 대해 의심의 여지를 남겨 놓지 않는다. 사도 요한은 그의 복음서 서론에서 원칙적으로 그러한 질문을 모두 제기하고 해답을 해 놓았다. 요한은 유대적 배경을 가진 독자 모두를 위해 복음서를 쓴 것 같다. 요한이 말하듯이, 그는 독자들이 "예수께서 하나님의 아들 그리스도이심을 믿게 하려 함이요 또…믿고 그 이름을 힘입어 생명을 얻게 하려"(요 20:31)고 그 글을 썼다. 요한은 복음서 전체에 걸쳐, 예수님을 하나님의 아들이라고 제시한다.

그러나 요한은 **하나님의 아들**이라는 말이 독자들의 마음속에서 오해하기 쉬운 연상들로 더럽혀져 있다는 것을 알았다. 유대 신학자들은 그 말을 그들이 기대하는 (인간) 메시아에 대한 칭호로 사용했다. 그리스 신화는 '신들의 아들들' 곧 신과 인간 여자의 결합으로 태어난 초인들에 대해 말한다. 이 두 가지 경우에 그 말은 개인적인 신성을 의미하지 않으며, 그러한 개념을 배격한다. 그래서 요한은 예수님을 하나님의 아들이라고 썼을 때, 자신의 말이 이같이 잘못 이해되지 않도록 확실히 해 두기를 원했다. 그는 처음부터, 예수님이 주장하셨고 그리스도인들이 예수님에게 있다고 생각하는 아들됨은 바로 신성을 말하는 것이며, 다른 어떤 것도 아니라는 점을 분명히 하고 싶어했다. 그래서 유명한 요한복음 서론이 나오게 된 것이다(요 1:1-18). 영국 국교회에서는 성탄절에 대한 가르침으로서 이 부분을 해마다 읽는데, 그것은 옳은 일이다. 신약에서, 예수님이 하나님의 아들이시라는 것의 의미와 본질을 여기처럼 분명히 설명하는 곳은 없다.

요한이 얼마나 주의 깊고 확실하게 주제를 해설하는지 살펴보자. 처음에 나오는 문장들에서는 **아들**이라는 용어가 전혀 나타나지 않는다. 대신 요한은 먼저 말씀에 대해 말한다. 말씀이라는 존재를 오해할 위험은 없었다. 구약을 읽는 사람들은 즉시 말씀에 대한 언급을 만나게 될 것이다. 구약에서 하나님의 말씀이란 하나님의 창조적인 말씀, 하나님의 목적을 성취하는 행동에 나타난 하나님의 능력이다. 구약은 하나님의 말씀, 곧 하나님의 목적에 대한 실제적 진술 자체에 목적한 일을 성취하는 능력이 있다고 묘사한다. 창세기 1장은 어떻게 창조 시에 "하나님이 가라사대…**있으라 하시매**…**있었는지**"를 말해 준다(1:3). "여호와의 말씀으로 하늘이 지음이 되었으며…그가 말씀하시매 이루어졌으며"(시 33:6, 9). 따라서 하나님의 말씀은 일하시는 하나님이다.

요한은 이러한 표상을 채택하고 곧 이어 하나님의 말씀에 대해 일곱 가지를 말한다.

(1) "**태초에** 말씀이 계시니라"(1:1). 여기에는 말씀의 **영원성**이 나타나 있다. 말씀 자신은 시작이 없다. 다른 것들이 시작되었을 때 그 말씀은 이미 **계셨다**.

(2) "이 말씀이 하나님과 **함께** 계셨으니"(1:1). 여기에는 그 말씀의 **인격성**이 나와 있다. 하나님의 목적을 성취하는 능력은, 곧 하나님과 영원토록 활발한 교제 관계를 유지하는 독특한 한 인격적 존재의 능력이다(이것이 바로 이 구절이 의미하는 바다).

(3) "이 말씀은 곧 하나님**이시니라**"(1:1). 여기에는 그 말씀의 **신성**이 나와 있다. 그분은 성부 하나님과 다른 별개의 존재지만, 그렇다고 피조물은 아니다. 그분은 성부 하나님이 그렇듯이 그 자체로 신적 존재시다. 이 구절이 우리에게 보여 주는 신비는 신성의 연합 안에 있는 각 위격의 구별이라는 신비다.

(4) "**만물이 그로 말미암아 지은 바 되었으니**"(1:3). 여기에는 **창조하시는** 말씀이 나와 있다. 그분은 성부 하나님이 행하신 모든 창조 행위에서 행위자셨다. 모든 것은 그분을 통해 지음받았다(부수적으로 말하면, 이는 성부 하나님이 피조물의 범주에 속하지 않는 것과 마찬가지로, 조물주이신 그분도 피조물의 범주에 속하지 않는다는 또 다른 증거다).

(5) "그 안에 **생명**이 있었으니"(1:4). 여기에는 **생명을 부여하시는** 말씀이 나온다. 그분 안에서 그분을 통해서가 아니면 피조물들에게 생명이란 없다. 여기에 모든 형태의 생명의 기원과 지속성이

라는 문제에 대한 성경의 대답이 있다. 곧 생명은 그 말씀에 의해 주어지고 유지된다는 것이다. 피조물은 자체적으로 생명을 가지고 있는 것이 아니라, 신성의 제2위이신 그 말씀 안에서 생명을 가지고 있다.

(6) "이 생명은 **사람들의 빛이라**"(1:4). 여기에는 **드러내시는** 말씀이 나온다. 그분은 생명을 주시면서 또한 빛을 주신다. 즉 모든 사람은 자신들이 하나님이 만드신 세상에 살아 있다는 바로 그 사실로부터 하나님에 대한 암시를 얻게 되며, 이것은 그들이 살아 있다는 사실과 마찬가지로 그 말씀의 사역으로 인한 것이다.

(7) "말씀이 **육신이 되어**"(1:14). 여기에는 **성육신하신** 말씀이 나온다. 베들레헴의 말구유에 있는 아기는 다름 아닌 하나님의 영원한 말씀이셨다.

요한은 이제 그 말씀이 누구인가를, 곧 신적 인격이시며 모든 것의 창시자라는 것을 보여 준 후에 그 신원을 밝힌다. 요한은 성육신에 의해 그 말씀이 하나님의 아들이라는 것이 드러났다고 말한다. "우리가 그의 영광을 보니 아버지의 독생자의 영광이요"(1:14). 그 신원은 "아버지 품 속에 있는 독생하신 하나님"이라는 18절에서 확증된다. 여기서 요한은 그가 처음부터 내내 목표로 하고 있던 요점을 확증한다. 예수님을 하나님의 아들이라고 부르는 것이 무엇을 의미하는지를 분명히 밝힌 것이다. 우리는 그 말씀이 무엇인가를 보았고, 그것은 바로 성자 하나님의 모습이다. 이것이 바로 요한복음의 서론이 담고 있는 메시지다.

그러므로 성경에서 예수님을 하나님의 아들이라고 선포할 때, 그 진술은 예수님의 독특한 인격적 신성을 주장한다. 성탄절의 메시지는 구유에 있는 그 아이가 바로 **하나님**이라는 엄청난 사실에 의거하고 있다.

하지만 이것이 이야기의 전부는 아니다.

2. **베들레헴에서 태어난 그 아기는 인간이 되신 하나님이다.** 말씀이 육신, 곧 진짜 인간 아기가 되셨다. 그러나 그렇다고 해서 그분이 이제 더 이상 하나님이 아니라는 것은 아니다. 그분은 이전과 마찬가지로 하나님이셨다. 하지만 이제 또한 인간이 되셨다. 그분은 하나님에서 신성의 어떤 요소를 **뺀** 존재가 아니라, 스스로 인성을 취하심으로 인성까지도 자신의 것으로 만드신, 모든 것을 **더한** 분이었다. 인간을 만든 그분이 이제 인간이 된다는 것이 무엇인지를 배우신 것이다. 사탄이 된 천사를 만드신 그분이 이제 사탄의 시험을 받을 수도 있는, 실로 시험받는 것을 피할 수 없는 상태가 되셨다. 그리고 완벽한 인간의 삶은 사탄과의 투쟁을 통해서만 이루어지는 것이다. 히브리서 기자는 하늘에 오르사 영광 중에 계신 그분을 바라보면서, 이 사실에서 큰 위로를 얻는다.

"그러므로 그가 범사에 형제들과 같이 되심이 마땅하도다.…그가 시험을 받아 고난을 당하셨은즉 시험받는 자들을 능히 도우실 수 있느니라.…우리에게 있는 대제사장은 우리 연약함을 동정하지 못하실 이가 아니요 모든 일에 우리와 똑같이 시험을 받으신 이로되 죄는 없으시니라. 그러므로 우리는 긍휼하심을 받고 때를 따라 돕는 은혜를 얻기 위하여 은혜의 보좌 앞에 담대히 나아갈 것이니라"(히 2:17-18; 4:15-16).

성육신의 신비는 헤아릴 수 없다. 우리는 그것을 설명할 수가 없다. 단지 신경으로 만들 수 있을 뿐이다. 아마도 그것은 아타나시우스 신경에 가장 잘 표현되었을 것이다. "하나님의 아들이신 우리 주 예수 그리스도는 하나님이고 사람이며…완전한 하나님이고 완전한 사람이다.…그분은 하나님이고 또 사람이지만, 둘이 아니라 한 분이신 그리스도시다. 신성을 육신으로 전환함으로써가 아니라 하나님께 인성을 더함으로써 한 분이신 것이다." 우리의 지성으로는 그 이상을 깨달을 수 없다. 찰스 웨슬리는, 우리가 구유에서 보는 바를 잘 요약해 준다.

우리의 하나님이 조그맣게 줄어든 것,
우리의 이해를 뛰어넘어 그분이 인간이 되신 것.

그분은 우리의 이해를 뛰어넘는다. 억측을 피하고 기꺼이 찬미하기 위해 이 점을 기억하는 것이 현명할 것이다.

죽기 위해 태어나심

우리는 성육신을 어떻게 생각해야 하는가? 신약 성경은 우리에게, 성육신이 제기하는 물리적·심리적 문제들에 대해 생각하느라 고심할 것이 아니라, 그 안에 나타난 하나님의 사랑으로 인해 하나님께 경배하라고 권한다. 성육신은 겸손하게 자신을 낮추는 위대한 행위이기 때문이다. 바울은 이렇게 쓴다. "본질상 언제나 하나님이셨던 그분은, 하나님과 동등한 분으로서의 자신의 특권에 집착하지 않고, 본질상 종이 되기로 하고 인간으로 태어나심으로써 스스로 모든 유리한 점을 버리셨다. 그리고 명백하게 인간으로 나타나셔서, 죽음에 이를 정도까지 순종하는 삶을 사심으로 자신을 낮추셨다. 그리고 **그분의 죽음은 평범한 한 범죄자의 죽음이었다**"(빌 2:6-8, 필립스역). 그리고 이 모든 일은 우리를 구원하기 위한 것이었다.

신학자들은 때로 성육신은 원래 그리고 기본적으로 창조 질서를 완성하기 위한 것이며, 그것의 구속적 의미는 말하자면 하나님이 뒤늦게 생각해 낸 것이었다고 함으로써 사람들을 우롱해 왔다. 하지만 제임스 데니(James Denney)가 올바르게 주장하는 것처럼, "신약에서 구속과 관련되지 않고 규정될 수 있는 성육신이란 있을 수 없다.…베들레헴이 아니라 갈보리가 계시의 초점이며, 기독교에 대한 해석 중 이것을 무시하거나 부인하는 것은 모두 기독교를 초점에서 벗어나게 함으로써 왜곡하는 것이다"(*The Death of Christ*, pp. 235-236).

베들레헴의 요람은 하나님의 아들이 갈보리의 십자가에 이르는 연속적인 단계들 안에서 차지하는 위치로 인해 중요한 의미를 지니며, 우리는 그것을 이러한 맥락에서 볼 때 비로소 제대로 이해한 것이다. 그러므로 신약에서 성육신을 해석하기 위한 실마리가 되는 본문은 요한복음 1:14에 나오는 "말씀이 육신이 되어 우리 가운데 거하시매"라는 사실적인 진술이 아니라, 오히려 고린도후서 8:9의 "우리 주 예수 그리스도의 은혜를 너희가 알거니와 부요하신 이로서 너희를 위하여 가난하게 되심은 그의 가난함으로 말미암아 너희를 부요하게 하려 하심이라"는 좀더 포괄적인 진술이다. 이 구절은 성육신의 사실만 진술하는 것이 아니라, 그 의미도 진술한다. 즉 성자가 인간됨을 취하셨다는 사실을 도대체 어떻게 보아야 하는지를 알려 준다. 그것은 단지 자연의 경이가 아니라, 오히려 은혜의 경이로움으로 보아야 한다.

하나님 이하의 존재로 되었다?

그러나 여기서 우리는 잠시 멈춰 서서, 앞에서 인용한 바울의 본문을 어떤 사람들이 다른 용도로 사용하는 것을 고찰해 보아야 한다. 빌립보서 2:7은 "스스로 모든 특전을 제거해 버리셨다"(필립스역)고 번역되어 있으며, KJV에서 "스스로 무명의 존재가 되었다"고 번역되어 있는 부분은 문자적으로는 "자기를 비워"(RV에는 이렇게 되어 있다)라는 의미다. 이것은 고린도후서 8:9에 나와 있는, 예수님이 "가난하게 되셨다"는 말과 함께, 성육신의 본질에 대해 무언가를 조명해 주지 않는가?(라고 그들은 묻는다.) 그것은 성자께서 인간이 되시면서 그분의 신성이 어느 정도 줄어들었다는 의미가 아닌가?

이것이 소위 '케노시스'(kenōsis) 이론이다. '케노시스'란 헬라어로 '비우는 것'이라는 의미다. 케노시스 이론이 어떠한 형태로 드러나건 그 배후에 있는 개념은, 성자께서 인간이 되기 위해 자신의 신적 특성 중 어떤 것을 포기해야 했다는 것이다. 그렇지 않으면 그분은 참된 인간의 삶에 필수 불가결한, 공간과 시간과 지식과 의식에 제한을 받는 경험을 공유할 수 없었을 것이라는 것이다. 케노시스 이론은 여러 다른 방식으로 표현되었다. 어떤 사람은 성자께서 '도덕적' 속성(정의, 거룩함, 진실함, 사랑)은 그대로 지니면서 '형이상학적인' 속성(전능하심, 편재하심, 전지하심)만을 벗어 버렸다고 주장했다. 다른 사람은 성자께서 인간이 되셨을 때 특별히 신적인 능력과 함께 신적인 자의식도 포기했으며, 성자의 지상 생애 도중에 신적 자의식을 다시 획득했다고 주장했다.

영국에서는 1889년 고어(Gore) 주교가 처음으로 케노시스 이론을 제창했다. 19세기 고등비평가들이 스스로 안다고 생각한 구약의 오류들을 왜 주님은 몰랐는지를 설명하기 위해서였다. 고어의 명제는, 성자께서 인간이 되실 때 도덕적 문제들에 대한 완전한 신적 무오성은 보유했지만 사실들에 대한 신적인 지식은 포기했다는 것이다. 그분은 역사적 사실의 영역에서는, 당시 널리 통용되던 유대 사상에 대한 지식으로 제한되어 있었다. 그분은 그 사상이 다 옳지는 않다는 것을 모른 채 그것들을 의문의 여지 없이 받아들였다는 것이다. 그래서 구약이 축자적으로 영감되었고 전적으로 참되다고 생각하셨으며, 모세오경은 모세가, 시편 110편은 다윗이 쓴 것으로 여기셨다―하지만 이는 고어가 생각하기에는 지지할 수 없는 견해였다. 많은 사람이 이 점에서 고어를 따르면서 구약에 대한 그리스도의 의견을 거부하려 했다.

하지만 케노시스 이론은 지속되지 못할 것이다. 우선 그것은 억측으로서, 그 이론을 지지하는 것으로 인용되는 본문들은 사실상 그 이론을 전혀 지지하지 않기 때문이다. 바울이 성자께서 자신을 비우고 가난하게 되셨다고 말할 때 염두에 두었던 것은, 전후 문맥이 보여 주듯 신적 능력과 속성이 아니라 신적 영광과 존엄, 그리스도께서 위대한 대제사장적 기도에서 말씀하신 것처럼 "창세 전에 내가 아버지와 함께 가졌던 영화"(요 17:5)를 버렸다는 것이기 때문이다. 빌립보서 2:7에 대한 필립스역과 KJV는 바울이 의미한 바를 올바르게 해석했다. 성자께서 신성의 측면을 조금이라도 벗어 버렸다는 개념을 뒷받침하는 성경적 증거는 전혀 없다.

그 이론은 또한 크고도 해결할 수 없는 문제들을 야기한다. 만일 인간 그리스도 예수가 신성의 특성 중 일부를 갖지 못했다면, 어떻게 그분이 온전히 하나님이라고 말할 수 있는가? 성부 하나님의 능력과 속성 일부가 예수님 안에 있지 않다면, 어떻게 그분이 성부 하나님을 완벽하게 나타낸다고 말할 수 있는가? 더구나 그 이론이 시사하듯이 지상에서의 참된 인간됨이 축소되지 않은 온전한 신성과 양립할 수 없다면, 그것은 하늘에서도 그러할 것이다. 그러므로 '영광 중에 계신 사람'인 그리스도는 신적 권능 일부를 영원토록 잃어버린 것이라는 결론이 나온다. 이 이론에 의하면 영국 국교회 조항 제2조의, '신성과 인성'이 성육신에서 '한 인격으로 결합되어 결코 나뉘지 않게 되었다'는 진술 역시, 성육신 때 성자가 특정한 신적 속성을 상실하여 결코 회복하지 못했다는 의미로 보인다.

그러나 신약 성경은 부활하신 그리스도의 전능하심과 편재하심과 전지하심을 분명하고 단호하게 보여 준다(마 28:18, 20; 요 21:17; 엡 4:10). 케노시스 이론을 주장하는 사람들이 이 성경 구절들을 보면서 하늘에서는 이러한 속성들이 참된 인성과 상반되지 않는다고 주장한다면, 지상에서는 이러한 상반됨이 존재했다고 주장하는 것에 대해 과연 어떤 이유를 댈 수 있겠는가?

더구나 고어가 그랬듯이, 그리스도의 나머지 가르침에 대해서는 계속해서 신적 권위를 부여하면서, 그리스도의 가르침 중 일부에 오류가 있다는 주장을 정당화하기 위해 케노시스 이론을 사용할 수는 없다. 그리스도께서는 포괄적이고도 명확한 말로 자신의 모든 가르침은 하나님에게서 온 것이라고 주장하셨다. 자신은 아버지가 보내신 사자 이상의 존재가 결코 아니라는 것이다. "내 교훈은 내 것이 아니요 나를 보내신 이의 것이니라.…내가…오직 아버지께서 가르치신 대로…말하는 줄도…내가 내 자의로 말한 것이 아니요 나를 보내신 아버지께서 내가 말할 것과 이를 것을 친히 명령하여 주셨으니…내가 이르는 것은 내 아버지께서 내게 말씀하신 그대로니라"(요 7:16; 8:28; 12:49-50). 그리스도는 자신을 "하나님께 들은 진리를 너희에게 말한 사람"(요 8:40)이라고 단언하셨다.

이러한 주장들에 직면해서, 우리는 두 가지 대안만을 취할 수 있다. 그 주장들을 받아들이고 구약의 영감과 권위에 대한 예수님의 단언들을 포함해서 예수님이 가르치신 모든 것에 완전한 신적 권위를 부여하든지, 아니면 그것들을 거부하고 그리스도의 가르침의 신적 권위에 철두철미하게 의문을 제기하든지 하는 것이다. 만일 고어가 정말로 예수님의 도덕적·영적 가르침이 권위를 갖고 있다고 주장하고자 했다면, 구약에 대한 예수님의 가르침이 지닌 진실성을 의심하지 말았어야 했다. 다른 한편으로 고어가 정말로 구약에 대해 예수님과 의견을 달리하기로 결정했다면, 예수님의 가르침에 대한 주장들을 그대로 받아들일 수 없으므로 어떤 것에 대해서든 예수님의 말에 동의할 의무가 있는 것은 아니라는 일관성 있는 견해를 취했어야 했다.

만일 케노시스 이론이 고어가 염두에 두었던 것과 같은 목적을 위해 사용된다면, 그것은 너무나 많은 것을 증명한다. 즉 신적 지식을 포기하신 예수님은 모든 점에서 오류가 있다는 것, 그리고 자신의 모든 가르침이 하나님에게서 온 것이라고 주장하신 예수님은 자신과 우리를 우롱하고 있었다는 것을 입증한다. 따라서 만일 예수님의 주장에 따라 그분이 교사로서 신적 권위를 갖고 있다고 주장하려 한다면, 케노시스 이론을 거부해야 하며 어쨌든 간에 그 이론을 이런 식으로 적용하기를 거부해야만 한다.

사실상 복음서의 기사들은 케노시스 이론과 반대되는 증거를 제시한다. 인간적인 것과 신적인 것 양자에 대한 예수님의 지식이 때로 제한되어 있는 것은 사실이다. 예수님은 이따금 어떤 것을 물어보신다. "누가 내 옷에 손을 대었느냐?" "너희에게 떡이 몇 개나 있느냐?"(막 5:30; 6:38) 예수님은 천사들과 마찬가지로 자신이 다시 오도록 정해진 날이 언제인지 모른다고 단언하신다(막 13:32). 하지만 어떤 때에는 초자연적인 지식을 갖고 계심을 보여 주신다. 예수님은 사마리아 여인의 그늘진 과거를 알고 계신다(요 4:17-18). 예수님은 베드로가 고기를 잡으러 갈 때, 그가 잡은 첫 번째 고기의 입 속에 동전이 들어 있으리라는 것을 아신다(마 17:27). 아무도 말해 주지 않았는데도 나사로가 죽었다는 것을 아신다(요 11:11-13). 마찬가지로 때때로 예수님은 병을 고치시고, 사람들을 먹이시며, 죽은 자를 소생시키는 기적을 행하심으로 초자연적 능력을 보여 주신다. 복음서를 읽을 때 우리는 예수님이 신적인 지식과 능력을 완전히 빼앗긴 것이 아니라, 간헐적으로 신적 지식과 능력 둘 다에 의지한다는—비록 대부분의 경우에 그렇게 하지 않는 것에 만족하시긴 하지만—인상을 받게 된다. 다시 말해 우리는 신성이 줄어들었다는 인상을 받기보다는 신적 능력이 억제되는 듯한 인상을 받는다.

이러한 억제를 어떻게 설명해야 할까? 특별히 요한복음에서 매우 중시하는 진리에 비추어 볼 때, 이것은 분명 성자께서 성부의 뜻에 전적으로 복종하신다는 의미다. 신성에 대해 계시된 신비 중 일부는 그 세 위격이 서로 확고한 관계를 유지한다는 것이다. 복음서를 보면 성자는 독립적인 신적 위격으로 나타나는 것이 아니라, 전적으로 성부께서 지시하는 대로 생각하고 행동하는 종속적인 분으로 나타난다. "아들이…아무것도 스스로 할 수 없나니", "내가 아무것도 스스로 할 수 없노라"(요 5:19, 30). "내가 하늘에서 내려온 것은 내 뜻을 행하려 함이 아니요 나를 보내신 이의 뜻을 행하려 함이니라"(요 6:38-39). "내가 스스로 아무것도 하지 아니하고…나는 항상 그가 기뻐하시는 일을 행하므로"(요 8:28-29).

삼위일체의 첫 번째 위격의 권위를 인정하고 그분의 선한 기뻐하심에 복종하는 것은 두 번째 위격의 본질이다. 바로 이 때문에 그분은 자신이 성자이며, 첫 번째 위격이 자신의 성부라고 단언하신 것이다. 성자는 영원함과 권능과 영광 면에서 성부와 동등한 분이었지만, 성자로서의 역할을 담당하고 성부의 뜻을 행하는 데서 모든 기쁨을 찾는 것이 당연한 일이었다. 이는 삼위일체의 첫 번째 위격이 신성의 일들을 계획하고 시작하는 것이 당연하고, 세 번째 위격이 성부와 성자로부터 나오셔서 두 위격의 공동 명령을 행하는 것이 자연스러운 것과 마찬가지다.

따라서 신인(神人)이신 성자께서 이 세상에 계실 때 성부에게 순종하신 것은 성육신에 의해 생겨난 새로운 관계가 아니라, 하늘에서 누리는 성자와 성부의 영원한 관계가 시간 속에서 계속되는 것이었다. 하늘에서와 마찬가지로 땅에서도 성자는 성부의 뜻에 전적으로 종속되어 있었다.

만일 그렇다면, 모든 것이 설명된다. 신인이신 그리스도는 독자적으로 행동하지 않으신 것과 마찬가지로, 독자적으로 알지도 않으셨다. 성자께서는 할 수 있었던 모든 것을 하지는 않으셨다. 어떤 것은 성부 하나님의 뜻이 아니었기 때문이다(마 26:53-54을 보라).

마찬가지로 성자께서는 알 수 있을 만한 모든 것을 의식적으로 알지 않으셨고 오직 성부 하나님이 알도록 뜻하신 것만을 아셨다. 성자의 지식은, 그분의 행동과 마찬가지로 성부 하나님의 뜻에 제한되어 있었다. 그렇기 때문에 (예를 들면) 자신이 다시 오시는 날이 언제인지 몰랐던 이유는, 성육신 때 모든 것을 아는 능력을 포기했기 때문이 아니라 수난 이전에는 이 특정한 지식을 갖지 않도록 성부께서 뜻하셨기 때문이다. 마가복음 13:32에 대한 칼뱅의 다음과 같은 주석은 분명 옳다. "성자께서 자신의 (중보적) 사역을 완전히 이행하기까지 그 정보는 그에게 주어지지 않았다. 성자는 부활하신 후에 그 정보를 받았다." 따라서 예수님의 지식에 한계가 있었다는 것은, 성육신의 양태가 아니라 성자께서 지상에 있는 동안 그분을 향한 성부의 뜻과 관련하여 설명해야 한다. 그렇기 때문에 우리는 복음서에 케노시스 이론과 모순되는 사실이 일부 있는 것과 마찬가지로, 케노시스 이론 없이는 잘 설명될 수 없는 사실들이 아무것도 없다는 결론을 내리게 된다.

그분은 가난하게 되셨다

이제 하나님의 아들이 자기를 비워 가난하게 되셨다는 것이 무엇을 의미하는지 살펴보자. 그것은 영광을 버린 것(진정한 케노시스), 권능을 자발적으로 억제한 것, 역경과 고립과 학대와 악의와 오해를 받아들이는 것, 생각만 해도 마음이 압도될 정도의 고뇌―육체적인 것보다는 영적인 것이 더욱 큰―를 포함하는 죽음 등을 의미했다(눅 12:50과 겟세마네 이야기를 보라). 그것은 그분의 가난함을 통해 인간이 부요해지도록 하기 위해, 사랑스럽지 못한 인간을 최대한 사랑하셨다는 뜻이다. 성탄절의 메시지는 바로 이것이다. 곧 성부의 뜻에 의해 예수 그리스도께서 가난하게 되시고 한 마구간에서 태어나 30년 후 십자가에 달리셨으므로, 타락한 인류에게 용서받을 수 있는 소망, 하나님과 화평할 수 있는 소망, 영광의 소망이 있다는 것이다. 이는 세상 사람들이 이제껏 들어 본 혹은 앞으로 들을 메시지 중 가장 놀라운 메시지다.

우리는 '성탄절 정신'에 대해 그럴듯하게 이야기한다. 그러나 우리에게 그 말은 가족 간의 감상적인 즐거움 이상의 의미는 아니다. 하지만 우리가 말한 바에 의하면 이제 그 구절은 사실상 엄청나게 중요한 의미를 지니고 있다. 그것은 첫 번째 성탄절에 우리를 위하여 가난하게 되신 그분의 정신이 인간의 삶에서 재현되는 것을 의미해야 한다. 그리고 그 성탄절의 정신은 1년 내내 모든 그리스도인의 표지가 되어야만 한다.

너무나 많은 그리스도인, 좀더 구체적으로 말하면 가장 건전하고 가장 정통적인 그리스도인들 가운데 너무나 많은 이가 우리 주님의 비유에 나오는 제사장과 레위인과 같은 정신으로 이 세상을 살아간다. 즉 주변에 널려 있는 인간의 필요는 보지만(하나님이 그러한 필요들을 채워 주셨으면 하고 경건하게 바라면서 그리고 아마도 그렇게 기도를 한 후에) 눈길을 돌려 다른 쪽으로 지나가 버린다. 이는 오늘날 우리의 수치이며 불명예다. 이것은 성탄절 정신이 아니다. 또한 훌륭한 중산층 그리스도인 가정을 세우고, 훌륭한 중산층 그리스도인들을 사귀며, 자녀들을 훌륭한 중산층 기독교 방식으로 키우는 것을 삶의 야망으로 삼으며, 기독교적이건 비기독교적이건 공동체의 중산층 이하 계층의 사람들은 스스로 알아서 살아가도록 내버려두는 그리스도인들—애석하게도 그런 그리스도인들이 매우 많다—의 정신 역시 성탄절의 정신이 아니다.

성탄절 정신은 잘난 체하는 그리스도인에게서는 빛을 발하지 않는다. 성탄절 정신은, 주님과 마찬가지로 동료 인간들을 부요하게 하기 위해 자신을 가난하게 만들고, 자신의 것을 쓰고 쓰임을 받으면서, 친구들만이 아니라 다른 사람들에게까지 그들에게 필요한 모든 것으로 선을 행하기 위해 시간을 들이고 수고하고 돌보고 관심을 기울이는 원리에 따라 살아가는 사람들의 정신이다.

이런 정신을 보여 주는 사람은 마땅히 있어야 할 만큼 그렇게 많지 않다. 만일 하나님이 그분의 자비로 우리를 소생시키신다면, 하나님이 하실 일 중 하나는 우리 마음과 삶 속에 이러한 정신을 더 많이 생기게 하는 일일 것이다. 만일 우리가 개인적으로 자신의 영적 소생을 바란다면, 우리가 취해야 할 자세는 이러한 정신을 계발하도록 애쓰는 것이다. "우리 주 예수 그리스도의 은혜를 너희가 알거니와 부요하신 이로서 너희를 위하여 가난하게 되심은 그의 가난함으로 말미암아 너희를 부요하게 하려 하심이라"(고후 8:9). "너희 안에 이 마음을 품으라. 곧 그리스도 예수의 마음이니"(빌 2:5). **"주께서 내 마음을 넓히시면 내가 주의 계명들의 길로 달려가리이다"** (시 119:32).

6 그가 증언하실 것이요

교회에서 우리는 "성부 성자 성령께 찬송과 영광 돌려 보내세"라고 찬양한다. 이것이 무슨 의미인가? 우리는 세 신에게 찬양을 드리는 것인가? 그렇지 않다. 세 위격이신 한 분 하나님을 찬양하는 것이다.

　여호와! 성부, 성자, 성령!
　신비한 신성이여! 한 분 안에 세 분!

이 하나님이 바로 그리스도인들이 예배하는 하나님, 곧 삼위이신 여호와시다. 하나님에 대한 그리스도인의 믿음의 핵심에는 삼위일체라는 계시된 신비가 있다. '트리니타스'(*Trinitas*)란 '세 개'라는 의미의 라틴어다. 기독교는 하나님의 '트리니타스', 세 개, 3위격의 교리에 의거하고 있다.

종종 삼위일체 교리는 단지 신비롭다는 이유로, 그것 없이도 우리가 행복하게 잘 지낼 수 있는 신학적 잡동사니로 여겨진다. 우리의 관행에는 분명 이러한 가정이 반영되어 있는 듯하다. 영국 국교회의 기도서는 삼위일체 교리에 대한 전형적인 진술인 아타나시우스 신경을 매년 13회에 걸쳐 공적 예배 시에 낭송하도록 규정하고 있지만, 오늘날 그 낭송을 듣기란 매우 어렵다. 보통 영국 국교회의 목사는 삼위일체 주일만 빼고는 삼위일체에 대해 전혀 설교하지 않을 것이다. 예배 의식에 얽매이지 않는 목사들은 삼위일체 주일을 지키지도 않으며 삼위일체에 대한 설교를 전혀 하지 않는다. 사도 요한이 와서 우리의 관행에 대해 논평을 한다면 무슨 말을 할지 궁금하다. 요한에 따르면 삼위일체는 기독교 복음의 본질적인 한 부분이기 때문이다.

앞 장에서 살펴보았듯이, 요한복음 서론에서 요한은 우리에게 신성의 단일성 안에서 별개인 두 위격의 신비를 소개한다. 이것은 분명 심원한 신학적 측면이다. 하지만 요한은 우리로 하여금 곧바로 그것과 맞닥뜨리게 한다. "태초에 말씀이 계시니라. 이 말씀이 하나님과 **함께** 계셨으니 이 말씀은 곧 하나님**이시니라**"(요 1:1). 이 말씀은 하나님과 교제를 나누는 위격이었으며, 개인적으로 그리고 영원히 신적인 존재였다. 요한이 계속해서 말하듯이, 그분은 성부의 독생자셨다. 요한은 나사렛 예수가 실상은 성자 하나님이라는 사실을 깨닫기 전에는 그 누구도 이 예수의 말씀이나 사역의 의미를 이해할 수 없음을 알았다. 그 때문에, 그의 복음서 제일 앞부분에서 두 위격으로 계시는 한 분 하나님이라는 신비에 대해 말하는 것이다.

세 번째 위격

신성 안에 있는 위격의 복수성에 대해 요한이 가르치는 바는 이것만이 아니다. 요한은 주님이 제자들에게 마지막으로 하신 말씀에 대한 기사에서, 구세주께서 아버지의 집에 그들을 위한 처소를 예비하실 것을 설명한 후에 계속해서 "또 다른 보혜사"(요 14:16)를 약속하시는 모습을 이야기한다.

이 구절을 주목해 보라. 그것은 의미심장하다. 그것은 놀라운 한 인격을 나타낸다. **보혜사**, 이 단어가 풍부한 의미를 지녔다는 사실은 성경의 여러 역본에서 이 말이 매우 다양하게 번역되어 있는 것에서 알 수 있다. 그것은 '조언자'(RSV), '돕는 자'(Moffatt), '옹호자'(Weymouth), '우리와 친구가 되시는 분'(Knox) 등으로 번역되어 있다. 격려, 지지, 원조, 돌봄, 다른 사람의 복지에 대한 책임을 떠맡는 것 등이 모두 이 단어로 표현된다. **또 다른** 보혜사, 그렇다. 왜냐하면 예수님이 그들의 원래 보혜사시며, 새로 오시는 분의 임무는 예수님의 사역의 이 측면을 계속 담당하는 것이기 때문이다. 따라서 주님이 3년 동안 사역하시면서 제자들에게 개인적으로 베푸셨던 사랑과 돌봄과 인내심 있는 가르침과 그들의 복지를 위해 행하신 모든 것을 회고해 볼 때, 우리는 주님이 '또 다른 보혜사'라고 말씀하신 의미를 모두 이해할 수 있다. 놀랍게도 그리스도는 사실상 "그는 내가 너희를 돌보았던 것과 같은 방식으로 너희를 돌보아 줄 것이다"라고 말씀하신다.

우리 주님은 계속해서 그 새로운 보혜사의 이름을 말씀해 주신다. 그분은 "진리의 영", "성령"이시다(요 14:17, 26). 이 이름은 신성을 나타낸다. 구약 성경에서 하나님의 **말씀**과 하나님의 **영**은 유사한 표상이다. 하나님의 말씀은 하나님의 전능하신 말이다. 하나님의 영은 하나님의 전능하신 숨결이다. 이 두 문구는 하나님의 능력이 행동으로 나타났다는 개념을 전달한다. 하나님의 말씀과 숨결은 창조 기사에서 함께 나타난다. "…하나님의 영(**숨결**)은 수면 위에 운행하시니라. 하나님이 **이르시되**…**있었고**"(창 1:2-3). "여호와의 말씀으로 하늘이 지음이 되었으며 그 만상을 그의 **입 기운**(영)으로 이루었도다"(시 33:6). 요한은 요한복음 서론에서 여기에 나와 있는 신적 말씀은 하나의 인격이라고 말했다. 그리고 이제 주님이 비슷한 가르침을 주시는데, 그것은 신적인 영 역시 하나의 인격이라는 가르침이다. 주님은 후에 **거룩하신** 아버지에 대해 말씀하시듯이(요 17:11), 그분을 **거룩하신** 영(성령)이라고 부름으로써 이 인격적인 영의 신성을 확증하신다.

    요한복음은 그리스도께서 성령의 사명을 성부와 성자의 뜻과 목적에 어떻게 관련시키는지를 보여 준다. 그 중 한 가지가 성령을 보내실 분은 성부 하나님이시라는 것이다. 성자를 보내신 분이 성부이신 것과 마찬가지다(5:23, 26-27을 보라). 주님의 말씀에 따르면, 성부께서는 "내 이름으로" 즉 그리스도의 뜻을 행하고 그분의 대행자로 활동하며 그분의 권위를 가진 그리스도의 대리역으로서 성령을 보내실 것이다(요 14:26). 예수님이 아버지의 이름으로 오사(5:43), 아버지의 대리인으로 활동하시고, 아버지의 말씀을 전하셨으며(12:49-50), 아버지의 일을 하시고(10:25; 17:4, 12), 자신을 사자로 보내신 하나님을 처음부터 끝까지 증언하셨던 것과 마찬가지로, 성령은 예수님의 이름으로 오사, 세상에서 예수님의 대행자와 증인으로 활동하실 것이다. 성령께서는 "아버지께로부터(*para*,

'…의 편으로부터') 나오신다"(15:26). 전에 성자께서 "아버지에게서(*para*) 나왔던" 것과 마찬가지다(16:28). 성부께서는 영원하신 성자를 세상에 보내신 후 이제 성자를 영광으로 불러들이시고 그를 대신해서 성령을 보내신다.

하지만 이런 식으로만 볼 수 있는 것은 아니다. 다른 점에서 보면, 성령을 "아버지께로부터" 보낼 분은 성자시다(15:26). 성부께서 성자를 세상에 보내신 것처럼, 성자는 성령을 세상에 보내실 것이다(16:7). 성령은 성부뿐 아니라 성자에 의해서도 보냄을 받는다. 그래서 우리는 다음과 같은 일련의 관계에 대해 알게 된다.

1. 성자는 성부께 복종하신다. 그래서 성자는 그분의(성부의) 이름으로 보냄을 받는다.

2. 성령은 성부께 복종하신다. 그래서 성령은 성자의 이름으로 성부에 의해 보냄을 받는다.

3. 성령은 성부뿐만 아니라 성자에게도 복종하신다. 그래서 성령은 성부뿐 아니라 성자에 의해서도 보냄을 받는다["그들을 향하사 숨을 내쉬며 이르시되 '성령을 받으라'"(20:22)와 비교해 보라].

이처럼 요한은 삼위일체의 신비에 대해 주님이 드러내신 사실을 기록하고 있다. 삼위일체는 곧 세 위격이며 한 분이신 하나님으로, 성자는 성부의 뜻을 행하고 성령은 성부와 성자의 뜻을 행한다. 그리고 여기서 강조되는 점은 "영원토록 너희와 함께 있기 위해" 그리스도의 제자들에게 오시는(14:16) 성령은 그리스도 대신 보혜사의 사역을 하러 오신다는 것이다. 그러므로 만일 보혜사 그리스도의 사역이 중요했다면, 보혜사 성령의 사역이 그보다 덜 중요할 수 없다. 그리스도께서 하신 사역이 교회에 중요했다면, 성령께서 하시는 사역 역시 중요해야 한다.

신적 존재지만 무시된 분

그러나 독자들은 교회사를 읽어 보아도, 오늘날의 교회를 살펴보아도 그러한 느낌을 받지는 못할 것이다.

삼위일체의 제2위와 제3위에 대한 가르침이 얼마나 다르게 취급되었는지를 보면 매우 놀랍다. 그리스도의 위격과 사역은 교회 내에서 계속해서 논쟁거리가 되어 왔고 지금도 그렇다. 하지만 성령의 위격과 사역은 대부분 무시되고 있다. 성령론은 기독교 교리에서 재 속에 묻힌 보석과 같으며 거기에 관심을 가지는 사람은 드물다.

그리스도의 위격과 사역에 관해서 쓴 탁월한 책은 많지만 지금처럼 은사를 강조하는 시대에도 성령의 위격과 사역에 대해서는 읽을 만한 책이 그리 많지 않다. 그리스도인들은 그리스도의 사역에 관해서는 의심하지 않는다. 이것이 정확하게 무엇을 포함하는지에 관해서는 서로 의견이 다르지만, 그리스도께서 속죄의 죽음으로써 우리를 구속하셨다는 사실을 안다. 하지만 성령의 사역에 관해서는 완전히 오리무중에 빠져 있다.

어떤 사람들은 그리스도의 영을 마치 성탄절 정신에 대해 이야기하는 식으로, 쾌활함과 종교성에 기여하는 막연한 문화적 압력으로 이야기한다. 어떤 사람들은 성령을 간디와 같은 비그리스도인들의 도덕적 신념이나 루돌프 스타이너(Rudolf Steiner)의 접신론적 신비주의를 고취하는 존재로 생각한다. 하지만 아마도 대부분의 사람은 성령에 대해 생각조차 하지 않을 것이며, 성령의 행하심에 대해 명확한 개념을 가지고 있지도 않다. 그들은 사실상 바울이 에베소에서 만났던 제자들과 똑같은 처지에 있다. "우리는 성령이 계심도 듣지 못하였노라"(행 19:2).

그리스도에 대해 그처럼 관심이 많다고 공언하는 사람들이 성령에 대해서는 알지도 못하고 관심도 없는 것은 이상한 일이다. 그리스도인들은 성육신이나 속죄의 사건이 일어나지 않았다면 현재 무엇이 달라졌을지 안다. 즉 그렇게 되면 그들이 구원받지 못하리라는 것을 안다. 그들에게는 구세주가 없을 것이기 때문이다. 하지만 많은 그리스도인이 세상에 성령이 계시지 않는다면 무엇이 달라질지에 대해서는 잘 모른다. 그럴 경우 그리스도인이나 교회가 어떤 식으로든 고통을 받게 될지 그렇지 않은지 정말로 알지 못한다.

분명 무엇인가가 잘못되어 있다. 그리스도께서 임명하신 대행자의 사역을 이런 식으로 소홀히 하는 것을 어떻게 정당화할 수 있겠는가? 그리스도께서 자신의 대리인으로서 자신을 대신하게 하고 또 자신을 대신해 우리를 돌보도록 보내신 성령을 무시하고, 그럼으로써 그 성령을 모욕하면서 그리스도를 영화롭게 한다고 말하는 것은 공허한 거짓말이 아닌가? 우리는 성령에 대해 지금보다 더 관심을 가져야 하지 않을까?

성령의 사역의 중요성

성령의 사역은 정말로 중요한가?

중요하다! 성령의 사역이 없다면, 세상에는 복음도 믿음도 교회도 기독교도 전혀 없을 것이기 때문이다.

우선, 성령이 없으면 **복음**도 **신약 성경**도 없을 것이다.

그리스도께서는 세상을 떠나실 때, 제자들에게 자신의 임무를 위임하셨다. 그리스도는 그들이 가서 모든 민족을 제자로 삼는 일에 책임을 지도록 하셨다. 그리스도께서는 다락방에서 그들에게 "너희도…증언하느니라"고 말씀하셨다(요 15:27). "너희가…땅 끝까지 이르러 내 증인이 되리라"는 말씀은 그리스도께서 승천하시기 전 감람산에서 그들에게 하신 작별의 말씀이었다(행 1:8). 이것이 그들에게 맡겨진 임무였다. 하지만 그들이 어떤 증인이 될 것 같은가? 그들은 결코 훌륭한 학생이 아니었다. 그들은 그리스도께서 지상 사역을 하시는 동안 처음부터 끝까지 그리스도를 이해하지 못했으며, 그리스도의 가르침의 요점을 깨닫지 못했다. 이제 그리스도께서 가 버리시는데 어떻게 그들이 이전보다 더 잘하리라고 기대할 수 있을까? 분명 그들은, 이내 복음 진리를 엄청나게 많은 그릇된 생각과 얼기설기 뒤섞어 버릴 것이다―선의에서 나온 것이긴 하지만 말이다. 또한 그들의 증거는 왜곡되고, 제멋대로 바뀌고, 어쩔 도리가 없는 뒤죽박죽 엉망진창인 것으로 급속히 전락해 버릴 것이 확실하지 않았을까?

그러나 그렇지 않았다. 그리스도께서는, 모든 진리를 가르치고, 모든 오류에서 구해 주며, 이미 배운 것을 다시 생각나게 하고, 가르치고자 하셨던 나머지 것들을 계시하시기 위해 그들에게 성령을 보내 주셨기 때문이다. "보혜사…가 너희에게 모든 것을 가르치고 내가 너희에게 말한 모든 것을 생각나게 하리라"(요 14:26). "내가 아직도 너희에게 이를 것이 많으나 지금은 너희가 감당하지 못하리라. 그러나 진리의 성령이 오시면 그가 너희를 모든 진리 가운데로 인도하시리니 그가 스스로 말하지 않고 오직 들은 것을 말하며(즉,

아버지가 그들에게 말하라고 명하신 것을 그리스도께서 모두 그들에게 알게 하신 것과 마찬가지로, 성령은 그리스도께서 그들에게 말하라고 명하시는 모든 것을 알게 하실 것이다. 요 12:49-50; 17:8, 14을 보라), 장래 일을 너희에게 알리시리라. 그가 내 영광을 나타내리니 내 것을 가지고 너희에게 알리시겠음이라"(요 16:12-14). 이렇게 해서 "그가 (내가 그를 보낼 대상인 너희, 즉 내 제자들에게) 나를 증언하실 것이요 (성령의 증언하는 사역에 의해 구비되고 능력을 받아서) 너희도…증언하느니라"(요 15:26-27).

그 약속은, 성령의 가르침을 받아서 제자들이 그리스도의 대언자로 말할 수 있으리라는 것, 그래서 구약의 선지자들이 "여호와께서 이같이 말씀하시니라"는 말로 설교를 시작할 수 있었던 것과 마찬가지로, 신약의 사도들도 말이든 기록된 가르침이든 그들의 가르침에 대해 똑같이 진실하게 "주 예수 그리스도께서 이같이 말씀하시니라"고 말할 수 있게 되리라는 것이다.

그리고 실제로 그런 일이 일어났다. 약속대로 성령께서 제자들에게 오셔서 그리스도와 그분의 구원에 대해 증언하셨다. 바울은 이 구원의 영광("하나님이 자기를 사랑하는 자들을 위하여 예비하신 것")에 대해 이렇게 쓴다. "하나님이 성령으로 이것을 우리에게 보이셨으니…우리가…오직 하나님으로부터 온 영을 받았으니 이는 우리로 하여금 하나님께서 우리에게 은혜로 주신 것들을 알게 하려 하심이라. 우리가 이것을 말하거니와(그는 **쓰거니와**라는 말을 덧붙일 수도 있었을 것이다) 사람의 지혜가 가르친 말로 아니하고 오직 성령께서 가르치신 것으로 하니"(고전 2:10-13). 성령은 사도들에게 모든 진리를 계시하시고 그것을 정확하게 전달하도록 영감을 주심으로써 증언하신다. 그래서 복음이 생기고 신약 성경이 생긴 것이다. 성령이 계시지 않았다면 세상 사람들에게는 복음도 신약 성경도 없었을 것이다.

이것이 전부가 아니다. 둘째로, 성령이 계시지 않았다면 **믿음**도, **중생**도, 간단히 말해 어떤 **그리스도인도 없었을** 것이다.

복음의 빛은 비춰지만 "이 세상의 신이 믿지 아니하는 자들의 마음을 혼미케 하여"(고후 4:4) 눈이 먼 자들은 빛의 자극에 반응하지 않는다. 그리스도께서 니고데모에게 말씀하셨듯이 "사람이 거듭나지 아니하면 하나님의 나라를 볼 수 없다"(요 3:3; 비교. 5절). 그리스도께서는 자신과 제자들을 대변하사, 니고데모가 속해 있는 중생하지 못한 종교적인 사람 전체에게 이같이 말씀하시고, 계속해서 중생하지 못한 것의 불가피한 결과는 불신이라고 설명하신다. "너희가 우리의 증언을 받지 아니하는도다"(요 3:11). 복음은 그들 안에서 죄에 대한 자각을 일으키지 못한다. 불신이 그들을 움켜쥐고 있다.

그러면 어떻게 되는가? 우리는 복음 전파를 시간 낭비라고 결론짓고 복음 전도는 실패할 수밖에 없는 가망없는 시도라고 단념해 버려야 하는가? 그렇지 않다. 성령께서 그리스도에 대해 증언하시기 위해 교회와 함께 계시기 때문이다. 우리가 살펴보았듯이 성령은 사도들에게 **계시하시고 영감을 주심으로** 증언하셨다. 나머지 사람들에게는 모든 시대에 걸쳐 **조명하심으로** 증언하신다. 즉 멀어 있는 눈을 열어 주시고, 영적 시야를 회복시켜 주시며, 복음이 진정 하나님의 진리고 성경은 진정 하나님의 말씀이며 그리스도는 진정 하나님의 아들이시라는 것을 볼 수 있도록 해주신다는 것이다. 우리 주님은 그것을 약속하셨다. "그(성령)가 와서 죄에 대하여, 의에 대하여, 심판에 대하여 세상을 책망하시리라"(요 16:8).

우리는 기독교의 진리를 우리의 논증으로 증명할 수 있는 것처럼 생각해서는 안 된다. 눈 먼 마음을 새롭게 하시는 성령의 전능하신 역사가 없이는 어떤 사람도 기독교의 진리를 입증할 수 없다. 인간의 양심에 복음 진리를 깨닫게 하시는 것은 그리스도의 영의 주권적인 특권이다. 그리고 그리스도를 증언하는 사람들은, 그들이 성공하리라는 소망의 근거가 자신이 진리를 잘 제시하는 데 있는 것이 아니라 성령께서 진리를 권능 있게 나타내 보이시는 데 있음을 배워야만 한다.

바울은 여기서 그 방법을 지적한다. "형제들아 내가 너희에게 나아가 하나님의 증거를 전할 때에 말과 지혜의 아름다운 것으로 아니하였나니…내 말과 내 전도함이 설득력 있는 지혜의 말로 하지 아니하고 **다만 성령의 나타나심과 능력으로 하여** 너희 믿음이 사람의 지혜에 있지 아니하고 다만 하나님의 능력에 있게 하려 하였노라"(고전 2:1-5). 성령께서 실로 이런 식으로 증언하시기 때문에, 복음이 전파될 때 사람들이 믿음을 갖게 된다. 만약 성령이 계시지 않다면 세상에는 그리스도인이 한 사람도 없을 것이다.

우리의 적절한 반응

우리는 성령의 사역을 인식하고 그 사역에 의지함으로 성령을 영화롭게 하는가? 아니면 그 사역을 무시함으로 성령을 무시하고, 그럼으로써 성령뿐 아니라 성령을 보내신 주님까지도 모욕하는가?

우리의 믿음에서: 우리는 성경, 곧 성령께서 영감을 주사 선지자

들이 쓴 구약 성경과 사도들이 쓴 신약 성경의 권위를 인정하는가? 우리는 하나님의 말씀에 합당한 경외와 수용성을 가지고 그것을 읽고 듣는가? 만일 그렇지 않다면, 성령을 모욕하는 것이다.

우리의 삶에서: 우리는 하나님의 말씀은 참되지 않을 수 없음과 하나님은 정말 진심으로 말씀하고 계시며 그 말씀 배후에 계심을 인정하면서, 남들이 성경에 대해 뭐라고 말하든 성경의 권위를 적용하고 성경에 따라 사는가? 만일 그렇지 않다면 우리는 성경을 우리에게 주신 성령을 모욕하는 것이다.

우리의 증거에서: 우리는 성령만이 우리 증거가 참되다는 것을 인증해 주실 수 있음을 기억하며, 성령이 그렇게 하시도록 기대하고 그렇게 하실 것을 믿으며, 바울이 그랬던 것처럼 인간의 영리함에서 나온 책략들을 피함으로써, 진정 성령을 신뢰함을 드러내는가? 만일 그렇지 않다면 성령을 모욕하는 것이다. 현재와 같은 메마른 교회 생활은 우리가 성령을 영화롭게 하지 않은 것으로 인해 하나님이 우리에게 내리시는 심판이 아닐까? 만일 그렇다면, 우리의 생각과 기도와 실제 생활에서 성령을 영화롭게 하는 것을 배우기까지, 그 심판을 면할 가능성이 있겠는가? "그가 증언하실 것이요…."

"귀 있는 자는 성령이 교회들에게 하시는 말씀을 들을지어다."

제2부 · 네 하나님을 보라

7 변치 않으시는 하나님

사람들은 성경을 하나님의 말씀, 곧 내 발의 등이요 내 길의 빛이라고 말한다. 우리가 그 말씀 안에서 하나님을 아는 지식과 우리 삶을 향하신 하나님의 뜻을 발견할 것이라고 말한다. 그리고 우리는 그들의 말을 믿는다. 그들의 말이 참이기 때문이다. 그래서 꾸준히 그리고 깊이 생각해 가면서 성경을 읽는다. 우리는 진지하다. 우리는 정말로 하나님을 알기 원한다!

하지만 성경을 읽어 가면서, 우리는 점점 더 어쩔 줄 모르게 된다. 성경에 매혹되기는 하지만, 거기서 자양분을 공급받지 못하기 때문이다. 성경을 읽는 일이 우리에게 도움이 되지 못한다. 그리고 그 사실은 우리를 계속 어리둥절하게 할 뿐 아니라 다소 의기소침하게 만든다. 우리는 성경을 읽는 일이 계속할 만한 가치가 있는 일인지 의심한다.

서로 다른 두 세계

우리의 근본적인 고민은 무엇인가? 성경을 읽으면서 우리는 상당히 낯선 세계, 즉 원시적이고 미개하며 기계화되지 않은 농경 시대인 수천 년 전의 근동 세계로 들어간다. 성경에 나오는 활동들은 대부분 그 세계에서 이루어졌다. 우리는 그 세계에서 아브라함과 모세와 다윗과 그 외 여러 사람을 만나며, 또한 하나님이 그들을 다루시는 것을 지켜본다. 선지자들이 우상 숭배를 비난하며, 죄에 대한 심판이 내려질 것이라고 경고하는 것을 듣는다. 갈릴리 사람 예수가 기적을 행하고, 유대인과 논쟁하며, 죄인을 위하여 죽고, 죽은 자 가운데서 살아나서, 하늘로 올라가는 것을 본다. 그리고 그리스도인 교사들이 우리가 아는 한 지금은 존재하지 않는 이상한 잘못에 대해 말하는 편지들을 읽는다.

이것은 모두 아주 흥미롭긴 하지만, 매우 멀리 떨어져 있는 것처럼 보인다. 이것은 모두 이 세상이 아니라 그 세상에 속한 것이다. 우리는 말하자면 성경의 세계 바깥에서 그 안을 들여다보는 것처럼 느낀다. 우리는 단지 구경꾼일 뿐이다. 우리는 말로 표현하지는 않지만 속으로는 이렇게 생각한다. '그래, 하나님은 그 당시 이 모든 것을 하셨지. 그리고 관련된 사람들에게 이것은 매우 놀라운 일이었어. 하지만 이것이 어떻게 지금 우리에게 영향을 끼칠 수가 있지? 우리는 그 때와 똑같은 세계에 살고 있지 않아. 성경 시대에 하나님이 말씀하시고 행하신 것에 대한 기록, 하나님이 아브라함과 모세와 다윗과 그 외 다른 사람들과 관계를 맺으신 기록이 우주 시대를 사는 **우리를** 어떻게 도울 수 있다는 거야?'

우리는 이 두 세계가 서로 어떻게 연결되어 있는지를 보지 못하며, 때문에 성경에서 읽는 사실들이 우리에게는 전혀 적용되지 않는다는 느낌을 계속해서 갖는다. 따라서 종종 성경의 사실들 자체는 감동적이고 장엄하지만 우리는 그것들로부터 배제되어 있다는 느낌 때문에 상당히 의기소침해진다.

성경을 읽는 사람들은 대부분 이러한 느낌을 경험했다. 그러나 거의 모든 사람이 그에 어떻게 대처해야 하는지를 모른다. 어떤 그리스도인들은 성경의 기록을 진정으로 믿기는 한다. 하지만 정작 성경에 나오는 사람들이 하나님과 가졌던 것과 같은 친밀하고도 직접적인 관계를 추구하지도 기대하지도 않고, 단념하고 멀리 떨어진 상태에 머물러 있다. 오늘날 너무나 흔한 이러한 태도는, 실상 이 문제를 헤쳐나갈 길을 발견하지 못했다는 고백과 같다.

그러면 성경에 나와 있는 것과 같은 하나님에 대한 체험과는 멀리 떨어져 있는 듯한 느낌을 어떻게 극복할 수 있을까? 많은 말을 할 수 있겠지만 결정적으로 중요한 점은 분명 이것이다. 이러한 느낌이 우리가 처한 상황과 성경의 여러 인물이 처한 상황의 연관성을 잘못된 곳에서 찾음으로써 생겨나는 환상이라는 것이다. 공간과 시간과 문화라는 견지에서 보면, 그 사람들과 그들의 시대는 우리에게서 매우 멀리 떨어져 있는 것이 사실이다. 그러나 우리는 그 사람들과의 연결 고리를 그런 차원에서 찾아서는 안 된다.

그 연결 고리는 바로 하나님이다. 그들과 관계를 맺으셨던 하나님은 우리와도 관계를 맺고 계시는 하나님이다. 아마도 **정확하게** 같은 하나님이라고 말함으로 요점을 더욱 분명하게 할 수도 있을 것이다. 하나님은 조금도 변하시지 않기 때문이다. 따라서 성경 시대의 사람들과 우리 시대의 사람들 사이에 메울 수 없는 간격이 있다는 느낌을 떨쳐 버리기 위해 우리가 강조해야 하는 진리는 하나님의 **불변성**이다.

서로 다른 두 하나님이 아니다

하나님은 변하지 않으신다. 이 개념을 정리해 보자.

1. **하나님의 생명은 변하지 않는다.** 하나님은 "영원부터"(시 93:2) 계시며, "영원한 왕"(렘 10:10), "썩어지지 아니하는 하나님"(롬 1:23), "오직 그에게만 죽지 아니함이 있는 분"(딤전 6:16)이다. 시편 기자는 "천지는 없어지려니와 주는 영존하시겠고 그것들은 다 옷같이 낡으리니 의복같이 바꾸시면 바뀌려니와 **주는 한결같으시고** 주의 연대는 무궁하리이다"(시 102:26-27)라고 말한다. 하나님은 "나는 처음이요 또 나는 마지막이라"(사 48:12)고 말씀하신다.

피조된 것들은 시작과 끝이 있지만, 창조주는 그렇지 않다. "하나님은 누가 만들었어요?"라는 어린이들의 질문에 대한 대답은, 하나님은 항상 계셨기 때문에 만들 필요가 없다는 것이다. 하나님은 영원토록 존재하시며, 언제나 동일하시다. 하나님은 늙지 않으신다. 하나님의 생명은 증감하지 않는다. 하나님은 새로운 능력을 얻지도, 한 번 가졌던 능력을 잃어버리지도 않으신다. 하나님은 성숙하거나 발전하지 않으신다. 하나님은 시간이 지남에 따라 강해지거나 약해지거나 지혜로워지지 않으신다. 핑크(A. W. Pink)는 이렇게 썼다. "하나님은 더 나은 방향으로 변화될 수 없다. 그분은 이미 완전하시기 때문이다. 그리고 완전하시기 때문에 더 못한 방향으로 변화될 수도 없다."

창조주와 피조물의 첫 번째이자 근본적인 차이점은 피조물은 변하기 쉽고 그들의 본성은 변화를 허용하지만, 하나님은 변하지 않으시고 현재의 모습에서 변하는 법이 절대로 없으시다는 것이다.

> 우리는 꽃을 피우고 나무의 잎사귀처럼 우거지다가
> 시들고 썩어 없어지지만, 아무것도 당신을 변화시키지는 못하나이다.

바로 이것이 하나님의 '불멸의 생명'(히 7:16)의 능력이다.

2. 하나님의 성품은 변하지 않는다. 긴장, 충격, 뇌 수술 등은 인간의 성품을 바꿀 수 있다. 하지만 어떤 것도 하나님의 성품을 바꿀 수는 없다. 살아가는 동안 인간의 취향과 사고방식과 기질은 철저하게 달라질 수 있다. 친절하고 온화한 사람이 혹독하고 괴팍스럽게 바뀔 수도 있고, 호의적인 사람이 냉소적이고 냉담하게 바뀔 수도 있다. 그러나 창조주 하나님에게는 그런 일이 일어나지 않는다. 하나님은 늘 그래 왔던 것보다 덜 진실하거나 덜 자비롭거나 덜 의롭거나 선하게 되는 경우가 결코 없다. 하나님의 성품은 오늘도 성경 시대의 성품과 똑같으며 항상 동일하다.

이런 맥락에서, 하나님이 출애굽기에서 자신의 이름을 드러내신 두 경우를 한데 결합해 보는 것은 유익한 일이다. 하나님의 계시된 이름은 물론 단순히 호칭 이상이다. 그것은 하나님이 어떤 분이신가 하는 것에 대한 계시다.

출애굽기 3장에서 하나님은 모세에게 자신의 이름을 "스스로 있는 자" – '야웨'(여호와)라는 말은 이 구절의 단축형이다(15절) – 라고 알려 주신다(14절). 이 이름은 하나님에 대한 묘사가 아니라, 하나님의 자존하심과 영원토록 변함 없으심에 대한 절대적인 선포다.

곧 하나님이 자신이 생명이시며, 현재와 같이 영원토록 그러하리라는 것을 상기시켜 주시는 것이다. 그리고 34장에서 하나님은 자신의 거룩하신 성품의 여러 측면을 열거하심으로 모세에게 여호와의 이름을 선포하신다. "여호와라, 여호와라. 자비롭고 은혜롭고 노하기를 더디 하고 인자와 진실이 많은 하나님이라. 인자를 천 대까지 베풀며 악과 과실과 죄를 용서하리라. 그러나 벌을 면죄하지는 아니하고 아버지의 악행을 자손 삼사 대까지 보응하리라"(6-7절).

이러한 선포는 사실상 여호와가 어떤 분이신지를 말해 줌으로써 출애굽기 3장에 나오는 선포를 보완해 준다. 또한 출애굽기 3장의 선포는, 하나님은 영원토록 3천 년 전 그 순간 모세에게 말씀하셨던 바로 그런 분이라는 것을 말함으로써 이러한 선포를 보완해 준다. 그래서 야고보는 하나님의 선하심과 거룩하심, 자비로우심과 죄에 대한 적개심에 대해 말하는 본문에서, 하나님을 "변함도 없으시고 회전하는 그림자도 없는" 분이라고 말한다(약 1:17).

3. **하나님의 진리는 변하지 않는다.** 사람들은 때때로 자신들이 정말로 의도하지 않았던 것을 말한다. 마음을 정하지 못하기 때문이다. 또한 그들은 수시로 바뀌는 견해 때문에, 종종 과거에 했던 말을 더 이상 지지할 수 없게 된다. 우리는 모두 수시로 우리가 한 말을 취소해야만 한다. 그 말들이 더 이상 우리의 생각을 표현해 주지 못하기 때문이다. 때때로 우리는 식언을 해야만 한다. 믿을 수 있는 사실들이 그 말에 이의를 제기하기 때문이다.

인간의 말은 불안정하다. 하지만 하나님의 말씀은 그렇지 않다. 그것은 하나님의 마음과 생각에 대한 변함없이 유효한 표현들로서, 영원히 지속된다. 어떤 환경도 하나님에게 그분의 말씀을 취소하도록 하지 않는다. 어떤 생각의 변화도 하나님에게 그 말씀들을 수정하도록 요구하지는 않는다. 이사야는 이렇게 쓴다. "모든 육체는 풀이요…풀은 마르고…우리 하나님의 말씀은 영영히 서리라"(사 40:6-8). 마찬가지로, 시편 기자는 말한다. "여호와여, 주의 말씀은 영원히 하늘에 굳게 섰사오며…주의 모든 계명들은 진리니이다.…주께서 영원히 세우신 것인 줄을"(시 119:89, 151-152).

마지막 절에서 **진리**로 번역된 단어는 확고함이라는 개념을 지니고 있다. 그러므로 성경을 읽을 때, 우리는 하나님이 성경에 있는 신약의 신자들에게 주신 모든 약속, 요구 사항, 목적에 대한 진술, 경고의 말 배후에 계시다는 사실을 기억해야 한다. 이것들은 흘러간 시대의 유물이 아니라, 이 세상이 지속되는 동안 모든 세대의 하나님의 백성에게 주시는 하나님의 마음에 대한 영원히 타당한 계시다. 우리 주님이 친히 말씀하셨듯이 "성경은 폐하지 못한다"(요 10:35). 어떤 것도 하나님의 영원한 진리를 파기할 수 없다.

4. **하나님의 방식들은 변하지 않는다**. 하나님은 성경 이야기에서 그러셨던 것처럼 계속해서 죄인들을 위해 행동하신다. 하나님은 여전히 죄인들을 구분하셔서, 어떤 사람은 복음을 듣게 하시고 다른 사람들은 듣지 않도록 하시는 한편, 복음을 들은 사람들 가운데 일부는 회개케 하시고 다른 사람들은 불신 가운데 내버려두신다. 그리고 그럼으로써 하나님은 어느 누구에게도 자비를 베풀어야 할 의무가 없으며, 그들이 생명을 얻게 되는 것은 자신의 노력의 결과가 아니라 전적으로 하나님의 은혜라는 것을 가르치시면서 그분의 자유와 주권을 보여 주신다.

하나님은 여전히 사랑하시는 사람들에게 복을 주시되, 그들을 겸손케 하셔서 모든 영광이 그분만의 것이 되도록 하신다. 하나님은 여전히 자기 백성의 죄를 미워하시며, 그들의 마음에서 타협과 불순종을 버리도록 하기 위해 모든 종류의 내적·외적 고통과 슬픔을 사용하신다. 하나님은 여전히 자기 백성들과 교제 나누기를 원하시며, 그들이 다른 것을 사랑하지 않고 하나님을 사랑하도록 하기 위해 슬픔과 기쁨을 그들에게 보내신다. 하나님은 여전히 신자들로 하여금 그분이 약속하신 선물을 기다리도록 하심으로써, 그리고 그것을 얻기까지 끈질기게 기도하지 않을 수 없도록 하심으로써, 그들이 그 선물을 귀중히 여기도록 가르치신다. 그러므로 하나님은 성경에서 자기 백성과 관계를 맺으시는 것처럼 지금도 여전히 그분의 백성과 관계를 맺으신다. 하나님의 목표와 행동 원리는 일관된다. 하나님은 어떤 때라도 그분의 성품에서 벗어난 행동을 하지 않으신다. 우리는 우리의 방식들이 애처로울 정도로 변덕스러움을 안다. 하지만 하나님의 방식들은 그렇지 않다.

5. **하나님의 목적들은 변하지 않는다.** "이스라엘의 지존자는 거짓이나 변개함이 없으시니 그는 사람이 아니시므로 결코 변개하지 않으심이니이다"(삼상 15:29)라고 사무엘은 밝혔다. 발람도 마찬가지로 말했다. "하나님은 사람이 아니시니 거짓말을 하지 않으시고 인생이 아니시니 후회가 없으시도다. 어찌 그 말씀하신 바를 행하지 않으시며 하신 말씀을 실행하지 않으시랴"(민 23:19).

후회란 자신의 판단을 돌이켜 행동 계획을 바꾸는 것이다. 하나님은 결코 후회하지 않으신다. 결코 후회할 필요가 없으시기 때문이다. 하나님의 계획은 과거와 현재와 미래의 모든 것에 영향을 미치는 완전한 지식과 관리에 기초한 것으로, 갑작스러운 비상 사태가 발생하든지 예기치 않은 사태로 진전되더라도 하나님에게 불의의 습격을 가할 수는 없기 때문이다. "인간으로 하여금 마음을 바꾸고 계획을 번복하게 만드는 것은 다음 두 가지 경우다. 곧 모든 것을 예측할 수 있는 선견지명이 부족하거나 그것들을 시행하기 위한 선견지명이 부족할 때다. 하지만 하나님은 전지하시고 전능하시므로 자신의 판결을 돌이키실 필요가 전혀 없다"(핑크). "여호와의 계획은 영원히 서고 그의 생각은 대대에 이르리로다"(시 33:11).

하나님이 시간 속에서 하시는 일은 영원 전부터 계획된 것이다. 하나님은 영원 속에서 계획하신 일을 시간 안에서 수행하신다. 하나님이 말씀 가운데서 행하겠다고 약속하신 것은 틀림없이 이루어질 것이다. 그래서 우리는, 신자들로 하여금 약속된 유업을 온전히 누리도록 하시는 '그 뜻의 변치 않으심'과, 신자의 원형인 아브라함에게 그 뜻을 확증하심으로써 아브라함은 물론 우리의 안위를 약속하시는 변치 않는 맹세에 대해 읽게 된다(히 6:17-18). 하나님의 의도는 다 그와 같으며 그것들은 변하지 않는다. 하나님의 영원한 계획의 어떤 부분도 결코 변하지 않는다.

하나님이 후회하셨다고 하는 본문들(창 6:6-7; 삼상 15:11; 삼하 24:16; 욘 3:10; 욜 2:13-14)이 있는 것은 사실이다. 각 경우에 본문들은, 하나님이 이전에 행하신 것에 대해 어떤 사람들이 반응하는 결과에 따라 그들에게 이전과 반대로 행하신다고 말한다. 하지만 그들의 반응이 예견되지 않았다거나, 그것들이 하나님을 불시에 습격했기 때문에 하나님의 영원하신 계획 안에 그것에 대한 대비책이 없었다고 하는 암시는 전혀 없다. 하나님이 어떤 사람을 새로운 방식으로 다루기 시작하신다 할지라도, 하나님의 영원하신 목적에 어떤 변화가 일어났다는 의미가 아니다.

6. **하나님의 아들은 변하지 않는다.** 예수 그리스도는 "어제나 오늘이나 영원토록 동일하시며"(히 13:8), 그분의 손길은 여전히 예전과 같은 능력을 지니고 있다. "자기를 힘입어 하나님께 나아가는 자들을 온전히 구원하실 수 있으니 이는 그가 항상 살아 계셔서 그들을 위하여 간구하심이라"(히 7:25)는 것도 여전히 사실이다. 예수 그리스도는 결코 변하지 않으신다. 이 사실은 하나님의 모든 백성에게 매우 커다란 위안을 준다.

우리는 그들과 같이 되어야 한다

그렇다면 성경 시대의 신자들과 우리의 거리감은 어떻게 되는가? 그것은 제거될 것이다. 어떤 근거에서 그런가? 하나님이 변치 않으시기 때문이다. 하나님과의 교제, 하나님의 말씀에 대한 믿음, 믿음으로 사는 것, 하나님의 약속들 위에 서는 것은 구약과 신약 시대의 신자들과 마찬가지로 우리에게도 똑같은 실재다. 이러한 생각은 우리가 당혹함을 맛볼 때마다 우리에게 위로를 준다. 핵 시대를 살아가는 삶의 온갖 변화와 불확실함 가운데서도 하나님과 그리스도는 여전히 구원할 수 있는 전능하심을 지닌 분이다.

하지만 이러한 생각은 엄중한 도전도 가한다. 만일 우리 하나님이 신약의 하나님과 동일한 분이라면, 어떻게 우리가 하나님과의 교제를 체험하는 면이나 그리스도인다운 행동의 수준 면에서 그들에 훨씬 더 못 미치는 상태를 스스로 만족하는 것을 정당화할 수 있겠는가? 만일 하나님이 똑같은 하나님이라면, 이것은 우리 가운데 누구도 회피할 수 없는 문제다.

8　하나님의 위엄

영어의 **위엄**(majesty)이라는 말은 라틴어에서 온 것으로, 위대함(greatness)이라는 의미다. 어떤 사람에게 위엄이 있다고 말한다면 그것은 그 사람 안에 있는 위대함을 인정하고 그것에 경의를 표현한다는 뜻이다. 여왕 '폐하'(Her Majesty)라고 말할 때처럼 말이다.

또한 위엄이라는 말은 성경에서 창조주시며 주님이신 하나님의 위대하심을 표현하는 데 사용되는 단어다. "여호와께서 다스리시니 스스로 **권위**(majesty)를 입으셨도다.…주의 보좌는 예로부터 견고히 섰으며"(시 93:1-2). "주의 **존귀하고**(majesty) 영광스러운 위엄과 주의 기이한 일들을 나는 작은 소리로 읊조리리이다"(시 145:5). 베드로는 그리스도께서 변화되셨을 때 그분의 장려한 영광을 목도했던 것을 되새기면서, "우리는 그의 크신 **위엄**을 친히 본 자라"(벧후 1:16)고 말한다.

히브리서에서 **위엄**이라는 말은 **하나님**이란 말 대신 사용되었다. 그리스도는 승천하시어 "높은 곳에 계신 **위엄**의 우편에", "하늘에서 **위엄**의 보좌 우편에"(히 1:3; 8:1, 개역 한글) 앉으셨다고 나와 있다. **위엄**이라는 단어가 하나님께 적용될 때는 언제나 하나님의 위대하심에 대한 선포와, 예배를 드리라는 권유가 함께 나온다. 성경에서 하나님이 **높은 곳**에, **하늘**에 계시다고 말할 때에도 마찬가지다. 여기서 시사하는 개념은 하나님이 공간적으로 우리에게서 멀리 떨어져 계시다는 것이 아니라, 하나님은 위대함이라는 면에서 우리보다 훨씬 위에 계시며 따라서 경배를 받으셔야 한다는 것이다. "여호와는 위대하시니…극진히 찬양받으시리로다"(시 48:1). "여호와는 크신 하나님이시요…크신 왕이시기 때문이로다.…오라, 우리가 굽혀 경배하며"(시 95:3, 6). 하나님을 신뢰하고 경배하고자 하는 그리스도인의 본능은 그분의 위대하심을 아는 것으로 인해 강력하게 자극을 받는다.

하지만 이것은 대체로 오늘날의 그리스도인들에게는 없는 지식이다. 우리 믿음이 힘이 없고 우리 예배가 활기 없는 것은 이 때문이기도 하다. 우리는 현대인이며, 현대인은 대체로 자신에 대해서는 많은 생각을 하지만 하나님에 대해서는 별로 생각하지 않는다. 일반 사람들은 차치하고, 교회 안에 있는 사람들이 **하나님**이라는 단어를 사용할 때조차 신적 **위엄**에 대해서는 거의 생각하지 않는다.

「네 하나님은 너무 작다」(*Your God Is Too Small*, 규장 역간)라는 제목의 유명한 책이 있다. 그리고 그 제목은 우리 시대에 매우 적절하다. 우리는 복음의 선조들과 같은 말로 우리 신앙을 고백하지만 그들과는 완전히 다르다. 루터의 글이나 에드워즈(Edwards)

혹은 휫필드(Whitefield)의 글을 읽을 때, 당신이 믿는 교리는 아마도 그들의 교리와 같겠지만, 당신은 이내 그들이 친숙하게 알았던 그 위대한 하나님을 도대체 조금이라도 아는 것일까 하고 생각하게 될 것이다.

오늘날 하나님이 **인격적**이신 분이라는 개념은 아주 강조된다. 이 진리는 하나님이 우리와 같은 부류의 인격, 곧 연약하고, 부적절하며, 비효율적이고, 약간 애처로운 인격이라는 인상을 주게끔 진술된다. 하지만 성경의 하나님은 그런 분이 아니다! 우리 삶은 유한하다. 모든 면에서, 공간, 시간, 지식, 권능의 면에서 제한을 받는다. 하지만 하나님은 그 같은 제한을 받지 않으신다. 하나님은 영원하시고, 무한하시며, 전능하시다. 우리는 하나님의 수중에 있다. 그러나 하나님은 결코 우리 수중에 계시지 않는다. 우리와 마찬가지로 하나님은 인격적 존재다. 하지만 우리와 달리 하나님은 **위대하시다**. 성경은 자기 백성에 대해 하나님이 가지시는 관심의 실체에 대해 그리고 그들에게 보여 주시는 관대함과 애정과 동정과 오래 참음과 긍휼히 여김에 대해 거듭 강조한다. 그러면서도 하나님의 위엄과 모든 피조물에 대한 그분의 무한한 통치를 결코 잊지 않는다.

인격적인 그러나 위엄 있는

창세기의 처음 몇 장만 살펴보아도 그에 대한 예를 찾을 수 있다. 성경 이야기의 시작 부분부터, 우리가 대면하게 되는 하나님은 **인격적**이면서 동시에 **위엄이 있으시다**는 한 쌍의 진리를 인식시키면서 기사가 전개된다.

성경 어디에도 하나님의 인격적 본성을 이보다 더 생생한 어투로 표현하는 곳은 없다. 하나님은 자신과 협의하신다. "우리가…하자"(창 1:26). 하나님은 아담이 짐승들을 무엇이라 부를지 보기 위해 짐승들을 아담에게로 데려오신다(2:19). 하나님은 아담을 부르시면서 동산을 거니신다(3:8-9). 하나님은 사람들에게 질문을 던지신다(3:11-13; 4:9; 16:8). 그분은 자신의 피조물이 무엇을 하는지 보기 위해 하늘로부터 내려오신다(11:5; 18:20-33). 하나님은 인간의 악함을 한탄한 나머지 그들을 지은 것을 후회하신다(6:6-7).

하나님을 이렇게 묘사하는 것은, 우리가 관계를 맺는 하나님은 비인격적이고 무관심한 우주적 원리가 아니라, 생각하고 느끼며 활동하고 선을 기뻐하고 악을 미워하며, 언제나 피조물들에게 관심을 갖는 살아 계신 인격체라는 사실을 깊이 깨닫도록 하기 위한 것이다.

우리는 그 본문들을 보며 하나님의 지식과 능력이 한정되어 있다거나, 하나님은 특별히 어떤 것을 조사하러 오실 때 외에는 이 세상에 계시지 않으며 이 세상에서 일어나는 일에 대해 관심이 없다고 추측해서는 안 된다. 본문이 나오는 같은 장들은 하나님의 인격성을 묘사할 때와 조금도 다름없이 생생하게 하나님의 위대하심을 묘사함으로써 그러한 생각을 일체 배제하기 때문이다.

창세기에 나오는 하나님은 혼돈에 질서를 부여하시며, 말씀으로 생명이 생겨나게 하시고, 땅의 먼지를 취하사 아담을, 아담의 갈비뼈를 취하사 하와를 만드시는 창조주다(창 1-2장). 그리고 하나님은 만드신 모든 것의 주님이시다. 그분은 땅을 저주하시고 인류로 육체적 죽음을 당하게 하시며, 그럼으로써 원래 만드신 완전한 세상의 질서를 바꾸신다(3:17-24). 하나님은 심판을 위해 땅에 홍수를 보내사 방주에 있는 것들 외의 모든 생물을 멸하신다(6-8장). 하나님은 인간의 언어를 혼잡하게 하시고 바벨탑을 세운 자들을 흩으신다(11:7-9). 하나님은 (외관상 보기에) 화산의 폭발로 소돔과 고모라를 뒤엎어 멸하신다(19:24-25). 아브라함은 하나님을 "세상을 심판하시는 이"(18:25)라는 올바른 호칭으로 부르며, 멜기세덱이 하나님께 붙인 이름인 "천지의 주재이시요 지극히 높으신 하나님"이라는 말을 적절히 차용한다(14:19-22). 하나님은 어디에나 계시며, 가인의 살인(4:9), 인류의 부패함(6:5), 하갈의 궁핍함(16:7) 등 모든 것을 주시하신다. 하갈은 현명하게도 하나님을 '나를 보시는 하나님'이라는 뜻의 '엘 로이'(*El Roi*)로 부르고, 그녀의 아들을 이스마엘 곧 '하나님이 들으심'이라고 부른다. 하나님은 실제로 들으시고 보신다. 아무것도 하나님에게서 벗어날 수 없다.

하나님이 자신에게 붙이신 이름은 '엘 샤다이'(*El Shaddai*) 곧 '전능하신 하나님'이며, 하나님의 모든 행동은 이 이름이 선포하는 전능함을 예증해 준다. 하나님은 아브라함과 그의 아내가 90대가 되었을 때 아들을 주겠노라고 약속하시며, 사라의 의심하는 듯한, 그리고 후에 입증되었듯이, 정당화되지 못한 웃음에 대해 그녀를 꾸짖으셨다. "여호와께 능하지 못한 일이 있겠느냐?"(18:14) 또한 하나님은 어떤 특별한 순간들에만 사건을 통괄하시는 것이 아니다. 모든 역사가 하나님의 통치 아래 있다. 하나님이 아브라함의 씨를 통해 성취하고자 하신 엄청난 일에 대한 상세한 예언이 그 증거다(12:1-3; 13:14-17; 15:13-21 등).

이것이 바로 창세기 처음 몇 장에서 나타나는 하나님의 위엄이다.

제한이 없음

어떻게 하나님의 위대하심에 대한 올바른 개념을 가질 수 있을까? 성경은 우리가 취해야 할 두 단계에 대해 가르쳐 준다. 첫 번째는 **하나님에 대해 생각할 때 하나님을 왜소하게 만들 만한 제한들을 제거해 버리라**는 것이다. 두 번째는 **우리가 위대하다고 여기는 권세나 힘과 하나님을 비교해 보라**는 것이다.

첫 번째 단계의 예로 시편 139편을 보라. 시편 기자는 사람들과 관련해서 하나님의 임재와 지식과 능력의 무한하고 무제한적인 특성에 대해 묵상한다. 시편 기자는 우리가 언제나 하나님의 임재 안에 있다고 말한다. 당신은 동료 인간과는 관계를 끊을 수 있다. 하지만 창조주에게서 달아날 수는 없다. "주께서 나의 앞뒤를 둘러싸시고…내가 주의 영을 떠나 어디로 가며 주의 앞에서 어디로 피하리이까. 내가 하늘에 올라갈지라도 거기 계시며 스올에 내 자리를 펼지라도 거기 계시니이다. 내가 새벽 날개를 치며 바다 끝에 가서 거주할지라도"(5-9절) 여전히 하나님의 임재에서 피하지 못한다. "곧 거기서도 주의 손이 나를 인도하시며 주의 오른손이 나를 붙드시기"(10절) 때문이다. 나를 인간의 시야에서 감추어 주는 흑암이라도 하나님의 시선에서는 가려 주지 못한다(11-12절).

나와 함께하시는 하나님의 임재에 한계가 없는 것과 마찬가지로, 나를 아시는 하나님의 지식에도 한계가 없다. 내가 홀로 남겨지는 적이 결코 없는 것처럼, 내가 하나님의 눈에 띄지 않고 넘어가는 적도 결코 없다. "여호와여, 주께서 나를 살펴보셨으므로 나를 아시나이다. 주께서 내가 앉고 일어섬(나의 모든 행동과 동작)을 아시고 멀리서도 나의 생각(내 마음속에서 일어나는 모든 것)을 밝히 아시오며…나의 모든 행위(ways: 나의 모든 삶의 연대뿐 아니라 나의 모든 습관, 계획, 목표, 바람)를 익히 아시오니 여호와여, 내 혀의 말(입 밖으로 말한 것이든 묵상한 것이든)을 알지 못하시는 것이 하나도 없으시니이다"(1-4절).

나는 내 마음과 내 과거와 내 미래의 계획들을 주위에 있는 사람들에게 숨길 수 있다. 하지만 하나님에게는 아무것도 숨길 수 없다. 나는 내가 정말로 어떤 사람인지에 대해 동료들을 기만할 수 있다. 하지만 내가 말하거나 행하는 어떤 것도 하나님을 기만할 수는 없다. 하나님은 내가 마음에 숨기고 있는 모든 것과 모든 허식을 꿰뚫어 보신다. 하나님은 내 진정한 모습이 어떤지를 아신다. 실로 그분은 내가 나 자신을 아는 것보다 나를 더 잘 아신다.

내가 하나님의 임재와 면밀한 눈길을 피할 수 있다면, 그 하나님은 시시하고 보잘것없는 신일 것이다. 하지만 참된 하나님은 위대하고 굉장한 분이다. 하나님은 언제나 나와 함께 계시며 하나님의 눈은 언제나 나를 감찰하신다. 그리고 인생의 매순간을, 전지하시고 편재하시는 창조주의 면전에서 그분과 함께 보낸다는 것을 인식할 때 삶은 경외스러운 일이 된다.

그것만이 전부가 아니다. 만물을 꿰뚫어 보시는 하나님은 또한 전능하신 하나님이다. 하나님의 능력은, 나를 위하여 만들어 주신 내 육체의 놀라운 복잡성에 의해 이미 내게 계시되었다. 이러한 사실에 직면하여 시편 기자의 묵상은 예배로 바뀐다. "내가 주께 감사하옴은 나를 지으심이 심히 기묘하심이라. 주께서 하시는 일이 기이함을…"(14절).

여기에 하나님의 위대함을 이해하는 첫 번째 단계가 있다. 그것은 하나님의 지혜, 임재, 능력이 얼마나 무한한지를 인식하는 것이다. 욥기 38-41장을 보라. 거기서 하나님은, "하나님께는 두려운 위엄이 있느니라"(37:22)는 엘리후의 인식을 주제로 취하셔서 자연에 나타난 하나님의 지혜와 능력의 놀라움을 욥에게 보이신다. 그리고 욥에게 이 같은 '위엄'(majesty)에 필적할 수 있느냐고 물으신다(40:9-11). 그리고 하나님이 욥을 다루시는 것에 대해 하나님을 탓할 수 없음을 깨닫게 하신다. 이 역시 욥이 도저히 이해할 수 없는 것이다. 성경의 다른 많은 본문도 같은 교훈을 준다. 하지만 지금은 이에 대해 더 이상 길게 논할 수가 없다.

비길 데 없는 분

두 번째 단계가 포함되는 예로 이사야 40장을 보라. 여기서 하나님은 오늘날 많은 그리스도인과 같은 기분을 느끼는 사람들, 의기소침한 사람들, 겁먹은 사람들, 남 몰래 자포자기하고 있는 사람들, 오랫동안 사건의 형세가 그들에게 불리하게 돌아간 사람들, 그리스도의 대의가 다시 번창할 수 있다고는 더 이상 믿지 않게 된 사람들에게 말씀하신다. 하나님이 어떻게 이 선지자를 통해 그들과 변론하시는지를 보라.

하나님은 그분이 행한 **과업**들을 보라고 말씀하신다. 너희들이 그것을 할 수 있느냐? 그것을 할 수 있는 사람이 있느냐? "누가 손바닥으로 바닷물을 헤아렸으며 뼘으로 하늘을 쟀으며 땅의 티끌을 되에 담아 보았으며 접시 저울로 산들을, 막대 저울로 언덕들을 달아 보았으랴"(12절). 너는 이런 일들을 할 만큼 지혜롭고 능력이 있느냐? 그렇지만 나는 할 수 있다. 그렇지 않다면 나는 이 세상을 만들지 못했을 것이다. 너희 하나님을 보라!

이제 선지자는 계속해서 **열방**을 보라고 말한다. 자신이 그들 처분에 달려 있다고 느끼는 그 거대한 나라들의 권세를 보라는 것이다. 앗수르, 애굽, 바벨론 등. 이스라엘은 이 나라들을 두려워하며 겁을 먹고 있다. 그들의 군대와 자원은 이스라엘의 것보다 엄청나게 많다. 하지만 이제 이스라엘이 두려워하는 강력한 세력들에 관해 하나님이 어떤 입장이신지를 살펴보라. "그에게는 열방이 통의 한 방울 물과 같고 저울의 작은 티끌 같으며…그의 앞에는 모든 열방이 아무것도 아니라. 그는 그들을 없는 것같이, 빈 것같이 여기시느니라"(사 40:15, 17). 이스라엘은 그들보다 훨씬 약하기 때문에 열방 앞에서 떤다. 하지만 하나님은 열방보다 훨씬 크신 분이시므로 그들은 하나님에게 아무것도 아니다. 너희 하나님을 보라!

다음으로 **세상**을 보라. 세상의 크기와 다양성과 복잡성을 생각해 보라. 거기에 사는 60억에 달하는 인구와 그 위에 있는 광대한 하늘을 생각해 보라. 우리가 사는 지구 전체에 비할 때 우리는 얼마나 하잘것없는 존재들인가! 그렇지만 이 거대한 전체 행성도 하나님과 비교할 때 어떠한가? "그는 둥근 땅 위에 앉으시나니 땅에 사는 사람들은 메뚜기 같으니라. 그가 하늘을 차일같이 펴셨으며 거주할 천막같이 치셨고"(사 40:22). 세계는 우리 모두를 아주 작아 보이게 만든다. 하지만 하나님은 세계를 작아 보이게 만드신다. 세계는 하나님의 발판이다. 하나님은 그 위에 견고하게 앉아 계신다. 하나님은 세계와 그 안에 있는 모든 것보다 크시므로, 마치 여름날 햇빛 속에서 노래하며 뛰어다니는 메뚜기들이 우리에게 아무런 영향을 끼치지 못하는 것처럼, 그 안에 사는 수많은 사람이 북적거리면서 행하는 소란스러운 활동들도 하나님에게 영향을 끼치지 못한다. 너희 하나님을 보라!

넷째로, 세상의 **위대한 자들**을 보라. 법률이나 정책으로 수많은 사람의 복지를 결정하는 통치자들, 세계의 지배자가 되려는 사람들, 독재자들과 제국의 건설자들, 온 세계를 전쟁에 돌입하게 할 수 있는 권력을 지닌 사람들을 보라. 산헤립과 느부갓네살을 생각해 보라. 알렉산더, 나폴레옹, 히틀러를 생각해 보라. 오늘날에는 클린턴과 사담 후세인을 생각해 보라. 당신은 정말로 이 정상의 인물들이 세계가 어떤 길로 갈지를 결정한다고 생각하는가? 다시 한 번 생각해 보라. 하나님은 이 세상의 위대한 자들보다 더 위대하시다. "귀인들을 폐하시며 세상의 사사들을 헛되게 하시나니"(사 40:23). 기도서에서 말하듯이, 하나님은 '군주들의 유일한 통치자'시다. 너희 하나님을 바라보라!

하지만 아직 끝나지 않았다. 마지막으로, **별들**을 보라. 맑은 밤 홀로 서서 별들을 바라볼 때 가장 보편적인 경외심이 생겨난다. 거리감과 동떨어진 듯한 느낌을 그것보다 더 강하게 주는 것은 없다. 자신의 미미함과 하잘것없음을 그보다 더 강하게 느끼도록 만들어 주는 것은 없다. 그리고 우주 시대를 사는 우리는 이러한 보편적인 체험에 실제로 관련된 요소들, 즉 몇 백만 개에 이르는 별의 숫자나 몇 십억 광년에 이르는 거리에 대한 과학적 지식을 추가할 수 있다. 우리의 지성은 휘청거린다. 우리의 상상력은 그것을 파악할 수가 없다. 우주의 헤아릴 수 없는 깊이를 생각하려 할 때, 우리는 정신적으로 마비되고 어지러워진다.

하지만 이것들이 하나님에게는 무엇인가? "너희는 눈을 높이 들어 누가 이 모든 것을 창조하였나 보라. 주께서는 수효대로 만상을 이끌어내시고 그들의 모든 이름을 부르시나니 그의 권세가 크고 그의 능력이 강하므로 하나도 빠짐이 없느니라"(사 40:26). 별들을 나타나게 하시는 분은 하나님이다. 그것을 우주 안에 두신 분은 하나님이다. 하나님은 그것을 만드셨으며 그것의 주님이시다. 그것은 모두 하나님의 수중에 있으며 하나님의 뜻에 복종한다. 하나님의 권세와 하나님의 위엄은 그러한 것이다. 너희 하나님을 보라!

위엄에 대한 우리의 반응

이사야는 환멸을 느끼고 풀이 죽은 이스라엘 사람들에게 하나님의 이름으로 던지는 세 질문을 이제 우리에게 던진다. 그리하여 하나님의 위엄에 대한 성경의 교리를 우리에게 적용한다.

1. "그런즉 너희가 나를 누구에게 비교하여 나를 그와 동등하게 하겠느냐"(사 40:25). 이 질문은 **하나님에 대한 잘못된 생각들**을 꾸짖는다. "하나님에 대한 당신의 생각은 너무 인간적이오"라고 루터는 에라스무스에게 말했다. 바로 이 점에서 우리 대부분은 그릇되어 있다. 하나님에 대한 우리의 생각은 충분히 크지 않다. 우리는 하나님의 무한한 지혜와 능력의 실재를 충분히 고려하지 않는다. 우리 자신이 유한하고 연약하기 때문에, 어떤 점에서 하나님 역시 그러실 것이라고 상상하며, 하나님이 그렇지 않음을 믿기가 어렵다고 생각한다. 우리는 하나님을 우리와 비슷한 분으로 생각한다. 하나님은 이러한 실수를 바로잡으라고 말씀하신다. 비할 바 없으신 하나님과 구세주의 완전한 위엄을 인지하는 법을 배우라.

2. "야곱아 어찌하여 네가 말하며 이스라엘아 네가 이르기를 내

길은 여호와께 숨겨졌으며 내 송사는 내 하나님에게서 벗어난다 하느냐"(사 40:27). 이 질문은 **우리 자신에 대한 잘못된 생각들**을 꾸짖는다. 하나님은 욥을 버리지 않으신 것과 마찬가지로 우리를 버리지 않으셨다. 하나님은 사랑을 베푸셨던 어느 누구도 버리지 않으시며, 선한 목자이신 그리스도는 양을 절대로 놓치지 않으신다. 하나님이 자신의 백성의 상태와 필요를 잊어버리셨다거나, 간과하신다거나, 흥미를 잃어버리셨다고 비난하는 것은 적절하지 않을 뿐만 아니라 잘못된 것이다. 만일 하나님이 당신을 고립시키셨다는 생각으로 포기하고 있었다면, 자신을 부끄럽게 여길 수 있는 은혜를 구하라. 그러한 불신앙적인 비관주의는 우리의 위대하신 하나님과 구세주를 모욕하는 일이다.

3. "너는 알지 못하였느냐, 듣지 못하였느냐. 영원하신 하나님 여호와, 땅 끝까지 창조하신 이는 피곤하지 않으시며 곤비하지 않으시며"(사 40:28). 이 질문은 우리가 **하나님의 위엄을 믿는 일에 더딘 것**을 꾸짖는다. 하나님은 우리의 불신으로 인해 우리를 부끄럽게 하실 것이다. "무엇이 문제냐?"고 하나님은 물으신다. "너희는 창조주인 내가 늙고 피곤해졌다고 생각하느냐? 아무도 나에 대한 진리를 너에게 말해 주지 않았단 말이냐?"

우리 가운데 많은 사람은 이러한 꾸짖음을 받아 마땅하다. 우리는 하나님을 **하나님으로**, 주권적이시고 만물을 꿰뚫어 보시며 전능하신 분으로 믿는 일에 얼마나 더딘가! 우리는 주님이요 구주이신 그리스도의 위엄을 얼마나 경시하는가! 우리에게 필요한 것은 그분의 위엄을 묵상하는 가운데 이러한 것들을 마음에 새김으로써 새로운 힘을 얻을 때까지 '여호와를 앙망하는' 것이다.

9 지혜로우신 하나님

성경에서 하나님을 **지혜롭다**고 말할 때, 그것은 무슨 의미인가? 성경에서 말하는 지혜는 단순한 영리함이나 교묘함이 아니다. 그것은 단순한 지성이나 지식 이상으로 지적인 속성일 뿐 아니라 도덕적 속성이기도 하다. 성경적 의미에서 정말로 지혜로우려면, 우리의 지성과 영리함은 올바른 목적을 위해 이용되어야 한다. 지혜는, 최선이며 최고인 목표와 그것을 달성하기 위한 가장 확실한 수단을 보는 능력 그리고 그것을 선택하는 성향이다.

지혜는 도덕적 선의 실제적인 측면이다. 그러한 지혜는 하나님 안에서만 완전한 모습이 발견된다. 하나님만이 원래부터 전적으로 변함없이 지혜로우시다. "하나님의 지혜는 항상 깨어 있도다"라고 찬송가는 말하며, 그것은 사실이다. 하나님은 하시는 모든 일에서 지혜롭지 않은 적이 없다. 옛 신학자들이 말했듯이, 지혜는 하나님의 **본질**이다. 능력과 진리와 선하심이 하나님의 **진수**, 즉 하나님의 성품의 필수적인 구성 요소인 것과 마찬가지다.

지혜: 우리의 지혜와 하나님의 지혜

인간의 지혜는 통제할 수 없는 환경적 요소들에 의해 좌절될 수 있다. 변절한 다윗의 상담자 아히도벨이 압살롬에게, 반란으로 인한 첫 충격에서 회복되기 전에 다윗을 즉시 해치워 버리라고 촉구한 것은 지혜로운 조언이었다. 하지만 압살롬은 어리석게도 다른 행동을 취했으며, 아히도벨은 상처받은 자존심으로 마음을 끓이면서, 그 반란이 분명히 실패한다는 것을 예견하고는 절망에 빠져 집으로 돌아가서 자살하고 말았다(삼하 17장).

하지만 하나님의 지혜는 아히도벨의 적절한 조언이 좌절된 것처럼(14절) 좌절되지 않는다. 그것은 전능함과 결합되어 있기 때문이다. 능력은 지혜만큼이나 하나님의 본질에 속한다. 전능함을 지배하는 전지함, 무한한 지혜로 다스리는 무한한 능력, 이것이 바로 신적 성품에 대한 성경의 기본적인 묘사다. "그는 마음이 **지혜**로우시고 **힘**이 강하시니"(욥 9:4). "**지혜**와 **권능**이 하나님께 있고"(욥 12:13). "하나님은 **능하시나**…그의 **지혜**가 무궁하사"(욥 36:5). 하나님은 "**권세**가 크고…**능력**이 강하므로, **명철**이 한이 없으시다"(사 40:26, 28). "**지혜와 능력**이 그에게 있음이로다"(단 2:20). 신약에서도 똑같은 결합이 나타난다. "이 복음으로 너희를 **능히** 견고하게 하실 **지혜로우신** 하나님께"(롬 16:26-27). 능력이 없는 지혜는 애처로운 상한 갈대이며, 지혜가 없는 능력은 공포의 대상일 뿐이다. 하지만 하나님 안에서는 무한한 지혜와 무한한 능력이 한데 결합해 있으며, 이로 인해 하나님은 완전한 신뢰를 받기에 합당한 분이 되신다.

하나님의 전능하신 지혜는 언제나 활동하고 있으며, 결코 실패하지 않는다. 하나님의 모든 창조와 섭리와 은혜의 사역은 지혜를 나타내 보이며, 우리는 그것들 안에서 하나님의 전능하신 지혜를 볼 수 있을 때 비로소 그것들을 제대로 본다. 그런데 하나님이 역사하시는 목적을 알지 못한다면 하나님의 지혜를 인식할 수 없다. 바로 이것이 많은 사람이 그릇되게 이해하는 이유다. 사람들은 성경에서 하나님이 사랑이시라고 말할 때(요일 4:8-10을 보라), 그것이 의미하는 바를 쉽게 오해한다. 곧 하나님은 사람들의 도덕적·영적 상태가 어떠하든지 간에 모든 사람이 아무런 문제도 없는 삶을 살기 원하신다고 생각한다. 그렇기 때문에 고통스럽고 마음을 어지럽게 하는 것(질병, 사고, 부상, 실직, 사랑하는 사람이 받는 고난)이 있다면 그것은 하나님의 지혜 혹은 능력이 잘못되었든지, 아니면 하나님은 존재하지 않는다는 것을 나타낸다고 결론을 내린다.

하지만 이는 완전히 잘못된 것이다. 하나님의 지혜는 타락한 세상을 행복하게 지켜 주거나 경건하지 않은 사람들을 안락하게 만들어 준다고 약속하지 않으며, 결코 그렇게 약속한 적이 없다. 하나님은 심지어 그리스도인들에게도 아무런 고민 없는 삶을 약속하지 않으셨다. 오히려 그 반대다. 하나님은, 이 세상 삶이 모두에게 편안한 것이 되게 해주시기보다는 이 세상 삶에 대해 다른 목적을 고려하신다.

그렇다면 하나님은 무엇을 추구하시는가? 하나님의 목표는 무엇인가? 하나님은 무엇을 겨냥하시는가? 하나님이 우리를 만드신 목적은 이것이다. 곧 우리가 하나님이 지으신 세계의 놀랍도록 질서 정연한 복잡성과 다양성으로 인해 그분을 찬양하면서 그것을 하나님의 뜻에 따라 사용하고, 그럼으로써 창조 세계와 하나님을 즐거워하고, 하나님을 사랑하고 경외하는 것이다. 비록 우리는 타락했지만, 하나님은 최초에 가지고 계시던 목적을 버리지 않으셨다. 하나님은 여전히 엄청나게 많은 사람이 그분을 사랑하고 경외하도록 계획하신다. 하나님의 궁극적인 목적은 그들이 전적으로 하나님을 기쁘시게 하고 적절하게 그분을 찬양하는 상태, 하나님이 그들에게 무엇보다도 소중한 분이 되는 상태에서, 하나님과 그들이 서로에 대한 사랑을 아는 가운데 계속해서 기뻐하는 것이다. 사람들은 영원 전부터 그들에게 쏟아부어진 구원의 사랑을 기뻐하고, 하나님은 복음을 통한 은혜로 이끌어낸 사람들의 반응하는 사랑을 기뻐하시는 것이다.

이것이 하나님의 **영광**이며 또한 우리의 **영광**이 될 것이다. 그 중대한 단어가 지닐 수 있는 모든 의미에서 그러하다. 하지만 그 영광은 내세에서 전체 피조 질서가 변화된 상황에서만 완전히 인식될 수 있을 것이다. 그 동안 하나님은 그것을 위해 꾸준히 일하신다. 하나님의 당면한 목적은, 각 사람을 죄에서 구해 주시고 그들의 삶 속에서 하나님의 은혜의 능력을 보이심으로 그들로 하나님을 향한 믿음과 소망과 사랑의 관계에 들어오도록 하는 것, 악의 세력들에 대항하여 하나님의 백성을 지키시는 것, 그리고 하나님이 구원하신 사람들이 온 세상에 복음을 전하는 것 등이다.

예수 그리스도는 이러한 목적의 각 부분을 성취하는 데 중심이 되신다. 하나님이 그리스도를 우리가 믿어야 하는 구세주로, 또한 우리가 순종해야 하는 교회의 주님으로 세우셨기 때문이다. 우리는 그리스도의 성육신과 십자가에서 하나님의 지혜가 어떻게 나타났는지에 대해 길게 논한 바 있다. 이제는 개개인을 다루시는 데 나타나는 하나님의 지혜는 우리가 요약한 이 목적에 비추어 살펴보아야 한다는 것을 덧붙이고자 한다.

하나님과 그분의 백성의 관계

성경에 나오는 인물의 일대기는 이러한 점에서 도움이 된다. 인간의 삶을 다루시는 하나님의 지혜에 대한 예는 몇몇 성경 이야기에서 분명하게 발견할 수 있다. 예를 들어, 아브라함의 삶을 살펴보자. 아브라함은 실제로 아내의 순결을 위태롭게 만든 비열한 속임수를 반복해서 사용할 수 있는 사람이었다(창 12:10-20). 그렇다면 분명 그는 도덕적인 용기라고는 거의 없고, 천성적으로 자신의 신변 안전만을 염려하는 사람이었다(창 12:12-13; 20:11). 또한 그는 압력에 약한 사람이었다. 아내가 강하게 주장하자 여종인 하갈에게서 아이를 낳았으며, 하갈이 임신으로 인해 교만해진 것을 사라가 신경질적으로 비난하자 하갈을 집에서 쫓아냈다(창 16:5-6).

그렇다면 분명 아브라함은 확고한 원칙에 따라 행동하는 사람이 아니었으며, 책임감이 다소 모자라는 사람이었다. 하지만 하나님은 그분의 지혜로 이 안이하고 용감하지 못한 인물에게 너무나도 좋은 결과를 안겨 주셨다. 그래서 아브라함은 가나안을 초기에 점유한 자로서, 하나님의 언약을 처음 수령한 자로서(창 18:17) 그리고 기적의 아이인 이삭의 아버지로서 교회사의 무대에서 자신에게 정해진 임무를 신실하게 수행했을 뿐 아니라 또한 새로운 사람이 되었다.

아브라함에게 무엇보다도 필요했던 것은 온 생애를 하나님과의 관계에서 바라보며, 그에게 명하시고 그를 지키시며 상 주시는 그 하나님만을 의지하면서 **하나님의 임재 안에서 사는** 법을 배우는 것이었다. 이것이 하나님이 그분의 지혜로 아브라함에게 집중적으로 가르치신 위대한 교훈이었다. "아브람아, 두려워하지 말라. 나는 네 **방패**요 너의 지극히 큰 **상급**이니라"(창 15:1). "나는 전능한 하나님이라. **너는 내 앞에서 행하여 완전하라**(성실하고 진실하라)"(창 17:1). 하나님은 거듭 아브라함을 자신과 대면하게 하시며, 그의 마음이 시편 기자처럼 "하늘에서는 주 외에 누가 내게 있으리요 땅에서는 주밖에 나의 사모할 이 없나이다.…하나님은 내 마음의 반석이시요 영원한 분깃이시라"(시 73:25-26)고 말하는 데 이르기까지 그를 이끄셨다. 그리고 이야기가 진행됨에 따라, 우리는 아브라함의 삶에서 이러한 교훈을 얻은 결과가 나타나는 것을 본다. 예전부터 가지고 있던 약점들이 때때로 다시 나타나기는 하지만, 그와 더불어 새로운 고귀함과 자립심이 나타난다. 이는 아브라함이 하나님과 동행하고, 하나님의 계시된 뜻을 신뢰하며, 하나님께 의지하고, 하나님을 기다리며, 하나님의 섭리에 굴복하고, 심지어 하나님이 때로 뭔가 이상하고 관습과 다른 것을 명하실 때마저도 순종하는 습관을 개발한 결과 생긴 것이다. 세상적인 사람이었던 아브라함이 하나님의 사람이 되었다.

우리는 아브라함이 하나님의 부르심에 반응하여 고향 집을 떠나고, 그의 자손들이 소유하게 될―그러나 그는 그 땅을 소유하지 못한다는 사실을 주목하라. 아브라함은 가나안에서 무덤 외에는 땅을 가진 적이 없었다(창 25:9-10)―땅을 통과하여 여행하면서(창

12:7) 조카 롯에게 당연한 우선권을 양보하는 데서 아브라함 안에 있는 새로운 온유함을 보게 된다(13:8-9). 또한 그가 네 왕의 연합군에게서 조카 롯을 구하기 위해 겨우 삼백 명을 데리고 출발할 때, 새로운 용기를 본다(14:14-15). 우리는 아브라함을 부유하게 만들어 준 분이 지극히 높으신 하나님이 아니라 소돔 왕인 것처럼 오해받지 않도록 하기 위해, 그가 되찾은 전리품들을 취하지 않겠노라고 말하는 데서 새로운 품위를 본다(14:22-23). 또 아브라함이 75세 때부터 100세 때까지 25년 동안이나 약속된 후계자를 기다리는 것에서 새로운 인내를 본다(12:4; 21:5). 우리는 그가 기도의 사람, 하나님 앞에서 다른 사람의 복지에 대해 책임감을 느끼는 끈질긴 중보자가 되어 가는 것을 본다(18:23-32). 우리는 아브라함이 마침내는 하나님의 뜻에 너무나도 헌신되어 하나님이 자신의 행위를 아신다는 점을 확신한 나머지, 그처럼 태어나기를 기다려 왔던 유업인 아들조차 하나님의 명령에 따라 기꺼이 죽이려는 것을 보게 된다(22장). 하나님은 그를 얼마나 지혜롭게 가르치셨는가! 그리고 아브라함은 얼마나 그것을 잘 배웠는가!

아브라함의 손자인 야곱은 또 다른 식으로 다룰 필요가 있다. 야곱은 옹고집 엄마의 아들로서, 기회주의적 천성과, 도덕에는 아랑곳없는 수완 좋은 사업가의 무자비함을 복으로(혹은 저주로) 받은 사람이었다. 하나님은 그분의 지혜로, 야곱이 비록 작은아들이었지만 장자의 상속권과 축복을 받고 하나님의 약속을 지닌 자가 되도록 계획하셨다(28:13-15). 또한 야곱이 사촌인 레아와 라헬과 결혼하여, 그 약속을 이어받을 열두 족장의 아버지가 되도록 계획하셨다(창 48-49장).

하지만 하나님은 또한 그분의 지혜로 야곱에게 참된 신앙을 조금씩 가르치기로 하셨다. 인생에 대한 야곱의 전체적인 태도는 불경건하고 변화가 필요한 것이었다. 야곱은 자신의 영리함이 아니라 하나님께 의지해야만 했다. 그리고 그에게 아주 자연스러워진 파렴치한 표리부동함을 혐오하게 되어야만 했다. 야곱은 자신의 전적인 연약함과 어리석음을 느끼고 완전한 자기 불신에 이르러 더 이상 다른 사람을 착취함으로 성공하려 하지 않게 되어야만 했다. 야곱의 자기 신뢰는 단호하게 사라져야만 했다. 하나님은 참을성 있는 지혜로(왜냐하면 하나님은 언제나 적절한 때를 기다리시므로) 야곱을 인도하여 야곱의 영혼에 지워질 수 없이 확고하게, 자신은 전적으로 무력하다는 느낌을 새기게 하셨다. 그것은 야곱에게 꼭 필요했다. 이제 우리의 유익을 위해 하나님이 어떤 단계로 그 일을 행하셨는지를 추적해 보자.

첫째로, 약 20년 동안 하나님은 야곱으로 하여금 거미줄처럼 복잡한 갖가지 속임수에 골몰하도록, 그리고 그러한 속임수의 불가피한 결과들인 상호 불신, 반목으로 변한 우정, 사기꾼의 고립 등을 맛보도록 하셨다. 사실 야곱이 부린 잔꾀의 결과 자체가 그 잔꾀에 대한 하나님의 저주였다. 야곱이 에서의 장자권과 축복을 훔쳤을 때(25:29-34; 27:1-40), 에서는 그에게 반감을 품게 되었고(이는 당연한 일이다!) 야곱은 서둘러 고향을 떠나야만 했다. 야곱은 외삼촌 라반의 집으로 갔는데, 라반은 야곱만큼이나 교활한 인물이었다. 라반은 야곱의 처지를 이용해서 그를 감쪽같이 속였다. 그래서 야곱이 원했던 자신의 아름다운 딸과 결혼하도록 했을 뿐만 아니라, 눈이 나쁘고 얼굴도 예쁘지 않은 딸과도 결혼하도록 만들었다.

라반이 그렇게 하지 않았다면 그는 그 딸에게 훌륭한 남편을 얻어 줄 수 없었을 것이다(29:15-20).

라반과 관련한 야곱의 경험은 혹 떼려다 혹 붙인 경우였다. 하나님은 그것을 사용해서 야곱에게 속임수를 당한다는 것이 어떠한 것인가를 보여 주셨다. 이것은 야곱이 이전의 생활 방식에 대한 애착을 버리려면 배워야만 하는 것이었다. 하지만 야곱은 아직 교정되지 않았다. 그는 즉각 이를 되받아쳤다. 그는 양이 새끼를 낳는 것을 아주 교활하게 조작해서 자신에게는 큰 이익이 생기고 자기를 고용한 외삼촌에게는 큰 손해가 가게 만들었다. 라반은 화가 치밀어 올랐고, 야곱은 실제로 앙갚음이 시작되기 전에 가족을 데리고 가나안으로 떠나는 것이 현명한 일이라고 생각했다(30:25-31:55). 그리고 지금까지는 아무런 책망도 하지 않고 야곱의 부정직함을 참고 계시던 하나님이 그에게 가라고 권면하신다(31:3, 11-13; 32:1-2, 9-10과 대조해 보라). 왜냐하면 하나님은 그 여정이 끝나기 전에 자신이 무슨 일을 하실지 아셨기 때문이다. 야곱이 떠나자 라반은 그를 추격해 왔으며, 라반은 야곱이 돌아오기를 원치 않는다는 사실을 분명히 밝힌다(31장).

야곱의 행렬이 에서의 나라 경계선에 이르자, 야곱은 형에게 정중한 전갈을 보내어 자신이 도착했다는 것을 알렸다. 하지만 사자들이 가지고 온 소식을 듣고, 에서가 20년 전에 도둑맞은 축복에 대한 복수를 하기 위해 무장한 병력을 거느리고 오고 있다고 생각했다. 야곱은 완전히 절망에 빠졌다.

그리고 이제 하나님의 때가 왔다. 그 날 밤 야곱이 얍복 강가에 홀로 서 있을 때, 하나님은 그를 만나셨다(32:24-30). 몇 시간 동안 절망과 괴로운 갈등—영적인 것 또한 야곱에게 그런 것처럼 보였듯이 육체적인 것—이 있었다. 야곱은 하나님을 꽉 붙들었다. 그는 이러한 위기 속에서 신적 은총과 보호에 대한 확신을 원했지만, 구하던 것을 얻지 못했다. 대신에 야곱은 전적으로 무력하며 하나님이 없다면 전적으로 절망적인 자신의 상태를 훨씬 더 강하게 의식하게 되었다. 야곱은 자신의 파렴치하고 냉소적인 삶의 방식들이 이제 자업자득의 결과를 가져오고 있다는 비통함을 느꼈다. 야곱은 지금까지 자신에게 닥치는 모든 일보다 한 수 위라고 생각하면서 스스로를 믿었으나, 이제 사태를 수습하는 일에 완전히 무력하다는 것을 느끼며, 자신을 돌보고 운명을 개척하기 위해 다시는 감히 자신을 신뢰할 수 없음을 불을 보듯 빤하게 알고 있었다. 야곱은 다시는 자신의 꾀로 살아가려 하지 않을 것이다.

하나님은 야곱에게 이것을 좀더 분명하게 인식시키기 위해, 그와 씨름할 때 그의 허벅지 관절을 **어긋나게 하셨다**(32:25). 즉 야곱의 넓적다리를 탈골시켜서, 자신의 영적 연약함 그리고 여생 동안 지팡이에 의지해서 걸어야만 하는 것과 마찬가지로 언제나 하나님을 의지할 필요가 있음을 부단히 상기하도록 하신 것이다.

야곱은 자신을 혐오했다. 처음으로 그는 스스로 자랑해 오던 약삭빠름을 정말로 싫어함을 발견했다. 그러한 약삭빠름으로 인해 에서는 그에게 적대적인 존재가 되었다(이는 당연한 일이다!). 라반은 말할 것도 없었다. 그리고 이제 약삭빠름으로 인해 하나님은 더 이상 그를 축복하고 싶어하지 않는 것처럼 보였다. 야곱과 씨름했던 이는 "나로 가게 하라"고 말했다. 마치 하나님이 그를 버리시겠다는 말처럼 보였다. 하지만 야곱은 그를 붙잡았다. "당신이 내게 축복하지 아니하면 가게 하지 아니하겠나이다"(32:26).

그리고 이제 마침내 하나님은 축복의 말씀을 하신다. 야곱은 이제 연약하고 절망에 빠져 있으며, 축복을 받을 만큼 충분히 겸손하고 하나님을 의존했기 때문이다. "그가 내 힘을 중도에 쇠약하게 하시며"라고 시편 기자는 말했다(시 102:23). 이것이 바로 하나님이 야곱에게 하신 일이다.

하나님이 야곱의 훈련 과정을 끝내실 때쯤에는 야곱에게 자기 신뢰라고는 티끌만큼도 남아 있지 않았다. 야곱이 하나님과 겨루어 이긴 것(32:28)의 본질은 간단히 말해, 하나님이 그를 약하게 하시고 그 안에 복종과 자기 불신의 마음이 생겨나도록 하시는 동안 그가 하나님을 붙잡고 늘어졌다는 것이다. 즉 그는 하나님의 축복을 너무나 원한 나머지 이러한 고통스러운 과정 내내 하나님께 매달려서, 마침내 하나님이 그에게 화평의 말을 하시고 더 이상 에서를 두려워할 필요가 없다고 안심시키심으로 그를 높이실 만큼 충분히 낮아졌다.

물론 야곱이 하룻밤 사이에 한 군데도 나무랄 데 없는 훌륭한 사람이 된 것은 아니다. 다음날 바로 에서와의 불화가 완전히 청산된 것도 아니다(33:14-17). 하지만 원칙적으로 하나님은 야곱과의 싸움에서 이기셨으며, 영구히 이기셨다. 야곱은 다시는 과거의 생활 방식으로 빠져들지 않았다. 절뚝발이 야곱은 그가 얻어야 할 교훈을 얻었다. 하나님의 지혜는 임무를 완수했다.

창세기에서 또 다른 예를 들어 보자. 그것은 요셉의 예다. 어린 요셉의 형들은 그를 애굽의 종으로 팔았다. 비록 나중에는 출세를 하지만 애굽에서 요셉은 보디발의 아내의 악의에 찬 중상모략으로 억울하게 감옥에 갇힌다. 어떤 목적 때문에 하나님은 그분의 지혜로 그 일을 계획하셨는가? 요셉의 개인적인 관점에서 본다면, 그 대답은 시편 105:19에 나온다. "여호와의 말씀이…그를 **단련하였도다.**"

요셉은 시험을 받고 연단되고 성숙했다. 그는 종으로 있던 기간과 감옥에 있던 기간 동안 하나님께 계속 머물러 있는 법, 좌절스러운 상황에서도 즐거운 기분과 자비로운 마음을 유지하는 법, 참을성 있게 여호와를 기다리는 법을 배웠다. 하나님의 백성으로서의 삶이 무엇인가에 대해, 요셉은 어쩔 줄 몰라 하는 형들에게 자신의 신원을 밝히면서 우리의 질문에 대한 대답을 해주었다. "하나님이 큰 구원으로 당신들의 생명을 보존하고 당신들의 후손을 세상에 두시려고 나를 당신들보다 먼저 보내셨나니 그런즉 나를 이리로 보낸 이는 당신들이 아니요 하나님이시라"(창 45:7-8).

요셉의 자비심이 깊었던 만큼이나 그의 신학은 건전했다. 다시 한 번 우리는 두 가지 목적을 위해 인간의 삶에 일어나는 사건들을 배열하시는 하나님의 지혜를 마주하게 된다. 그 두 가지 목적이란, 개인적인 성화와 하나님의 백성으로서의 삶 속에서 정해진 사역과 섬김을 완수하는 일이다. 그리고 아브라함의 삶, 야곱의 삶에서와 마찬가지로, 요셉의 삶에서도 우리는 그러한 두 가지 목적이 훌륭하게 성취되는 것을 본다.

우리를 당혹케 하는 시련들

이러한 내용은 우리에게 교훈을 주기 위해 기록되었다. 왜냐하면 성경 시대에 성도가 갈 길을 정하셨던 바로 그 지혜가 오늘날 우리 그리스도인의 삶을 정하시기 때문이다. 그러므로 예상 밖으로 우리를 당황케 하며 실망케 하는 일이 일어날 때 어쩔 줄 몰라 해서는 안 된다. 그것은 무엇을 의미하는가? 하나님이 그분의 지혜 안에서 우리를 아직 이르지 못한 어떤 존재로 만들려 하신다는 사실 그리고 하나님이 그 계획에 따라 우리를 다루고 계신다는 사실을 의미한다.

어쩌면 하나님은 특별히 어려운 상황에서 우리가 인내, 유머, 동정, 겸손, 온유함 등을 발휘하게끔 특별히 훈련하심으로써, 그러한 미덕들을 좀더 잘 갖추도록 하실지도 모른다. 어쩌면 우리에게 자기 부인과 자기 불신을 통해 새로운 교훈을 주시려 하는지도 모른다. 어쩌면 우리의 자기 만족, 비현실성, 발견되지 않은 형태의 교만과 자만을 고치고자 하시는지도 모른다. 하나님의 목적은 단순히 하나님과의 교통을 통해 우리가 하나님께로 더욱 가까이 가도록 하는 것일 수도 있다. 왜냐하면 모든 성도가 알듯이, 종종 십자가가 가장 무거울 때 성부 및 성자와의 교제가 가장 생생하고 달콤하며, 그리스도인의 기쁨이 가장 크기 때문이다[사무엘 러더포드(Samuel Rutherford)를 기억하라!]. 혹은 하나님이 우리가 현재로서는 알아차리지 못하는 어떤 섬김을 위해 우리를 준비시키고 계시는지도 모른다.

바울은 "모든 환난 중에서 (하나님이) 우리를 위로하사 우리로 하여금 하나님께 받는 위로로써 모든 환난 중에 있는 자들을 능히 위로하게 하시는"(고후 1:4) 사실에서 자신이 고난을 받는 중요한 이유 하나를 발견했다. 심지어 예수님도 "받으신 고난으로 순종함을 배워서" 곤궁한 제자들과 공감하고 그들을 돕는, 대제사장적 사역을 하기에 "온전하게 되셨다"(히 5:8-9). 이는 한편으로 예수님이 모든 괴로움과 고통 가운데서 우리를 도우시고 우리가 넉넉히 이기도록 하실 수 있는 것과 마찬가지로, 다른 한편으로 우리를 불러 그분의 발자취를 따르게 하시고, 우리가 때로 부당한 고통스러운 일들을 겪음으로써 다른 사람들을 섬기는 일에 준비되도록 하실 때 놀라서는 안 된다는 의미다. "그가 가는 길을 그가 아신다." 비록 우리가 알지 못하는 순간이라 해도 역시 그렇다.

우리는 우리에게 일어나는 일들을 보며 당황할 수 있다. 하지만 하나님은 자신이 하는 일이 무엇인지 그리고 우리의 일을 다루시면서 무엇을 추구하시는지 정확하게 아신다. 언제나, 모든 것에서, 하나님은 지혜로우시다. 이생에서 충분히 알 수 없을지라도 내세에는 그것을 알게 될 것이다(욥은 이 세상에서 자신이 고난받는 충분한 이유를 결코 알 수 없었지만, 하늘 나라에서는 안다). 한편, 우리는 하나님이 우리를 어둠 가운데 남겨 두실 때라 해도 하나님의 지혜를 주저 없이 신뢰해야 한다.

그런데 우리가 좌절스럽고 괴로운 상황에 내재된 하나님의 목적을 당장 볼 수 없다면, 어떻게 그러한 상황들에 대처해 나가야 하는가? 첫째로, 그것들을 하나님에게서 온 것으로 여기고, 하나님의 복음이 그것들에 대해 그리고 그 안에서 우리에게 어떤 반응을 요구하는지를 자문해 보아야 한다. 둘째로, 특별히 그것들에 대해 하나님의 얼굴을 찾아야 한다.

이 두 가지를 행한다면, 우리는 괴로움 안에 있는 하나님의 목적에 완전히 무지하지는 않다는 것을 알게 될 것이다. 우리는 언제나 그것들 안에서, 바울이 자신의 육체의 가시(그것이 무엇이었든 간에) 안에서 볼 수 있었던 만큼의 목적은 볼 수 있을 것이다. 바울은 그것이 "사탄의 사자"로서 그에게 왔으며, 하나님에 대해 좋지 않은 생각들을 하도록 유혹했다고 말한다. 바울은 이러한 유혹에 저항했고, 가시가 제거되기를 구하면서 세 번 그리스도의 얼굴을 구했다. 바울이 받은 유일한 응답은 "내 은혜가 네게 족하도다. 이는 내 능력이 약한 데서 온전하여짐이라"는 것이었다. 숙고한 끝에 바울은 왜 그 같은 괴로움을 당해야 하는지 이유를 깨달았다. 그것은 그가 계속 겸손하도록 곧 "여러 계시를 받은 것이 지극히 크므로 너무 자만하지 않게" 하기 위한 것이었다. 이러한 생각과 그리스도의 말씀으로 그는 족했다. 바울은 더 이상 생각하지 않았다. 그의 최종적인 태도는 이러하다. "그러므로 도리어 크게 기뻐함으로 나의 여러 약한 것들에 대하여 자랑하리니 이는 그리스도의 능력이 내게 머물게 하려 함이라"(고후 12:7-9).

바울의 이러한 태도는 우리의 본이 된다. 어떤 그리스도인이 겪는 괴로움이 미래의 사역을 위해 그를 구비시킨다는 더 커다란 목적을 가지고 있건 그렇지 않건, 그 괴로움은 적어도 바울의 육체의 가시가 가졌던 것과 같은 목적은 갖고 있을 것이다. 즉 그것들은 우리를 겸손하게 만들고 겸손한 상태로 있도록 하기 위해 그리고 우리가 이 세상에서 살아가는 가운데 그리스도의 능력을 나타내는 새로운 기회를 위해 우리에게 보내졌을 것이다. 그렇다면 그것들에 대해 우리가 더 이상 무엇인가를 알 필요가 있을까? 그것 자체로서 그 안에 있는 하나님의 지혜를 확신하기에 충분하지 않을까? 바울은 자신이 받는 괴로움이 그리스도께 영광을 돌리도록 하기 위해 주어졌음을 깨닫자 그것을 지혜롭게 받아들였으며 심지어 그 안에서 기뻐하였다. 하나님은 우리가 겪는 모든 괴로움 가운데서 이와 같이 하도록 은혜를 주신다.

10 하나님의 지혜와 우리의 지혜

옛 개혁주의 신학자들은 하나님의 속성을 다룰 때, **비공유적인** 속성과 **공유적인** 속성이라는 두 그룹으로 분류하곤 했다.

첫 번째 그룹은 하나님의 초월성을 강조하고 하나님이 피조물인 우리와 얼마나 다른지를 보여 주는 속성들로 구성된다. 보통 이 안에는 하나님의 **독립성**(자존성과 자기 충족성), **불변성**(일관성 있게 행동하는 절대 불변성), **무한성**(모든 시공간의 제약을 초월함 즉 하나님의 영원성과 편재성), **단순성**(하나님 안에는 서로 충돌을 일으키는 요소들이 없으며, 그렇기에 우리와 달리 그분은 다른 갖가지 생각과 욕구에 의해 서로 다른 방향으로 분열될 수 없다는 사실) 등이 포함된다. 이러한 속성들은 하나님만 가지고 계시는 특성이기 때문에 신학자들은 비공유적 속성이라 불렀다. 인간은 단지 인간이며 하나님이 아니기 때문에 이러한 속성 중 어떤 것도 공유하지 않으며 또 공유할 수도 없다.

신학자들은 두 번째 그룹에 선하심, 진리, 거룩하심, 의로우심 등과 같은 하나님의 도덕적 속성들과 더불어 하나님의 영성, 자유와 전능하심 등을 집어넣었다. 이 같은 분류의 원리는 무엇인가? 그것은 곧 하나님이 인간을 만드실 때, 이 모든 것에 상응하는 속성을 인간과 **공유하셨다**(communicated)는 것이다. 이것이 바로 하나님이 자신의 형상으로 인간을 만드셨다(창 1:26-27)는 성경 말씀의 의미다. 즉 하나님은 인간을 자유로운 영적 존재, 하나님과 교통할 수 있고 그분에게 반응할 수 있으며 선택과 행동을 할 능력을 가진 책임 있는 도덕적 행위자로, 본래 선하고 진실하고 거룩하고 정직하게(전 7:29), 한마디로 **하나님처럼**(Godly) 만드셨다.

인간은 하나님의 형상에 속해 있던 도덕적 특성들을 타락 때 잃어버렸다. 인간 안에 있는 하나님의 형상은 대부분 손상되었다. 모든 인류는 이러저러한 식으로 사악해졌기 때문이다. 하지만 성경은 지금 하나님이 구속 계획을 완수하시면서, 그리스도인들에게 이러한 속성들을 새롭게 전이하심으로, 손상된 하나님의 형상을 회복하기 위해 일하신다고 말한다. 이것이 바로 그리스도인들이 그리스도의 형상(고후 3:18)과 하나님의 형상(골 3:10) 안에서 새로워지고 있다는 성경 말씀의 의미다.

신학자들은 지혜를 이러한 공유적 속성에 포함시켰다. 하나님이 원래 지혜로우신 것같이 하나님은 피조물에게 지혜를 나누어 주신다.

성경은 지혜라는 신적 선물에 대해 많은 이야기를 한다. 잠언의 처음 아홉 장은 지혜의 은사를 찾으라는 한결같고 지속적인 권고다. "지혜가 제일이니 지혜를 얻으라. 네가 얻은 모든 것을 가지고 명철을 얻을지니라.…훈계를 굳게 잡아 놓치지 말고 지키라. 이것이 네 생명이니라"(잠 4:7, 13). 지혜는 의인화되어 있으며 자신의 존재 의의에 대해 이렇게 말한다. "누구든지 내게 들으며 날마다 내 문 곁에서 기다리며 문설주 옆에서 기다리는 자는 복이 있나니 대저 나를 얻는 자는 생명을 얻고 여호와께 은총을 얻을 것임이니라. 그러나 나를 잃는 자는 자기의 영혼을 해하는 자라. 무릇 나를 미워하는 자는 사망을 사랑하느니라"(잠 8:34-36).

지혜는 연회를 베푸는 여주인으로서 궁핍한 자들을 연회에 초청한다. "어리석은 자는 이리로 돌이키라"(잠 9:4). 처음부터 끝까지 강조되는 점은 같다. 곧 하나님은 지혜의 은사를 바라고 그것을 얻기 위해 필요한 조처를 취하려는 사람들에게는 누구든지 지혜를 주실 준비가 되어 있다는 것이다(이것은 지혜가 자신을 줄 준비가 되어 있는 것으로 묘사되어 있다). 신약 성경도 이와 비슷한 내용을 강조한다. 그리스도인들에게는 지혜가 요구된다. "지혜 없는 자같이 하지 말고 오직 지혜 있는 자같이 하여…어리석은 자가 되지 말고 오직 주의 뜻이 무엇인가 이해하라"(엡 5:15-17). "외인에게 대해서는 지혜로 행하여 세월을 아끼라"(골 4:5). 성경 저자들은 지혜를 공급해 달라고 기도한다. "너희로 하여금 모든 신령한 지혜와 총명에 하나님의 뜻을 아는 것으로 채우게 하시고"(골 1:9). 그리고 야고보는 하나님의 이름으로 약속한다. "너희 중에 누구든지 지혜가 부족하거든…하나님께 구하라. 그리하면 주시리라"(약 1:5).

우리는 어디서 지혜를 발견할 수 있는가? 이 은사를 손에 넣으려면 어떠한 조치를 취해야 하는가? 성경에 따르면 이를 위한 선행

조건이 두 가지 있다.

1. 하나님을 공경하는 법을 배워야 한다. "여호와를 경외함이 지혜의 근본이라"(시 111:10; 잠 9:10; 비교. 욥 28:28; 잠 1:7; 15:33). 우리가 하나님의 거룩하심과 주권(크고 두려우신 하나님, 느 1:5; 비교. 4:14; 9:32; 신 7:21; 10:17; 시 99:3; 렘 20:11)과 우리 자신의 하잘것없음을 인식하고, 자신의 생각을 신뢰하지 않으며, 기꺼이 우리를 비우고, 겸손하며 가르침을 잘 받아들이게 되어야 비로소 하나님의 지혜가 우리 것이 될 수 있다.

많은 그리스도인이 하나님에게서 지혜를 받기에는 너무 교만하고 자만심이 강한 상태로 온 생애를 보내는 것은 염려할 만한 일이다. 성경에서 **"겸손한 자에게는** 지혜가 있느니라"(잠 11:2)고 말하는 데는 다 그럴 만한 이유가 있다.

2. 하나님의 말씀을 받는 법을 배워야 한다. 지혜는 오직 하나님의 계시를 자신에게 적용하는 사람들 안에서 신적으로 역사한다. "**주의 계명들**이…나를 원수보다 지혜롭게 하나이다"라고 시편 기자는 선포한다. "나의 명철함이 나의 모든 스승보다 나으며—왜 그런가?—**내가 주의 증거를 늘 읊조리므로**" 그렇다(시 119:98-99).

그래서 바울은 골로새인들에게 권고한다. "**그리스도의 말씀**이 너희 속에 풍성히 거하여 모든 지혜로"(골 3:16). 20세기에 사는 우리는 어떻게 그러한 일을 할 수 있을까? 바울이 디모데에게 말했던 것처럼(그리고 그는 구약만을 염두에 두고 있었다!), 그리스도에 대한 믿음을 통해 "구원에 이르는 **지혜가 있게**" 하며 "모든 선한 일을 행할 능력을 갖추게"(딤후 3:15-17) 해주는 성경에 푹 잠김으로써 그렇게 할 수 있다.

다시 말하건대, 염려스럽게도 오늘날 그리스도께 속해 있다고 고백하는 많은 사람이 하나님의 기록된 말씀에 충분히 주의를 기울이지 못하여 지혜를 배우지 못하고 있다. 크랜머(Cranmer)의 기도집(이것은 영국 국교회 성도라면 누구나 따르도록 되어 있다)을 보면 해마다 구약을 한 번, 신약은 두 번 통독하도록 되어 있다. 청교도 윌리엄 고지(William Gouge)는 날마다 규칙적으로 성경을 열다섯 장씩 읽었다. 부감독이었던 고(故) 해몬드(T. C. Hammond)는 3개월마다 성경을 처음부터 끝까지 통독했다. 당신이 성경을 처음부터 끝까지 읽은 지는 얼마나 되었는가? 당신은 날마다 신문을 읽는 데 보내는 시간만큼 성경을 읽는가? 우리는 얼마나 어리석은지! 우리는 하나님이 거저 주시는 지혜를 받기 위한 수고를 하지 않기 때문에, 평생 동안 어리석은 채로 남아 있다.

지혜가 아닌 것

하나님이 주시는 지혜라는 선물은 어떤 종류의 것인가? 그것은 사람에게 어떠한 영향을 끼치는가?

여기서 많은 사람이 잘못 생각한다. 실례를 살펴보면 사람들이 저지르는 실수의 본질을 분명히 알 수 있다.

당신이 요크 역 승강장의 한 끝에 서 있다고 하자. 당신은 기관차와 열차들이 끊임없이 운행되는 것을 지켜볼 수 있을 것이며, 철도광이라면 이러한 광경에 넋을 잃을 것이다. 하지만 이러한 모든 운행을 결정하는 전반적인 계획(기차들의 실제 운행에 따라 시시각각으로 수정되는, 운행 시간표에 따르는 운영 방식)에 대해서는 매우 대략적이고 일반적으로 마음속에 그려 볼 수밖에 없다.

하지만 만일 철도청 고위 관계자가 당신에게 7번과 8번 승강장을 가로질러 있는 그 굉장한 전자 통제소에 가 보는 특권을 허락한다면, 당신은 역 양쪽 8킬로미터에 이르는 전체 선로의 배치도가 붙어 있는 긴 벽을 볼 수 있을 것이다. 그 위에는 개똥벌레만한 작은 불빛이 여러 선로에서 움직이거나 멈춰 서 있는 것을 볼 수 있는데, 이를 통해 철로의 신호원들에게 모든 기관차와 열차가 정확하게 어디에 있는가를 한눈에 볼 수 있게 해준다. 즉시 당신은 전체 상황을 통제하는 사람의 눈으로 상황을 바라볼 수 있을 것이다. 즉 선로 배치도를 보고 왜 이 기차는 정지 신호를 받아야 했는지, 왜 어떤 기차는 통상 운행되던 선로에서 다른 선로로 바꾸어야 했는지, 그리고 왜 어떤 기차는 임시로 측선에 정차해 있어야 하는지를 알게 될 것이다. 일단 전반적인 상황을 볼 수 있다면 이러한 모든 움직임이 무엇 때문에 이루어지는지 분명히 알게 된다.

그런데 흔히 사람들은, 하나님이 우리에게 지혜를 주실 때 바로 이런 식으로 보여 주신다고 가정하는 실수를 범한다. 다시 말해, 이들은 지혜의 은사를 우리 주위에서 일어나는 일들의 섭리적 의미와 목적에 대한 깊은 통찰력, 즉 하나님이 어떤 경우에 왜 그렇게 하셨는지 또 앞으로 어떻게 하실지를 깨닫는 능력이라고 가정한다. 사람들은 하나님이 그들에게 지혜를 아낌없이 나누어 주실 만큼 정말로 하나님과 가까이 동행한다면, 자신이 통제실 안에 있게 될 것이라 생각한다. 그리하여 그들에게 일어난 모든 일의 진정한 목적이 무엇인지 분별할 수 있으며, 하나님이 어떻게 모든 것을 협력하여 선을 이루시는지를 매순간 분명하게 알게 되리라 생각한다. 그런 사람들은 왜 하나님이 이러저러한 일을 허락하셨을까, 이를 어떤 것을 그만두고 다른 것을 시작해야 하는 신호로 보아야 하는가 혹은 그것에서 무엇을 추론해 내야 하는가를 생각하면서, 골똘히 섭리의 책을 연구하느라고 많은 시간을 보낸다. 그러다가 결국 잘 알아내지 못하면, 자신의 영성 부족을 탓한다.

육체적, 정신적 혹은 영적인 침체(이것들은 서로 다른 세 가지임을 주목하라!)로 어려움을 겪는 그리스도인들은 이런 식의 무익한 탐구에 열을 올리는 것인지도 모른다. 이 점에 대해 잘못 생각하는 일이 없도록 하라. 그것은 **무익한 일**이기 때문이다. 물론 하나님은 원리들을 적용함으로써 우리를 인도하실 때, 때때로 우리가 신호로 즉시 인식할 만한 색다른 섭리를 통해 그 같은 인도를 확증해 주시는 것이 사실이다. 하지만 이것은 우리에게 색다른 일이 일어날 때마다 하나님의 은밀한 목적에 대한 메시지를 판독해 내려는 것과는 전혀 다르다. 잠시 후에 살펴보겠지만, 사실 지혜의 은사란 이러한 능력이기는커녕 우리가 그런 쪽에 무능력하다는 것을 전제한다.

현실주의의 필요성

다시 한 번 질문해 보자. 하나님이 우리에게 지혜를 주신다는 것은 무슨 의미인가? 그것은 어떤 종류의 은사인가?

또 다른 예를 들자면, 그것은 마치 운전하는 법을 배우는 것과 같다. 운전을 할 때 중요한 것은 사물에 반응하는 속도와 적절성 그리고 어떤 상황이 어떤 기회를 제공하는가에 대한 건전한 판단이다. 당신은 왜 길이 좁아졌는지 혹은 왜 그처럼 심하게 구불구불한지 묻지 않는다. 또 왜 저 자동차는 바로 저 곳에 주차하는지, 왜 내 앞에 가는 운전자는 도로의 턱을 그렇게 사랑스럽게 껴안고 가는지 묻지 않는다. 당신은 단지 나타난 실제 상황을 제대로 보고 행하려고 애쓸 뿐이다. 신적 지혜는 우리가 일상 생활의 실제 상황에서 바로 그와 같이 할 수 있도록 해주는 것이다.

운전을 잘하기 위해서는 눈을 크게 뜨고 앞에 무엇이 있는지를 정확하게 지켜보아야 한다. 지혜롭게 살기 위해서는 냉정할 정도로 명민하고 현실적이어야 하고 인생을 있는 그대로 보아야 한다. 지혜는 위안을 주는 환상들, 그릇된 감상 또는 장밋빛 안경을 쓰는 것과는 어울리지 않는다. 그러나 대부분의 사람은 머리는 구름 속에 파묻고 발은 땅에서 뗀 채 꿈의 세계에 살고 있다. 우리는 결코 세상이나 세상에 속한 우리의 삶을 있는 그대로 보지 않는다. 죄로 말미암은 이러한 고질적인 비현실주의는, 우리에게, 심지어 우리 중 가장 건전하고 가장 정통적인 사람들에게도 지혜가 없는 한 가지 이유다. 우리의 비현실주의를 고치기 위해서는 건전한 교리만으로는 부족하다. 성경에는 명백히 우리를 현실주의자로 세우기 위해 기록된 말씀이 있다. 바로 전도서다. 우리는 그 메시지에 좀더 주의를 기울일 필요가 있다. 이제 잠시 그 메시지를 살펴보자.

전도서가 우리에게 가르치는 것

'전도서'(히브리어 이름인 *Qoheleth*에 해당하는 헬라어)란 단순히 '설교자'라는 의미다. 이 책은 한 편의 설교로서 본문("헛되고 헛되며", 1:2; 12:8)과 주제에 대한 해설(1-10장)과 적용(11:1-12:7)으로 되어 있다. 해설 중 많은 부분은 자전적인 것이다. '설교자'는 자신을 "다윗의 아들 예루살렘 왕"(1:1)이라고 밝힌다. 이것이 솔로몬 자신이 설교자였다는 의미인지, 아니면 헹스텐버그

(Hengstenberg)나 영(E. J. Young)과 같이 보수적인 학자들이 주장하듯이 설교자가 우리를 교훈하기 위해 솔로몬의 입을 빌려 말했다는 의미인지는 우리 관심사가 아니다. 그 설교는 솔로몬만이 유일하게 배울 수 있었던 교훈들을 가르친다는 의미에서 분명 솔로몬적이다.

"전도자가 이르되 헛되고 헛되며 헛되고 헛되니 모든 것이 헛되도다"(1:2). 어떤 마음에서, 어떤 목적을 위해 설교자는 이 본문을 말했을까? 이는 인생에 대한 시시하고 불쾌한 느낌을 나누고자 하는 실망에 찬 냉소자이며 "결국에 가서 다만 지독한 환멸만을 발견했던 이기적이고 냉담한 노인"[엘리어트(W. H. Eliot)]의 고백인가? 아니면 불신자들로 하여금 하나님 없이는 '해 아래'서 행복을 찾는 것이 불가능함을 절실히 깨닫게 하려 애쓰는 전도자로서 말하는 것인가? 비록 두 번째 주장은 첫 번째 것처럼 완전히 빗나가지는 않았지만 그 대답은 둘 다 아니라는 것이다.

저자는 젊은 제자에게 자신의 긴 경험과 숙고를 통해 얻은 열매들을 전수하는 완숙한 선생으로서 말한다(11:9; 12:1, 12). 그는 이 젊은 신자를 참된 지혜로 이끌며, 우리가 요크 역의 통제실의 예에서 알게 된 것과 같은 실수에 빠지지 않도록 해주려 한다. 분명 그 젊은이는(그 이래의 많은 젊은이와 같이) 지혜를 광범위한 지식과 같은 것으로 생각한 듯하며, 책을 연구하는 일에 몰두함으로써 지혜를 얻을 수 있다고 생각한 듯하다(12:12). 분명 그는 지혜를 얻으면 당연히 그 지혜가 일상적인 섭리의 과정 가운데 하나님이 행하시는 여러 행동에 대한 이유들을 말해 줄 것이라 생각했다. 그러나 설교자가 그에게 보여 주기 원한 것은, 지혜의 진정한 기초란 다음과 같은 현실을 솔직하게 인정하는 것이라는 점이다. 즉, 이 세상의 진로는 수수께끼와도 같으며, 일어나는 많은 일은 매우 불가해하고, '해 아래' 일어나는 대부분의 사건에는 그 모든 것을 정하시는 합리적이고 도덕적인 하나님을 나타내는 외적인 표식이 없다는 것이다.

설교 자체가 보여 주듯이, 본문은 명철을 그릇되이 추구하는 것에 대한 경고다. 왜냐하면 이러한 추구가 정직하고 현실적으로 이루어진다면 마침내 이를 수밖에 없는 절망적인 결론을 진술하고 있기 때문이다. 우리는 설교 메시지를 다음과 같이 체계적으로 정리할 수 있을 것이다.

우리의 세상을 바라보라(고 설교자는 말한다). 장밋빛 안경을 벗고, 눈을 비비고 이 세상을 오랫동안 빈틈 없이 바라보라. 무엇이 보이는가? 자연 속에서 아무런 목적 없이 되풀이되는 주기에 의해 설정된 인생의 배경을 본다(1:4-7). 통제할 수 없는 시간과 환경에 의해 정해진 인생의 형태를 본다(3:1-8; 9:11-12). 죽음이 조만간 모든 사람에게 닥치지만, 정해진 순서 없이 우연히 닥치는 것을 본다. 죽음이 오는 것은 죽음을 당해 마땅한가 아닌가와는 아무런 관계도 없다(7:15; 8:8). 인간도 짐승과 마찬가지로 죽으며(3:19-20), 선한 자도 악한 자와 마찬가지로, 지혜자도 우매자와 마찬가지로 죽는다(2:14, 16; 9:2-3). 악이 맹렬히 날뛰며(3:16; 4:1; 5:8; 8:11; 9:3), 악한 자는 번창하고 의인은 번창하지 않는 것을 본다(8:14). 이 모든 것을 보면 당신은 하나님이 사건들을 정하시고 명하신다는 사실을 이해할 수 없음을 깨닫는다. 당신은 많은 것을 이해하고 싶지만, 실제로는 그렇지 못하다(3:11; 7:13-14; 8:17;

11:5). 사건들에서 통상적인 섭리 안에 있는 신적 목적을 이해하려고 열심히 애쓸수록, 만사가 목적이 없는 것처럼 보이는 것에 점점 더 괴로움을 느끼고 압도되며, 정말로 인생은 겉으로 보이는 것처럼 무의미하다고 결론내리고 싶은 생각에 점점 더 많이 휩싸인다.

하지만 일단 매사가 정말로 까닭도 이유도 없는 것이라고 결론을 내리고 나면, 온갖 건설적인 노력에서 어떤 '유익', 가치, 이득, 의미, 목적을 발견할 수 있는가?(1:3; 2:11, 22; 3:9; 5:16) 만일 인생이 뜻 없는 것이라면 건설적인 노력들 역시 아무런 가치도 없다. 그리고 만일 그렇다면, 어떤 것을 만들어 내고, 사업을 일으키고, 돈을 벌고, 심지어 지혜를 구하기 위해 일하는 것이 무슨 소용이 있는가?(2:15-16, 22-23; 5:11) 그것은 단지 당신을 시기의 대상으로 만들며(4:4), 당신은 아무것도 영원히 가질 수 없고(2:18-21; 4:8; 5:15-16) 당신이 남긴 것은 아마 죽은 후에 잘못 관리될 것이다(2:19). 그렇다면 어떤 것을 위해 수고하고 애쓰는 것이 무슨 의미가 있는가? 우리의 모든 일은 "헛되어(공허함, 좌절) 바람을 잡으려는 것"(1:14)이다. 그러므로 그 자체로서 중요하다거나 가치가 있다고 정당화할 수 없는 활동이라고 생각해야만 하지 않을까?

만사에 대해 신적 목적을 발견할 수 있다는 낙관적인 기대는 궁극적으로 이러한 비관적 결론으로 이끌 것이라고 설교자는 말한다(1:17-18). 물론 그의 말은 옳다. 우리의 세상은 그가 묘사한 바로 그런 종류의 세상이기 때문이다. 세상을 다스리는 하나님은 자신을 숨기신다. 이 세상이 자비심 많은 섭리자에 의해 운영되는 것처럼 보이는 일은 좀처럼 없다. 이 세상의 배후에 도무지 합리적인 세력이 있을 것같이 보이지 않는다. 보통 하잘것없는 것들은 살아 남는 반면, 귀중한 것들은 멸망해 버린다. 설교자는 현실적이 되라, 이러한 사실들을 직면하라, 인생을 있는 그대로 보라고 말한다. 그렇게 하기까지는 참된 지혜를 갖지 못할 것이다.

많은 사람에게 이러한 훈계가 필요하다. 왜냐하면 우리는 지혜에 대해 요크 역의 통제실과 같은 그릇된 개념에 사로잡혀 있을 뿐만 아니라, 하나님의 영광을 위해(또한 그렇게 말하지는 않지만, 영적이라는 우리 자신의 평판을 위해), 말하자면 우리가 이미 통제실 안에 들어와서 현재 여기서 하나님이 왜 이러저러한 행동을 하셨는지에 대한 내부 정보를 즐기고 있음을 주장할 필요가 있다고 느끼기 때문이다. 이처럼 위안을 주는 허식이 우리 몸에 배게 된다. 그리하여 하나님이 우리와 우리가 아는 사람들에게 지금까지 행하신 모든 길을 이해할 수 있도록 해주셨다고 확신하며, 장차 우리에게 일어날 일에 대해서도 즉시 그 이유를 깨달을 수 있으리라고 당연하게 생각한다.

그리고 나서 매우 고통스럽고 불가해한 일이 생기면, 하나님의 비밀 회의장에 들어가 있다는 기분 좋은 환상은 산산이 깨지고 만다. 우리는 자존심에 상처를 입고 하나님이 우리를 무시하셨다고 느낀다. 그러나 우리가 이 시점에서 이전에 가졌던 생각에 대해 아주 철저히 회개하고 자신을 낮추지 않는다면, 이후로 우리의 영적 생활 전체가 황폐해질지도 모른다.

중세의 교훈에 따르면 일곱 가지 중요한 죄 가운데 하나가 나태함(무감각)이다. 이는 완고하고 기쁨이 없는 냉담한 마음을 말하며, 오늘날 기독교계 여기저기에 이러한 죄가 많다. 그 증상은 개인의 영적 무력증과 더불어 교회들에 대해 비판적인 냉소주의를 보이며 다른 그리스도인들의 독창력과 진취적인 기상에 대해 거드름 피우며 분개하는 것이다.

이러한 불건전하고 사람을 약화시키는 상태의 배후에는, 종종 자신이 섭리에 나타난 하나님의 길에 대해 모두 안다고 생각했다가 쓰라리고 당황스러운 경험을 통해 그렇지 않음을 알게 된 사람의 상처받은 자존심이 도사리고 있다. 전도서의 메시지에 주의를 기울이지 않을 때 바로 이런 일이 일어난다. 사실상 하나님은 그분의 지혜로 우리가 겸손해지고 또 계속 겸손하도록 하기 위해 그리고 우리에게 믿음으로 행하는 법을 가르치시기 위해, 교회 안에서와 우리 삶 속에서 수행하시는 섭리적 목적에 대해 우리가 알고 싶어하는 거의 모든 것을 감추셨기 때문이다. "바람의 길이 어떠함과 아이 밴 자의 태에서 뼈가 어떻게 자라는지를 네가 알지 못함같이 만사를 성취하시는 하나님의 일을 네가 알지 못하느니라"(11:5).

그렇다면 지혜란 무엇인가? 설교자는 무엇이 지혜가 아닌가를 볼 수 있도록 도와주었다. 그는 지혜가 무엇인가에 대해 어떤 지침을 주는가?

실제로 그는 개략적으로라도 그러한 지침을 준다. "하나님을 경외하고 그의 명령들을 지킬지어다"(12:13). 하나님을 신뢰하고 순종하라, 하나님을 경외하라, 하나님을 예배하라, 하나님 앞에서 겸손하라, 하나님께 기도할 때 당신이 진정으로 하려고 작정한 것과, 할 수 있는 것 이상은 결코 말하지 말라(5:1-7), 선을 행하라(3:12), 하나님이 언젠가 당신을 심판하신다는 것을 기억하라(11:9; 12:14). 그러므로 하나님의 심판 때 드러날 부끄러울 일은 은밀한 가운데서라도 삼가라(12:14). 현재에 살며, 그것을 철저히 즐기라

(7:14; 9:7-10; 11:9-10). 현재의 즐거움들은 하나님이 주시는 좋은 선물이다. 전도자는 경박함을 비난하긴 하지만(7:4-6), 분명 너무나 교만하거나 너무나 경건해서 웃거나 흥겨워하지조차 않는 지나치게 영적인 사람들은 싫어한다. 삶이 하라고 명하는 것은 무엇이든 열심히 할 수 있도록 은혜를 구하라(9:10). 그리고 당신의 일을 하면서 그것을 즐기라(2:24; 3:12-13; 5:18-20; 8:15). 인생의 문제들은 하나님에게 일임하라. 하나님이 그것의 궁극적 가치를 측량하시도록 하라. 당신 편에서 할 일은 주어진 모든 분별력과 진취성을 이용해서 앞에 놓여 있는 기회들을 이용하는 것이다(11:1-6).

이것이 지혜의 길이다. 분명 이것은 믿음의 삶의 한 측면이다. 무엇이 그 기저에 놓여 있으며 그것을 유지하는가? 바로 불가사의한 섭리의 하나님이 지혜롭고 자비로운 창조와 구속의 하나님이라는 확신이다. 우리는 놀랍도록 복잡한 세계 질서를 만드신 하나님, 애굽으로부터 벗어나는 위대한 구속을 계획하신 분, 그리고 후에는 죄와 사탄으로부터 벗어나는 훨씬 더 큰 구속을 계획하신 하나님이, 비록 지금 당장은 자신의 손을 감추신다 해도, 자신이 하시는 일을 알며 '매사를 잘 처리하신다'는 것을 확신할 수 있다. 우리는 하나님의 길을 분별하지 못할 때에도 하나님을 신뢰하고 하나님 안에서 기뻐할 수 있다. 이처럼 그 설교자가 말하는 지혜의 길은 리처드 백스터(Richard Baxter)가 표현한 다음과 같은 말로 요약할 수 있다.

> 땅에서 수고하는 성도들이여,
>   너희 하늘 왕을 찬양하라.

앞으로 전진하면서

　즐거운 찬가를 부르라.

　　살아 있는 자들이여,

　　　하나님이 주시는 것을 취하며

　　형편이 좋을 때나 나쁠 때나

　　　끊임없이 하나님을 찬양하라.

지혜의 열매

하나님은 바로 이러한 지혜로 우리를 지혜롭게 하신다. 그리고 그 지혜를 분석해 보면, 그 지혜를 주시는 하나님의 지혜를 한층 잘 알 수 있다. 우리는 지혜를, 최선의 목적을 위한 최선의 수단을 선택하는 것이라고 말했다. 지혜를 주시는 하나님의 역사는, 그분의 목적인 하나님 자신과 인간의 관계―바로 그 관계를 위해서 하나님은 그들을 만드셨다―를 회복하고 완전케 하시기 위한 수단이다. 하나님이 주시는 이 지혜는 무엇을 위한 것인가? 앞서 살펴보았듯이, 그것은 하나님의 모든 지식을 공유하는 것이 아니라, 하나님이 지혜로우시다고 고백하고, 시종여일하게 하나님의 말씀에 비추어 하나님을 의뢰하며 하나님을 위해 살기 위한 것이다.

이처럼 하나님이 주시는 지혜의 은사는 타락한 세상에서의 우리 삶에 가득 찬 어렵고 고통스러운 것들에 대해 우리가 이전보다 더 겸손하고 더 즐겁고 더 경건하고, 하나님의 뜻에 더 예민하며, 그것을 행하는 일에 더 단호하고 덜 불안하도록(덜 민감한 것이 아니라 덜 당황하게) 만드는 효력이 있다. 신약은 지혜의 열매가 그리스도를 닮는 것―화평과 겸손과 사랑(약 3:17)―이며, 그 뿌리는 그리스도를 하나님의 지혜가 나타난 것으로(고전 1:24, 30) 믿는 믿음(고전 3:18; 딤후 3:15)이라고 말한다.

따라서 하나님이 구하는 자들에게 주시고자 기다리는 지혜는 바로 우리를 하나님과 결속시킬 지혜, 믿음의 정신과 신실한 삶에서 표현될 지혜다.

그렇다면 지혜를 추구하는 우리의 노력이 이러한 것들에 대한 노력이 되도록 하며, 이 세상에서는 가질 수 없는 그런 지식을 추구하다가 믿음과 신실함을 소홀히 함으로써 하나님의 지혜로운 목적을 좌절시키지 않도록 하자.

11 주의 말씀은 진리니이다

우리는 삼위 하나님에 대한 두 가지 사실을—성경 본문에 진술되어 있지는 않다 하더라도—추정해 볼 수 있다. 첫 번째는 하나님이 우주의 모든 일을 조정하시며, 그 안에서 일어나는 모든 것에서 자신의 뜻을 이루시는 우주의 절대적인 **왕**이라는 사실이다. 두 번째는 하나님이 자신의 뜻이 행해지도록 하기 위해 그 뜻을 표현하는 **말씀을 하신다**는 사실이다.

하나님의 **통치**라는 첫 번째 주제는 앞에서 조금 다루었다. 지금 우리의 관심사는 두 번째 주제인 하나님의 **말씀**에 대한 것이다. 사실상 두 번째 주제에 대한 연구는 첫 번째 주제에 대한 이해를 증진시킬 것이다. 하나님과 그분의 세계의 관계를 하나님의 주권에 비추어 이해해야 하듯이, 하나님의 주권은 성경이 하나님의 말씀에 대해 말하는 바에 비추어 이해해야만 하기 때문이다.

고대 세계의 왕과 같은 절대 군주는 대개 두 가지 수준에서 두 가지 목적을 위해 말한다. 한편으로 그는 백성이 앞으로 살아갈 환경, 즉 사법적, 재정적, 문화적 환경을 직접적으로 결정하는 규정과 법률을 제정한다. 다른 한편으로, 그는 가능한 한 자신과 백성의 관계를 널리 확립하고, 자신의 일에 대해 최대한의 지원과 협력을 받아 내기 위한 공적 연설을 할 것이다. 성경은 하나님의 말씀이 이와 비슷한 이중적 특성을 지닌다고 묘사한다. 하나님은 왕이시고 피조물인 우리는 하나님의 백성이다. 하나님의 말씀은 우리 주위에 있는 것들 및 우리와 직접적인 관계가 있다. 하나님은 우리 환경을 결정하시고 우리 마음과 정신을 끌기 위해 말씀하신다.

창조와 섭리의 영역인 전자와 관련하여, 하나님의 말씀은 "…이 있으라"고 하는 주권적인 명령의 형태를 띤다. 하나님의 말씀이 우리에게 전해지는 영역인 후자와 관련해서, 말씀은 왕의 '토라'(구약에서 **율법**이라 번역되는 히브리어로서 실제로는 다양한 형태의 **교훈**을 나타낸다)의 형태를 띤다. 왕이신 하나님에게서 온 '토라'는 세 가지 특성을 지닌다. 그 중 일부는 **율법**(제재 규정들이 첨부된 좁은 의미의 명령 혹은 금지 사항)이다. 그 중 일부는 **약속**(호의적이거나 비호의적인, 조건적이거나 무조건적인)이다. 그 중 일부는 **선포**(하나님 자신과 사람들, 그들의 행동, 목적, 본질, 기대에 대해 하나님이 주시는 정보)다.

하나님이 직접 우리에게 하시는 말씀은 (왕의 연설과 마찬가지로, 아니 그보다 더) 통치의 방편일 뿐 아니라 교제의 방편이다. 하나님은 위대한 왕이시지만, 자기 백성과 멀리 떨어져 사는 것을 바라지 않기 때문이다. 오히려 그 반대로 하나님은 우리가 그분과 사랑의 관계 속에서 영원히 함께 행하도록 우리를 만드셨다. 하지만 그러한 관계는 관련 당사자들이 서로에 대해 어느 정도 알 때만 가능하다. 우리를 만드신 하나님은 우리가 무언가를 말하기 전에 우리에 대해 모든 것을 아신다(시 139:1-4). 하지만 우리는 하나님이 우리에게 말씀하시지 않으면 그분에 대해 아무것도 알 수 없다. 이 때문에 하나님은 우리에게 말씀하시는 것이다. 곧 우리 마음을 움직여 하나님이 원하시는 것을 하도록 하며 우리가 하나님을 알고 하나님을 사랑할 수 있게 하기 위해서다. 그러므로 하나님은 우리에게 정보를 주기 위해 그리고 우리를 권유하기 위해 자신의 말씀을 보내신다. 말씀은 우리를 교훈하기 위해서만이 아니라 우리를 설득하기 위해 주어진다. 그것은 하나님이 행하셨고 또 행하시는 것을 알려 줄 뿐만 아니라, 사랑 많으신 주님과 개인적 친교를 나누도록 우리를 초청한다.

말씀하시는 하나님

우리는 성경의 처음 세 장에서 갖가지 것과 관련된 하나님의 말씀을 대한다. 먼저 창세기 1장에 나오는 창조 기사를 보라.

창세기 1장의 목적 중 하나는 자연 환경 속에 있는 모든 것은 하나님이 만드셨음을 우리에게 확신시키는 것이다. 제일 첫 구절은 "태초에 하나님이 천지를 창조하시니라"는 주제 진술이며 1장 나머지 부분에서는 그 주제를 해설한다. 두 번째 절은 당시 형세에 대한 묘사인데, 이제 여기서부터 하나님의 사역에 대한 상세한 분석이 드러날 것이다. 땅은 황폐하고, 생명이 없으며, 어둡고 완전히 물에 잠긴 채로 있는 상태다. 3절은 이러한 혼돈과 불모 가운데서 하나님이 어떻게 말씀하셨는지를 말해 준다. "하나님이 이르시되 빛이 있으라 하시니." 무슨 일이 일어났는가? 즉시 "빛이 있었다." 일곱 번 더(6, 9, 11, 14, 20, 24, 26절) 하나님은 "…이 있으라"는 창조의 말씀을 하셨고, 만물이 착착 생겨나 질서를 잡았다. 낮과 밤(5절), 하늘과 바다(6절), 바다와 땅(9절)이 분리되었다. 푸른 채소(12절), 천체(14절), 물고기와 새(20절), 벌레와 짐승(24절) 그리고 마지막으로 인간(26절)이 나타났다. 모든 것이 하나님의 말씀으로 창조되었다(비교. 시 33:6, 9; 히 11:3; 벧후 3:5).

　이제 이야기는 한 단계 더 나아간다. 하나님은 자신이 만드신 남자와 여자에게 말씀하신다. "하나님이 **그들에게**…이르시되"(28절). 여기에는 하나님이 인간에게 직접 말씀하시는 모습이 나온다. 이렇게 하나님과 인간의 교제가 시작된다. 기사의 나머지 부분에서, 하나님이 그들에게 하신 말씀이 어떤 범주에 속하는지를 눈여겨보라. 아담과 하와에게 하나님이 처음으로 하신 말씀은 창조 질서를 다스리는 인류의 소명을 성취하라는 **명령**이다('생육하고…정복하라', 28절). 그 다음 29절에는 **선포**의 말씀이 나온다. "보라(behold; 이 말은 개역 개정판에는 나와 있지 않다—역주)…." 거기서 하나님은 푸른 식물, 농작물, 과일 등은 인간과 짐승이 먹도록 만들어졌다고 설명하신다. 그 다음에는 제재 조항이 첨부된 **금지**의 말씀이 나온다. "선악을 알게 하는 나무의 열매는 먹지 말라. 네가 먹는 날에는 반드시 죽으리라"(2:17). 마지막으로, 타락 이후 하나님은 아담과 하와에게 가까이 다가오셔서 다시 말씀하신다. 그리고 이 때의 말씀은 호의적이면서도 비호의적인 **약속**의 말씀이다. 왜냐하면 하나님은 한편으로 여자의 씨가 뱀의 머리를 상하게 할 것이라고 단언하시지만 다른 한편으로 하와에게는 아이를 낳을 때의 고통, 아담에게는 힘겨운 노동의 벌을 내리시며 아담과 하와 둘 다에게 반드시 죽으리라고 정하시기 때문이다(3:15-19).

여기 이 짧은 세 장에서, 우리는 하나님의 말씀을 세상과 그 안에 사는 인간과의 모든 관계 속에서 보게 된다. 하나님은 한편으로는 인간의 환경과 상황을 정하시고, 다른 한편으로는 인간의 순종을 명하시고 그의 신뢰를 요청하며 창조주의 마음을 열어 보이신다. 성경 나머지 부분에도 하나님이 하신 새로운 말씀이 많이 제시되어 있지만, 하나님의 말씀과 하나님의 피조물의 관계에 대해 더 이상 무엇인가를 말하는 것은 아니다. 오히려 창세기 1-3장에 제시된 하나님의 말씀이 되풀이되고 확증된다.

이처럼, 한편으로 성경 전체는 세상의 모든 환경과 사건이 하나님의 말씀, 곧 창조주의 전능하신 "…이 있으라"는 말씀에 의해 결정된다고 주장한다. 성경은, 날씨의 변화로부터(시 147:15-18; 148:8) 국가들의 흥망성쇠에 이르기까지 모든 일이 하나님의 말씀을 이루기 위해 일어난다고 묘사한다. 하나님의 말씀이 정말로 세상의 사건들을 결정한다는 사실은, 하나님이 예레미야를 선지자로 부르실 때 가르치신 첫 번째 교훈이었다. 하나님은 그에게 말씀하셨다. "보라, 내가 오늘날 너를 여러 나라와 여러 왕국 위에 세워 네가 그것들을 뽑고 파괴하며 파멸하고 넘어뜨리며 건설하며 심게 하였느니라"(렘 1:10).

하지만 어떻게 그럴 수 있는가? 예레미야를 부르신 것은 정치가나 세계의 유력자가 되라는 것이 아니라 선지자 곧 하나님의 사자가 되라는 것이었다(1:7). 아무런 공식 직위도 없으며, 할 일이라고는 말하는 것뿐인 사람을 어떻게 하나님이 정하신 여러 나라의 통치자라고 묘사할 수 있는가? 그것은 그의 입에 여호와의 말씀을 가졌기 때문이며(9절), 하나님이 그에게 여러 나라의 운명에 대해 말하도록 주신 말씀은 분명히 이루어질 것이기 때문이다. 이것을 예레미야의 마음속에 새기기 위해 하나님은 그에게 첫 번째 환상을 주신다. "예레미야야 네가 무엇을 보느냐.…살구나무 가지(shaqed)를 보나이다.…네가 잘 보았도다. 이는 내가 내 말을 지켜(shoqed) 그대로 이루려 함이니라"(1:11-12).

하나님은 이사야를 통해서도 똑같은 진리를 선포하신다. "비와 눈이 하늘로부터 내려서 그리로 되돌아가지 아니하고 땅을 적셔서 소출이 나게 하며 싹이 나게 하여…내 입에서 나가는 말도 이와 같이 헛되이 내게로 되돌아오지 아니하고 나의 기뻐하는 뜻을 이루며"(사 55:10-11). 성경 전체는 하나님의 말씀이 모든 인간사에서 하나님의 뜻을 실행하는 수단이라는 주장을 편다. 하나님이 말씀하시는 것은 정녕 **그대로 된다**. 세상을 다스리고 우리의 운명을 정하는 것은 하나님의 말씀이다.

다른 한편으로, 성경은 하나님의 말씀이 에덴 동산에서와 같이 삼중적 특성을 가지고 직접 우리에게 주어진다고 일관되게 제시한다. 때로 그것은 시내산에서, 선지자들의 많은 설교에서, 그리스도의 많은 가르침에서, 회개하고(행 17:30) 주 예수 그리스도를 믿으라(요일 3:23)는 복음적 명령에서처럼 **율법**으로 주어진다. 때로 그것은 아브라함에게 주신 후손에 대한 약속과 언약의 약속(창 15:5; 17:1-8), 애굽에서 구속해 주시겠다는 약속(출 3:7-10), 메시아(사 9:6-7; 11:1-2)와 하나님 나라에 대한 약속(단 2:44; 7:14) 그리고 신자들에게 성화와 부활과 영화가 있을 것이라는 신약의 약속들처럼 **약속**으로 주어진다.

또한 때로 그것은 **선포**―역사적 설화, 신학적 논쟁, 시편, 지혜서 등과 같은 믿음의 사실과 경건의 원리에 관한 신적 교훈―로서 주어진다. 그리고 하나님의 말씀이 주장하는 것은 절대적이라는 사실이 항상 강조된다. 우리는 하나님의 말씀을 받고 신뢰하고 순종해야 한다. 그것은 왕이신 하나님의 말씀이기 때문이다. 불신앙의 본질은 "이 악한 백성이 내 말 듣기를 거절하는"(렘 13:10) 교만한 강팍함이다. 다른 한편, 참된 겸손과 경건함의 표지는 "내 말을 듣고 떠는"(사 66:2) 것이다.

절대적인 진리

하지만 하나님의 말씀이 우리에게 주장하는 바는, 우리가 피조물과 신하로서 하나님과 관계를 맺고 있다는 사실에만 관련된 것이 아니다. 우리가 말씀을 믿고 순종해야 하는 것은, 하나님이 우리에게 그렇게 말씀하시기 때문이 아니라, 일차적으로 그것이 참된 말씀이기 때문이다. 그것을 말씀하신 분은 "진리의 하나님"(시 31:5; 사 65:16)이며 "진실이 많은"(출 34:6) 분이다. 그분의 "진실은 궁창에까지 이른다"(시 108:4; 비교. 57:10). 즉 그것은 보편적이고 무한하다. 그러므로 하나님의 "말씀은 진리"(요 17:17)다. "주의 말씀의 강령은 진리이오니"(시 119:160). "오직 주는 하나님이시며 주의 말씀들이 참되시니이다"(삼하 7:28).

성경에서 진리는 일차적으로 인격적 특성이며, 명제적 특성은 부차적일 뿐이다. 그것은 안정성, 신빙성, 확고함, 신뢰성 등 시종

일관하고, 진지하며, 실제적이고, 현혹되지 않는 훌륭한 인격을 의미한다. 하나님은 그러한 인격이시다. 이런 의미에서 진리는 하나님의 본성이며, 진리가 하나님께 더해진다고 해서 하나님이 다른 존재가 되는 것이 아니다. 바로 이 때문에 하나님은 거짓말을 하실 수 없다(딛 1:2; 민 23:19; 삼상 15:29; 히 6:18). 바로 이 때문에 우리에게 주시는 하나님의 말씀은 진리이며, 진리 이외의 것은 될 수 없다. 그 말씀은 실재를 보여 주는 지표로서, 사물을 정말 있는 그대로, 그리고 우리가 하나님의 말씀에 주의를 기울이느냐 않느냐에 따라 장차 우리가 될 모습 그대로를 보여 준다.

이것을 두 맥락에서 잠시 생각해 보자.

1. 하나님의 계명은 진리다. "주의 모든 계명들은 진리니이다"(시 119:151). 왜 그런가? 첫째로, 그 계명들은 하나님이 모든 시대를 살아가는 인간의 삶에서 원하시는 바를 진술한 것으로, 안정성과 영원성을 지니기 때문이다. 둘째로, 그것들은 하나님의 율법의 목적 중 하나이므로 우리의 본성에 대해 변치 않는 진리를 말해 주기 때문이다. 그것은 우리에게 참된 인간성에 대한 실용적인 정의를 내려 준다. 우리가 무엇을 위해 창조되었는지를 보여 주며, 어떻게 진정으로 인간적이 될 수 있는지를 가르쳐 주고, 도덕적 자기 파멸에 대해 경고한다. 오늘날 이것은 아주 중요하고도 많이 고려해야 할 문제다.

우리는 우리 몸이 마치 기계와 같아서 효율적으로 가동되기 위해서는 음식, 휴식, 운동 등 바른 일상의 과정이 필요하며, 알코올, 마약, 독약 등 잘못된 연료로 채워지면 건전하게 기능하는 힘을 잃어버리고 마침내는 육체적 죽음으로 완전히 '고장'나기 쉽다는 생각에는 익숙해져 있다. 하지만 하나님이 영혼에 대해서도 이와 비슷하게 생각하기를 원하신다는 점에 대해서는 잘 이해하지 못한다. 우리는 이성적인 인격체로서, 하나님의 도덕적 형상을 지니도록 만들어졌다. 즉, 우리 영혼은 예배, 율법 준수, 진실됨, 정직함, 훈련, 자제 그리고 하나님과 동료들을 섬기는 것 등을 실천함으로써 '가동'되도록 만들어졌다. 만일 이러한 것들을 행하지 않는다면, 우리는 하나님 앞에서 죄를 지을 뿐만 아니라 자신의 영혼을 점점 파괴하게 된다. 양심이 위축되고 수치심이 말라 버리며, 진실함, 충성, 정직함의 능력이 침식되고, 인격이 분열되어 버린다. 그런 사람은 지독하게 비참해질 뿐만 아니라 꾸준히 비인간화된다. 이것이 영적 죽음의 한 측면이다. 리처드 백스터의 "성자냐, 야수냐"라는 양자택일에 대한 질문은 옳았다. 궁극적으로 보면, 모든 사람은 조만간에 둘 중 하나를 선택할 수밖에 없으며, 의식적으로든 무의식적으로든 둘 중 하나를 택한다.

오늘날 어떤 사람들은, 인도주의라는 명목 아래 성경에 나오는 '청교도적' 성도덕이 참된 인간의 성숙을 이루는 데 해가 되며 조금 더 자유분방하면 더 풍요로운 삶을 살 수 있다고 주장한다. 이러한 이데올로기에 대해 우리는 그것의 적절한 이름은 인도주의가 아니라 야수성이라 말할 수 있을 뿐이다. 성적 방종은 더 인간적인 모습으로 만들어 주는 것이 아니라 덜 인간적인 모습으로 만든다. 그것은 인간을 짐승처럼 만들어 버리며, 영혼을 갈기갈기 찢어 버린다. 하나님의 계명을 무시하는 곳에서는 어디나 그런 일이 일어난다. 우리는 하나님의 계명을 지키려고 애쓰는 바로 그만큼만 진정 인간적인 삶을 사는 것이다. 그 이상 인간적이 될 수는 없다.

2. **하나님의 약속은 참되다.** 하나님이 그 약속들을 지키시기 때문이다. "약속하신 이는 미쁘시니"(히 10:23). 성경은 하나님의 신실하심을 최고의 말로 선포한다. "주의 진실하심이 공중에 사무쳤으며"(시 36:5). "주의 성실하심은 대대에 이르나이다"(시 119:90). "주의 성실하심이 크시도소이다"(애 3:23). 하나님의 성실하심은 어떻게 나타나는가? 약속을 틀림없이 이루시는 것으로 나타난다. 하나님은 언약을 지키시는 분이다. 하나님은 결코 자신의 말씀을 신뢰하는 사람들을 저버리시지 않는다. 아브라함은 노년기의 사반 세기 내내 약속된 상속자가 태어나기를 기다림으로써 하나님의 신실하심을 입증했다. 또한 그 이래로 수많은 사람이 그것을 입증했다.

교회에서 성경이 '기록된 하나님의 말씀'으로 보편적으로 인정받았을 때 사람들은, 성경에 기록된 하나님의 약속들은 믿음 생활 전체를 위해 하나님이 주신 적절한 기초이며, 믿음을 강화하는 길은 각자가 처한 상황에 대해 주어진 약속들에 믿음의 초점을 맞추는 것임을 분명히 이해하고 있었다. 근대의 청교도인 사무엘 클라크(Samuel Clark)는 「성경의 약속들: 그리스도인의 기업…」(*Scripture Promises: or, the Christian's Inheritance, A collection of the Promises of Scripture under their proper heads*)의 서론에서 다음과 같이 썼다.

> 약속들에 대해 끊임없이 지속적으로 주의를 기울이고 그것들을 확고하게 믿으면, 그것이 이생의 관심사들에 대한 염려와 걱정을 막아 줄 것이다. 그것은 모든 변화 가운데서도 우리 마음이 조용하고 침착해지도록 해줄 것이며, 인생의 문젯거리로 인해 우리가 풀죽지 않도록 해줄

것이다. 그리스도인들은 하나님의 약속을 불신하고 그것을 잊음으로써, 그들이 누릴 수 있는 확실한 위안을 잃어버리곤 한다. 우리를 위로할 만한 적절하고 넘치도록 충분한 약속이 없는 것만큼 큰 곤경은 없다.

약속들을 상세하게 아는 것은 기도할 때 가장 큰 이점이다. 하나님이 기도를 들으시리라는 반복되는 보증의 말을 생각할 때, 얼마나 큰 위로를 느끼며 그리스도 안에서 하나님께 말씀드릴 수 있겠는가! 바로 그러한 자비를 약속하는 본문을 묵상할 때, 얼마나 안심하면서 마음의 소원을 아뢸 수 있겠는가! 또한 명백히 자신에게 해당하는 자비로운 약속들을 주장함으로써 기도할 때 얼마나 큰 영적 열정과 믿음의 힘을 가질 수 있겠는가!

한때 사람들은 이러한 사실을 이해하고 있었다. 하지만 자유주의 신학은, 기록된 성경을 하나님의 말씀과 동일시하는 것을 거부하는 만큼, 약속을 묵상하고 그 약속에 기초하여 기도를 드리며 일상 생활에서 그 약속이 우리를 데리고 가는 믿음의 모험을 하는 습관을 빼앗아 갔다. 사람들은 오늘날 우리 선조가 이용했던 '약속의 상자들'을 비웃는다. 하지만 이러한 태도는 지혜로운 것이 아니다. 약속의 상자들은 남용되었을지는 모르지만, 그것들이 표현하는 바 성경에 대한 그리고 기도에 대한 접근법은 옳았다. 그것은 우리가 잃어버린 것이며, 회복해야만 하는 것이다.

믿고 순종하라

그리스도인이란 무엇인가? 그리스도인에 대해서는 여러 각도에서 묘사할 수 있지만, 지금까지 말한 것으로 볼 때 다음과 같이 말함으로써 모든 것을 포괄할 수 있을 것이다. 참된 그리스도인은 **하나님의 말씀을 인정하고 그 아래 사는 사람이다.** 그들은 "진리의 글"(단 10:21)에 기록된 하나님의 말씀의 가르침을 믿고, 약속을 신뢰하며, 그 명령에 따르면서 그 말씀에 무조건적으로 복종하는 사람들이다. 그들의 눈은 아버지이신 성경의 하나님과 구세주이신 성경의 그리스도께 향해 있다.

그리스도인들에게 물어 보면, 그들은 하나님의 말씀이 죄를 깨닫게 하고 또한 죄사함의 확신을 주었다고 말할 것이다. 그들의 양심은 루터의 양심처럼 하나님의 말씀에 사로잡혀 있으며, 그들은 시편 기자들처럼 삶 전체가 그 말씀과 일치하기를 열망한다. "내 길을 굳게 정하사 주의 율례를 지키게 하소서", "주의 계명에서 떠나지 말게 하소서", "주의 율례들을 내게 가르치소서. 나에게 주의 법도들의 길을 깨닫게 하여 주소서", "내 마음을 주의 증거들에게 향하게 하시고", "내 마음으로 주의 율례들에 완전하게 하사"(시 119:5, 10, 26-27, 36, 80). 기도할 때 그 약속들이 그들 앞에 있으며, 그들이 일상의 일을 열심히 행할 때 그 법도가 그들 앞에 있다.

그리스도인들은 하나님의 말씀이 성경을 통해서 직접적으로 그들에게 주어졌을 뿐만 아니라, 그들 주위에 있는 것들을 창조하고 다스리고 정돈하기 위해 주어졌음을 안다. 성경은 모든 것이 합력하여 선을 이룬다고 말하기 때문에, 하나님이 그들의 환경을 조정하신다는 생각은 그들에게 기쁨을 가져다준다. 그리스도인들은 독립적인 사람들이다. 왜냐하면 그들은 하나님의 말씀을 그들에게 제시된 다양한 견해를 시험하는 시금석으로 사용하며, 성경이 찬성한다고 확신할 수 없는 것은 어떤 것에도 손대지 않을 것이기 때문이다.

그런데 오늘날 그리스도인이라고 고백하는 사람들 중 이러한 묘사에 적합한 사람은 왜 그처럼 드문 것일까? 당신의 양심에 물어보고 양심이 당신에게 대답하도록 해 보라.

12 하나님의 사랑

사도 요한이 두 번 반복해서 말한 "하나님은 사랑이시라"(요일 4:8, 16)는 진술은 성경에 나오는 말 가운데 가장 엄청난 말이면서 또한 가장 오해되는 말 가운데 하나다. 잘못된 개념들이 주위에 가시 울타리처럼 자라나 그 참된 의미를 시야에서 가리고 있기 때문이다. 이처럼 얽힌 정신적 덤불을 잘라내는 일은 쉽지 않다. 그러나 이 본문의 참된 의미가 분명히 이해된다면, 그것을 깨닫기 위해 열심히 노력한 것은 충분한 보상을 받은 것이다. 이는 마치 스코틀랜드의 벤 네비스(Ben Nevis)에 등반하는 사람들이 일단 정상에서 경치를 보고 나면 고생한 것에 대해 불평하지 않는 것과 같다.

요한이 두 번째로 말한 "하나님은 사랑이시라" 앞에 나오는 문장에서처럼, "하나님이 우리를 사랑하시는 사랑을 우리가 알고 믿었노니"(16절)라고 말할 수 있는 사람은 진정 행복하다. 하나님의 사랑을 아는 것은 지상의 낙원을 얻은 것과 같다. 신약 성경은, 이 같은 지식은 혜택받은 소수만이 누리는 특권이 아니라 보통 그리스도인들의 정상적인 체험으로서, 영적으로 건강하지 못하거나 기형적인 사람들만이 알지 못하는 것이라고 말한다. 바울이 "우리에게 주신 성령으로 말미암아 하나님의 사랑이 우리 마음에 부은 바 됨이니"(롬 5:5)라고 했을 때, 그 말은 아우구스티누스가 생각했던 것처럼 하나님에 대한 사랑이 아니라 우리에 대한 하나님의 사랑을 아는 지식이라는 의미다. 그리고 바울은 수신자인 로마의 그리스도인들을 한 번도 만난 적이 없지만, 그 진술이 자신에게 해당되는 것과 같이 그들에게도 해당되는 말임을 당연하게 생각했다.

넘쳐흐르는 사랑

바울의 말에서 세 가지 사항은 짚고 넘어갈 만하다. 첫째로, **부은 바 됨**이라는 동사를 주목해 보라. 그것은 문자적으로는 **흘러나오다**(혹은 비워 내다)라는 의미다. 그것은 사도행전 2:17-18, 33; 10:45; 디도서 3:6에서 성령이 '흘러나오는 것'에 대해 사용된 단어다. 그것은 많은 양이 풍성하게 흐르는 것, 사실상 범람하는 것을 시사한다. 그래서 NEB의 번역은 "하나님의 사랑이 우리 마음 가장 깊은 곳에서 **넘쳐흘렀다**"고 되어 있다. 바울은 약하고 변하기 쉬운 느낌이 아니라 깊고도 압도적인 느낌을 말하는 것이다.

다음에는 그 동사의 시제를 주목해 보라. 그것은 완료 시제로 쓰여, 완성된 행동의 결과로 일어나는 고정된 상태를 암시한다. 여기에 나타난 개념은 골짜기에 범람했던 물이 가득 찬 채로 남아 있는 것과 마찬가지로, 하나님의 사랑을 아는 지식이 우리 마음에 넘쳐

흐르고 이제 **그 마음을 채우고 있다**는 것이다. 바울은 독자들이 자신과 마찬가지로, 그들을 향한 하나님의 사랑을 지속적으로 강하게 느끼며 누리는 가운데 살고 있으리라고 추정한다.

셋째로, 이러한 지식을 심어 주는 것은, 성령을 받아들이는 사람들, 즉 모든 거듭난 사람, 모든 참된 신자에 대한 **성령의 정규적인 사역**의 일부로 묘사되어 있다. 어떤 사람은 성령의 사역의 이 측면이 현재보다 더 높이 평가되기를 바랄 것이다. 우리는 우리를 무력하게 만드는 감상적인 외고집으로 인해, 성령의 일상적이고 일반적인 사역은 무시하고, 특별하고 산발적이며 보편적이지 않은 은사들에 열중하게 되었다. 그래서 마음속에 하나님의 사랑에 대한 지식을 부어 주심으로 화평과 기쁨과 소망과 사랑을 주시는 성령의 일상적인 사역보다는, 치유와 방언의 은사들―바울이 지적하듯이, 모든 그리스도인이 참여하도록 의도되지는 않은 은사들―에 훨씬 더 많은 관심을 보인다(고전 12:28-30). 하지만 전자가 후자보다 훨씬 더 중요하다. 그러므로 방언을 하면 당연히 더 즐거워지고 더 경건하다고 생각했던 고린도인들에게, 바울은 사랑―성화, 그리스도를 닮는 것―이 없으면 방언은 아무것도 아님을 역설해야만 했다(고전 13:1-3).

바울은 분명 오늘날에도 비슷한 경고를 할 만하다고 생각할 것이다. 현재 많은 곳에서 일어나는 부흥에 대한 관심이 새로운 고린도주의라는 막다른 골목을 향한다면 그것은 비극이다. 바울이 성령과 관련하여 에베소인들에게 바랄 수 있었던 최선은, 성령이 그들을 향해 계속해서 더욱 능력 있게 로마서 5:5의 사역을 하심으로 그들이 그리스도 안에 있는 하나님의 사랑을 더 깊이 알아 가게 되는 것이었다. 에베소서 3:14-16에 대한 NEB의 번역은 다소 멋대로이긴 하지만 그 의미를 잘 나타낸다. "내가 아버지 앞에 무릎을 꿇고 비오니…그가 그의 영을 통해 너희의 속사람 안에 힘과 능력을 주옵시며…너희가 강하여 하나님의 모든 백성과 함께 그리스도의 사랑의 넓이와 길이와 높이와 깊이가 무엇인지 깨닫고, 비록 그것이 지식을 뛰어넘는 것이긴 하지만 그것을 알게 하시기를 구하노라."

부흥은 죽어 가는 교회를, 신약에서 평범하다고 말하는 그리스도인의 삶과 체험을, 비범한 방식으로 회복시키시는 하나님의 사역을 의미한다. 부흥에 대한 올바른 관심은 방언을 동경하는 것에서 표현되는 것이 아니라(궁극적으로 우리가 방언을 하는가 하지 않는가는 전혀 중요하지 않다), 하나님의 사랑이 더 큰 능력으로 우리 마음에 부은 바 되기를 열망하는 데서 표현될 것이다. 왜냐하면 개인의 부흥은 바로 이러한 열망(종종 죄에 대한 영혼의 철저한 고민이 선행된다)으로 시작되며, 교회의 부흥이 일단 시작되면 그 부흥은 열망에 의해 지속되기 때문이다.

이 장의 목표는 성령께서 부으시는 신적 사랑의 본질을 보여 주는 것이다. 이러한 목적을 위해 하나님은 **사랑이시라**, 요한의 위대한 주장에 주의를 집중해 보겠다. 하나님이 인류에게 보여 주시고 그리스도인들이 알고 그 안에서 기뻐하는 그 사랑은 하나님 자신의 내적 존재에 대한 계시다. 이 주제는 하나님의 신비스런 본질을, 인간의 지성이 허락하는 한 깊이 탐구하도록 해줄 것이다. 이는 앞에서 연구한 어떤 주제보다도 심오하다.

하나님의 지혜에 대해 살펴볼 때, 우리는 하나님의 지성을 어느 정도 보았다. 하나님의 능력에 대해 생각할 때, 우리는 하나님의 손과 팔에 대해 어느 정도 보았다. 하나님의 말씀에 대해 고찰할 때, 우리는 하나님의 입에 대해 배웠다. 이제 하나님의 사랑에 대해 숙고하면서, 우리는 하나님의 마음속을 들여다본다. 우리는 거룩한 땅에 서게 될 것이다. 그리고 죄를 짓지 않고 그 땅을 밟으려면, 경외함이라는 은혜가 필요하다.

사랑, 성령, 빛

요한의 진술에 대한 두 가지 일반적인 언급은 우리로 하여금 이 주제에 대해 좀더 쉽게 이해하도록 해줄 것이다.

1. '하나님은 사랑이시다'라는 말은 성경에 근거해서 볼 때 하나님에 대한 완전한 진리가 아니다. 그것은 따로 떨어져 있는 추상적 정의가 아니라, 성경의 저자이신 하나님에 대해 말해 주는 바 성경에 나와 있는 전체 계시를 신자의 입장에서 요약한 것이다. 이 말은 하나님에 대한 성경의 나머지 진술을 전제로 한다. 요한이 말하는 하나님은, 세상을 만드셨고 홍수로 세상을 심판하셨으며 아브라함을 부르사 나라를 이루게 하셨고 정복과 사로잡힘과 포로 생활을 통해 자기 백성을 연단하셨으며, 세상을 구원하기 위해 아들을 보내셨고, 믿지 않는 이스라엘을 내버리시고 요한이 이 글을 쓰기 직전 예루살렘을 멸망시키셨으며, 언젠가 의로 세상을 심판하실 분이다. 요한은 사랑이신 하나님이 바로 이러한 분이라고 말한다.

일부 사람들이 그러듯이, 요한의 진술을 마치 하나님의 정의의 엄중함에 대한 성경의 증거에 이의를 제기하는 것인 양 인용하는 것은 잘못이다. 사랑이신 하나님이 불순종하는 자를 정죄하고 징벌하는 하나님이 될 수 없다고 주장할 수는 없다. 요한은 바로 이러한 일을 행하시는 하나님에 대해 말하기 때문이다.

요한의 말을 오해하지 않기 위해 우리는 그 말을 요한의 다른 저술에 나오는, 아주 똑같은 문법적 형태를 띠는 다른 두 위대한 진술과 함께 살펴보아야만 한다. 흥미롭게도, 그것은 둘 다 그리스도가 직접 하신 말씀이다. 첫 번째 말씀은 요한복음에 나온다. 그것은 사마리아 여인에게 하신 말씀으로, "하나님은 영이시니"(God is spirit)이다(요 4:24). "하나님은 **한** 영이시니"(God is a spirit, RSV, NEB)라는 번역은 부정확한 것이다. 두 번째 말씀은 요한일서의 시작 부분에 나온다. 요한은 그것을 "우리가 그(예수님)에게 듣고 너희에게 전하는 소식"이라고 말하는데, 그것은 바로 "하나님은 빛이시라"는 것이다(요일 1:5). 하나님이 사랑이시라는 주장은 이 두 말씀이 가르치는 바에 비추어 해석해야 하므로, 이 말씀을 지금 간략하게 살펴보면 도움이 될 것이다.

하나님은 영이시다. 주님은 이 말씀을 하시면서 사마리아 여인이 가지고 있던 개념, 곧 제대로 예배를 드릴 수 있는 장소는 오직 한 군데밖에 없으리라는—마치 하나님이 지역적으로 제한을 받기라도 하듯이—개념이 잘못된 것임을 깨우쳐 주고자 하셨다. **영**은 **육**과 대조를 이룬다. 그리스도의 말씀의 요지는, 우리는 육이기 때문에 한 번에 단 한 군데밖에 있지 못하지만 하나님은 영이시기 때문에 그 같은 제한을 받지 않으신다는 것이다. 하나님은 물질이 아니고, 유형적 존재가 아니므로 지역적인 제한을 받지 않으신다. 따라서 (그리스도는 계속해서 말씀하시기를) 받아들여질 만한 참된 예배의 조건은, 우리가 직접 예루살렘이나 사마리아나 다른 어떤 장소에 가야 하는 것이 아니라, 우리의 마음이 하나님의 계시를 받아들이고 그것에 반응하는 것이다. "하나님은 영이시니 예배하는 자가 영과 진리로 예배할지니라"(요 4:24).

영국 국교회의 39신조 중 첫째 항은 하나님은 "몸이나 지체들이나 정념을 가지고 있지 않으시다"라는 다소 기묘하게 들리는 주장으로써, 하나님의 '영성'(여러 책에서 명명하듯이)의 의미를 더 분명히 밝힌다. 이러한 부정적 진술은 매우 긍정적인 것을 표현한다.

하나님에게는 **몸**이 없다. 그러므로 방금 말했듯이 하나님은 공간과 거리의 모든 제약을 초월하시며, 편재하시다. 하나님에게는 **지체들**이 없다. 이는 하나님의 인격과 권능과 속성들이 완벽하게 통합되어 있어서 하나님 안에 있는 어떤 것도 결코 변하지 않는다는 의미다. 하나님은 "변함도 없으시고 회전하는 그림자도 없으시고"(약 1:17) 시간과 자연적 과정의 모든 제한으로부터 자유로우시며, 영원토록 동일하시다. 또한 하나님에게는 **정념**이 없다. 이 말은 하나님에게 느낌(감정)이 없다거나, 우리 안에 있는 정서와 감정에 상응하는 것이 하나도 없다는 뜻이 아니다. 그것은 인간의 정념, 특히 고통스러운 정열, 두려움, 비탄, 후회, 절망은 어떤 의미에서 우리가 통제할 수 없는 상황에 의해 야기되고 강요되는 수동적이고 본의 아닌 것인 반면, 하나님 안에 있는 그에 상응하는 태도는 의도적이고 자발적인 선택이라는 특성을 지니기 때문에 인간의 정념과는 같은 상태가 아니라는 의미다.

그러므로 영이신 하나님의 사랑은 인간의 사랑처럼 변덕스럽고 동요가 심한 것이 아니며, 결코 이루어질 수 없는 어떤 것을 무기력하게 바라기만 하는 것도 아니다. 그 사랑은 오히려 자비와 은혜의 태도, 자유롭게 선택되고 확고하게 고정된 태도로, 하나님의 전 존재가 자발적으로 내리시는 결정이다. 영이신 전능자 하나님의 사랑에는 불일치나 변화무쌍함이 전혀 없다. 하나님의 사랑은 "죽음같이 강하다"(아 8:6). "많은 물도 이 사랑을 끄지 못하겠고 홍수라도 삼키지 못하나니"(아 8:7). 어떤 것도 일단 하나님의 사랑을 받은 우리를 그 사랑에서 끊을 수 없다(롬 8:35-39).

하나님은 빛이시다. 영이신 하나님은 또한 **빛**이시다. 요한은, 그리스도인이라고 고백하면서 도덕적 실재와의 접촉을 잃어버리고 자신들이 한 일 중 죄는 아무것도 없다고 주장하던 사람들에게 이 말을 한다. 요한의 말이 갖는 위력은 그 다음 절에서 분명히 드러난다. "그에게는 어둠이 조금도 없으시다"(요일 1:5). 빛은 하나님의 율법으로 측량한 거룩함과 순결함을 뜻하며, 어두움은 똑같은 율법으로 측량한 도덕적 사악함과 불의함을 의미한다(요일 2:7-11; 3:10). 요한이 말하는 요점은, 하나님과 같이 거룩하고 의롭게 되려고 애쓰며 이와 상반되는 모든 것을 삼가면서 '빛 가운데 행하는' 자들만이 성부와 성자와의 교제를 누린다는 것이다. 그리고 스스로 무엇이라고 주장하든 '어두운 가운데 행하는' 자들은 이러한 관계를 모른다는 것이다(요일 1:6-7).

그러므로 사랑이신 하나님은 무엇보다도 먼저 빛이시다. 그리고 그분의 사랑이 도덕적 기준이나 관심과는 분리되어 있고, 제멋대로 하게 놓아두는 인정 많은 너그러움이라는 감상적인 생각은 처음부터 배제되어야 한다. 하나님의 사랑은 거룩한 사랑이다. 예수님이 알려 주신 하나님은 도덕적 특질들에 관심이 없는 분이 아니라, 의를 사랑하고 불의를 미워하는 분이며 자녀들에 대해 "하늘에 계신 너희 아버지의 온전하심과 같이…온전한"(마 5:48) 것을 이상으로 삼으시는 분이다. 하나님은 아무리 정통적인 지식을 가졌다 해도 거룩한 삶을 추구하지 않는 사람과는 사귐을 갖지 않으실 것이다.

또한 하나님은 받아들이신 사람들을 철저하게 훈련하시는데, 이는 그들로 하여금 자신들이 추구하는 것을 얻게 하기 위해서다. "주께서 그 사랑하시는 자를 징계하시고 그가 받아들이시는 아들마다 채찍질하심이라.…오직 하나님은 우리의 유익을 위하여 그의 거룩하심에 참여하게 하시느니라.…후에 그(징계)로 말미암아 연단받은 자들은 의와 평강의 열매를 맺느니라"(히 12:6-11). 하나님의 사랑은 엄격하다. 그것은 사랑하시는 분의 거룩함을 나타내며, 사랑받는 자에게서 거룩함을 구하기 때문이다. 성경은 하나님이 사랑이시기 때문에 거룩함을 추구하지 않는 사람들에게 행복을 베푸시리라고 생각하거나, 사랑하는 자들이 더욱 성화되기 위해서 어려움을 당할 필요가 있는데도 그들을 어려움에서 막아 주시리라고 생각하는 것을 허용하지 않는다.

이제 우리는 이와 균형을 이루는 두 번째 사항을 언급해야만 하겠다.

2. '하나님은 사랑이시다'라는 말은 그리스도인과 관련해서는 완전한 진리다. '하나님은 빛이시다'라는 말은 하나님의 거룩하심이 그분이 말씀하시고 행하시는 모든 것에서 표현되는 것을 의미한다. 마찬가지로, '하나님은 사랑**이시다**'라는 것도 하나님의 사랑이 하나님이 말씀하시고 행하시는 모든 것에서 표현되는 것을 의미한다.

이것이 우리에게 개인적으로 해당된다는 사실은 그리스도인들에게 가장 큰 위안이다. 우리는 그리스도의 십자가에서 우리 개개인이 하나님의 사랑을 받는다는 것을 확신한다. "**나를** 사랑하사 **나**

를 위하여 자기 자신을 버리신 하나님의 아들"(갈 2:20). 우리는 이 사실을 알기 때문에, 하나님을 사랑하며 하나님의 뜻대로 부르심을 입은 자들에게는 모든 것이 협력하여 선을 이룬다는 약속(롬 8:28)을 우리 자신에게 적용할 수 있다. 그리고 단지 **어떤** 것들이 아니라 **모든** 것이라는 데 주목하라! 우리에게 일어나는 모든 일은 하나하나 다 우리에 대한 하나님의 사랑을 표현하며, 우리를 위한 하나님의 목적을 촉진하기 위한 것이다.

이처럼 우리에 관한 한 하나님은 매순간, 매일의 삶에서 일어나는 모든 사건에서 우리에게 사랑―거룩하며 전능하신 사랑―이시다. 심지어 하나님이 무엇 때문에 그런 조치를 취하셨는지 알지 못할 때라도 우리는 그 안과 그 배후에 사랑이 있다는 것을 알며, 따라서 인간적으로 말하면 일이 잘못되고 있을 때라도 기뻐할 수 있다. 인생의 참모습이 알려질 때면 우리는 찬송가에서 말하듯이 그것이 '처음부터 끝까지 자비'로 입증될 것을 알고 있으며 또한 만족한다.

하나님의 사랑에 대한 정의

지금까지는 하나님의 사랑이 언제 어떻게 작용하는지를 일반적으로 보여 줌으로 그 사랑의 경계를 정하기만 했는데, 이것으로는 충분하지 않다. 이제 우리는 그것이 본질적으로 무엇인가 하고 묻게 된다. 그것을 어떻게 정의하고 분석해야 하는가? 이 질문에 대한 답으로서, 성경은 하나님의 사랑에 대해 우리가 다음과 같이 공식화할 수 있을 만한 개념을 말한다.

하나님의 사랑은 개개의 죄인들을 향한 하나님의 선하심이 발휘된

것으로서, 그들의 복지에 직접 참여하사, 자신의 아들을 보내셔서 그들의 구세주가 되도록 하시고, 이제 그들이 언약 관계 속에서 하나님을 알고 즐기도록 하신 것이다.

이제 이 정의를 구성하는 각 부분을 설명해 보자.

1. **하나님의 사랑은 하나님의 선하심이 발휘된 것이다.** 성경에서 말하는 하나님의 선하심이란 하나님의 우주적인 관대하심을 의미한다. 벌코프(Berkhof)가 쓴 바에 따르면, 하나님 안에 있는 선하심은 하나님 안에 있는 완전함으로서 "하나님으로 하여금 모든 피조물을 관대하고 친절하게 다루도록 촉구하는 것이다. 그것은 창조주가 지각이 있는 피조물 자체에게 느끼는 애정이다"(*Systematic Theology*, p. 70; 시 145:9, 15-16을 인용한 것; 참고. 눅 6:35; 행 14:17). 하나님의 사랑은 이러한 선하심에 대한 최고의 그리고 가장 영광스러운 표현이다. 제임스 오어(James Orr)는 이렇게 썼다. "사랑이란 일반적으로 한 도덕적 존재가 다른 도덕적 존재를 바라고 기뻐하도록 해주는 원리로서, 각자가 상대방의 삶 속에서 사는 인격적 관계, 상대방에게 자신을 나누어 주고 자신도 상대방의 애정을 받는 것에서 기쁨을 발견하는 그런 인격적 관계에서 최고의 형태에 이른다"(*Hastings Dictionary of the Bible*, III, p. 153). 하나님의 사랑은 바로 이런 것이다.

2. **하나님의 사랑은 죄인들을 향한 하나님의 선하심이 발휘된 것이다.** 그 사랑은 **은혜**와 **자비**의 특징을 지니고 있다. 그것은 우리에게 과분할 뿐만 아니라 사실상 우리의 공적과는 반대되는, 하나님의 친절하심의 발로다. 하나님이 사랑하신 이들은, 하나님의 율법을 범했으며, 하나님 보시기에 본성이 부패했고, 정죄를 받아 하나님

의 존전에서 최종적으로 추방당해 마땅한 이성적인 피조물이기 때문이다.

하나님이 죄인들을 사랑하신다는 사실은 참으로 놀랍다. 그러나 그것은 사실이다. 사랑스럽지 못하게 되었고 사랑스럽지 않은(우리라면 그렇게 생각했을) 피조물을 하나님은 사랑하신다. 하나님의 사랑을 받는 대상에게 그 사랑을 불러일으킬 만한 조건은 단 하나도 없었다. 우리 안에 있는 어떤 것도 사랑을 끌어내거나 불러일으킬 수 없다. 사람들 사이의 사랑은 사랑받는 사람에게 있는 사랑받을 만한 무엇에 의해 일어난다. 그렇지만 하나님의 사랑은 자유롭고 자발적인 것으로, 어떤 것으로 인해 생겨나는 것이 아니며, 이유도 없다. 하나님은 사람들을 사랑하기로 하셨기 때문에 그들을 사랑하시며—찰스 웨슬리가 말했듯이 "그분이 우리를 사랑하셨네, 그분이 우리를 사랑하셨네, 그분이 사랑하고자 하셨기 때문에"(여기에는 신 7:7-8이 반영되어 있다)—하나님 자신의 주권적인 선한 기쁨 외에는, 하나님의 사랑에 대한 어떤 이유도 말할 수 없다.

신약 시대의 그리스와 로마에서 그런 사랑은 꿈도 꿀 수 없는 것이었다. 사람들은 종종 신들을 여자에게 색정을 품는 존재로 여기긴 했어도 죄인들을 사랑하는 존재로 생각한 적은 결코 없었다. 그래서 신약 저자들은 그들이 아는 하나님의 사랑을 표현하기 위해 새로운 헬라어인 '아가페'(*agape*)를 들여와야만 했다.

3. 하나님의 사랑은 개개의 죄인들을 향한 하나님의 선하심이 발휘된 것이다. 그것은 일반적으로 누구에게나 향하지만, 특정하게는 아무에게도 향하지 않는 막연하고도 두루 미치는 선의가 아니다. 오히려 그것은 전지하신 전능함의 한 기능으로서, 본질상 그 대상

과 결과 둘 다를 분명하게 결정한다. 하나님의 사랑의 목적은 창세 전에 세워진 것으로(엡 1:4), 하나님이 복 주려는 자들을 택하고 뽑으신 것과 그들에게 주어질 유익 및 그 유익을 획득하고 누릴 수단을 지정해 주신 것을 포함한다. 이 모든 것은 처음부터 확실하게 정해져 있었다.

그래서 바울은 데살로니가의 그리스도인들에게 **"주께서 사랑하시는** 형제들아, 우리가 항상 너희에 관하여 마땅히 하나님께 감사할 것은 하나님이 처음부터(창세 전) 너희를 택하사(선택) 성령의 거룩하게 하심과 진리를 믿음으로(지정된 수단) 구원을 받게 하심(지정된 목적)이니"(살후 2:13)라고 쓴다. 때가 이르러 개개의 죄인을 향하여 발휘되는 하나님의 사랑은, 그들에게 복 주시려는 하나님이 영원 가운데 정하신 목적을 수행하는 것이다.

4. 죄인들을 향한 하나님의 사랑은 그들의 복지에 직접 참여하는 것을 포함한다. 이처럼 상대방에게 참여하는 것은 모든 사랑에 포함되어 있다. 실로 그것은 사랑이 진실한지 아닌지를 가리는 시금석이다. 만약 아들이 곤란을 당하는데도 아버지가 계속해서 유쾌하게 아무 걱정 없이 지낸다거나, 아내는 비탄에 잠겨 있는데도 남편이 태연하다면, 우리는 즉시 그들의 관계에 과연 사랑이 존재하는지 의아해할 것이다. 왜냐하면 참으로 사랑하는 사람들은 그들이 사랑하는 상대방 역시 참으로 행복할 때만 행복하다는 것을 알기 때문이다. 우리를 향한 하나님의 사랑도 마찬가지다.

우리는 앞에서 만물에 대한 하나님의 목적은 하나님 자신의 영광, 즉 하나님이 드러나고 알려지며 찬미와 경배를 받는 것임을 말했다. 이 말이 사실이긴 하지만 이는 불완전하다. 그 말은 하나님이 인간들에게 사랑을 쏟으심으로써 자발적으로 자신의 궁극적 행복을 인간의 행복과 밀접하게 관련시키셨다는 인식에 의해 균형을 이룰 필요가 있다. 성경에서 하나님을 자기 백성의 사랑 많으신 아버지와 남편으로 말하는 것에는 다 이유가 있다. 바로 이러한 관계의 본질적 속성에서 볼 때, 하나님의 행복은 그분이 사랑하시는 모든 사람이 궁극적으로 곤경에서 벗어나기까지는 완성되지 않는다는 결론이 나온다.

> 하나님의 구속받은 모든 교회가
> 구원받아 더 이상 죄를 짓지 않기까지.

하나님이 인간을 지으시기 전에는 인간들 없이도 행복하셨다. 인간들이 죄를 지었을 때 하나님이 그냥 그들을 멸망시켜 버리셨다면, 하나님은 계속해서 행복하셨을 것이다. 하지만 하나님은 죄인들에게 사랑을 쏟으셨다. 이것이 뜻하는 바는, 하나님의 자유롭고 자발적인 선택에 의해 그들을 모두 하늘 나라로 데려가기까지는 하나님이 다시는 온전하고 순수한 행복을 알지 않으시리라는 의미다. 하나님은 이제부터 영원까지 자신의 행복이 우리에 의해 결정되도록 하기로 결심하셨다.

이처럼 하나님은 자신의 영광만이 아니라, 자신의 기쁨을 위해서도 구원하신다. 이것은 왜 죄인 하나가 회개하면 하나님의 사자들 앞에 기쁨(하나님 자신의 기쁨)이 되는지(눅 15:10), 그리고 왜 하나님이 우리를 마지막 날에 하나님의 거룩하신 임재 앞에서 흠 없이 서게 하실 때 '큰 기쁨'이 있을 것인지를(유 1:24) 설명해 준다. 이러한 생각은 우리의 이해를 넘어서는 것이며 믿기 어려운 사실이지만, 성경에 따르면 하나님의 사랑이 바로 그러하다는 사실에는 의문의 여지가 없다.

5. 죄인들을 향한 하나님의 사랑은, 자기 아들을 선물로 주셔서 그들의 구세주가 되도록 하신 것에 의해 표현된다. 사랑을 측량하는 기준은 얼마나 많이 주는가 하는 것이다. 하나님의 사랑의 양은, 자신의 독생자가 인간이 되어 죄를 위해 죽고 그럼으로써 우리를 하나님께로 데려가는 유일한 중보자가 되도록 그를 주신 것에서 드러난다.

바울이, 하나님의 사랑은 크고 우리의 지식을 초월한다고 말하는 것도 놀라운 일이 아니다!(엡 2:4; 3:19) 일찍이 그같이 큰 희생을 치르며 아낌없이 주는 사랑이 있었던가? 바울은 이 최고의 선물이야말로 다른 모든 것을 보장해 준다고 주장한다. "자기 아들을 아끼지 아니하시고 우리 모든 사람을 위하여 내주신 이가 어찌 그 아들과 함께 모든 것을 우리에게 주시지 아니하겠느냐"(롬 8:32). 신약 기자들은 계속해서, 하나님의 사랑의 실재와 무한함에 대한 결정적인 증거로서 그리스도의 십자가를 가리킨다.

그래서 요한은 먼저 "하나님은 사랑이심이라"고 말하고 계속해서 "하나님의 사랑이 우리에게 이렇게 나타난 바 되었으니 하나님이 자기의 독생자를 세상에 보내심은 그로 말미암아 우리를 살리려 하심이라. 사랑은 여기 있으니 우리가 하나님을 사랑한 것이 아니요 하나님이 우리를 사랑하사 우리 죄를 속하기 위하여 화목 제물로 그 아들을 보내셨음이라"(요일 4:9-10)고 말한다. 마찬가지로, 그의 복음서에서 "하나님이 세상을 이처럼 사랑하사 독생자를 주셨으니 이는 그를 믿는 자마다⋯영생을 얻게 하려 하심이라"(요

3:16)고 말한다. 바울 역시 이렇게 쓴다. "우리가 아직 죄인 되었을 때에 그리스도께서 우리를 위하여 죽으심으로 하나님께서 우리에 대한 자기의 사랑을 확증하셨느니라"(롬 5:8). 또한 그는 하나님의 아들이 "나를 위하여 자기 몸을 버리신" 사실에서 그분이 "나를 사랑하신다"는 증거를 발견한다(갈 2:20).

6. **죄인들을 향한 하나님의 사랑은 그것이 그들로 하여금 언약 관계 속에서 하나님을 알고 즐기도록 해줌으로써 목적에 도달한다.** 언약 관계란 두 당사자가 서로 섬기고 의지하기로 영원히 서약하는 것이다(예를 들어, 결혼). 언약이란 언약 관계를 세워 준다(예를 들어, 결혼 서약). 성경적 종교는 하나님과 맺은 언약 관계의 형태를 지닌다. 그 관계의 조건이 처음으로 분명하게 나타난 때는, 하나님이 아브라함에게 자신을 '엘 샤다이'(전능하신 하나님, 모든 것이 충족하신 하나님)로 보이셨고, 그에게 "너와 네 후손의 하나님이 되리라"는 약속을 공식적으로 주신 때였다(창 17:1-7).

바울이 갈라디아서 3:15-29에서 주장하듯이, 그리스도인은 모두 그리스도 안에서 믿음을 통해 이 약속을 유업으로 받는다. 이것은 무슨 의미인가? 이는 사실상 그 안에 모든 것이 포함된 약속이다. 청교도인 시브스(Sibbes)는 이렇게 단언했다. "이것은 최초이자 근본적인 약속이다. 실로 그것은 모든 약속의 진수다"(*Works*, VI, p. 8). 또 다른 청교도인 브룩스(Brooks)는 그것을 다음과 같이 진술한다.

이는 마치 하나님이 "나의 모든 속성이 나 자신의 영광을 위해 나의 것인 것과 마찬가지로 너는 너의 유익을 위해 그것들에 관심을 가질지어다" 하고 말하는 것과 같다.…하나님은 이렇게 말씀하신다. "너를 용서하기 위해 나의 은혜는 너의 것이 될 것이며, 너를 보호하기 위해 나의 능력은 너의 것이 될 것이고, 너를 지도하기 위해 나의 지혜는 너의 것이 될 것이며, 너를 안도케 하기 위해 나의 선함은 너의 것이 될 것이고, 너에게 공급하기 위해 나의 자비는 너의 것이 될 것이고, 너를 높이기 위해 나의 영광은 너의 것이 될 것이다." 이것은 포괄적인 약속이다. 하나님이 우리 하나님이 되신다는 것이기 때문이다. 그것은 모든 것을 포함한다. "하나님은 나의 것이니, 모든 것이 나의 것이다"(*Deus meus et omnia*)라고 루터는 말했다(*Works*, Y, p. 308).

어떤 사람을 위해 우리가 할 수 있는 최선의 것을 하는 것이야말로 그 사람에 대한 참사랑이라고 틸롯슨(Tillotson)은 말했다. 이것이 바로 하나님이 사랑하는 사람들을 위해 행하시는 것 곧 하나님이 **하실 수 있는 최선의 것**이다. 그리고 하나님이 하실 수 있는 최선의 것을 행하는 수단은 전능함이다! 이처럼 그리스도에 대한 믿음은 우리를 지금 또한 영원토록 헤아릴 수 없는 복으로 가득 찬 관계에 들어가게 한다.

놀라운 사랑!

그리스도인인 내게, 하나님이 사랑이시라는 것은 사실인가? 그리고 하나님의 사랑은 지금까지 말한 모든 것을 의미하는가? 만일 그렇다면, 몇 가지 문제가 제기된다.

어째서 나는 하나님이 주신 상황 가운데서 투덜거리며 불만과 원망을 내비치는가?

어째서 나는 의심하고 두려워하고 침울해하는가?

어째서 나는 나를 그처럼 사랑하시는 하나님을 섬기는 데 냉랭하고 형식적이며 내키지 않아하는가?

도대체 왜 나는 충성심이 나누어져서 하나님이 내 마음 전체를 차지하지 못하시게 하는가?

요한은 "하나님이 이같이 우리를 사랑하셨은즉 우리도 서로 사랑하는 것이 마땅하도다"(요일 4:11)라는 윤리적인 사항을 말하기 위해 "하나님은 사랑이심이라"고 썼다. 나를 관찰하는 사람들은, 내가 다른 사람들, 아내, 남편, 가족, 이웃, 교회 사람들, 직장 사람들을 사랑하는 모습과 정도를 보면서 나에 대한 하나님의 위대한 사랑을 조금이라도 알 수 있는가?

이러한 질문들에 대해 묵상해 보고, 당신 자신을 검토해 보라.

13   하나님의 은혜

어느 교회에서나 흔히 기독교를 은혜의 종교라고 부른다. 은혜란, 어떤 비인격적 세력으로서 충전되는 전지와도 같이 성만찬이라는 것에 '플러그를 꽂음'으로써 받는 천상의 전기와 같은 것이 아니라, 하나님이 사람을 향해 사랑으로 역사하시는 인격적 활동이라고 기독교 학자들은 상투적으로 말한다.

여러 책이나 설교에서는, 은혜에 해당하는 신약의 헬라어 '카리스'(*charis*)가 사랑에 해당하는 단어인 '아가페'와 마찬가지로 전적으로 기독교적인 용법으로, 이전의 그리스-로마의 윤리와 신학에서는 전혀 알지 못하던 자발적이고도 스스로 결정한 친절이라는 개념을 표현한다는 점을 반복해서 지적한다. 또한 은혜가 **그리스도를 희생하여 이룩한 하나님의 부요함**(GRACE: God's Riches At Christ's Expense)이라는 것은 주일 학교의 주요 주제다. 하지만 이러한 사실에도 불구하고, 교회 안에서 실제로 은혜를 믿는 사람들은 그리 많지 않은 듯하다.

분명, 은혜라는 개념은 엄청나게 놀라운 것이어서 결코 그것을 이해할 수 없으리라고 생각한 사람들이 늘 있었다. 은혜는 계속해서 그런 사람들의 이야기와 기도의 주제가 되었다. 그들은 은혜에 대해 아주 훌륭한 찬송을 썼고, 은혜로 인해 깊은 감동을 받아 좋은 찬송을 만들었다. 그들은 저항의 대가로 필요하다면 조롱받고 특권을 상실하는 것까지 받아들이면서, 은혜를 위해 싸웠다. 바울이 유대주의자들과 싸운 것처럼, 아우구스티누스는 펠라기우스주의자들과 싸웠으며, 개혁주의자들은 스콜라주의자들과 싸웠고, 바울과 아우구스티누스 그리고 개혁주의자들의 영적 후예들은 그 이래로 계속해서 로마화 혹은 펠라기우스화된 교리들과 싸웠다. 바울과 같이 그들의 간증은 "내가 나 된 것은 하나님의 은혜로 된 것이니"(고전 15:10)이며, 그들의 생활 규칙은 "내가 하나님의 은혜를 폐하지 아니하노니"(갈 2:21)라는 것이다.

하지만 교회에 다니는 대부분의 사람은 이와 다르다. 그들은 은혜라는 개념을 입술로는 찬동하지만, 그것뿐이다. 은혜에 대한 그들의 개념은 변조되었다기보다는 아예 존재하지 않는다. 은혜에 대한 생각은 그들에게 아무런 의미도 없으며, 그들의 체험에 전혀 영향을 끼치지 못한다. 그런 사람들에게 교회의 난방 문제나 지난 해의 회계 보고서에 대해 이야기해 보라. 그러면 그들은 당신이 하는 말을 금방 알아들을 것이다. 하지만 그들에게 **은혜**라는 단어가 가리키는 실상에 대해 이야기해 보라. 그러면 그들은 경의를 표하기는 하나 멍한 태도를 보일 것이다. 그들은 당신이 허튼 말을 한다고 비난하지는 않는다. 당신의 말이 의미 있음을 의심하지는 않는다. 하지만 당신이 말하는 바가 무엇이건 간에, 그것은 그들이 미치지 못하는 곳에 있다고 생각하며, 그것 없이 살아 온 지가 오래되었으면 되었을수록 이제 그들의 삶의 단계에서는 정말로 그것이 필요하지 않다고 더욱 확신한다.

은혜를 깨닫지 못함

은혜를 믿는다고 고백하는 수많은 사람이 정말로 은혜를 믿지 못하도록 방해하는 것은 무엇인가? 왜 은혜라는 주제는, 그것에 대해 상당히 많은 말을 하는 사람에게조차 그처럼 별 의미가 없는 것인가? 문제의 근원은 사람과 하나님의 기본 관계에 대한 그릇된 생각―단지 머릿속이 아니라 마음속에 있는, 항상 당연하게 생각하기 때문에 전혀 문제 삼은 적이 없는 좀더 깊은 차원에 근거한 잘못된 생각―인 듯이 보인다. 은혜의 교리가 전제로 하는 이 영역에는 중요한 진리가 네 가지 있는데, 그것들을 마음속에서 인정하고 느끼지 않는다면 하나님의 은혜에 대한 분명한 믿음을 갖기란 불가능하다. 불행히도, 우리의 시대 정신은 그 진리들과는 완전히 반대된다. 그러므로 오늘날 은혜에 대한 믿음이 아주 드물다고 해도 놀라서는 안 된다. 그 네 가지 진리는 다음과 같다.

1. **인간의 도덕적 악덕**. 현대인들은 최근 들어 그들이 이룬 가공할 만한 과학적 진보를 의식한 나머지, 자신을 과신하는 경향이 있다. 그들은 어떤 경우든지 물질적 부를 도덕적 성품보다 중요한 것으로 간주하며, 도덕적 영역에서는 자신에게 아주 친절해서 약간의 미덕이 커다란 악덕을 보상하는 것으로 여기며, 도덕적인 면에서

자신이 상당히 잘못되었다는 점을 심각하게 생각하려 하지 않는다.

또 자신에게나 다른 사람에게 있는 나쁜 양심을 불건전한 심리학적 기형으로, 다시 말해 도덕적 실재를 나타내는 것이라고 보기보다는 질병과 정신 착란의 표시로 여겨 무시하는 경향이 있다. 현대인들은 모든 사소하고 가벼운 과오들, 음주, 도박, 무모한 운전, 성적 방종, 악의 있는 거짓말과 악의 없는 거짓말, 거래상의 사기 행위, 음란 서적 탐독 등에도 불구하고, 자신들이 내심으로는 철저하게 선한 사람이라고 확신한다. 그러고 나서는 이교도들이 하듯이 (또한 현대인의 마음은 이교적이다. 그것을 확실히 알기 바란다) 하나님을 자신의 모습을 확대한 그러한 분으로 상상하고는, 하나님 역시 그들처럼 자기 모습에 만족하는 분이라고 추정한다. 자신은 하나님의 형상으로부터 타락한 피조물이며 하나님의 통치에 반역한 자로서, 하나님 보시기에 죄 있고 부정하며 하나님의 정죄를 받기에 합당할 뿐이라는 생각은 그들의 머릿속에서 결코 떠오르지 않는다.

2. **하나님의 응보적 정의**. 현대인들은 할 수만 있다면 잘못을 보고도 못 본 체하려 한다. 다른 사람의 잘못을 보았을 때도 자신이 같은 환경에 있었더라면 동일하게 그런 일을 저지를 수 있었을 것이라고 생각하여 묵인해 준다. 부모는 자녀를 바로잡는 일을 주저하고, 교사는 학생을 처벌하는 일을 주저하며, 대중은 온갖 종류의 만행과 반사회적 행동을 불평 한마디 없이 참는다. 악은 무시할 수 있는 한 무시해야 한다는 것이 널리 공인된 금언인 듯하다. 우리는 오직 최후의 수단으로서 처벌을 해야 하며, 그것도 그 악이 극악한 사회적 결과를 낳는 것을 막는 한도 내에서만 그렇게 해야 한다. 어

떤 이들은 악을 기꺼이 묵인하고 한계에 이를 때까지 제멋대로 놓아두는 것을 미덕으로 여기는가 하면, 옳고 그른 것에 대한 고정된 원리에 따라 사는 것을 뭔가 미심쩍은 도덕이라 여겨 비난한다.

우리는 이교적인 사고방식으로 인해, 하나님도 당연히 우리처럼 느끼실 것이라고 생각한다. 응보가 하나님의 세계의 도덕법이며 하나님의 거룩하신 성품의 표현일지 모른다는 생각은 상당히 터무니없는 것처럼 보인다. 이런 생각을 지지하는 사람들은 그들 자신의 분노와 복수심이라는 병리적 충동을 하나님께 투사한다는 비난을 듣게 된다. 하지만 성경은 처음부터 끝까지 선하신 하나님이 만드신 이 세상은 도덕적인 세상으로, 그 안에서 응보는 숨쉬는 것만큼이나 기본적인 사실이라고 주장한다.

하나님은 온 세상의 심판자시며, 무죄한 자들—만일 그런 자들이 있다면—은 옳다고 입증하시지만, 행악자들은 벌 주심으로(성경의 문구로 하면, '그들의 죄를 벌함'으로) 의를 행하실 것이다(창 18:25을 보라). 하나님이 죄를 벌하시지 않는다면 이는 그분의 본분에 어긋나는 것이다. 그리고 어떤 사람이 이 사실, 곧 행악자들에게 소망이란 없으며 하나님께 응보적 심판을 받을 수밖에 없음을 알고 느끼지 않는다면, 그는 결코 하나님의 은혜를 믿을 수 없다.

3. 인간의 영적 무력함. 데일 카네기(Dale Carnegie)의 「친구를 얻고 사람들에게 영향을 끼치는 법」(*How to Win Friends and Influence People*)은 거의 현대인의 성경이 되다시피 했다. 최근 들어 사업 관계의 모든 기술에서는 상대방이 점잖게 거절할 수 없도록 몰아붙이는 원리가 근간을 이루었다. 이것은 현대인들에게 이방 종교가 생긴 이래로 그 이방 종교를 고무해 온 믿음—즉, 하나님이

더 이상 거절할 수 없도록 몰아붙임으로써 하나님과 우리 자신의 관계를 회복할 수 있다는 믿음—을 확증했다.

고대의 이교도들은 선물과 희생 제사를 더함으로써 이렇게 한다고 생각했으며, 현대의 이교도들은 교회에 출석하는 것과 도덕에 의해 그렇게 하려고 한다. 그들은 자신들이 완전하지 않음을 인정하면서도 자신들이 과거에 무엇을 했든지 이제부터 훌륭한 생활을 하면 나중에 가서는 하나님이 그들을 받아들이시리라는 사실을 의심하지 않는다. 하지만 성경의 입장은 토플레디(Toplady)가 진술한 대로다.

내가 공을 세우나
은혜 갚지 못하네.
쉬임 없이 힘쓰고
눈물 근심 많으나
구속 못 할 죄인을.

이는 자신의 무력감을 인정하고 다음과 같은 결론에 이르도록 이끌어 준다.

예수 홀로 속하네.

바울은 "율법의 행위로 그의 앞에 의롭다 하심을 얻을 육체가 없나니"(롬 3:20)라고 단언한다. 한번 하나님의 은총을 잃어버린 후에 그것을 되찾음으로 하나님과 우리의 관계를 개선하는 일은 어느 누구의 힘으로도 할 수 없다. 그리고 하나님의 은혜에 대한 성경적 믿음을 가지려면 우리는 이 사실을 알고 이 앞에 고개 숙여야 한다.

4. 하나님의 주권적 자유. 고대 이교도들은 각각의 신이 사리사욕이라는 족쇄로 숭배자들에게 얽매여 있다고 생각했다. 그 신은 그들의 봉사와 선물에 의지해 복지를 누리고 있었기 때문이다. 현대의 이교도들 역시 내심 하나님은 어떻게든 우리를 사랑하고 도와야 할 의무가 있다는—우리는 그것을 받을 자격이 거의 없기는 하지만—유사한 생각을 가지고 있다. 이것은 다음과 같이 중얼거리면서 죽었던 프랑스의 자유 사상가가 표현한 감정이었다. "하나님은 용서하실 것이다. 그것이 그분의 **일**이다." 하지만 이러한 감정은 충분한 근거를 갖고 있지 못하다. 성경의 하나님은 번영을 누리기 위해 인간 피조물에 의지하지 않으신다(시 50:8-13; 행 17:25을 보라). 또한 우리가 죄를 지은 지금 하나님이 우리에게 은총을 보이셔야만 하는 것도 아니다.

우리는 다만 하나님의 정의만을 요구할 수 있을 뿐이다. 그리고 우리에게 정의란 확실한 정죄를 의미한다. 하나님은 어떤 사람에게건 정의가 시행되는 것을 중단시켜야 할 의무를 갖고 있지 않으시다. 하나님은 불쌍히 여기고 용서해야만 하는 의무를 갖고 계신 분이 아니다. 하나님이 그렇게 하신다면 우리가 말했듯이 그것은 단지 '하나님 자신의 자유 의지로' 행하신 행동이며, 어느 누구도 하나님께 강요할 수 없다. "그것은 사람의 의지나 노력에 달려 있는 것이 아니라, 하나님의 자비에 달려 있습니다"(롬 9:16, NEB). 은혜는 자유로운 것이다. 스스로 시작되며, 은혜를 베풀지 않을 수도 있었던 분에게서 자유롭게 나온다는 의미에서 그러하다. 각 개인의 운명은 하나님이 그를 죄에서 구하시기로 결심하느냐 마느냐에 따라 결정된다는 것과, 하나님은 어떤 경우에도 죄인을 구하기로 결정하셔야만 하는 것은 아니라는 사실을 깨달을 때만 우리는 성경적인 은혜관을 이해할 수 있다.

무자격자가 받은 은혜

하나님의 은혜는 죄인들의 행위와는 반대로, 실로 그들의 죄과를 무시하고 그들에게 값없이 보이시는 사랑이다. 그것은 가혹한 대접을 받기에 합당하고 가혹함 외에는 그 무엇도 기대할 수 없는 사람들에게 하나님이 선하심을 보이는 것이다. 우리는 은혜에 대한 생각이 왜 교회에 다니는 사람들에게 그렇게 별 의미를 지니지 못하는지를 살펴본 바 있다. 그것은 그들이 하나님에 대한 믿음과 그것이 전제하는 바 인간에 대한 믿음을 가지고 있지 않기 때문이다. 이제 우리는 왜 이 은혜가 어떤 사람에게는 그처럼 큰 의미가 있는가를 질문해 보아야 한다. 대답을 구하는 것은 그리 어렵지 않다. 그것은 앞에서 이미 말한 것에서 분명히 알 수 있다. 일단 어떤 사람이, 앞에서 묘사한 것과 같은 상태에 있으며 그와 같은 필요를 지니고 있음을 확신하면, 신약의 은혜의 복음은 경이로움과 강한 기쁨의 충동을 느끼게 하지 않을 수 없다. 왜냐하면 그것은 우리의 심판자이신 하나님이 어떻게 우리의 구세주가 되시는지를 말해 주기 때문이다.

은혜와 **구원**은 원인과 결과로서 한데 결합되어 있다. "너희는 은혜로 구원을 받은 것이라"(엡 2:5, 8). "모든 사람에게 구원을 주시는 하나님의 은혜가 나타나"(딛 2:11). 복음은 "하나님이 세상을 이처럼 사랑하사 독생자를 주셨으니 이는 그를 믿는 자마다 멸망하지 않고 영생을 얻게 하려 하심"(요 3:16)에 대해, "우리가 아직 죄인 되었을 때에 그리스도께서 우리를 위하여 죽으심으로 하나님께서 우리에 대한 자기의 사랑을 확증하셨는지"(롬 5:8)에 대해, 예언서에 따라 어떻게 "샘이 열려"(슥 13:1) 죄와 더러운 것들을 씻었는지에 대해 그리고 살아 계신 그리스도께서 지금 복음을 듣는 모든 사람에게 "…다 내게로 오라. 내가 너희를 쉬게 하리라"(마 11:28)고 외치신 것에 대해 선포한다. 아이작 왓츠(Isaac Watts)가 그의 가장 칭송받는 노래는 아닐지라도 가장 복음적인 노래에서 말하듯이, 우리는 본래 완전히 잃어버려진 상태에 있었다.

장엄한 은혜의 목소리가
　하나님의 거룩하신 말씀에서 들리도다.
오! 너 가련하게 사로잡힌 죄인이여, 오라.
　그리고 주님을 신뢰하라.

내 영혼은 그 주권적인 부르심에 순종하며
　이 구원으로 달려갑니다.
주여, 당신의 약속을 믿겠나이다.
　오, 나의 믿음 없음을 도우소서.

당신의 피의 복된 샘으로
　성육신하신 하나님, 내가 급히 달려갑니다.
내 영혼을 주홍빛 더러움에서,
　그리고 저 깊이 물든 죄에서 씻기 위해.

죄 있고, 연약하며, 무력한 벌레 같은 나는
　당신의 손에 쓰러집니다.
　당신은 주님이시요, 나의 의,
　나의 구세주이시며, 나의 모든 것이니이다.

왓츠의 말을 진지하게 고백할 수 있다면 그는 지치지 않고 계속해서 은혜의 찬양을 부를 수 있을 것이다.

신약은 하나님의 은혜를 세 가지 특정한 맥락에서 설명한다. 그 각각의 맥락은 그리스도인들에게 영속적인 경이로움을 느끼게 한다.

1. 죄사함의 근원으로서의 은혜. 복음은 죄 용서와 그에 따르는 우리 인격의 용납 곧 칭의를 중심으로 한다. 칭의는 유죄 판결을 받고 무시무시한 선고를 기다리는 죄수의 상태에서, 엄청난 유업을 기다리는 상속자의 상태로 극적으로 변화되는 것이다.

칭의는 믿음으로 말미암는다. 칭의는 각 사람이 주 예수 그리스도를 구세주로 신뢰하는 그 순간에 일어난다. 칭의는 우리에게는 값없이 주어지지만, 하나님은 그것을 위해 큰 대가를 치르셨다. 그 값은 하나님의 아들의 구속적 죽음이었기 때문이다. 왜 하나님은 "자기 아들을 아끼지 아니하시고 우리 모든 사람을 위하여 내어주셨을까?"(롬 8:32) 하나님의 은혜 때문이다. 속죄를 가능하게 한 것은 구원하시고자 하는 하나님의 자유로운 결정이었다. 바울은 이를 분명히 말한다. 그는 우리가 그리스도 예수 안에 있는 구속으로 말미암아 하나님의 은혜로(하나님의 자비로운 결정의 결과로서) "값없이(아무것도 지불할 것 없이) 의롭다 하심을 얻은 자 되었느니라. 이 예수를 하나님이 그의 피로써 믿음으로 말미암는(그것에 의해 각 개개인에게 효과를 미치도록 하는) 화목 제물(죄를 속함으로써 신적 진노를 막는 분)로 세우셨으니"(롬 3:24-25; 비교. 딛 3:7)라고 말한다.

다시 한 번 바울은 우리가 그리스도 안에서 "그의 은혜의 풍성함을 따라 그의 피로 말미암아 속량 곧 죄사함을 받았다"(엡 1:7)고 말한다. 은혜 이전의 상황과 세상에 은혜가 나타난 이후의 지금 상황을 비교하면서, 이 모든 것을 묵상하는 그리스도인의 마음의 반응은 프린스턴 신학교의 학장이었던 사무엘 데이비스(Samuel Davies)의 다음 글에 가장 잘 표현되어 있다.

> 위대하신 경이의 하나님이시여!
> 　당신의 모든 길은 신적 속성들을 드러냅니다.
> 죄를 용서하시는 은혜의 무수한 행위는
> 　당신의 다른 경이들을 초월하여 빛납니다.
> 당신과 같은 용서의 하나님 그 누구겠습니까?
> 　그처럼 풍요롭고 값없는 은혜를 지닌 분 누구겠습니까?
>
> 놀라 어찌할 바를 모르며, 떨리는 기쁨으로
> 　우리는 우리 하나님의 용서를 받아들입니다.
> 가장 깊이 물든 범죄에 대한 용서,
> 　예수님의 피로 사신 용서를 받아들입니다.
> 당신과 같은 용서의 하나님 그 누구겠습니까?
> 　그처럼 풍요롭고 값없는 은혜를 지닌 분 누구겠습니까?

오, 이 기이하고 비길 데 없는 은혜,
  이 존엄한 사랑의 기적이
감사의 찬양과 함께 넓은 이 땅을 채우소서.
  지금 천상의 합창으로 울리듯이.
누가 당신과 같은 용서의 하나님이겠습니까?
  그처럼 풍요롭고 값없는 은혜를 지닌 분 누구겠습니까?

2. 구원 계획의 동기로서의 은혜. 죄사함은 복음의 핵심이다. 하지만 그것이 은혜의 교리 전체는 아니다. 왜냐하면 신약은 하나님이 주시는 죄사함의 선물을, 창세 전의 택하심으로 시작된 교회가 영광 가운데 온전해질 때에야 완성될 구원 계획이라는 맥락 안에 놓고 있기 때문이다.

바울은 여러 곳에서 이 계획을 간략하게 언급한다(예를 들어, 롬 8:29-30; 살후 2:12-13을 보라). 하지만 이 구원 계획에 대한 바울의 가장 충분한 설명은 에베소서 1:3에서 2:10에 이르는 긴 단락(이 부분은 작은 단락으로 세분되어 있음에도 불구하고, 사고의 흐름상 본질적으로 한 단락을 이룬다)에 나와 있다. 종종 그렇듯이 바울은 먼저 요약 진술을 하고, 그 단락의 나머지 부분에서 그것을 분석하고 설명한다. 그 내용은 "하나님…께서 그리스도 안에서 하늘(영적 실재의 영역)에 속한 모든 신령한 복을 우리에게 주시되"(3절)이다.

이에 대한 분석은, 그리스도 안에서의 영원한 선택과 예정으로 시작해서(4-5절), 그리스도 안에 있는 구속과 죄사함으로 진행되며(7절), 그리스도 안에 있는 영화의 소망(11-12절)과 우리를 영원히 하나님의 소유로 인치시는 그리스도 안에 있는 성령의 선물(13-14절)로까지 이어진다.

거기서, 바울은 하나님이 그리스도 안에서 죄인들을 중생케 하시는 능력의 행위에 주의를 집중시키는데(1:19; 2:7), 이로 인해 그들이 믿음을 갖게 되는 것이다(2:8). 바울은 이 모든 항목을 위대한 구원의 목적을 위한 요소들로 묘사한다(1:5, 9, 11). 그는 은혜(긍휼, 사랑, 자비, 2:4, 7)가 그 동기를 부여하는 힘이라는 것(2:4-8을 보라)과 "그의 은혜의 풍성함"이 그것을 시행하는 과정 처음부터 끝까지 나타난다는 것(1:7; 2:7) 그리고 그것의 궁극적 목표는 은혜를 찬송하는 것임(1:6; 비교. 1:12, 14; 2:7)을 말한다. 그러므로 신자들은 우리의 회심이 우연한 일이 아니라, 구원이라는 값없는 선물로 우리를 축복하시기 위한, 영원한 계획 속에 자리한 하나님의 행동이었음을 알고 기뻐할 수 있다(2:8-10). 하나님은 자신의 계획을 완성하겠다고 약속하시고 결심하신다. 그리고 그것은 주권적 권능에 의해 시행되기 때문에(1:19-20), 어떤 것도 그것을 방해할 수 없다. 아이작 왓츠가 너무나 놀랍고 정확한 말로 다음과 같이 부르짖은 것도 무리는 아니다.

한없이 크신 능력을
   나 찬송합니다.
참되고 미쁜 그 언약
   나 찬송합니다.
영원한 놋쇠에 새겨진
   그 굳센 약속은 빛나니

어둠의 권세까지도
　그 힘을 잃으리.

온 천지 창조하시던
　그 말씀 힘 있어
영원히 변치 않는 줄
　나 믿사옵니다.

실로 별들은 떨어질 수 있지만, 하나님의 약속은 지속되고 이루어질 것이다. 구원의 계획은 승리의 완성에 이를 것이다. 그래서 은혜는 주권적인 것으로 나타날 것이다.

3. 성도의 견인을 보장해 주는 것으로서의 은혜. 구원 계획이 틀림없이 완성되는 것이라면, 그리스도인의 미래는 보장된 것이다. 나는 "구원을 얻기 위하여 믿음으로 말미암아 하나님의 능력으로 보호하심을 받으며"(벧전 1:5) 또 받을 것이다. 내 믿음이 실패할지도 모른다는 두려움으로 스스로 괴로워할 필요가 없다. 은혜가 먼저 나를 믿음으로 이끌었던 것처럼 은혜는 끝까지 내 믿음을 지켜 줄 것이다. 믿음은 은혜에 의해 시작되고 은혜에 의해 지속되는 은혜의 선물이다(빌 1:29을 보라). 그러므로 그리스도인들은 다드리지(Doddridge)와 같이 이렇게 말할 수 있다.

은혜가 먼저, 하나님의 영원한 책에
　내 이름을 새겼다네.
내 모든 슬픔을 취해 가신

어린양에게 나를 내어 드린 것도 바로 그 은혜라네.

내 영혼에게 기도를 가르쳤으며,
　용서의 사랑을 알게 했고,
오늘까지 나를 지켜 준 것
　그리고 나를 놓지 않을 것은, 바로 그 은혜라네.

적절한 반응

우리는 '값없이 받은 은혜에 대한 찬송들'(애석하게도, 대부분의 20세기 표준 찬송가에는 이러한 찬송이 별로 많이 나와 있지 않다)의 풍성한 유산에 마음껏 다가가는 것에 대해 변명할 필요가 없다. 그것들은 산문이 여지껏 할 수 있었던 것보다 더 통찰력 있게 우리의 요점을 말해 주기 때문이다. 또한 우리는 결론으로서 하나님의 은혜에 대한 지식이 우리에게서 어떤 반응을 이끌어내야만 하는지를 잠시 살펴보기 위해 그런 찬송을 더 인용하는 것에 대해 변명하지 않을 것이다.

흔히 신약에서 교리는 은혜이고, 윤리는 감사라고 말해 왔다. 그렇다면 이러한 말이 실험적으로나 실제적으로 검증되지 않는 기독교는 어떤 형태건 무언가 잘못된 것이다. 하나님의 은혜의 교리가 도덕적 방종을 조장한다고 생각하는("우리가 어떻게 하건 최종적 구원은 확실한 거야. 그러니까 우리가 어떻게 행동하든 상관없어") 사람들은 가장 문자적인 의미에서 자신들이 무슨 말을 하는지 모른다는 것을 나타낼 뿐이다.

왜냐하면 사랑은 그 보답으로 사랑을 불러일으키고 일단 사랑이 생기면, 그 사랑은 기쁨을 주기를 원하기 때문이다. 그리고 계시된 하나님의 뜻은, 은혜를 받은 사람은 이후로는 "선한 일"(엡 2:10; 딛 2:11-12)에 몰두해야 함을 가르쳐 준다. 참으로 은혜를 받은 사람이라면 누구나 감사에 넘쳐 하나님이 요구하시는 대로 행하며, 날마다 다음과 같이 부르짖을 것이다.

> 오! 얼마나 많이 은혜에 빚진 자인지.
>   날마다 나는
> 그 은혜가 이제 족쇄와도 같이
>   나의 방황하는 마음을 당신께로 묶어 두기를 원합니다.
> 주여, 나는 방황하기 쉬우며
>   사랑하는 하나님을 떠나기 쉽습니다.
> 내 마음을 받으소서. 오, 내 마음을 받으사 인치소서.
>   위에 있는 당신께 충성하도록 인치소서!

당신은 자신의 삶에서 하나님의 사랑과 은혜를 안다고 주장하는가? 그렇다면 이와 같이 기도하고 행함으로 당신의 주장을 입증하라.

14 심판자 하나님

당신은 하나님의 심판을 믿는가? 이 말은 우리의 심판자 역할을 하시는 하나님을 믿느냐는 뜻이다.

많은 사람이 그렇게 믿지 않는 것 같다. 그 사람들에게 하나님을 아버지요 친구요 돕는 자시며, 우리의 모든 연약함과 어리석음과 죄에도 불구하고 우리를 사랑하시는 분이라고 말하면 그들의 얼굴은 밝아진다. 당신은 즉시 그들과 의기투합하게 된다. 하지만 하나님을 심판자라고 말해 보라. 그들은 눈살을 찌푸리고 고개를 흔든다. 그 같은 생각을 하면 그들의 마음은 움찔한다. 그들은 그런 개념을 불쾌하고 무가치한 것이라 생각한다.

하지만 성경에서 하나님이 심판자로 활동하신다는 사실보다 더 강조되는 점은 별로 없다. **심판자**라는 말은 자주 하나님에게 적용된다. 아브라함은 하나님이 죄로 가득 찬 소돔 성을 멸하시려 할 때 그 성을 위해 중재하면서, **"세상을 심판하시는 이가** 정의를 행하실 것이 아니니이까?"(창 18:25)라고 부르짖었다. 입다는 침입자 암몬 족속에게 보내는 최후 통첩을 마무리하면서, "내가 네게 죄를 짓지 아니하였거늘 네가 나를 쳐서 내게 악을 행하고자 하는도다. 원하건대 **심판하시는 여호와**께서 오늘 이스라엘 자손과 암몬 자손의 사이에 판결하시옵소서"(삿 11:27)라고 단언했다. 시편 기자는 "오직 **재판장**이신 하나님"(시 75:7), "하나님이여 일어나사 **세상을 심판하소서**"(82:8)라고 선언했다. 신약 성경에서 히브리서 기자는 **"만민의 심판자**이신 하나님"(히 12:23)에 대해 말한다.

이는 단순히 말로만 나와 있는 것이 아니다. 하나님의 심판은 실재하며 그 실재성은 성경 역사 곳곳에 진술되어 있다.

하나님은 아담과 하와를 에덴 동산에서 쫓아내시고 그들이 지상에서 살아갈 삶을 저주하심으로써 그들을 심판하셨다(창 3장). 하나님은 홍수를 보내 인류를 멸하심으로 노아 시대의 타락한 세상을 심판하셨다(창 6-8장). 하나님은 소돔과 고모라를 화산 작용에 의한 대이변으로 삼켜 버리심으로 그들을 심판하셨다(창 18-19장). 하나님은 미리 말씀하신 대로(창 15:14을 보라) 열 가지 재앙을 내리심으로 이스라엘의 애굽인 술사들을 심판하셨다(출 7-12장).

하나님은 레위인들을 사형 집행인으로 삼으셔서 금송아지를 경배한 사람들을 심판하셨다(출 32:26-35). 하나님은 나답과 아비후가 다른 불을 드린 것에 대해 그들을 심판하셨다(레 10:1-3). 이는 나중에 하나님이 고라와 나단과 아비람을 땅의 진동으로 삼킴으로써 심판하신 것과 마찬가지다. 하나님은 하나님을 모독하는 도둑질을 한 아간을 심판하셔서 그와 가족과 모든 소유물을 전멸하셨다

(수 7장). 하나님은 이스라엘을 열방의 지배 아래 놓이게 하심으로, 가나안에 들어간 이후 그들이 하나님께 충성하지 못한 것을 심판하셨다(삿 2:11-15; 3:5-8; 4:1-3). 또한 이스라엘이 약속의 땅으로 들어가기 전에, 불신앙에 대한 궁극적 징벌은 국외 추방이 될 것이라고 위협하셨다. 그리고 결국 선지자들의 반복된 경고 후에 이러한 위협을 실행하심으로 그들을 심판하셨다. 그리하여 북왕국(이스라엘)은 앗수르의 포로가 되었고, 남왕국(유다)은 바벨론의 포로가 되었다(왕하 17장; 22:15-17; 23:26-27). 바벨론에서 하나님은 불경함으로 인해 느부갓네살과 벨사살을 심판하셨다. 느부갓네살은 자신의 삶을 바로잡을 시간을 부여받았고(단 4:5, 27, 34), 벨사살은 그렇지 못했다(단 5:5-6, 23-28, 30).

하나님의 심판 기사는 구약 성경에만 국한된 것이 아니다. 신약 성경에서도 그리스도를 거부한 유대인들에게(마 21:43-44; 살전 2:14-16), 하나님을 속인 아나니아와 삽비라에게(행 5:1-10), 교만한 헤롯에게(행 12:21-23), 복음을 반대한 엘루마에게(행 13:8-11) 그리고 고린도의 그리스도인들—그들은 특히 성만찬과 관련된 불경으로 인해 질병을 앓았다(어떤 경우에는 목숨을 잃기도 했다; 고전 11:29-32)—에게 심판이 임한 것을 볼 수 있다. 그리고 이것은 성경에 나와 있는 하나님의 심판에 대한 수많은 기사 중 몇 개만을 뽑아 본 것이다.

성경 역사에서 성경의 가르침—율법, 선지서, 지혜서, 그리스도와 사도들의 말씀—으로 눈을 돌려 보아도, 그 모든 것을 장악하고 있는 하나님의 심판 행위라는 개념을 발견하게 된다. 모세 법령은, 공의로운 재판관이시며 자기 백성이 율법을 어기면 직접 섭리적인 행동을 함으로써 주저없이 벌을 가하시는 그런 하나님에게서 나온 것이다. 선지자들은 이 심판이라는 주제에 역점을 두는데, 사실상 그들의 가르침의 많은 부분은 율법에 대한 해설과 적용 그리고 무법한 자들과 회개하지 않는 자들에 대한 심판의 위협으로 구성되어 있다. 그들은 메시아와 그의 나라에 대해 예언하는 것보다 심판에 대해 설교하는 데 훨씬 많은 지면을 할애한다! 지혜서에도 똑같은 관점이 나타난다. 즉 욥기와 전도서와 잠언의 모든 실제적인 격언에서, 인생의 문제에 대한 모든 논의의 기초가 되는 기본적이고도 확실한 사실은 이것이다. "하나님이 …너를 심판하실" 것이며 "하나님은 모든 행위와 모든 은밀한 일을 선악간에 심판하시리라"(전 11:9; 12:14).

실제로 성경을 읽지 않는 사람들은 구약에서 신약으로 넘어가면 하나님의 심판이라는 주제가 희미해진다고 자신만만하게 이야기한다. 하지만 신약 성경을 아주 대충이라도 검토해 보면, 구약 성경이 강조하는 심판자로서의 하나님의 행동이란 주제가 약화되기는커녕 한층 강화되고 있음을 즉시 발견할 것이다.

신약 성경 전체는 다가오는 우주적 심판의 날이 확실하다는 사실과 그로 인해 야기되는 문제로 뒤덮여 있다. 어떻게 하면 죄인들이 아직 시간이 있는 동안 하나님과 바른 관계를 맺을 수 있을까? 신약 성경은 '심판의 날', '진노의 날', '다가오는 진노'를 예상하며, 하나님이 보내신 구세주 예수님을 하나님이 정하신 심판자라고 선포한다.

문 밖에 서 계시며(약 5:9), "산 자와 죽은 자를 심판하기로 예비하시고"(벧전 4:5), 바울에게 면류관을 주실 "의로우신 재판장"(딤후 4:8)은 주 예수 그리스도시다. 예수님은 "하나님이 살아 있는 자와 죽은 자의 재판장으로 정하신 자"다(행 10:42). 바울은 아덴 사람들에게 하나님은 "정하신 사람으로 하여금 천하를 공의로 심판할 날을 작정하셨다"고 말했으며(행 17:31), 또 로마 사람들에게 "나의 복음에 이른 바와 같이 하나님이 예수 그리스도로 말미암아 사람들의 은밀한 것을 심판하실" 것이라고 썼다(롬 2:16).

예수님도 똑같이 말씀하신다. "아버지께서…심판을 다 아들에게 맡기셨으니…또…심판하는 권한을 주셨느니라.…무덤 속에 있는 자가 다 그의 음성을 들을 때가 오나니 선한 일을 행한 자는 생명의 부활로 악한 일을 행한 자는 심판의 부활로 나오리라"(NEB에서는 "나와서 자신들의 운명을 들으리라"고 되어 있다; 요 5:22, 27-29). 세상의 구세주이신 신약의 예수님은 또한 세상의 심판자시다.

심판자 하나님의 특징

그러나 이것은 무엇을 의미하는가? 성부 하나님 혹은 예수님이 심판자라는 개념에는 무엇이 내포되어 있는가? 여기에는 적어도 네 가지 개념이 포함되어 있다.

1. 심판자 하나님은 권위를 가진 분이다. 성경의 세계에서 왕은 최고의 통치권을 가졌기 때문에 언제나 최고 심판자였다. 성경에 따르면, 바로 이에 근거해서 하나님은 자신이 만드신 세상의 심판자시다. 하나님은 우리의 조물주로서 우리를 소유하시며, 또한 우리를 마음대로 처리할 권리를 갖고 계시다. 그러므로 하나님은 우리를 위해 율법을 만드시고, 우리가 그 율법을 지키느냐 지키지 않느냐에 따라 우리에게 보상할 권리를 가지신다. 대부분의 현대 국가

는 입법부와 사법부가 분리되어 있어서 재판관은 자신이 집행하는 법을 만들지 않는다. 하지만 고대 세계에서는 그렇지 않았고 하나님도 마찬가지다. 그분은 율법 수여자이자 심판자시다.

2. 심판자 하나님은 선하고 의로운 것과 일치하는 분이다. 재판관은 냉정하고 감정에 치우치지 않아야 한다는 현대적 개념은 성경에는 존재하지 않는다. 성경에 나오는 재판관은 정의와 공명정대한 행동을 사랑하고, 다른 사람을 학대하는 모든 행위를 당연히 혐오한다. 의가 악을 이기고 승리하는 것에 무관심한 불의한 재판관은, 성경의 기준에 따르면 극악무도한 인물이다. 성경은 하나님이 의를 사랑하시고 불의를 미워하신다는 것과, 선하고 의로운 것에 전적으로 일치하는 재판관의 이상이 하나님 안에서 완전히 성취되었음을 매우 분명하게 밝힌다.

3. 심판자 하나님은 진실을 분별하는 지혜를 지닌 분이다. 성경에서 재판관의 첫째 임무는 자기 앞에 있는 소송 사건과 관련된 사실을 알아보는 것이다. 배심원도 없이 혼자서 질문을 하고 반대 심문을 하고, 거짓말을 탐지해 내고, 얼버무리는 것을 간파해 사건의 진상이 정말로 어떻게 되는지를 확증하는 것은 오직 재판관의 책임이다. 성경은 심판하시는 하나님을 묘사할 때, 마음을 감찰하시는 분이자 사실을 발견하시는 분인 하나님의 전지하심과 지혜를 강조한다. 아무것도 하나님을 피할 수 없다. 인간을 속일 수는 있지만 하나님을 속일 수는 없다. 하나님은 우리를 있는 그대로 아시며, 우리를 있는 그대로 심판하신다.

아브라함이 마므레의 상수리 수풀에서 인간의 형태로 나타나신 여호와를 만났을 때, 하나님은 소돔의 도덕적 상황에 대한 진상을 확증하기 위해 그 곳에 가는 길이라고 알려 주셨다. "여호와께서 또 이르시되 소돔과 고모라에 대한 부르짖음이 크고 그 죄악이 심히 무거우니 내가 이제 내려가서 그 모든 행한 것이 과연 내게 들린 부르짖음과 같은지 그렇지 않은지 내가 보고 알려 하노라(그렇지 않으면 내가 알리라)"(창 18:20-21 ; 마지막 괄호 안의 글은 개역 개정 성경에는 번역되지 않았다—역주). 항상 그렇다. **하나님이 아실 것이다.** 하나님의 심판은 도덕적 진리뿐 아니라 사실적 진실에 따라 이루어진다. 하나님은 공개적으로 드러나는 사람들의 외관뿐 아니라 '인간의 은밀한 것'을 심판하신다. 바울이 "우리가 다 반드시 그리스도의 심판대 앞에 나타나게 된다"고 말한 것은 괜한 말이 아니다(고후 5:10).

4. 심판자 하나님은 판결을 시행할 수 있는 권세를 가진 분이다. 현대의 재판관은 판결을 내리는 일만 하고 사법부의 다른 부서에서 그 판결을 수행한다. 고대 세계도 마찬가지였다. 하지만 하나님은 그분 자신이 집행자시다. 하나님은 법을 만들고 판결을 내리실 뿐만 아니라 처벌도 하신다. 모든 사법적 기능이 하나님 안에서 연합되어 있다.

응보

지금까지 말한 것으로 보아, 심판자이신 하나님의 행위에 대한 성경의 선포는 하나님의 성품의 일부에 대한 성경의 증언이라는 것이 분명해진다. 그것은 다른 곳에서 하나님의 도덕적 완전성, 의와 정의, 지혜, 전지함과 전능함 등에 대해 말했던 것을 확증해 준다. 또한 하나님의 성품을 표현해 주는 정의의 핵심은 **응보**, 곧 사람들에게 그들이 받아 마땅한 것을 주는 것임을 보여 준다. 이것이 바로 심판자의 과업의 본질이기 때문이다. 선에는 선으로, 악에는 악으로 보답하는 것이 하나님에게는 당연하다.

그러므로 신약 성경은 최후의 심판을 언제나 응보라는 관점에서 말한다. 신약 성경은 하나님이 모든 사람을 그들의 행위를 따라 심판하실 것이라고 말한다(마 16:27; 계 20:12-13). 바울은 그것을 부연 설명한다. "하나님께서 각 사람에게 그 행한 대로 보응하시되 참고 선을 행하여 영광과 존귀와 썩지 아니함을 구하는 자에게는 영생으로 하시고 오직 당을 지어 진리를 따르지 아니하고 불의를 따르는 자에게는 진노와 분노로 하시리라. 악을 행하는 각 사람의 영에는 환난과 곤고가 있으리니…선을 행하는 각 사람에게는 영광과 존귀와 평강이 있으리니…이는 하나님께서 외모로 사람을 취하지 아니하심이라"(롬 2:6-11). 응보의 원리는 철두철미하게 적용된다. 비그리스도인들뿐 아니라 그리스도인들 역시 그들의 행위에 따라 받을 것이다. "이는 우리가 다 반드시 그리스도의 심판대 앞에 나타나게 되어 각각 선악간에 그 몸으로 행한 것을 따라 받으려 함이라"(고후 5:10)는 바울의 말에는 분명 그리스도인들도 포함된다.

그러므로 응보는 하나님의 성품의 자연스럽고도 예정된 표현인 듯이 보인다. 하나님은 각 사람에게 그의 행한 대로 보응하는, 각 사람의 심판관이 되기로 결심하셨다. 응보는 창조의 불가피한 도덕법이다. 하나님은 각 사람이 조만간에 마땅히 받을 것을 받는 것을 보시게 될 것이다. 이생에서 받지 않는다면, 내세에서 받을 것이다. 이것은 인생의 기본 사실 중 하나다. 그리고 우리는 모두 하나님의 형상으로 지음받았으므로, 마음속으로 이것이 **옳음**을 안다. 마땅히 그렇게 되어야 한다.

종종 우리는 악당이 (그의 경우에는 별로 정당한 근거가 없이) 말하듯이, "정의가 땅에 떨어졌어"라고 말한다. 아무런 악의도 없는 사람이 고통을 당하고, 사악한 자들이 "사람들이 당하는 고난 없이" 번영하며 평안을 누리는 것을 본 시편 기자가 느꼈던 문제(시 73편)는 인간이 반복해서 체험하는 것이다. 하지만 하나님의 성품은 모든 잘못이 언젠가는 바로잡아지리라는 것을 보증해 준다. "진노의 날, 곧 하나님의 의로우신 심판이 나타나는 그 날"(롬 2:5)이 이르면 정확한 응보가 이루어질 것이며, 부당함의 문제는 더 이상 우리를 괴롭히지 않을 것이다. 하나님이 심판자시므로 정의가 시행될 것이다.

그렇다면 왜 우리는 하나님을 심판자로 생각하는 것을 꺼리는 마음과 싸워야 하는가? 왜 우리는 그러한 개념이 하나님에게 합당하지 않다고 느끼는가? 사실상 심판에서 그분이 완전하시다 함은 하나님의 도덕적 완전성을 나타내는 것이다. 옳고 그름의 차이에 대해 신경쓰지 않는 하나님이 선하고 찬양받을 만한 분이 될 수 있을까? 역사상의 짐승 같은 인간들, (감히 이름을 댄다면) 히틀러나 스탈린 같은 인간들과 자신의 성도를 구분하지 않는 하나님이 도덕적으로 찬양받을 만하고 완전할 수 있을까? 도덕적인 무관심은 하나님의 완전함이 아니라 불완전함이 될 것이다. 세상을 심판하지 않는다면 그것은 도덕적인 무관심을 나타내는 것이다. 하나님이 완전한 도덕적 존재로서, 옳고 그름의 문제에 무관심하지 않은 분이라는 최종적 증거는 하나님이 세상의 심판자가 되겠다고 약속하셨다는 사실이다.

하나님의 심판이 실재한다는 것은 분명 우리의 인생관에 직접적인 영향을 끼쳐야만 한다. 인생의 끝에서 응보적 심판이 우리를 기다린다는 것을 안다면, 우리는 그렇지 않을 때와는 다르게 살 것이다. 하지만 심판의 교리, 특히 최후 심판의 교리가 일차적으로 인간을 두렵게 해서 외적인 형태의 형식적인 '의로움'으로 이끄는 기준으로 여겨져서는 안 된다. 그것이 불경한 자들에게 무서운 함축을 지니는 것은 사실이다. 하지만 그것의 주된 취지는 하나님의 도덕적 성품을 계시하는 것이며 인간의 삶에 도덕적 의미를 부여하는 것이다. 레온 모리스(Leon Morris)는 그 점을 다음과 같이 썼다.

> 최후 심판의 교리는…인간의 책임과, 정의가 마침내 모든 잘못―현세의 삶의 본질적인 부분인―을 이기고 승리하리라는 확실성을 강조한다. 전자는 가장 미약한 행동에도 존엄성을 부여해 주며, 후자는 한창 치열하게 싸우고 있는 사람들에게 평안함과 확신을 가져다준다. 이 교리는 인생에 의미를 부여한다.…기독교적 심판관은 역사가 한 목표를 향해 움직인다는 것을 보여 준다.…심판은 하나님과 선의 승리라는 개념을 보호해 준다. 선과 악 사이에 현재 일어나고 있는 충돌이 영원히 계속된다는 것은 생각할 수도 없는 일이다. 심판이란 악이 권위 있게, 결정적으로, 최종적으로 처리될 것임을 뜻한다. 심판은 결국 하나님의 뜻이 완전히 이루어지리라는 것을 의미한다(*The Biblical Doctrine of Judgment*, p. 72).

성부 하나님의 대행자이신 예수님

천국과 지옥에 대한 권세와 마찬가지로, 최종 심판에 대한 주된 권세 역시 주 예수 그리스도께 있음을 사람들이 언제나 깨닫는 것은 아니다. 영국 국교회의 장례식에서 예수님을 '거룩하고 자비로운 구세주, 가장 합당하신 영원한 심판자'라 칭하는 것은 옳다. 모든 사람이 그들의 삶에 대한 영속적이고도 영원한 결과를 받기 위해 하나님의 보좌 앞에 나아오는 그 날에, 예수님은 성부 하나님을 대행하는 심판자가 될 것이며, 그들을 영접하거나 거부하는 예수님의 말씀이 결정적인 것이 되리라는 점을 계속해서 확증하셨기 때문이다. 이와 관련해서 살펴볼 본문은 특히 마태복음 7:13-27; 10:26-33; 12:36-37; 13:24-50; 22:1-14; 24:36-25:46; 누가복음 13:23-30; 16:19-31; 요한복음 5:22-30 등이다.

예수님을 심판자로 가장 분명하게 예표하는 부분은 마태복음 25:31-34, 41이다. "인자가…자기 영광의 보좌에 앉으리니 모든 민족(모든 사람)을 그 앞에 모으고 각각 구분하기를…그 때에 임금이 그 오른편에 있는 자들에게 이르시되 내 아버지께 복 받을 자들이여…상속받으라.…또 왼편에 있는 자들에게 이르시되 저주를 받은 자들아 나를 떠나…영원한 불에 들어가라."

심판자로서 예수님이 가지는 특전을 가장 분명하게 설명한 부분은 요한복음 5:22-23, 26-29이다. "아버지께서 아무도 심판하지 아니하시고 심판을 다 아들에게 맡기셨으니 이는 모든 사람으로 아버지를 공경하는 것같이 아들을 공경하게 하려 하심이라.…아버지께서…인자 됨(그분에게 사법적 기능을 포함한 통치권이 약속되었다, 단 7:13-14)으로 말미암아 심판하는 권한을 주셨느니라.…무덤 속에 있는 자가 다 그의 음성을 들을 때가 오나니 선한 일을 행한 자는 생명의 부활로 악한 일을 행한 자는 심판의 부활로 나오리라."

하나님이 친히 임명하셨기 때문에 우리는 예수 그리스도를 피할 수 없다. 예수님은 모든 사람의 삶의 끝에 예외 없이 서 계시다. "네 하나님 만나기를 준비하라"는 것이 이스라엘에 보내는 아모스의 메시지였다(암 4:12). "부활하신 예수님 만나기를 준비하라"는 것이 오늘날 세상에 주시는 하나님의 메시지다(행 17:31을 보라). 그리고 우리는 참된 하나님이시며 완전한 인간이신 예수님이 완전히 의로운 심판을 하시리라고 확신할 수 있다.

마음의 지표

앞에서 보았듯이, 최후의 심판은 우리의 **행위**에 따라 이루어질 것이다. 즉 우리의 **행동**, 우리 삶의 여정 전체에 따라 이루어질 것이다. 이는 우리 행동들이 법정에서 어떤 보상을 받을 만하다는 것이 아니라—그 행동들은 그렇게 하기에는 완전함에 너무나 못 미친다—그 행동들이, 마음속에 무엇이 있는가 즉 각 행위자의 진정한 본성이 무엇인가를 나타내는 지침을 제공한다는 것이다. 예수님은 "사람이 무슨 무익한 말을 하든지 심판 날에 이에 대하여 심문을 받으리니 네 말로 의롭다 함을 받고 네 말로 정죄함을 받으리라"(마 12:36-37)고 말씀하셨다. 우리가 입 밖에 내는 말(물론 그 말은 적절한 의미에서 '행위'이다)의 중요성은 바로 이것이다. 즉 말은 당신이 내면적으로 어떤 존재인가를 보여 준다. 예수님은 바로 이 점을 중시하셨다. "그 열매로 나무를 아느니라.…너희는 악하니 어떻게 선한 말을 할 수 있느냐. 이는 마음에 가득한 것을 입으로 말함이라"(33-34절). 마찬가지로 양과 염소에 대한 본문에서는, 어떤 사람이 그리스도인들의 필요를 채워 주었는가 아닌가에 호소한다. 그

의미는 무엇인가? 그것은 어떤 행동은 구원을 얻을 만큼 선한 반면 다른 행동은 그렇지 않다는 것이 아니라, 이러한 행동으로부터 그리스도에 대한 사랑, 곧 믿음에서 흘러나오는 사랑이 마음속에 있는가를 볼 수 있다는 것이다(마 25:34-46을 보라).

일단 최후 심판에서 행위의 중요성이 영적 성품의 지표로서의 중요성임을 깨닫고 나면, 많은 사람을 당황하게 하는 한 가지 질문에 대답할 수 있게 된다. 예수님은 "내 말을 듣고 또 나 보내신 이를 믿는 자는 영생을 얻었고 심판에 이르지 아니하나니 사망에서 생명으로 옮겼느니라"(요 5:24)고 말씀하셨다. 바울은 "이는 우리가 다 반드시 그리스도의 심판대 앞에 나타나게 되어 각각 선악간에 그 몸으로 행한 것을 따라 받으려 함이라"(고후 5:10)고 말했다. 이 두 진술이 어떻게 서로 조화를 이룰 수 있을까? 값없이 주는 죄사함과 믿음으로 의롭게 되는 것은 행위에 따른 심판과 어떻게 조화를 이룰 수 있을까?

그 대답은 다음과 같이 될 듯하다. 먼저, 칭의라는 선물은 신자들이 정죄를 받아 하나님의 존전에서 쫓겨나는 일을 막아 준다. 이는 요한계시록 20:11-15에 나오는 심판에 대한 환상에서 나온다. 거기서는 각 사람의 행위를 기록한 "책들"과 함께 "생명책"이 펼쳐져 있으며, 생명책에 이름이 기록된 사람은 다른 사람들처럼 "불못에 던져지지" 않는다. 하지만 둘째로, 칭의라는 선물은 신자들이 그리스도인으로서 평가 받는 일을 막지 못하고, 또 그리고 그가 태만하고 해를 끼치고 파괴적이었던 것으로 드러날 경우 유익을 얻지 못하는 것은 전혀 막아 주지 못한다. 이는 바울이 고린도인들에게 말한 바, 하나의 터인 그리스도 위에 어떤 생활 방식을 세울지를 조심하라는 경고에서 나타난다. "만일 누구든지 금이나 은이나 보석이나 나무나 풀이나 짚으로 이 터 위에 세우면 각각 공적이 나타날 터인데 그 날이 공적을 밝히리니 이는 불로 나타내고 그 불이 각 사람의 공적이 어떠한 것을 시험할 것임이라. 만일 누구든지 그 위에 세운 공적이 그대로 있으면 상을 받고 누구든지 그 공적이 불타면 해를 받으리니 그러나 자신은 구원을 받되 불 가운데서 받은 것 같으리라"(고전 3:12-15). **상**과 **해**는 하나님과의 부요한 관계, 빈약한 관계를 의미한다. 어떤 식으로 그렇게 되는지는 현재 우리의 능력으로 알 수가 없긴 하지만 말이다.

최후 심판은 또한 우리의 **지식**에 따라 이루어질 것이다. 모든 사람이 율법이나 복음을 통해 가르침을 받은 것은 아니지만, 일반 계시를 통해 하나님의 뜻을 어느 정도 알 것이며, 자신이 아는 최선에 이르지 못한 것으로 인해 하나님 앞에 죄를 범했다. 하지만 받아야 할 응분의 벌이 어느 정도인지는 그 최선이 무엇이었는가에 따라 등급이 매겨진다. 로마서 2:12과 누가복음 12:47-48을 보라. 여기에 작용하는 원리는 "많이 받은 사람에게서는 많은 것을 요구하고"(48절, NEB)라는 것이다. 이것은 분명히 정의로운 것이다. 온 세상의 심판자이신 하나님은 모든 경우에 의로우실 것이다.

도피할 필요가 없음

바울은 우리가 모두 "주의 두려우심"(고후 5:11)이신 그리스도의 심판 보좌 앞에 나서야만 한다고 말하며, 그것은 당연하다. 주 예수님은 아버지처럼 거룩하며 순결하시다. 우리는 거룩하지도 순결하지도 않다. 우리는 예수님이 보시는 앞에서 살고 있다. 예수님은 우리의 은밀한 것을 아신다. 심판 날에 우리의 과거 삶 전체가 말하자면 예수님 앞에서 상연되어 조사받을 것이다. 자신을 조금이라도 안다면, 우리는 예수님을 대면하기에 적합하지 않음을 안다. 그렇다면 우리는 무엇을 해야 하는가? 신약 성경은 **심판 날에 당신의 현재 구세주를 부르라**고 답한다. 심판자이신 예수님은 율법이시다. 하지만 구세주이신 예수님은 복음이시다. 지금 예수님에게서 도망하면, 당신은 그 때 가서 그분을 심판자로 만나게 될 것이다. 그리고 그 때는 희망이 없다. 지금 예수님을 찾으면 그분을 발견할 것이며("찾는 자는 찾을" 것이므로), 그렇게 되면 이제 "그리스도 예수 안에 있는 자에게는 결코 정죄함이 없다"(롬 8:1)는 것을 알고, 장차 예수님과 만나는 것을 기쁨으로 고대하게 될 것이다.

> 살아 생전 숨 쉬고
> 죽어 세상 떠나서
> 거룩하신 주 앞에
> 끝날 심판 당할 때
> 만세 반석 열리니
> 내가 들어갑니다.

15 하나님의 진노

진노(wrath)는 사전에 '깊고 강렬한 화와 분노'라고 정의되어 있다. **화**(anger)는 '상처 혹은 모욕감으로 인해 원망 섞인 불쾌감과 강한 적대감이 부추겨지는 것'이라고 되어 있으며, **분노**(indignation)는 '불의와 비열함으로 인해 야기되는 의로운 화'라고 정의되어 있다. 이것이 바로 진노다. 그리고 성경은 진노가 하나님의 속성 가운데 하나라고 말한다.

현대의 교회는 이 주제를 가볍게 다루는 습관이 있다. 아직도 하나님의 진노를 믿는 사람들(모든 사람이 그것을 믿는 것은 아니다)은 그것에 대해 거의 말하지 않는다. 아마도 그들은 하나님의 진노에 대해 많이 생각하지 않을 것이다. 부끄러운 줄도 모르고 탐욕과 교만과 성(性)과 방자함의 신에 자신의 정조를 팔아 버린 시대에게, 교회는 하나님의 인자하심에 대해서는 중얼거리지만, 하나님의 심판에 대해서는 사실상 전혀 말하지 않는다. 지난 한 해 동안 당신은 얼마나 자주 하나님의 진노에 대한 설교를 들었는가?(혹 당신이 목사라면, 그런 설교를 했는가) 라디오에서나 텔레비전에서, 아니면 일간 신문이나 잡지에 나오는 반 단짜리 짧은 설교에서 그리스도인이 이 주제에 대해 직접적으로 말한 지가 얼마나 오래되었을까?(그리고 만일 누군가가 하나님의 진노에 대해 말했다면, 얼마나 오랜 시간이 지난 후에야 하나님의 진노에 대해 다시 말하거나 쓰게 될까?) 사실상 하나님의 진노라는 주제는 현대 사회에서 금기가 되었으며, 그리스도인들은 대체로 그 금기를 받아들여 결코 그 문제를 제기하지 않는 습관이 들어 버렸다.

그렇다면 우리는 정말 그래야 하는지 물어 보는 것이 마땅하다. 성경이 전혀 다르게 말하기 때문이다. 우리는 하나님의 심판에 대한 말이 아주 인기 있던 적이 있었으리라고는 생각할 수 없다. 하지만 성경 저자들은 끊임없이 하나님의 심판에 대해 말한다. 성경에서 가장 놀라운 점 가운데 하나는 신약이나 구약이 하나님의 진노의 실상과 그 두려움에 대해 아주 강력하게 강조한다는 사실이다. "성구 사전을 연구해 보라. 성경에는 하나님의 사랑과 애정에 대한 언급보다 하나님의 화, 격노, 진노에 대한 언급이 **더 많이** 나와 있다"(A. W. 핑크, *The Attributes of God*, p. 75).

성경은 하나님이 자신을 믿는 사람들에게 선하신 것과 마찬가지로, 자신을 믿지 않는 사람들에게는 무서운 분이시라는 점을 상세히 논한다. "여호와는 질투하시며 보복하시는 하나님이시니라. 여호와는 보복하시며 진노하시되 자기를 거스르는 자에게 여호와는 보복하시며 자기를 대적하는 자에게 진노를 품으시며 여호와는 노하기를 더디 하시며 권능이 크시며 벌 받을 자를 결코 내버려두지 아니하시느니라.…누가 능히 그의 분노 앞에 서며 누가 능히 그의 진노를 감당하랴. 그 진노가 불처럼 쏟아지니 그로 말미암아 바위들이 깨지는도다. 여호와는 선하시며 환난 날에 산성이시라. 그는 자기에게 피하는 자들을 아시느니라. 그가…자기 대적들을 흑암으로 쫓아내시리라"(나 1:2-8).

주 예수님이 언젠가 '불꽃 가운데에' 나타나사 "하나님을 모르는 자들과 우리 주 예수의 복음에 복종하지 않는 자들에게 형벌을 내리시리니 이런 자들은 주의 얼굴과 그의 힘의 영광을 떠나 영원한 멸망의 형벌을 받으리로다. 그 날에 그가 강림하사 그의 성도들에게서 영광을 받으시고"(살후 1:8-10)라는 바울의 기대는 나훔이 강조한 바가 구약 특유의 것만이 아니라는 사실을 충분히 상기시켜 준다. 사실상 신약 전체에 걸쳐서 나오는 **하나님의 진노, 그 진노, 진노**라는 말은 하나님이 자신에게 반항한 사람들에게 어떤 수단으로건 응보적 행위로 대응하시는 것을 나타내는 전문 용어다(롬 1:18; 2:5; 5:9; 12:19; 13:4-5; 살전 1:10; 2:16; 5:9; 계 6:16-17; 16:19; 눅 21:22-24 등을 보라).

또한 성경은 하나님의 진노에 대해, 앞에서 인용한 것과 같은 일반적인 진술로만 우리에게 알려 주는 것이 아니다. 지난 장에서 보았듯이, 성경 역사는 하나님의 인자하심뿐 아니라 하나님의 준엄하심도 큰 소리로 선포한다. 「천로역정」을 지옥에 이르는 길에 대한 책이라고 부를 수 있는 것과 같이 성경을 하나님의 진노의 책이라고 부를 수 있다. 왜냐하면 성경은 창세기 3장에 나오는 아담과 하와에 대한 저주 및 추방으로부터 요한계시록 17-18장과 20장에 나오는 바벨론 멸망과 최후의 심판에 이르기까지 하나님의 응보에 대한 묘사들로 가득 차 있기 때문이다.

분명 하나님의 진노라는 주제는 성경 저자들이 어떠한 저지도 받지 않고 마음껏 다루는 주제다. 그렇다면 왜 우리가 하나님의 진노에 대해 말하는 것을 억제해야 하는가? 성경이 하나님의 진노에 대해 목소리를 내고 있는데 왜 우리가 침묵해야 한다고 생각하는가? 그 주제가 화제에 오를 때 우리를 거북하고 당황스럽게 만드는 것, 하나님의 진노에 대해 질문을 받았을 때 어조를 낮추고 보호막을 치도록 촉구하는 것은 무엇인가? 우리가 주저하고 어려움을 느끼는 감정 기저에 놓인 원인은 무엇인가? 우리는 지금 성경적 신앙의 어떤 부분이든 심각하게 받아들일 준비가 되어 있지 않기 때문에 하나님의 진노라는 개념을 거부하는 그런 사람들에 대해 생각하는 것이 아니다. 그보다 우리는 스스로 '내부자'라고 여기는 많은 사람, 하나님의 사랑과 긍휼, 주 예수 그리스도의 구속 사역에 대해서는 확고한 믿음을 가지고 있으며 다른 문제들에서는 성경을 확고하게 따르면서도 이 점에서는 그런 확고한 자세로 답하기를 망설이는 사람들에 대해 생각하고 있다. 여기서 정말로 문제가 되는 것은 무엇인가?

하나님의 진노는 어떠한 것인가?

우리가 달갑잖게 느끼는 근본 원인은 진노라는 개념이 **하나님께 합당하지 않다**는 불안한 의심 때문인 듯하다.

예를 들어, 어떤 사람들에게 진노란 자제심의 상실, 전체적으로는 아니라 해도 부분적으로 불합리한 '격노'의 폭발을 연상시킨다.

또 어떤 사람들에게는 의식적인 무력감, 상처받은 자존심 혹은 단순히 못된 성질로 인한 격노를 연상시킨다. 분명 이러한 속성을 하나님께 돌리는 것은 잘못이 아닐까 하고 사람들은 말한다.

그렇다면 실로 그렇게 하는 것은 잘못일 것이다. 하지만 성경에서 말하는 하나님의 진노는 그런 속성이 아니다. 이 점에서 성경의 신인동형론적 언어, 즉 하나님의 속성과 감정을 통상적으로 사용되는 인간의 용어로 묘사하는 성경의 습성으로 인한 오해가 있는 듯하다. 이러한 습성의 기초는 하나님이 자신의 형상으로 인간을 만드셨으므로, 인간의 개성과 성품은 하나님의 존재와 닮았다는 사실이다. 하지만 성경이 하나님을 신인동형론적으로 말할 때, 그것은 죄로 물든 우리 피조물의 개인적 특성의 한계와 불완전함이 거룩하신 창조주 하나님의 특성에도 해당된다는 것을 의미하지는 않는다. 오히려 성경은 그렇지 않다는 것을 당연하게 여긴다.

그러므로 성경에 나오는 하나님의 사랑은, 인간의 사랑이 너무나 자주 어리석고 충동적이고 부도덕한 행동으로 이끌듯이 우리를 이끌지 않는다. 또한 마찬가지로, 성경에서의 하나님의 진노는 인간의 분노가 종종 그런 것처럼 변덕스럽고, 제멋대로이고, 성마르고, 도덕적으로 비열한 것이 결코 아니다. 하나님의 진노는 그보다는 객관적인 도덕적 악에 대한 올바르고도 필요한 반응이다. 하나님은 분노가 필요한 곳에서만 분노하신다. 인간들에게, 아마도 아주 드물게 발견되는 듯하지만 **의로운 분노**라는 것이 있다. 하지만 하나님의 분노는 모두 의로운 것이다. 선을 즐기는 것과 마찬가지로 악도 똑같이 즐긴다면 그 하나님이 선한 하나님이 될 수 있겠는가? 자신이 만드신 세상 안에 있는 악에 거부 반응을 보이지 않는 하나님이 도덕적으로 완전할 수 있을까? 분명 그렇지 않다. 성경에서 하나님의 진노에 대해 말할 때 염두에 두는 것은 바로 악에 대한 이러한 거부 반응이다. 그 거부 반응은 도덕적 완전함을 이루는 필수적인 부분이다.

또 어떤 사람들에게는 하나님의 진노라는 개념이 잔인함을 연상시킨다. 그들은 조나단 에드워즈의 '진노하시는 하나님의 손 안에 있는 죄인들'이라는 유명한 설교를 생각할지도 모른다. 하나님은 이 설교를 사용하셔서 1741년에 뉴잉글랜드에 있는 엔필드 시를 각성시키셨다. 이 설교에서 에드워즈는 "자연인들은 지옥의 구덩이 위에 있는 하나님의 손 안에 있다"는 주제에 대해 상술하면서, 아주 생생한 풀무의 비유를 사용해서 회중이 그들이 처한 위치에 대해 공포를 느끼고 그럼으로써 다음과 같은 결론이 더 효과적인 것이 되도록 했다. "그러므로 그리스도 밖에 있는 사람들은 이제 모두 깨어 일어나 다가오는 진노에서 피해야 한다." 누구든지 그 설교를 읽어 본 사람이라면 위대한 침례교 신학자인 스트롱(A. H. Strong)의 논평, 곧 에드워즈의 말이 날카로운 것이긴 하지만 비유적 표현에 지나지 않았다고 강조한 것이 옳았음을 알 수 있을 것이다. 스트롱에 따르면, 에드워즈는 "지옥이 불과 유황으로 되어 있다고 간주하지 않고, 그보다는 죄책을 느끼며 자신을 비난하는 양심이 하나님으로부터 분리된 상태라 여겼다. 불과 유황은 그것을 상징한다"(*Systematic Theology*, p. 1035). 하지만 이는 에드워즈를 비판한 사람들의 요지를 전적으로 설명하지 못한다. 그들의 요지는, 이 같은 언어를 사용해서 묘사해야만 하는 그러한 벌을 가하는 하나님이라면 그분은 분명 흉포하고 잔인한 야수임이 틀림없다는 것이다.

당연히 그렇게 되는 것인가? 성경에 나오는 두 가지 사항을 보면 그렇지 않음을 알 수 있다.

먼저, 성경에서 하나님의 진노는 언제나 **사법적인** 것이다. 즉 그것은 정의를 시행하는 재판관이신 하나님의 진노다. 잔인함은 언제나 부도덕하다. 하지만 성경이, 그리고 그 점에 관해서 에드워즈의 설교가 전하는 바는, 하나님의 진노를 경험하는 사람들이 겪는 고통에서 발견하게 되는 명백한 전제는 각자가 자신이 받아 마땅한 것을 받는다는 것이다. 바울은 시편 62:12과 잠언 24:12을 되풀이하면서 "하나님의 진노의 날"은 또한 "하나님께서 각 사람에게 그 행한 대로 보응하실" "하나님의 의로우신 심판이 나타나는 그 날"이라고 말한다(롬 2:5-6). 사실상 신약의 어떤 인물보다도 이 주제에 대해 더 많은 말씀을 하셨던 예수님은 응보가 개개인의 공과에 비례할 것이라는 점을 강조하셨다. "주인의 뜻을 알고도 준비하지 아니하고 그 뜻대로 행하지 아니한 종은 많이 맞을 것이요 알지 못하고 맞을 일을 행한 종은 적게 맞으리라. 무릇 많이 받은 자에게는 많이 요구할 것이요 많이 맡은 자에게는 많이 달라 할 것이니라"(눅 12:47-48).

에드워즈는 이미 언급한 설교에서 하나님은 "엄격한 정의가 요구하는 것 이상으로 고통당하지 않도록" 조처하신다고 말한다. 하지만 바로 이 "엄격한 정의가 요구하는 것"이야말로 불신앙 가운데 죽은 사람들에게는 매우 비통한 것이 될 것이라고 에드워즈는 주장한다. 창조주에 대한 불순종이 정말로 크고도 비통한 벌을 받아 마땅한 것이 될 수 있는가에 대해 질문한다고 하자. 한 번이라도 죄책감으로 괴로워해 본 적이 있는 사람이라면 누구나 아무런 의심도 없이 그렇다고 대답할 것이다. 또한 안셀무스(Anselmus)가 말했듯이 "죄가 얼마나 무거운 것인지" 고찰할 만큼 아직 그 양심으로 자각하지 않은 사람은 어떤 의견이라도 말할 자격이 없을 것이다.

둘째로, 성경에서 하나님의 진노는 사람들이 스스로 **선택하는** 것이다. 지옥은 하나님이 부과하시는 것이기 이전에, 하나님이 어떤 사람을 그분에게로 이끄시기 위해 그 사람의 마음속에 빛을 비추실 때 그가 그 빛으로부터 물러남으로써 스스로 선택하는 상태다. "(예수를) 믿지 아니하는 자는 하나님의 독생자의 이름을 믿지 아니하므로 벌써 심판을 받은 것이니라"고 쓸 때, 요한은 계속해서 자신의 말을 다음과 같이 설명한다. "**그 정죄는 이것이니** 곧 빛이 세상에 왔으되 사람들이 자기 행위가 악하므로 빛보다 어둠을 더 사랑한 것이니라"(요 3:18-19). 이 말 그대로다. 곧 잃어버린 자들에게 주어지는 결정적인 심판의 행위는, 그들이 예수 그리스도 안에서 그리고 예수 그리스도를 통해 그들에게 오는 빛을 거부함으로써 스스로에게 내리는 심판이다. 요컨대, 하나님이 불신자에 대해 이생에서건 내세에서건 차후에 취하시는 사법적 행동은 그 불신자가 이미 내린 선택이 함축하는 바들을 모두 그에게 보여 주며, 그를 그리로 이끈다.

기본적인 선택은 이전에도 간단했으며, 지금도 간단하다. 그것은 "내게로 오라.···나의 멍에를 메고 내게 배우라"(마 11:28-29)는 부르심에 반응하거나 반응하지 않거나 둘 중 하나를 택하는 것, 예수님의 책망을 받지 않으려고 생명을 양도하라는 예수님의 요구에 저항함으로 자신의 생명을 '구원하든가', 자기를 부인하고 자기 십자가를 지며 제자가 되고 예수님께 자신의 삶을 온전히 내어 드림으로써 그 생명을 '잃어버리든가' 둘 중 하나를 택하는 것이다. 예수님은 전자의 경우 온 천하를 얻을 수는 있지만 그것이 우리에게 아무런 소용도 없을 것이라고 말씀하신다. 왜냐하면 우리 영혼을 잃기 때문이다. 후자의 경우, 우리는 예수님을 위해 생명을 잃음으로써 그 생명을 찾을 것이다(마 16:24-26).

하지만 우리의 영혼을 잃어버린다는 것은 무슨 의미인가? 이 질문에 대답하기 위해 예수님은 엄숙한 비유적 표현을 사용하신다. '게헨나'(막 9:47과 열 군데의 다른 복음서 본문에는 '지옥'이라고 되어 있다) 곧 쓰레기를 태우던 예루살렘 바깥 골짜기, '죽지 않는 구더기'(막 9:48) 곧 정죄하는 양심에 의해 인격이 끝없이 해체되는 것을 나타내는 듯이 보이는 이미지, 하나님의 불쾌함에 대한 괴로움에 찬 인식을 나타내는 '불', 하나님뿐 아니라 모든 좋은 것과 인생을 살 만한 것으로 만드는 것처럼 보이던 모든 것을 상실했음을 나타내는 '바깥 어두움', 그리고 자기 정죄와 자기 혐오를 나타내는 '이를 갊'이라는 표현 등이다.

이것들은 상상할 수 없을 만큼 무시무시하다. 하지만 죄책감으로 인해 괴로워해 본 사람들은 그것들의 본질에 대해 약간은 알 것이다. 그러나 그것들은 임의로 가해지는 형벌이 아니라 오히려 어떤 사람이 의식적으로 이미 자신이 택한 상태로 들어가는 것을 나타낸다. 불신자는 하나님께 도전하고 하나님과 대적하면서 하나님 없이 혼자 있기를 더 선호했다. 그리고 그는 자신이 선호한 것을 갖게 될 것이다. 스스로 택한 사람들 외에는 그 누구도 하나님의 진노 아래 있지 않다. 하나님의 진노의 본질은 **사람들에게 그들이 택한 것**

을 주는 것이다. 곧 거기에 함축된 것을 모두 주는 것 그 이상도, 그 이하도 아니다. 하나님이 이 정도까지 인간의 선택을 존중하시겠다는 것은 당혹스럽고 심지어 두려운 것처럼 보일 수도 있다. 하지만 이 점에서 하나님의 태도가 가장 공정하다는 것, 우리가 잔인하다고 말할 때 의미하는 제멋대로이고 무책임하게 고통을 가하는 것과는 하늘과 땅만큼이나 차이가 있다는 것은 명백하다.

그러므로 왕이시며 심판자이신 하나님이 우리에게 진노와 복수의 행동을 보이시는 것을 묘사하는 많은 성경 본문(종종 대단히 비유적인)을 해석하는 열쇠는 다음 사실을 깨닫는 것임을 기억할 필요가 있다. 곧 하나님이 행하시는 일이라고는 그분이 '벌하시는' 사람들이 스스로 따르기로 선택한 길에 의해 **이미 자신들에게 부과한 그 심판을 비준하고 확증하는 것**에 불과하다는 것이다. 이것은 창세기 3장에 나오는, 인간에 대해 하나님이 최초로 보이신 진노의 행위에 대한 기사에서 나타난다. 거기서 우리는 하나님이 아담을 에덴 동산에서 쫓아내기도 전에 이미 아담이 하나님에게서 숨고 그분의 임재를 피하기로 선택했음을 알게 된다. 똑같은 원리가 성경 전체에서 적용된다.

로마서에 나오는 하나님의 진노

하나님의 진노에 대한 전통적인 신약의 논법은 로마서에서 찾을 수 있다. 루터와 칼뱅은 로마서를 성경에 이르는 입구로 여겼으며, 사실상 로마서는 하나님의 진노에 대한 명백한 언급들을 나머지 바울 서신을 전부 합쳐 놓은 것보다 더 많이 담고 있다. 로마서가 하나님의 진노에 대해 하는 말을 분석함으로 이 장을 마무리짓도록 하겠다. 이 연구는 이미 말한 몇 가지 사항을 분명하게 하는 데 도움이 될 것이다.

1. **하나님의 진노의 의미**. 로마서에서 하나님의 진노는 죄를 벌하시는 하나님의 단호한 행동을 나타낸다. 그것은 죄인들에 대한 삼위 하나님의 사랑만큼이나 그분의 인격적, 정서적 태도의 표현이다. 그것은 불경건함과 도덕적 악에 대한 하나님의 증오를 적극적으로 보여 주는 것이다. **진노**(wrath)라는 단어(2:5; 5:9)는 특별히 장차 '진노의 날'에 이러한 증오가 최대의 모습으로 표현되는 것을 언급할 수도 있지만, 또한 현재 일어나는 것, 그 안에서 죄에 대한 신적 응보를 분별할 수 있는 섭리적 사건들과 과정들을 언급할 수도 있다. 그러므로 범죄자들에게 선고를 내리는 관원은 "하나님의 사역자가 되어…악을 행하는 자에게 진노하심에 따라 보응하는 자"(13:4; 비교. 13:5)다. 하나님의 진노는 우리 죄에 대한 하나님의 반응이며, "율법은 진노를 이루게"(4:15) 한다. 율법은 우리 안에 잠복해 있는 죄를 불러일으키며 범죄―진노를 유발하는 행동―가 충만하도록 만들기 때문이다(5:20; 7:7-13). 하나님의 진노는 죄에 대한 반응으로서 하나님의 정의의 표현이며, 바울은 "진노를 내리시는 하나님이 불의하시냐"(3:5)는 제안을 분연히 거부한다. 바울은 '멸하기로 준비된' 사람들을 '진노의 그릇' 즉 하나님의 진노의 대상이라고 부른다. 바울이 다른 곳에서 세상과 육체와 마귀의 종들을 "진노의 자녀"(엡 2:3)라고 부르는 것과 비슷한 의미에서 그렇게 묘사하는 것이다. 그런 사람들은 단지 자신의 됨됨이로 인해 하나님의 진노를 불러들인다.

2. **하나님의 진노가 계시됨**. "하나님의 진노가 불의로 진리를 막

는 사람들의 모든 경건하지 않음과 불의에 대하여 하늘로부터 나타나나니"(1:18). 현재 시제인 '나타나나니'라는 말은 항상 진행되는 **지속적인** 드러남을 의미한다. 바로 앞 절에 나오는 "복음에는"이라는 말과 대조를 이루는 "하늘로부터"라는 말은 복음이 아직 미치지 않은 사람들에게까지 미치는 **전 우주적인** 나타남을 의미한다.

이러한 나타남은 어떻게 이루어지는가? 그것은 각 사람의 양심에 직접 각인된다. 하나님이 제약받지 않고 악을 행하도록 "상실한 마음"(1:28)에 내버려두신 사람들은 그럼에도 "이 같은 일을 행하는 자는 사형에 해당한다고 하나님께서 정하심을 알고"(1:32) 있다. 다가오는 심판을 전혀 눈치채지 못하는 사람은 없다. 그리고 이 같은 직접적인 드러남은 복음의 계시된 말씀으로 확증된다. 그 말씀은 다가오는 "진노의 날 곧 하나님의 의로우신 심판이 나타나는 그 날"(2:5)에 대한 나쁜 소식을 우리에게 말해 줌으로 우리로 복음의 좋은 소식을 준비하도록 해준다.

이것이 전부가 아니다. 볼 눈이 있는 사람들에게는 하나님의 분노를 활발하게 드러내는 표시들이 지금 인류가 처한 상황에서 나타난다. 그리스도인들은 도처에서 일정한 유형의 타락이 끊임없이 시행되는 것을 발견한다. 그것은 하나님을 아는 지식에서 하나님이 아닌 것을 예배하는 것으로, 또한 우상 숭배로부터 더욱더 추악한 종류의 부도덕으로의 타락이다. 그래서 각각의 세대가 새로운 '경건치 않음과 불의'의 열매를 키우게 된다. 우리는 천벌로 마음이 굳어지고 억제 조치들이 철회되는 이러한 퇴락 과정에서 하나님의 진노가 작동하고 있음을 인식해야 한다. 그로 인해 사람들은 부도덕한 편향에 자신을 내어 주며 그럼으로써 죄로 물든 마음의 정욕을 점점 더 제약 없이 실행에 옮기는 것이다. 바울은 성경과 당시의 세상을 통해 알고 있던 그 과정을 로마서 1:19-31에서 묘사한다. 거기서 핵심 구절은 "하나님께서 그들을…더러움(sexual impurity)에 내버려두사"(1:24), "하나님께서 그들을 부끄러운 욕심에 내버려두셨으니"(1:26), "하나님께서 그들을 그 상실한 마음대로 내버려두사"(1:28) 등이다.

양심 속에 사실로 계시된 하나님의 진노가 이미 이 세상에서 힘으로 작용하는 증거를 원한다면, 바울은 단지 주위 사람들의 삶을 보면서 하나님이 무엇에 '그들을 내버려두셨는가'를 보기만 하면 된다고 말한다. 그리고 바울이 그 글을 쓴 지 19세기가 지난 후인 오늘날, 누가 바울의 명제에 이의를 제기할 수 있겠는가?

3. 하나님의 진노로부터의 해방. 로마서의 처음 세 장에서 바울은 다음과 같은 질문을 생각하지 않을 수 없게 만든다. 만일 "하나님의 진노가 불의로 진리를 막는 사람들의 모든 경건하지 않음과 불의에 대하여 하늘로부터 나타난다면" 그리고 하나님이 "각 사람에게 그 행한 대로 보응하실" 진노의 날이 다가오고 있다면, 어떻게 그 재앙에서 피할 수 있을 것인가? 그 질문은 절박한 것이다. 우리는 모두 "죄 아래" 있고, "의인은 없나니 하나도 없으며" "온 세상이 하나님의 심판 아래"(3:9-10, 19) 있기 때문이다. 종교라는 외적 장식 역시 우리를 구원해 주지 못한다. 단순히 할례받는 것이 유대인을 구원해 줄 수 없는 것과 마찬가지다. 그렇다면 다가오는 진노에서 건짐받을 어떤 방법이라도 있는가?

길은 있다. 그리고 바울은 그 길을 안다. 바울은 "그러면 이제 우리가 그의 피로 말미암아 의롭다 하심을 받았으니 더욱 그로 말미암아 진노하심에서 구원을 받을 것이니"(5:9)라고 선언한다. 누구의 피에 의해서인가? 성육신하신 하나님의 아들이신 예수 그리스도의 피다. 그리고 **의롭다 하심을 받았다**는 것은 무슨 의미인가? 그것은 죄사함을 받고 의로운 자로 받아들여졌다는 의미다. 그러면 우리는 어떻게 의롭다 하심을 얻게 되는가? 믿음을 통해서, 즉 자신을 포기하고 예수님의 인격과 사역을 믿음으로써다. 그러면 어떻게 예수님의 피, 곧 예수님의 희생의 죽음이 우리가 의롭게 되는 것의 기초를 형성하는가? 바울은 로마서 3:24-25에서 이것을 설명한다. 거기서 바울은 "하나님이 그의 피로써 믿음으로 말미암는 화목 제물로 세우신 그리스도 예수 안에 있는 속량"에 대해 말한다. **화목 제물**이란 무엇인가? 그것은 죄를 속하고 죄책을 소멸시킴으로써 진노를 막는 것이다.

후에 더 자세히 살펴보겠지만, 이것이야말로 복음의 진정한 핵심이다. 곧 예수 그리스도께서 우리 대신 우리 죄를 지시고 십자가에서 죽으심으로써, "우리 죄를 위한 화목 제물"(요일 2:2)이 되신다는 것이다. 우리 죄인들과 하나님의 진노의 암운 사이에 주 예수님의 십자가가 있다. 우리가 믿음으로 말미암아 그리스도의 것이라면, 우리는 그리스도의 십자가로 말미암아 의롭다 하심을 받으며, 금세에서나 내세에서나 결코 우리에게 진노가 임하지 않을 것이다. 예수님은 "장래의 노하심에서 우리를 건지신다"(살전 1:10).

엄숙한 현실

물론 과거에 하나님의 진노라는 주제가 공론에 빠져 불손하게, 심지어 악의 있게 다루어졌음은 사실이다. 의심할 바 없이, 그 동안 전혀 눈물을 비치지 않고 마음에 고통이 없는 채로 진노와 천벌에 대해 설교한 사람들이 있었다. 소수 종파들이 그들 자신만 빼고 온 세상이 지옥에 갈 것이라고 주장하여 많은 사람을 불쾌하게 해 왔다. 하지만 우리가 하나님을 알려 한다면, 하나님의 진노에 관한 진리가 아무리 유행에 뒤떨어진 것이라 할지라도, 또한 그것에 대해 우리가 처음에 갖고 있던 편견들이 아무리 강할지라도, 그것에 직면해야만 한다. 그렇지 않는다면 진노로부터의 구원이라는 복음도, 십자가의 대속적 업적도, 하나님의 구속적 사랑의 놀라움도 이해하지 못할 것이다. 또한 역사를 주관하시는 하나님의 손도, 하나님이 현재 우리를 다루시는 것도 이해하지 못할 것이며, 요한계시록을 도무지 이해할 수 없을 것이며, 우리의 복음 전도는 유다가 명한 것과 같은 긴급성―"어떤 자를 불에서 끌어내어 구원하라"(유 1:23)― 을 띠지도 못할 것이다. 하나님에 대한 우리의 지식도 하나님에 대한 우리의 섬김도 하나님의 말씀과 일치하지 못할 것이다.

[핑크(A. W. Pink)는 다음과 같이 썼다.] 하나님의 진노는 신적 성품의 완성으로, 우리는 이것을 자주 묵상할 필요가 있다. 첫째, 우리 마음이 하나님이 죄를 몹시 싫어하신다는 것으로 인해 적절한 감명을 받도록 하기 위해서다. 우리는 언제나 죄를 가볍게 여기고, 죄의 가증함을 둘러대며, 죄에 대한 핑계를 대는 경향이 있다. 하지만 죄에 대한 하나님의 혐오와, 죄에 대한 하나님의 무시무시한 보응을 연구하고 깊이 숙고하면 할수록, 죄의 가증스러움을 더욱 깊이 깨닫게 될 것이다. 둘째로, 우리 영혼 속에서 하나님에 대한 참된 경외심을 일으키기 위해서다. "이로 말미암아 경건함과 두려움으로 하나님을 기쁘시게 섬길지니 우

리 하나님은 소멸하는 불이심이라"(히 12:28-29). 하나님의 두려운 장엄함에 대한 "경건함"과 하나님의 의로운 분노에 대한 "두려움"이 없다면 하나님을 "기쁘시게" 섬길 수 없다. 이러한 경건함과 두려움은 "하나님은 소멸하는 불"이시라는 것을 자주 상기함으로써 가장 잘 유발된다. 셋째로, 우리 영혼이 "장래의 노하심"(살전 1:10)에서 우리를 건지신 것에 대해 (예수 그리스도께) 열렬한 찬양을 드리도록 하기 위해서다. 우리가 하나님의 진노를 기꺼이 묵상하느냐, 묵상하기를 꺼리느냐가 우리 마음이 하나님께 정말로 영향을 받고 있는가에 대한 확실한 검증 수단이다(*The Attributes of God*, p. 77).

핑크의 말이 옳다. 우리가 정말로 하나님을 알고자 한다면, 그리고 하나님의 아신 바가 되고자 한다면, 지금 여기서 하나님의 진노라는 엄숙한 현실을 고려하는 법을 가르쳐 달라고 하나님께 구해야만 한다.

16   인자하심과 준엄하심

"하나님의 인자하심과 준엄하심을 보라"고 바울은 로마서 11:22에서 말한다. 여기서 결정적인 단어는 '…과'라는 것이다. 사도 바울은 하나님의 계획 안에서 유대인과 이방인이 어떤 관계에 있는지를 설명한다. 바울은 방금 이방인 독자들에게 하나님이 유대인들 중 엄청나게 많은 사람을 그들의 불신으로 인해 거부하신 반면, 그들과 같은 많은 이교도는 구원받는 믿음에 이르게 하신다는 것을 상기시킨 바 있다. 이제 바울은 이러한 행동에 나타난 하나님의 성품의 두 가지 측면을 고찰해 보라고 권한다. "그러므로 하나님의 인자하심과 준엄하심을 보라. 넘어지는 자들에게는 준엄하심이 있으니 …그 인자가 너희에게 있으리라." 로마의 그리스도인들은 하나님의 인자하심만을 강조해서도 안 되고 하나님의 준엄하심만을 강조해서도 안 된다. 둘 다 하나님의 속성, 즉 하나님의 계시된 성품의 측면들이다. 둘 다 은혜의 섭리 안에서 나란히 나타난다. 그러므로 하나님이 참으로 알려지려면 두 속성이 함께 인정되어야만 한다.

산타클로스와 거대한 절망

아마도 바울이 이 글을 쓴 이래로, 오늘날보다 이 점에 대해 더 상세히 논해야만 하는 때는 결코 없었을 것이다. 하나님을 믿는 것이 무엇을 의미하는가에 대해 현대인들이 가진 얼빠진 생각과 혼란은 이루 말로 표현할 수가 없다. 사람들은 하나님을 믿는다고 말하지만, 자신들이 믿는 분이 누구인지 또는 그분을 믿으면 삶이 어떻게 달라지는지 전혀 모른다.

그리스도인들은 갈 길을 몰라 방황하는 사람들이, 유명한 옛 전도지에서 '안전, 확신, 누림'이라 부른 것을 얻도록 도와주고 싶어 하지만, 어디서부터 시작해야 할지 끊임없이 어리둥절해한다. 하나님에 대한 기상천외하고 뒤범벅된 환상은 그들을 움찔 놀라게 한다. 도대체 사람들은 어떻게 해서 그같이 혼란된 생각을 가지게 되었을까? 그들이 겪는 혼동의 뿌리에는 무엇이 있을까? 그들을 바로잡는 출발점은 무엇인가?

이러한 질문들에 대해서는 몇 가지 상호 보충적인 대답을 할 수 있다. 하나는 사람들이 하나님의 말씀으로부터 하나님에 대해 배우기보다는 자신의 종교적 직감을 따르는 습관에 빠져들었다는 것이다. 우리는 이러한 태도의 근원이 된 교만과 성경에 대한 잘못된 생각을 잊어버리도록, 그래서 이제부터는 그들의 느낌이 아니라 성경에서 말하는 것을 그들의 확신의 기초로 삼도록 도와주어야 한다. 두 번째 대답은 현대인들은 모든 종교를 대등한 것으로 생각하며,

기독교적 출처뿐 아니라 이교적 출처에서도 하나님에 대한 개념을 이끌어낸다는 것이다. 우리는 하나님이 인간에게 최종적으로 주신 말씀인 주 예수 그리스도의 독특성과 최종성을 사람들에게 보여 주려고 애써야 한다.

세 번째 대답은 사람들이 자기 죄성의 실상을 더 이상 인정하지 않는다는 것이다. 사람들은 죄성으로 인해 생각하고 행하는 모든 것에서 하나님을 어느 정도 왜곡하고 하나님께 적의를 보인다. 그러므로 사람들에게 이러한 사실을 소개하고 그럼으로써 그들이 자신을 믿지 않고 기꺼이 그리스도의 말씀으로 자신을 바로잡도록 하는 것이 우리의 임무다. 네 번째 대답은 앞에 나온 세 가지 대답과 마찬가지로 기본적인 것으로, 오늘날의 사람들은 하나님의 인자라는 개념을 하나님의 준엄하심이라는 개념과 분리시키는 습관이 있다는 것이다. 우리는 이러한 습관을 버려야 한다. 이러한 생각이 존속하는 한 그릇된 믿음밖에는 남는 것이 없기 때문이다.

이 같은 습관은 19세기의 몇몇 독일 신학자에게서 시작된 것으로, 현대 서구 개신교 전체를 오염시켰다. 오늘날 대부분의 사람은 통상적으로 하나님의 진노와 심판에 대한 개념을 모두 거부한다. 그리고 많은 부분에서 성경을 잘못 해석하여, 하나님의 성품은 사실상 준엄하심을 찾아볼 수 없는, 멋대로 하게 놓아두는 관대함이라고 생각한다.

최근 들어 몇몇 신학자가 그에 대한 반작용으로 하나님의 거룩함이라는 진리를 재차 단언하려 애써 온 것은 사실이다. 하지만 그들은 내키지 않는 마음으로 마지못해 그같이 한 것처럼 보인다. 또 사람들은 대부분 그들의 말에 귀를 기울이지 않았다. 현대의 개신교도들은, 단지 브루너(Brunner)나 니버(Niebuhr) 같은 사람이 그것만이 전부는 아닐 것이라고 의심한다는 사실 때문에, 하나님이 하늘에 있는 산타클로스 같은 존재라는 그들의 '계몽된' 교리를 고수하는 일을 포기하지는 않을 것이다. 하나님에 대해(만일 하나님이 계신다면) 그분이 무한히 참으시며 인자하시다는 것 외에는 말할 것이 없다는 그들의 확신은 칡넝쿨만큼이나 뿌리 뽑기가 어렵다. 그리고 일단 그런 확신이 뿌리를 내리면, 참된 의미의 기독교는 그냥 죽어 없어져 버린다. 기독교의 본질은 그리스도가 십자가 상에서 행하신 구속 사역을 통한 죄사함을 믿는 것이기 때문이다.

하지만 산타클로스 신학에 기초하면, 죄는 아무런 문제도 일으키지 않으며, 속죄는 필요 없는 것이다. 또 하나님의 은총은 하나님의 명령을 지키는 사람들에게나 그 명령을 무시하는 사람들에게나 똑같이 임한다. 하나님의 태도가, 그분이 말씀하시는 것을 우리가 행하느냐 아니냐에 영향을 받는다는 생각은 이들에게 자리잡지 못하며, 하나님의 임재를 두려워하고 하나님의 말씀에 떨 필요가 있음을 보여 주려는 모든 시도는 믿기 어려울 정도로 구식—'빅토리아 시대의', '청교도적인', '하위 기독교적인'—사고방식으로 치부되어 버린다.

하지만 산타클로스 신학은 그 안에 붕괴의 씨를 지니고 있다. 그것은 악이 존재한다는 사실에 대처할 수 없기 때문이다. 20세기가 시작될 무렵 '선하신 하나님'에 대한 자유주의의 믿음이 널리 퍼졌을 때, 소위 악의 문제(이전에는 이것을 문제로 여기지 않았다)가 갑자기 기독교 변증학의 최고 관심사로 부상한 것은 우연이 아니다. 이것은 불가피한 일이었다. 잔학 행위, 부부 간의 부정, 비명횡

사, 폐암과 같은 비통하고 파괴적인 것에서 하늘에 있는 산타클로스의 선의를 발견하기란 불가능하기 때문이다. 하나님에 대한 자유주의적 견해를 지키는 유일한 길은, 하나님을 이런 것들과 분리시켜 그분이 이러한 것들과 직접적인 관계가 있거나 그것들을 통제한다는 점을 부인하는 것이다. 다시 말해, 세상에 대한 하나님의 전능하심과 주권을 부인하는 것이다. 자유주의 신학자들은 50년 전에 이러한 방침을 취했으며, 사람들은 오늘날 보통 이러한 방침을 취한다. 그래서 그들은 하나님이 선의를 갖고 있기는 하지만, 자녀들을 문제와 슬픔에서 항상 격리시킬 수는 없는 인자하신 분이라는 개념을 가지게 된다. 그러므로 문젯거리가 닥쳐오면 억지로 씩 웃고 참는 것 외에는 달리 아무것도 할 수 없다. 이렇게 기이한 역설에 의해, 항상 인자하기만 하고 전혀 준엄하지는 않으신 하나님에 대한 믿음은 사람들에게 인생에 대한 숙명론적이고 비관적인 태도를 확증시켜 주는 경향이 있다.

그렇다면 이것은 우리 시대의 종교적 샛길 중 하나로서 (모든 종교적 샛길이 이러저러한 방식으로 그렇게 하듯이) 의심의 성과 거대한 절망의 땅으로 이끈다. 이 길에서 헤매는 사람들이 어떻게 하면 바른 길로 다시 돌아갈 수 있을까? 오직 성경에 따라 하나님의 인자를 하나님의 준엄하심과 관련시키는 법을 배울 때만 그렇게 할 수 있다. 여기서 우리의 목적은 이 점에 대한 성경적 가르침의 본질을 대략적으로 살펴보는 것이다.

하나님의 인자하심

인자함이란 인간의 경우와 마찬가지로 하나님에게 있는 찬탄할 만하고, 매력적이며, 칭찬할 만한 어떤 것을 의미한다. 성경 기자들이 하나님을 **인자하시다**고 말할 때, 그들은 일반적으로 하나님의 백성이 하나님을 **완전하다**고 부를 때의 모든 도덕적 자질, 그리고 특히 그들을 감동시켜 하나님을 **자비롭고 은혜롭다**고 부르며 또한 하나님의 **사랑**에 대해 말하도록 하는 관대함에 대해 생각한다. 이를 좀더 상세히 설명해 보도록 하자.

성경은, 하나님의 말씀에 단언되어 있으며 그분의 백성의 체험에서 입증된 하나님의 도덕적 완전성이라는 주제를 여러 표현으로 계속 설명한다. 하나님이 시내산에서 모세와 함께 서서 "여호와(즉, 자기 백성의 여호와로서의 하나님, 은혜 언약에서 자신에 대해 '나는 스스로 있는 자니라'라고 말씀하신 주권적인 구세주)의 이름(즉 계시된 성품)을 선포하실" 때, 그분이 말씀하신 것은 이것이었다. "여호와라 여호와라. 자비롭고 은혜롭고 노하기를 더디 하고 인자와 진실이 많은 하나님이라. 인자를 천 대까지 베풀며 악과 과실과 죄를 용서하리라. 그러나 벌을 면제하지는 아니하고"(출 34:6-7). 그리고 하나님의 도덕적 완전함에 대한 이러한 선포는, 자신의 **선한 것**을 모두 모세 앞으로 지나가게 하시겠다는 하나님의 약속의 성취로서 실행되었다(출 33:19). 여기에 언급된 모든 완전함 및 그에 따르는 모든 것—하나님의 진실하심과 신뢰할 만함, 무한한 정의와 지혜, 다정하심, 오래 참으심 그리고 회개하는 마음으로 하나님의 도움을 구하는 모든 사람에게 전적으로 충분하심, 신자들에게 거룩함과 사랑 가운데 자신과 교제할 수 있는 고귀한 운명을 제공하시는 숭고한 인자하심—이 한데 모여 하나님의 계시된 탁월함의 총계라는 의미에서 하나님의 인자를 이루고 있다.

그리고 다윗이 "하나님의 도는 완전하다"(삼하 22:31; 시 18:30)고 선언했을 때 의미하는 바가 이것이다. 곧 하나님의 백성은 다윗이 발견했던 것처럼 하나님이 자신의 것이라고 주장하신 것에 대해서 인자하심이 결코 다함이 없음을 체험을 통해 발견한다는 것이다. "하나님의 도는 완전하고 여호와의 말씀은 순수하니 그는 자기에게 피하는 모든 자에게 방패시로다." 시편 18편은 하나님이 약속에 얼마나 신실하시며, 방패와 방어자로서 충족하신 분인가에 대해 알게 된 바를 회고하는 다윗의 선포다. 그리고 죄에 빠져듦으로써 자신의 천부적 권리를 빼앗기지 않은 하나님의 자녀는 모두 이와 유사한 체험을 한다.

(부수적으로 말해, 만일 모든 점에서 당신의 간증이 다윗의 간증에 얼마나 필적하는가를 자문하면서 이 시편을 주의 깊게 통독해 보지 않았다면, 즉시 그렇게 해 볼 것을 그리고 종종 그렇게 해 볼 것을 권한다. 그러면 그것이 충격적이기는 하지만 유익한 훈련임을 알게 될 것이다.)

하지만 더 말할 것이 있다. 하나님의 도덕적 완전함 안에는 특별히 **인자**가 나타내는 한 가지―하나님이 모세에게 "내 모든 선한 것"을 선언하시면서, 자신에 대해 "**인자**와 진실이 많은 하나님"(출 34:6)이라고 말씀하셨을 때 특별히 뽑아 내신 특성―가 있다. 그것은 바로 **관대함**이라는 특성이다. 관대함이란 어떤 보상도 바라지 않고 그리고 받는 사람이 합당한 자격이 있는가에 구애받지 않고 일관되게 그것을 초월하여 다른 사람들에게 주는 성향을 의미한다. 관대함이란 다른 사람들이 행복해지는 데 필요한 것을 가졌으면 하는 단순한 바람을 표현한다. 관대함은 하나님의 도덕적 완전함의 초점이다. 그것은 하나님의 다른 모든 탁월함이 어떻게 나타나야 하는가를 결정하는 특성이다.

하나님은 "인자하심이 풍성하시다." 오래 전에 라틴어를 사용하는 신학자들이 표현하곤 했던 대로(*ultro bonus*) 그분에게는 관대함이 넘쳐흐르며 자발적으로 인자하시다. 개혁주의 신학자들은 신약의 단어인 **은혜**(값없이 주는 은총)를 모든 종류의 신적 관대함의 행위를 망라해서 가리키는 데 사용한다. 여기서 '창조, 보존 그리고 이생의 모든 복'이라는 **일반 은총**과 구원의 섭리에서 나타나는 **특별 은총**이 구분된다. **일반**과 **특별**이라는 대비의 요점은 전자로부터는 모든 사람이 유익을 얻지만, 후자로부터는 모든 사람이 영향을 받지는 않는다는 것이다. 성경적인 방식으로 이러한 구분을 표현하자면, 하나님은 어떤 점에서 모든 사람에게 인자하시고, 모든 점에서 어떤 사람에게 인자하시다고 말할 수 있다.

자연적인 복을 내려 주시는 데 하나님이 얼마나 관대하신지는 시편 145편이 환호하며 외친다. "여호와께서는 모든 것을 선대하시며 그 지으신 모든 것에 긍휼을 베푸시는도다.…모든 사람의 눈이 주를 앙망하오니 주는 때를 따라 그들에게 먹을 것을 주시며 손을 펴사 모든 생물의 소원을 만족하게 하시나이다"(9, 15-16절; 참고. 행 14:17). 시편 기자가 말하는 요점은 하나님이 세상에서 일어나는 모든 것을 관장하시므로 모든 식사, 모든 기쁨, 모든 소유물, 모든 햇빛, 모든 잠, 건강하고 안전한 모든 순간, 그 외 삶을 유지하고 풍요롭게 하는 모든 것이 하나님의 선물이라는 것이다. 이 선물들은 얼마나 풍성한가! "받은 복을 세어 보아라"라고 어떤 찬송은 촉구한다. 그리고 자신이 받은 자연적 복만이라도 진지하게 열거해 보기 시작한다면 누구나 곧 그 다음 가사—"주의 크신 복을 네가 알리라"—가 얼마나 호소력 있는지 느끼게 될 것이다. 하지만 자연적인 수준에서 주어지는 하나님의 자비가 아무리 풍성하다 할지라도 영적 구속이라는 더 큰 자비 앞에서는 빛을 잃고 만다.

이스라엘의 노래하는 자들이 사람들에게 "그는 선하시며 인자하심이 영원하기" 때문에 하나님께 감사를 드리라고 권유할 때(시 106:1; 107:1; 118:1; 136:1; 참고. 100:4-5; 대하 5:13; 7:3; 렘 33:11), 보통 그들이 생각한 것은 구속의 자비였다. 곧 하나님이 이스라엘을 애굽에서 구원해 내신 "여호와의 권능"(시 106:2; 136편), 종들이 죄에 빠질 때 기꺼이 그것을 참으시고 용서하시는 것(시 86:5), 자진해서 백성들에게 자신의 도를 가르치시는 것(시 119:68) 등이다. 그리고 바울이 로마서 11:22에서 말하는 인자하심은 "돌감람나무"인 이방인을 하나님의 감람나무, 즉 구원받은 신자들의 공동체인 하나님의 언약 백성의 교제권에 접붙이는 하나님의 자비를 말한다.

하나님의 인자하심에 대한 전통적인 해설은 시편 107편에 나온다. 여기서 시편 기자는 "여호와께 감사하라. 그는 선하시며 그 인자하심이 영원함이로다"라는 자신의 권유를 강조하기 위해, 포로 생활을 하던 이스라엘과 개인적 곤경에 처한 이스라엘인 개개인들이 과거에 경험한 것들을 일반화해서 말한다. 그는 어떻게 사람들이 "여호와께 부르짖으매 그들의 고통에서 건지셨는가"에 대한 네 가지 예를 든다(1, 6, 13, 19, 28절). 첫 번째 예는 하나님이 무력한 자들을 원수에게서 구원하시고 광야에서부터 집을 찾도록 인도하신 것이다. 두 번째는 하나님이 자신에 대한 반역으로 인해 "흑암과 사망의 그늘" 상태에 처하게 하셨던 바로 그 사람들을 구원하신 것이다. 세 번째는 하나님이 자신을 무시하는 "미련한 자"에게 벌로 내리신 질병을 고치신 것이며, 네 번째 예는 하나님이 항해하는 자들이 자신들의 배를 가라앉게 할 것이라 생각했던 그 폭풍우를 잠잠하게 하심으로써 그들을 보호하신 것이다. 예는 "여호와의 인자하심과 인생에게 행하신 기적으로 말미암아 그를 찬송할지로다"라는 후렴구로 끝난다(8, 15, 21, 31절). 이 시편 전체는 인간의 삶을 변화시키는 하나님의 인자하심이 시행되는 것에 대한 장엄한 파노라마다.

하나님의 준엄하심

그렇다면 하나님의 준엄하심은 어떻게 된 것인가? 바울이 로마서 11:22에서 사용하는 단어는 문자적으로 '잘라내다'라는 의미다. 그것은 하나님이 자신의 인자하심을 일축해 버린 자들에게서 그 인자를 단호하게 거두시는 것을 나타낸다. 그것은 하나님이 모세에게 자신의 이름을 선포하실 때 단언하신 사실, 즉 하나님은 "인자와 진실이 많은" 분이기는 하지만 "벌―즉 완강하고 회개하지 않는 죄―을 면죄하지는 않는다"는 사실을 상기시킨다(출 34:6-7). 바울이 언급한 준엄함의 행위는 이스라엘이 예수 그리스도의 복음을 믿지 않았기 때문에 하나님이 이스라엘을 전체적으로 거부하신 것이다. 하나님은 이스라엘을 그들이 속한 원래 가지였던 하나님의 감람나무에서 꺾어 버리셨다. 이스라엘은 하나님이 인자하시다고는 믿었지만, 하나님의 아들을 통해 나타난 그분의 인자하심의 구체적 표현은 무시했다. 그러자 하나님은 즉각적으로 반응하셨다. 하나님은 이스라엘을 잘라내어 버리셨다. "너는 믿으므로 섰느니라. 높은 마음을 품지 말고 도리어 두려워하라. 하나님이 원 가지들도 아끼지 아니하셨은즉 너도 아끼지 아니하시리라"(롬 11:20-21).

여기서 바울이 적용하는 원리는, 하나님의 인자하심을 나타내는 모든 표현의 배후에는 만일 그 인자하심이 멸시를 당했을 때는 준엄한 심판이 있으리라는 위협이 담겨 있다는 것이다. 그 인자함으로 인해 우리가 감사와 그에 응답하는 사랑으로 하나님께 가까이 가지 않는다면, 하나님이 우리에게서 돌아서실 때 모든 책임은 우리에게 있다.

로마서 앞부분에서 바울은 자기 만족에 차서 인간의 본성을 평가하는 비기독교적 비판가들에 대해 다음과 같이 말한 바 있다. "하나님의 인자하심이 **너를 인도하여** 회개하게 하신다." 즉 필립스역에서 제대로 의역한 것처럼 "회개로 **너를 인도하게끔 되어 있다.**" "판단하는 네가 같은 일을 행함이니라." 하지만 하나님은 당신의 잘못, 당신이 다른 사람에게서 볼 때는 하나님의 심판을 받아 마땅하다고 여기는 바로 그 잘못들을 참으셨으며, 따라서 당신은 매우 겸손하고 감사해야만 한다. 다른 사람에게는 호통을 치면서 당신 자신은 하나님께 의지하는 일을 잊는다면 그것은 "그의 인자하심과 용납하심과 길이 참으심이 풍성함을 멸시"하는 것을 보이는 것이며, 그럼으로써 "네 고집과 회개하지 아니한 마음을 따라…진노를 네게 쌓는"(롬 2:1-5) 것이다.

마찬가지로 바울은 로마의 그리스도인들에게 하나님의 인자는 특정한 조건에서만 그들의 몫이라고 말한다. "너희가 만일 하나님의 인자하심에 머물러 있으면 그 인자가 너희에게 있으리라. 그렇지 않으면 너도 찍히는 바 되리라"(롬 11:22). 누구에게나 똑같은 원리가 적용된다. 회개와 믿음과 신뢰와 하나님의 뜻에 대한 순종으로 하나님의 인자에 반응하기를 거부하는 사람들에게는, 조만간 하나님의 인자의 표현들이 사라져 버리고 그러한 표현들로부터 유익을 얻을 기회가 끝나 버리며, 징벌이 수반된다고 해도 이상하게 생각하거나 불평할 수 없다.

하지만 하나님은 성급하게 준엄함을 나타내지는 않는다. 오히려 그와 정반대다. 하나님은 "더디 노하시며"(느 9:17; 시 103:8; 145:8; 욜 2:13; 욘 4:2) "노하기를 더디 하신다"(longsuffering; 출 34:6; 민 14:18; 시 86:15, KJV). 성경은 은혜의 날을 연장하고 회개할 기회를 더 많이 주기 위해, 마땅히 내려야 할 심판을 연기하시는 하나님의 인내와 관용을 중시한다. 베드로는 세상이 타락하고 심판이 필요할 때 그럼에도 불구하고 어떻게 "노아의 날…하나님이 오래 참고 기다리셨는가"(벧전 3:20)를—이는 아마도 창세기 6:3에 언급된 120년 동안의 유예 기간(처럼 보이는 것)을 말하는 듯하다—우리에게 상기시킨다.

또한 로마서 9:22에서 바울은 역사 속에서 하나님이 "멸하기로 준비된 진노의 그릇을 오래 참으심으로 **관용하셨다**"고 말한다. 또한 베드로는 1세기의 독자들에게 그리스도께서 심판하러 다시 오겠다고 하신 약속이 아직 성취되지 않은 이유는 하나님이 "너희를 대하여 오래 참으사 아무도 멸망하지 아니하고 다 회개하기에 이르기를 원하시기" 때문이라고 설명한다(벧후 3:9). 이와 똑같은 설명이 오늘날에도 적용될 것이다. 심판이 최종적으로 임하기 전에 회개할 기회를 주시는 하나님의 인내(계 2:5)는 성경 이야기에 들어 있는 경이로움이다. 신약에서 오래 참음이 그리스도인의 미덕이요 의무라고 말하는 것은 놀라운 일이 아니다. 그것은 사실상 하나님의 형상의 일부다(갈 5:22; 엡 4:2; 골 3:12).

우리의 반응

앞에서 살펴본 내용에서 우리는 적어도 세 가지 교훈을 얻을 수 있다.

1. **하나님의 인자하심에 감사하라.** 당신이 받은 복을 세어 보라. 자연적인 은혜, 재능, 기쁨을 당연하게 여기지 말라. 이 모든 것에 대해 감사하라. 성경이나 예수 그리스도에 대해 무심한 태도를 취함으로써 둘 중 어느 것도 무시하지 말라. 성경은 우리 죄인들이 하나님과 화목해지도록 하기 위해 고난당하시고 죽으신 구세주를 보여 준다. 갈보리는 하나님의 인자를 나타내는 척도다. 그것을 마음에 새기라. 스스로 시편 기자가 던진 다음과 같은 질문을 던져 보라. "내게 주신 모든 은혜를 내가 여호와께 무엇으로 보답할까?" 시편 기자와 같이 대답할 수 있는 은혜를 구하라. "내가 구원의 잔을 들고 여호와의 이름을 부르며…여호와여 나는 진실로 주의 종이요…여호와께 서원한 것을…내가 지키리로다"(시 116:12-18).

2. **하나님의 인내에 감사하라.** 당신의 삶에서 너무나 많은 것이 하나님께 합당하지 않고 하나님께 거부당해 마땅함에도 불구하고, 하나님이 당신을 참으셨으며 지금도 참으심을 생각해 보라. 그리고 하나님의 인내에 경이로움을 느끼는 법을 배우며, 다른 사람을 대할 때 그러한 인내를 나타낼 수 있는 은혜를 구하라. 그리고 하나님의 인내를 더 이상 시험하려 하지 말라.

3. **하나님의 징계에 감사하라.** 하나님은 당신을 받쳐 주시며, 궁극적으로 당신을 둘러싸고 있는 분이다. 모든 것이 하나님에게서 나오며, 당신은 날마다 하나님의 인자를 맛보아 왔다. 이러한 경험으로 인해 회개와 그리스도에 대한 믿음으로 나아갔는가? 그렇지 않았다면, 당신은 하나님을 희롱하는 것이며, 하나님의 준엄하심을 맛보게 될지도 모른다. 하지만 만일 지금 하나님이, 휫필드의 표현대로 당신의 침대에 가시를 넣어 놓으셨다면, 그것은 당신으로 하여금 영적 죽음이라는 잠에서 깨어나게 하고 일어나 하나님의 자비를 구하도록 하기 위해서일 뿐이다.

만일 당신이 참된 신자고 하나님이 여전히 당신의 침대 안에 가시를 넣어 놓으신다면, 그것은 당신이 자기 만족이라는 비몽사몽의 상태로 떨어지지 않도록 막고, 부족함을 느껴서 끊임없이 스스로를 낮추고 하나님의 얼굴을 구하는 믿음을 가지도록 하기 위한 것일 뿐이다. 하나님의 인자라는 배경에서 하나님의 준엄하심이 잠시 영향을 끼치는 이러한 친절한 징계는 우리가 인자라는 배경 없이 그러한 준엄함에 정면으로 맞서지 않도록 하기 위한 것이다. 그것은 사랑의 징계이며, 그렇게 받아들여야 한다. "내 아들아 주의 징계하심을 경히 여기지 말며"(히 12:5). "고난당한 것이 내게 유익이라. 이로 말미암아 내가 주의 율례들을 배우게 되었나이다"(시 119:71).

17　질투하시는 하나님

'질투하시는 하나님.' 왠지 이 말이 거슬리지 않는가? 우리는 질투라는 녹색 눈의 괴물(셰익스피어의 오셀로에 나오는 질투의 화신—역주)을 가장 암적이고 영혼을 파괴하는 악으로 알고 있기 때문이다. 반면 우리는 하나님이 온전히 선하심을 확신한다. 그렇다면 하나님께 질투가 있으리라고 상상이나 할 수 있겠는가?

　이 질문에 대답하는 첫 단계는, 이것이 어떤 것을 **상상하는** 일이 아니라는 점을 분명히 밝히는 것이다. 우리가 하나님을 상상하고 있다면, 자연히 하나님이 우리가 찬탄하는 특성들만을 가지고 있다고 생각할 것이며, 질투는 거기에 등장하지 않을 것이다. 누구라도 질투하시는 하나님을 **상상하지는** 않을 것이다. 하지만 우리는 상상력에 의존함으로써 하나님에 대한 개념을 만들어 내고 있는 것이 아니다. 그 대신에 성경에서 하는 말을 들으려 한다. 하나님은 성경에서 자신에 대한 진리를 친히 우리에게 말씀해 주신다. 왜냐하면 우리의 창조주이신 하나님, 우리가 어떠한 상상력을 발휘한다 해도 결코 발견할 수 없을 그 하나님이 그분 자신을 계시하셨기 때문이다. 하나님이 말씀하셨다. 하나님은 많은 인간 대리인과 사자를 통해 그리고 궁극적으로는 하나님의 아들이신 우리 주 예수 그리스도를 통해 말씀하셨다. 하나님은 또한 자신의 메시지와 능하신 활동들에 대한 기억이 구두적 전달이라는 왜곡 과정으로 뒤틀리고 상실되도록 내버려두지 않으셨다. 오히려 그것들이 영구적으로 기록된 형태로 남게 하셨다. 그리고 칼뱅이 말한 대로 하나님의 '공적 기록'인 성경에서, 우리는 하나님이 자신의 질투에 대해 반복해서 말씀하시는 것을 발견한다.

하나님이 이스라엘에게 율법과 언약을 주시기 위해 이스라엘을 애굽에서 시내산으로 데려가셨을 때, 하나님의 질투는 그들에게 자신에 대해 첫 번째로 가르쳐 주신 사실 중 하나였다. 모세의 귀에 들리게 말씀하시고 돌판에 "하나님이 친히 쓰신"(출 31:18) 제2계명의 제재 규약은 "나는 질투하는 하나님"(20:5)이라는 것이었다. 얼마 후에, 하나님은 모세에게 좀더 분명하게 "여호와는 질투라 이름하는 질투의 하나님임이니라"(34:14)고 말씀하셨다. 이 말씀은 위치로 보아 가장 중요한 본문이다. 하나님의 이름, 즉 성경에서 항상 그렇듯이 하나님의 본질과 성품을 알리는 것은 출애굽기의 기본 주제다. 3장에서 하나님은 자신의 이름을 "스스로 있는 자"(I AM WHO I AM 또는 I AM)라고 밝히셨으며, 6장에서는 "여호와"라고 밝히신다. 이 이름들은 하나님이 스스로 존재하시며, 스스로 결정하시는 주권적인 분이라는 것을 말해 준다. 그러고 나서 34장에서 하나님은 모세에게 "여호와라. 자비롭고 은혜롭고 노하기를 더디 하고 인자와 진실이 많은 하나님이라.…악…을 용서하리라. 그러나 벌을 면죄하지는 아니하고"(34:6-7)라고 말씀하심으로써 자신의 이름을 분명히 나타내셨다. 이것은 하나님의 도덕적 영광을 설명하는 이름이었다.

마지막으로 일곱 절 후 하나님은 모세와 나눈 똑같은 대화 가운데서, 자신의 이름이 "질투"라고 밝히심으로 이름에 대한 계시를 요약하고 마무리하셨다. 분명 이 예상 밖의 단어는 하나님 안에 있는 한 특성을 의미하며, 앞에 나온 하나님의 이름에 대한 해설과 모순되기는커녕 어떤 의미에서 그것의 요약이다. 그리고 이 특성은 참된 의미에서 하나님의 '이름'이므로, 하나님의 백성이 그것을 이해하는 것은 중요했다.

사실상 성경은 하나님의 질투에 대해 상당히 많이 다룬다. 모세오경(민 25:11; 신 4:24; 6:15; 29:20; 32:16, 21), 역사서(수 24:19; 왕상 14:22), 선지서(겔 8:3-5; 16:38, 42; 23:25; 36:5-7; 38:19; 39:25; 욜 2:18; 나 1:2; 습 1:18; 3:8; 슥 1:14; 8:2), 시편(78:58; 79:5) 등 여러 곳에 하나님의 질투에 대한 언급이 나온다(개역 개정 성경에서는 jealous라는 말이 질투, 투기, 열심 등 여러 단어로 번역되어 있다—역주). 그것은 한결같이, 진노의 행동이건 자비의 행동이건 행동의 동기로 나타난다. "내가 이제 내 거룩한 이름을 위하여 열심을 내어"(겔 39:25). "내가 예루살렘을 위하며 시온을 위하여 크게 질투하며"(슥 1:14). "여호와는 질투하시며 보복하시는 하나님이시니라"(나 1:2).

신약에서 바울은 주제넘은 고린도인들에게 "우리가 주를 질투하시게 하려는 것입니까?"(고전 10:22, 새번역)라고 묻는다. 또한 RSV에서 야고보서 4:5의 난해한 문장을 "하나님이 우리 속에 거하게 하신 성령이 시기하기까지(문자적으로는 '질투에 이르기까지') 사모한다"고 번역한 것은 아마도 옳을 것이다.

하나님의 질투의 본질

하지만 이러한 질투의 본질은 무엇인가? 어떻게 질투가 인간에게 있을 때는 악덕인데 하나님께 있을 때는 미덕이 될 수 있는가? 하나님의 온전하심은 찬양할 만한 일이다. 하지만 하나님이 질투하시는 것을 알고 어떻게 하나님을 찬양할 수 있단 말인가?

다음 두 가지 사실을 염두에 두면 이러한 질문들에 대한 대답을 발견할 수 있을 것이다.

1. 하나님의 질투에 대한 성경의 진술들은 신인동형론적인 것이다. 즉 그것들은 하나님을 우리 인간의 삶에서 이끌어낸 언어로 묘사한 것이다. 성경은 신인동형론적 표현—하나님의 팔, 손과 손가락, 하나님이 들으시고 보시고 냄새 맡으시는 것, 하나님의 온유하심과 분노, 후회, 웃으심, 기쁨 등—으로 가득 차 있다. 하나님이 자신에 대해 말씀하시기 위해 이러한 용어들을 사용하시는 이유는, 우리의 생활에서 이끌어낸 언어야말로 하나님에 대한 개념을 가장 정확하게 전달할 수 있는 매체이기 때문이다. 하나님은 **인격적** 존재시며, 우리 역시 물리적 창조계의 어떤 것과도 다른 인격적 존재다. 모든 물리적 피조물 중에서 인간만이 하나님의 형상으로 만들어졌다. 우리는 우리가 아는 어떤 존재보다도 하나님과 닮았기 때문에, 하나님이 인간적인 용어들로 자신을 묘사하실 때 설명을 가장 잘 돕고

오해를 덜 불러일으킨다. 우리는 15장에서 이 점에 대해 말했다.

하지만 하나님의 신인동형론에 직면할 때, 우리는 잘못 판단하기 쉽다. 우리는 인간이 조물주의 척도가 아니라는 점과, 인간의 개인 생활에 대한 언어가 하나님에 대해 사용되더라도 인간이 피조물이기 때문에 갖는 한계―제한된 지식, 권능, 예지, 힘, 일관성 혹은 그런 종류의 어떤 것―가 전혀 내포되어 있지 않음을 기억해야 한다. 그리고 우리는 인간의 특성 안에 있는 그러한 요소 중 타락의 영향을 받은 것들이 하나님에게는 전혀 없음도 기억해야만 한다. 따라서 예를 들어, 하나님의 진노는 인간의 진노가 종종 그렇듯이 비열한 폭발 곧 교만과 연약함의 징후가 아니라, 도덕적으로 옳고 영광스러운 방식으로 악에 대응하는 거룩함이다. "사람이 성내는 것이 하나님의 의를 이루지 못함이라"(약 1:20). 하나님의 진노는 바로 사법적 행동에서 나타나는 하나님의 의로움이다. 그리고 마찬가지로, 하나님의 질투는 인간의 질투가 매우 자주 그렇듯이 좌절과 시기와 원한의 복합체가 아니라, 어떤 것을 가장 값지게 보존하려는 (문자 그대로) 찬양할 만한 열심으로 나타난다. 이로 인해 우리는 다음 사항을 생각하게 된다.

2. 인간에게는 두 종류의 질투가 있으며, 그 중 하나만이 악덕이다. 사악한 질투는 다음과 같은 태도가 표현된다. "나는 네가 가진 것을 원해. 그리고 내가 그것을 가지지 못했기 때문에 너를 미워해." 이는 억제되지 않은 탐욕에서 생겨나는 유치한 분개함이며 시기, 악의, 비열한 행동 등으로 표현된다. 이것은 대단히 강력하며, 주로 우리의 타락한 성품을 키우는 요인인 교만을 북돋우며 또한 교만에 의해 북돋워진다. 질투에는 비정상적인 강박성이 있는데, 거기 탐

닉하면 견고한 성품이 갈기갈기 찢길 수 있다. 현자는 "분은 잔인하고 노는 창수 같거니와 투기 앞에야 누가 서리요"라고 묻는다(잠 27:4). 종종 성적 질투라 불리는, 거부당한 혹은 밀려난 구혼자의 미친 듯한 광포함은 바로 이런 종류의 질투다.

하지만 또 다른 종류의 질투가 있다. 그것은 사랑의 관계를 보호하려는 혹은 그것이 깨어졌을 때 복수하려는 열심이다. 이 질투 역시 성적인 영역에서 작동한다. 하지만 그것은 상처받은 자존심의 맹목적인 반응이 아니라 부부 간의 애정의 열매로 나타난다. 태스커(Tasker) 교수가 썼듯이, 결혼한 사람으로서 "배우자의 정부 혹은 간통자가 자기 집에 침입하는 것에 대해 아무런 질투도 느끼지 않는 사람은 분명 도덕적 인식이 결여된 사람일 것이다. 배타성이야말로 결혼의 본질이기 때문이다"(*The Epistle of James*, p. 106). 이러한 종류의 질투는 긍정적인 미덕이다. 그것은 남편과 아내의 관계를 손상되지 않게 지키려는 적절한 열심과 함께 그 관계의 진정한 의미를 알고 있음을 보여 주기 때문이다.

구약 율법은 이러한 질투의 타당성을 인식했으며, 아내가 부정을 저지르지 않았나 우려하여 '의심'에 사로잡힌 남편들을 위해 어떻게든 마음을 진정시키도록 하는 "의심의 소제(燒祭)"와 저주를 통한 죄인 판별법이 규정되어 있다(민 5:11-31). 여기에서나 잠언 6:34에서 부당한 취급을 받은 남편의 질투를 언급하는 점에서, 성경은 남편의 태도가 도덕적으로 문제가 있다고 암시하지 않는다. 오히려 자신의 결혼을 공격으로부터 지키고, 그것을 범하는 이에게 조치를 취하려는 결의를 자연스럽고 정상적이며 옳은 것으로 여기고, 그가 자신의 결혼을 마땅히 그래야 하는 만큼 귀중히 여기는 증거로 치부한다.

    그리고 성경은 일관되게 하나님의 질투를 후자와 같은 종류로 본다. 즉 자기 백성에 대한 하나님의 언약적 사랑의 한 측면으로 보는 것이다. 구약은 하나님의 언약을 하나님이 이스라엘과 결혼한 것으로 여기며, 거기에는 무조건적인 사랑과 충성에 대한 요구가 수반된다고 본다. 우상을 숭배하는 것과 이스라엘인이 아닌 우상 숭배자들과의 관계는 모두 불순종과 신실치 못함이었다. 하나님은 그것들을 영적 간음으로 보셨으며, 그것들은 하나님의 질투와 복수를 유발했다. 하나님의 질투에 대한 모세의 언급은 모두 이러저러한 형태의 우상 숭배와 관련되어 있다. 그것들은 모두 앞서 인용한 제2계명의 제재 규약으로 되돌아간다. 여호수아 24:19; 열왕기상 14:22; 시편 78:58; 고린도전서 10:22에서도 마찬가지다. 에스겔 8:3은 예루살렘에서 숭배되는 우상을 "질투의 우상 곧 질투를 일어나게 하는 우상"이라고 부른다. 에스겔 16장에서 하나님은 이스라엘을 가나안, 애굽, 앗수르의 우상들 및 우상 숭배자들과 거룩하지 못한 간통 관계에 있는 간통한 아내로 묘사하시며, 다음과 같은 판결을 내리신다. "내가 또 간음하고 사람의 피를 흘리는 여인을 심판함같이 너를 심판하여 진노의 피와 질투의 피를 네게 돌리고"(38절; 참고. 42절; 23:25).

    이러한 본문들을 통해 우리는 하나님이 모세에게 자신의 이름을 '질투'라고 하신 것이 무엇을 의미하는지 분명히 알게 된다. 하나님은 사랑하고 구속한 자들에게 전적이고 절대적인 충성을 요구하시며, 그들이 신실하지 못함으로 자신의 사랑을 배신한다면 단호한 행동을 취하심으로 자신의 주장이 옳음을 보이시리라는 의미다. 칼뱅은 제2계명의 제재 규약을 다음과 같이 설명함으로써 핵심을 찌른다.

> 여호와는 종종 우리에게 남편의 자격으로 말씀하신다.…하나님은 참되고 신실한 남편의 모든 직무를 수행하시면서, 우리에게서 사랑과 정숙함을 요구하신다. 즉 우리가 사탄에게 우리의 영혼을 팔아넘기지 말 것을 요구하신다.…남편이 순결하고 정숙하면 할수록, 그는 아내가 연적에게 마음이 기우는 것을 볼 때 마음이 더 심하게 상한다. 이렇듯 진리 안에서 우리와 약혼하신 여호와는, 우리가 여호와의 거룩한 혼인의 순결함을 소홀히 하면서 혐오스러운 정욕으로 우리 자신을 더럽힐 때마다, 그리고 특별히 가장 주의 깊게 지켜야 할 하나님의 신성에 대한 예배가 다른 대상에게로 옮겨질 때, 또는 어떤 사교(邪敎)적 행위와 뒤섞일 때면 언제나 가장 격렬한 질투를 느끼신다. 그러할 때 우리는 간부(姦夫)의 접근을 허락함으로써 부부의 약속을 어길 뿐만 아니라, 혼인의 침상도 더럽히기 때문이다(*Institutes*, II, viii, p. 18).

하지만 이 문제를 있는 그대로 살펴보려면, 한 가지 사항을 덧붙여야 한다. 앞에서 살펴본 대로 자신의 백성에 대한 하나님의 질투는 하나님의 언약적 사랑을 전제로 한다. 그리고 이 사랑은 우발적이고 목적이 없는 일시적인 애정이 아니라 주권적인 목적의 표현이다. 하나님의 언약적 사랑의 목표는 역사가 지속되는 한 지상에 하나님의 백성이 있도록 하는 것이며, 그 이후에는 모든 시대의 하나님의 신실한 백성이 영광 가운데 하나님과 함께 있도록 하는 것이다. 언약적 사랑은 하나님의 세상에 대한 하나님의 계획의 핵심이다.

그리고 결국 하나님의 질투는 세상에 대한 전반적인 계획에 비추어 이해되어야 한다. 성경이 단언하는 하나님의 궁극적 목적은 삼중적인 것이기 때문이다. 죄에 대한 심판에서 하나님의 주권을 보여 주심으로 하나님의 통치와 의가 옳음을 입증하는 것, 하나님의 택하신 백성을 속하시고 구속하시는 것, 하나님의 영광스러운 사랑의 행위와 스스로 옳으심을 입증하시는 것에 대해 그 백성들에게서 사랑과 찬양을 받으시는 것이 그것이다. 하나님은 우리가 구해야 하는 것 곧 인간을 통한 하나님의 영광을 구하시며, 하나님이 질투하시는 이유는 궁극적으로는 이러한 목적을 달성하기 위한 것이다. 모든 형태로 나타나는 하나님의 질투는 정확하게 말하면 정의와 자비라는 하나님 자신의 목적을 성취하기 위한 "만군의 여호와의 열심"(사 9:7; 37:32; 비교. 겔 5:13)이다.

그러므로 하나님의 질투는 한편으로는 하나님의 백성 중에서 우상 숭배와 죄에 빠진 신실하지 못한 자들을 심판하고 멸하도록 하며(신 6:14-15; 수 24:19-20; 습 1:18), 모든 곳에 있는 의와 자비의 원수들을 심판하시도록(나 1:2; 겔 36:5-7; 습 3:8) 이끈다. 또 다른 한편으로 하나님의 질투는 국가적인 심판으로 하나님의 백성을 징벌하고 낮추신 후에(포로로 잡혀 가는 심판, 슥 1:14-17; 8:2; 메뚜기떼 재앙의 심판, 욜 2:18) 그들을 회복으로 이끈다. 그러면 이러한 행동을 유발시키는 것은 무엇인가? 단지 하나님이 "(그분의) 거룩한 이름을 위하여 열심을 내는"(겔 39:25) 분이라는 사실이다. 하나님의 **이름**이란 여호와, 주님, 역사의 통치자, 의의 수호자, 죄인들의 구세주로서의 하나님의 본질과 성품이다. 그리고 하나님은 그 이름이 알려지고, 존귀히 여겨지고, 찬양을 받도록 하신다. "나는 여호와이니 이는 내 이름이라. 나는 내 영광을 다른 자에게, 내 찬송을 우상에게 주지 아니하리라"(사 42:8). "나는 나를 위하며 나를 위하여 이를 이룰 것이라. 어찌 내 이름을 욕되게 하리요 내 영광을 다른 자에게 주지 아니하리라"(사 48:11). 이 본문들에 하나님의 질투의 정수가 나와 있다.

그리스도인의 반응

이 모든 것은 주님의 백성이라고 고백하는 사람들에게 실제적으로 어떤 의미를 지니는가? 그 대답은 다음과 같은 두 가지 표제로 할 수 있다.

1. 하나님의 질투는 우리에게 하나님을 향한 열심을 가질 것을 요구한다. 우리를 향한 하나님의 사랑에 대한 우리의 적절한 반응이 하나님을 향한 사랑이듯이, 하나님의 질투에 대한 적절한 반응은 하나님을 향한 열심이다. 우리에 대한 하나님의 관심은 지대하다. 따라서 하나님에 대한 우리의 관심 역시 지대해야 한다. 우상 숭배를 금지하는 제2계명이 의미하는 것은, 하나님의 백성은 적극적으로 그리고 열정적으로 하나님의 인격, 목적, 영예에 헌신해야 한다는 것이다. 그러한 헌신을 나타내는 성경의 용어는 **열심**으로, 때로는 **하나님을 향한 질투**라고 불리는 것이다. 앞에서 살펴보았듯이 하나님은 이러한 열심을 보이셨으며 경건한 자들 역시 그러한 열심을 보여야만 한다.

다음에서 하나님을 향한 열심에 대한 라일(Ryle) 주교의 고전적인 묘사를 인용해 보겠다.

신앙에서 열심이란 세상에서 가능한 모든 방법을 동원하여 하나님을 기쁘시게 하고, 하나님의 뜻을 행하며, 하나님의 영광을 증진하려는 불타는 열망이다. 그것은 어떤 사람도 자연적으로는 느끼지 못하는 것으로 성령께서 신자들이 회심할 때 각 신자들의 마음에 불어넣으시는 열망이다. 하지만 어떤 신자들은 다른 신자들보다 그것을 더 강하게 느끼기 때문에 그들만이 '열심 있는' 사람들이라고 불리기에 합당한 그러한 열망이다.…

신앙에 열심 있는 사람은 두드러지게 한 가지 일에 몰두하는 사람이다. 그가 진지하고, 애정이 깊으며, 타협하지 않고, 철저하고, 전심을 다하며, 영적으로 열렬하다고 말하는 것만으로는 충분하지 않다. 그는 오직 한 가지 일만 보며, 한 가지 일만 신경쓰고, 한 가지 일을 위해 살고, 한 가지 일만 받아들인다. 그 한 가지 일이란 하나님을 기쁘시게 하는 것이다. 살든지 죽든지, 건강하든지 병들었든지, 부유하든지 가난하든지, 사람들을 기쁘게 하든지 성나게 하든지, 자신이 현명하다고 생각되든지 어리석다고 생각되든지, 비난을 받든지 칭찬을 받든지, 영광을 얻든지 수치를 당하든지, 이 열심 있는 사람은 다른 것에는 전혀 신경을 쓰지 않는다. 그는 한 가지 일만을 위해 열심을 내는데 그 한 가지 일이란 하나님을 기쁘시게 하는 것, 하나님의 영광을 촉진하는 것이다. 바로 그러한 열심으로 인해 소진되어 버린다 할지라도 그는 괘념치 않고 만족한다. 그는 등잔과도 같이 자신이 타 버리도록 만들어졌다고 생각한다. 그리고 그렇게 타다 소진된다 해도 하나님이 자신에게 주신 일을 수행할 뿐이라고 생각한다. 그런 사람들은 언제나 자신들이 열심을 발휘할 영역을 발견한다. 설교하고, 일하고, 구제금을 낼 수 없다면, 그는 울고, 한숨 쉬고, 기도할 것이다.…여호수아와 함께 골짜기에서 싸울 수 없다면, 그는 산꼭대기에서 모세와 아론과 훌의 일을 할 것이다(출 17:9-13). 스스로 일할 수 없게 된다면, 다른 지역에서 도울 사람이 일어나서 그 일이 수행되기까지 주님을 쉬지 못하게 할 것이다. 이것이 바로 내가 말하는 신앙의 '열심'이다(*Practical Religion*, 1959 ed., p. 130).

우리는 성경에서 열심을 내라고 명하고 또 열심을 내는 것에 대해 칭찬하는 것을 본다. 그리스도인들은 "선한 일을 열심히 해야" 한다(딛 2:14). 고린도인들은 꾸중을 들은 후에 "열심"으로 인해 칭찬을 받는다(고후 7:11). 엘리야는 "만군의 하나님 여호와께 열심이 유별했으며"(왕상 19:10, 14) 하나님은 불병거를 보내 그를 하늘로 데려가심으로써 그리고 변화산상에 모세와 함께 서서 주 예수님과 함께 이야기하는 '선지자들의 멋진 교제'의 대표로 그를 택하심으로 그의 열심에 경의를 표하셨다. 이스라엘이 우상 숭배와 매춘으로 하나님의 노를 발하게 했고, 모세가 그 범죄자들에게 사형 선고를 내렸으며, 사람들이 울었고, 한 남자가 그 순간에 미디안의 매춘부를 팔에 끼고 활보했으며, 비느하스가 절망으로 제 정신을 잃고 그 두 사람을 창으로 찔러 버렸을 때, 하나님은 비느하스가 '하나님을 위하여 질투'하였으며, "내 질투심으로 질투하여…내 질투심으로 그들을 소멸하지 않게 하였도다"라고 그를 칭찬하셨다(민 25:11, 13).

바울은 주님을 위해 한 마음을 품었으며 그것을 최대한 활용하는 열심 있는 사람이었다. 바울은 감옥과 고통에 직면해서 "내가 달려갈 길과 주 예수께 받은 사명 곧 하나님의 은혜의 복음을 증언하는 일을 마치려 함에는 나의 생명조차 조금도 귀한 것으로 여기지 아니하노라"(행 20:24)고 단언했다. 그리고 예수님은 열심에 대한 최고의 본을 보이셨다. 예수님이 성전을 깨끗하게 하시는 것을 바라보면서 "제자들이 성경 말씀에 주의 전을 사모하는 열심이 나를 삼키리라 한 것을 기억했다"(요 2:17).

그렇다면 우리는 어떤가? 하나님의 전에 대한 열심, 하나님의 대의에 대한 열심이 우리를 삼키는가? 우리를 사로잡는가? 우리를 태워 버리는가? 우리는 우리 주님처럼 "나의 양식은 나를 보내신 이의 뜻을 행하며 그의 일을 온전히 이루는 이것이니라"(요 4:34)고 말할 수 있는가? 우리의 제자도는 어떤 종류의 제자도인가? 우리는 저 불타는 전도자 조지 휫필드—열심이 있었던 만큼이나 겸손했던 사람—처럼 "주여 내가 시작하기 시작하도록 도와주소서"라고 기도할 필요가 있지 않을까?

2. 하나님의 질투는 하나님에 대해 열심이 없는 교회들을 위협한다. 우리는 교회를 사랑한다. 그 교회들은 신성한 교제를 나눈다. 교회들이 하나님을 기쁘시지 않게 할 것이라고는 상상할 수도 없다. 하지만 주 예수님은 우리의 몇몇 교회와 아주 비슷한, 자기 만족에 빠져 있는 라오디게아 교회에 메시지를 보낸 적이 있으시다. 그 메시지에서 예수님은 라오디게아 회중에게 그들의 열심 없음이 그분을 가장 불쾌하게 만드는 것이라고 말씀하셨다. "내가 네 행위를 아노니 네가 차지도 아니하고 뜨겁지도 아니하도다. 네가 차든지 뜨겁든지 하기를 원하노라." 자기 만족에 빠진 무감각보다 더 나쁜 것은 없다! "네가 이같이 미지근하여 뜨겁지도 아니하고 차지도 아니하니 **내 입에서 너를 토하여 버리리라**.…그러므로 네가 **열심**을 내라. 회

개하라"(계 3:15-16, 19).

오늘날 얼마나 많은 교회가 건전하고 존경할 만하면서 또한 미지근한가? 그렇다면 그들에 대해 그리스도는 무엇이라고 말씀하실까? 우리에게는 어떠한 소망이 있는가? 진노하시되 자비를 기억하시는 하나님의 자비에 의해 우리가 회개할 열심을 발견하지 못한다면 말이다. 주여, 심판이 임하기 전에 우리를 소생시키소서!

제3부 · 하나님이 우리를 위하시면

18 　 복음의 핵심

파리스 왕자는 헬렌을 트로이로 빼앗아 갔다. 그리스 원정군은 그녀를 되찾아오기 위해 배를 타고 떠났지만, 도중에 집요한 역풍을 만났다. 그리스 장군 아가멤논은 사람을 집으로 보내 딸을 데려왔고 분노한 신들을 달래기 위해 그녀를 죽여서 바친다. 그러한 조처를 한 결과 다시 서풍이 불어 함대는 별 어려움 없이 트로이에 도착했다.

주전 천 년으로 거슬러 올라가는 트로이 전쟁 전설 중 이 부분에는 화목(propitiation)의 개념이 잘 반영되어 있다. 모든 곳, 모든 시대의 이방 종교는 이러한 화목 개념에 의거해서 생겨났다. 그 개념은 다음과 같다. 세상에는 여러 신들이 있다. 그 중 어떤 신도 절대적인 통치를 하지는 못한다. 각각의 신은 당신의 삶을 좀더 편하게 혹은 좀더 어렵게 할 수 있는 권세를 어느 정도 지니고 있다. 신들의 기질은 한결같이 변덕스럽다. 아주 조그만 일에도 곧잘 기분이 상한다. 그들은 당신이 다른 신들과 다른 사람들에게는 신경을 많이 쓰는 데 비해 그들에게는 충분히 신경을 쓰지 않는다면서 질투를 한다. 그러고는 당신을 해치도록 환경을 조작함으로써 그것을 당신에게 표현한다.

이교의 화목

그 순간에 취할 수 있는 유일한 행동은 제물을 바침으로써 그 신들의 비위를 맞추고 신들을 달래는 것이다. 헌납의 규칙은 제물이 크면 클수록 좋다는 것이다. 신들은 상당한 크기의 제물을 요구하는 경향이 있기 때문이다. 이 점에서 그들은 잔인하고 냉혹하다. 하지만 그들은 유리한 입장에 있다. 그러니 당신이 무엇을 할 수 있겠는가? 지혜로운 사람이라면 불가피한 상황에 굴복하고 바람직한 결과를 얻기 위해 아주 인상적인 제물을 바치려 할 것이다. 특별히 인간을 제물로 바치는 것은 큰 희생이 따르지만 효과적이다. 이처럼 이방 종교는 차가운 상업주의, 곧 뇌물로 자신의 신들을 교묘히 다루고 조종하는 것처럼 보인다. 그리고 이교에서는 못된 기질을 가진 천상의 존재들을 달래는 일이 정규적인 삶의 일부, 곧 반드시 치러야 할 곤혹스러운 절차들 중 하나다.

그러나 성경은 우리를 이방 종교의 세계로부터 완전히 분리시킨다. 성경은 이방 종교를 진리를 왜곡시키는 것으로 보고 정죄한다. 인간의 형상에 따라 만들어진 신들, 헐리우드의 영화 배우들처럼 행동하는 신들 대신에, 성경은 너무나도 명백하게 전능하신 창조주, 오직 한 분의 진정한 하나님, 모든 선과 진리의 원천이 되시는 분, 모든 도덕적 악과는 절대적으로 대치되는 분에 대해 말한다. 하나님에게는 나쁜 성질도, 변덕스러움도, 허영도, 악의도 전혀 없다. 그러므로 우리는 성경적인 종교에는 화목의 개념이 들어설 여지가 없다고 예상할 수도 있을 것이다.

하지만 사실은 그렇지 않다. 오히려 그와 정반대다. 화목의 개념, 즉 제물을 드림으로써 하나님의 진노를 피한다는 개념은 성경 전체에 흐르고 있다.

성경에 나오는 화목

구약에서 화목 개념은 속죄제, 속건제에 관한 의식 규정들, 속죄의 날 기저에 놓여 있다(레 4:1-6:7; 16:1-34). 또한 화목은 민수기 16:41-50과 같은 본문에서도 분명하게 표현되어 있다. 하나님은, 고라와 다단과 아비람에 대한 하나님의 심판을 비방했다는 이유로 백성들을 멸하겠다고 위협하신다. "이에 모세가 아론에게 이르되 너는 향로를 가져다가 제단의 불을 그것에 담고 그 위에 향을 피워 가지고 급히 회중에게로 가서 그들을 위하여 속죄하라. 여호와께서 진노하셨으므로 염병이 시작되었음이니라. 아론이…백성을 위하여 속죄하고…염병이 그치매"(46-48절).

신약에는 **화목**에 관련된 네 개의 본문이 나오는데, 그 본문들은 아주 중요하므로 여기서 잠시 자세히 논하는 것이 좋겠다.

첫 번째는 **하나님이 죄인들을 의롭다 하시는 근본적인 이유**에 대한 바울의 전형적인 진술이다.

"이제는 율법 외에 하나님의 한 의가 나타났으니…곧 예수 그리스도를 믿음으로 말미암아 모든 믿는 자에게 미치는 하나님의 의니

차별이 없느니라. 모든 사람이 죄를 범하였으매 하나님의 영광에 이르지 못하더니 그리스도 예수 안에 있는 속량으로 말미암아 하나님의 은혜로 값없이 의롭다 하심을 얻은 자 되었느니라. 이 예수를 하나님이 그의 피로써 믿음으로 말미암는 **화목 제물**로 세우셨으니 이는 하나님께서 길이 참으시는 중에 전에 지은 죄를 간과하심으로 자기의 의로우심을 나타내려 하심이니 곧 이 때에 자기의 의로우심을 나타내사 자기도 의로우시며 또한 예수 믿는 자를 의롭다 하려 하심이라"(롬 3:21-26).

두 번째는 **성자 하나님이 성육신하신 근본적인 이유**에 대한 히브리서의 설명이다.

"그러므로 그가 범사에 형제들과 같이 되심이 마땅하도다. 이는 하나님의 일에 자비하고 신실한 대제사장이 되어 백성의 죄를 **속량** 하려 하심이라"(히 2:17).

세 번째는 **우리 주님의 천상 사역**에 대한 요한의 증거다.

"만일 누가 죄를 범하여도 아버지 앞에서 우리에게 대언자가 있으니 곧 의로우신 예수 그리스도시라. 그는 우리 죄를 위한 **화목 제물이니**"(요일 2:1-2).

네 번째는 요한이 내린 **하나님의 사랑에 대한 정의**다.

"하나님은 사랑이심이라. 하나님의 사랑이 우리에게 이렇게 나타난 바 되었으니 하나님이 자기의 독생자를 세상에 보내심은 그로 말미암아 우리를 살리려 하심이라. 사랑은 여기 있으니 우리가 하나님을 사랑한 것이 아니요 하나님이 우리를 사랑하사 우리 죄를 속하기 위하여 **화목 제물**로 그 아들을 보내셨음이라"(요일 4:8-10).

당신이 믿는 기독교에서는 **화목**이라는 단어가 과연 어떤 자리를 차지하고 있는가? 신약의 신앙에서 화목은 중심을 차지한다. 하나님의 사랑, 성자께서 인간의 형태를 취하신 것, 십자가의 의미, 그리스도께서 하늘에서 행하시는 중보 사역, 구원의 길 등 모든 것이 앞에서 인용한 본문들이 보여 주듯 화목이라는 견지에서 설명되어야 한다. 그리고 화목의 개념이 빠진 설명은 신약의 기준에서 보면 불완전하고 실로 오해를 불러일으키는 것이다.

이러한 주장은 현대의 많은 가르침과 대치되며, 오늘날 저명한 교회 지도자 다수의 견해를 단번에 정죄한다. 하지만 우리는 그렇게 하지 않을 수 없다. 바울은 갈라디아서 1:8에서 이렇게 썼다. "우리나 혹은 하늘로부터 온 천사라도―목사, 감독, 대학 강사, 교수, 저명한 저자 등은 말할 것도 없고―우리가 너희에게 전한 복음 외에 다른 복음을 전하면 저주를 받을지어다" ["저주를 받을지어다"라는 말은 KJV와 RSV에서는 비난받다(accursed), NEB에서는 버림받다(outcast), 필립스역에서는 정죄받다(damned)로 번역되었다]. 그리고 화목이 핵심을 이루지 않는 복음이라면 그것은 바울이 전파한 것과 다른 복음이다. 이것이 함축하는 바들을 회피해서는 안 된다.

단순한 속죄가 아님

하지만 앞에서 인용한 네 본문을 RSV 혹은 NEB로 보면, **화목**(propitiation)이라는 단어가 나오지 않는 것을 발견하게 될 것이다. 요한일서의 두 본문이 NEB에는 우리 죄의 '더러움에 대한 치유책'이라고 되어 있다. 다른 곳에서 NEB는 **화목**이라는 개념을 **속죄**(expiation)라는 말로 바꾸어 놓았다. 두 용어의 차이점은 무엇인가? 속죄는 화목이 의미하는 바의 반만을 의미한다는 것이다. 속죄란 죄를 대상으로 하는 행동이다. 속죄는 죄를 덮어 가리는 것, 치워 버리거나 제거해 버리는 것, 그래서 죄가 더 이상 인간과 하나님의 우호적인 교제에 장애물이 되지 않도록 하는 것이다. 하지만 성경에서 화목은 속죄가 의미하는 모든 것에 더하여, 또한 그로 인해 **하나님의 진노를 진정시키는 것**을 나타낸다. 어쨌든 신학자들은 문제가 처음으로 연구되기 시작한 때인 종교개혁 이래로 그렇게 주장해 왔으며, 오늘날에도 그러한 주장은 여전히 강력하다(한 예로 Leon Morris, *The Apostolic Preaching of the Cross*, pp. 125-185를 보라).

하지만 금세기에 들어 수많은 학자들, 그 중에서도 특히 도드(C. H. Dodd)는 16세기 유니테리언 교도인 소치니의 견해를 다시 유행시켰다. 그것은 1900년대 말 독일 자유주의의 창시자인 리츨(Albrecht Ritschl)이 이미 채택한 견해로서, 하나님은 인간의 죄 때문에 분노하시는 일이 없으며, 따라서 화목의 필요성 혹은 가능성이 없다는 견해다. 도드는 신약에서 **화목**이라는 단어가 하나님의 분노를 달랜다는 의미이기보다는, 단지 죄를 제거해 버리는 것을 나타낼 뿐이며 따라서 **속죄**가 더 좋은 번역이라는 것을 입증하려 애써 왔다. 그리고 RSV와 NEB는 이 점에서 도드의 견해를 반영한다.

도드는 자신의 주장을 증명하는가? 여기서 학자들의 논쟁에 들어 있는 전문적인 사항들을 다 설명할 수는 없다. 하지만 우리 나름대로 판결을 내릴 수는 있다. 도드는, 이 단어군(群)은 전후 문맥이 더 넓은 의미를 요구하지 않는다면 속죄 이상의 것을 의미할 **필요가** 없다고 입증하는 것처럼 보인다. 하지만 화목이라는 의미가 요구되는 문맥에서 이 단어군이 화목을 의미**할 수 없음**을 입증하지는 못했다. 이것은 매우 중요한 점이다. 로마서(네 개의 본문 중 가장 분명하고 명백한 본문을 취하자면)의 전후 문맥에 따르면 3:25은 **화목**을 의미하게 되어 있다.

로마서 1:18에서 바울은 "하나님의 진노가 불의로 진리를 막는 사람들의 모든 경건하지 않음과 불의에 대하여 하늘로부터 나타나나니"라고 단언함으로 복음을 선포하기 위한 배경을 설정한다. "하나님의 진노는 인간 세상에서 역동적으로, 효과적으로 작용하며, 또 그것은 하나님의 보좌인 하늘로부터 진행되기 때문에 그처럼 효율적인 것이다"(John Murray, *The Epistle to the Romans*, vol. I, p. 34). 로마서 1장의 나머지 부분에서 바울은 배교자들의 마음을 강퍅하게 하는 것에서 하나님의 진노가 현재 활동하는 것을 추적한다. 그 진노는 "하나님께서 그들을…내버려두사"라는 세 번 반복되는 구절에서 표현된다(24, 26, 28절).

그 다음에 로마서 2:1-16에서 바울은 "진노의 날 곧 하나님의 의로우신 심판이 나타나는 그 날…하나님께서 각 사람에게 그 행한 대로 보응하시되…오직…진리를 따르지 아니하고 불의를 따르는 자에게는 진노와 분노로 하시리라.…하나님이 예수 그리스도로 말미암아 사람들의 은밀한 것을 심판하시는 그 날"(5-6, 8, 16절)의 확실성을 직면하게 한다.

로마서 3장의 첫 번째 부분에서 바울은 계속되는 논증을 통해 모든 사람은 유대인이나 이방인이나 똑같이 "죄 아래"(9절) 있으므로, 현재에나 미래에 나타나는 하나님의 진노에 노출되어 있음을 입증한다. 그렇다면 여기에는 복음 없이 자연적인 상태에 있는 우리 모두의 모습이 나온다. 우리가 알든 모르든, 우리 삶을 최종적으로 주관하는 실체는 하나님의 행동하는 진노다. 하지만 지금까지는 "경건하지 아니한 자"(4:5)였고 "(하나님의) 원수"(5:10)였지만, 지금은 "그의 피로 말미암아…화목 제물로 세우신" 예수 그리스도를 믿는 사람들에게 용납과 용서와 평강이 값없이 주어진다고 바울은 말한다. 그리고 신자들은 "이제 우리가 그의 피로 말미암아 의롭다 하심을 받았으니 더욱 그로 말미암아 진노하심에서 구원을 받을 것"을 안다(5:9).

무슨 일이 일어났는가? 우리에게 현재 임하는 또한 장차 임할 하나님의 진노가 소멸되었다. 어떻게 그렇게 되었는가? 그리스도의 죽음을 통해서다. "우리가 원수 되었을 때에 그의 아들의 죽으심으로 말미암아 하나님과 화목하게 되었은즉"(5:10). 예수 그리스도의 '피' 즉 희생의 죽음이 우리에 대한 하나님의 진노를 폐했으며, 또 하나님이 앞으로 영원토록 우리를 호의적이고 자비롭게 대하시도록 보장해 주었다. 이제부터는 하나님이 우리의 반대편임을 보이는 대신 우리의 삶과 체험 속에서 우리 편임을 보이실 것이다. 그렇다면 "그의 피로 말미암아…화목 제물"이라는 말이 표현하는 바는 무엇인가? 바울의 논증의 맥락에서 볼 때 그것은 바로 다음과 같은 개념을 표현한다. **그리스도는 우리 죄로 인한 희생적 죽으심으로 하나님의 진노를 진정시키셨다**는 것이다.

한 세대 전에 도드는, 로마서에 나오는 하나님의 진노는 비인격적이고 우주적인 응보의 원리로서, 인간에 대한 하나님의 마음과 생각이 거기서 참으로 표현된 것은 아니라고 말했다. 다시 말해 하나님의 진노는 그분의 뜻 외부에서 일어나는 하나의 과정이라고 주장했다. 그는 이것을 통해 우리가 앞에서 내린 결론을 피해 보려고 했다. 지금은 이러한 시도가 과감한 것이긴 하지만 실패였다는 사실이 점차 더 인정되고 있다. 태스커는 이렇게 썼다. "이 용어(진노)를 단지 '도덕적 우주 내에서 일어나는 불가피한 인과 과정'에 대한 묘사로 혹은 죄의 결과를 다른 말로 표현한 것으로 간주하는 것은 적절하지 못하다. 하나님의 진노는 오히려 인격적 특성으로서, 그것이 없다면 하나님은 완전히 의롭지 못할 것이며, 하나님의 사랑은 감상적인 것으로 전락하고 말 것이다"(*New Bible Dictionary*, s.v. 'Wrath'). 하나님의 진노는 하나님의 사랑만큼이나 인격적이고 효력 있다. 그리고 주 예수님이 흘리신 피가 우리에 대한 성부 하나님의 사랑을 직접적으로 표현하듯이, 그것은 또한 우리에 대한 하나님 아버지의 진노를 직접적으로 피하게 했다.

하나님의 진노

갈보리에서 화목된 하나님의 진노는 어떤 양태를 지닌 것인가?

하나님의 진노는 이교도들이 그들의 신에게 있다고 생각하는 변덕스럽고 얼토당토 않은 진노가 아니다. 하나님의 진노는 인간들에게서 발견되는 성마르며 악의에 차고 유치한 그런 진노가 아니다. 하나님의 진노는 하나님의 도덕법에 표현된 거룩함("내가 거룩하니 너희도 거룩할지어다", 벧전 1:16) 그리고 하나님의 심판과 보상의 행위에 표현된 그 의로움의 작용이다. "정의는 나의 것이니 내가 갚으리라"(히 10:30, NEB).

하나님의 진노는 "하나님이 자신의 거룩함과 모순되는 것에 대해 느끼시는 거룩한 혐오감"이다. 하나님의 진노는 "신적 불쾌감의 적극적인 발출"에서 일어난다(John Murray, *Epistle to the Romans*). 그리고 하나님의 진노는 **의로운** 분노다. 즉 피조물 안에 나타나는 도덕적 사악함에 대해 창조주의 도덕적 완전함이 나타내는 **올바른** 반응인 것이다. 그러므로 하나님이 죄를 징벌하시면서 진노하시는 것이 도덕적으로 의심쩍기는커녕, 하나님이 이런 식으로 진노를 보여 주시지 않는 것이야말로 도덕적으로 의심쩍을 것이다. 모든 죄와 악행에 대해 마땅히 받아야 하는 벌을 부과하지 않으신다면, 하나님은 **의롭지** 않을 것이다. 즉 하나님은 **올바른** 방식으로 행동하시지 않으며, **심판자**로서 적절한 행동을 하시지 않는 분이 될 것이다. 이제 바울이 이에 근거해서 전개해 나가는 논증을 살펴보자.

화목에 대하여

이제 바울이 묘사하는 화목에 대한 세 가지 사항을 살펴보자.

1. **화목은 하나님의 사역이다.** 이교에서는 인간이 신들을 달래며, 종교는 일종의 상업주의 그리고 뇌물 수수 행위다. 하지만 기독교에서는 하나님이 직접 나서서 자신의 진노를 달래신다. 바울은 하나님이 **예수 그리스도를** 화목 제물로 **세우셨다**고 말하며, 요한은 우리 죄를 위한 화목 제물이 되도록 **하나님이 자기 아들을 보내셨다**고 말한다. 인간이 주도권을 쥐고 인간에게 적대적인 하나님을 우호적이 되도록 만든 것이 아니었다. 또한 영원하신 하나님의 아들 예수께서 주도권을 쥐고 우리에 대한 성부 하나님의 진노를 사랑으로 바꾼 것도 아니었다. 친절한 성자께서 죄 많은 인간을 대신해 자신을 드림으로써 몰인정한 성부 하나님의 마음을 돌려놓았다는 개념

은 복음 메시지가 아니다. 그것은 저차원의 기독교 아니 실로 반기독교적인 개념이다. 그것은 성부 하나님과 성자 하나님의 뜻이 서로 일치됨을 부인하며, 그럼으로써 사실상 우리에게 서로 다른 두 신을 믿도록 요구하는 다신론이 되기 때문이다. 하지만 성경은 인간의 모든 악덕에도 불구하고, 사랑하고 구원하기로 택하신 그 사람들에 대한 자신의 진노를 소멸시키는 데 주도권을 쥐신 분이 하나님이라고 주장함으로써, 그러한 개념을 완전히 배제한다.

> 화목의 교리는 바로 이것이다. 즉 하나님이 진노를 불러일으킨 대상들을 너무나 사랑하신 나머지, 자기 아들의 피로 진노를 제거하기 위해 그 아들을 주셨다는 것이다. 사랑받는 자들이 더 이상 진노의 대상이 되지 않도록 하고, 진노의 자식들을 하나님이 즐거워하시는 자녀로 만드는 것, 그 사랑의 목적을 성취하도록 진노를 처리하는 것은 그리스도의 몫이었다(John Murray, *The Atonement*, p. 15).

바울과 요한은 둘 다 이 사실을 명백하고 단호하게 진술한다. 바울은 하나님이 율법에 따른 응보와 심판으로 자신의 의로움을 계시하신 것이 아니라, '율법과는 별도로' 예수 그리스도를 믿는 사람들에게 의를 부여하심으로써 자신의 의를 계시하신다고 말한다. 그들은 모두 죄를 범하였으나, 모두 값없이 거저 의롭다 함을 얻었다(무죄가 되었다, 용납되었다, 복위되었다, 하나님과 올바른 관계가 되었다, 롬 3:21-24). 어떻게 이런 일이 일어나는가? '은혜로'(즉, 공로와 반대되는 자비로, 사랑스럽지 않고 사랑할 수 없다고까지 말할 수 있는 자들에 대한 사랑으로) 그렇게 된다. 은혜는 어떤 수단에 의해 작용하는가? '그리스도 예수 안에 있는 속량(속전으로 구함)으로 말미암아' 작용한다. 어떻게 그리스도 예수를 믿는 자들에게 그분이 속량의 원천과 수단과 실체가 되시는가? 하나님이 그리스도 예수를 화목 제물로 세우셨기 때문이라고 바울은 말한다. 이러한 하나님의 주도권에 의해 구속은 실제적이고 유효한 것이 된다.

요한은 서로 사랑하는 것은 하나님의 자녀들의 가족다운 모습이라고 말한다. 다른 그리스도인을 사랑하지 않는 사람은 분명 그 가족 안에 있지 않다. "하나님은 사랑이시며" 또 그분은 하나님을 아는 모든 자에게 사랑하는 본성을 나누어 주시기 때문이다(요일 4:7-8). 하지만 "하나님은 사랑이심이라"는 말은 막연한 표현이다. 어떻게 하나님이 우리 안에 재현시키실 사랑을 분명히 설명할 수 있을까? "하나님의 사랑이 우리에게 이렇게 나타난 바 되었으니 하나님이 자기의 독생자를 세상에 보내심은 그로 말미암아 우리를 살리려 하심이라"(요일 4:9). 이는 또한 하나님이 우리에게 진정한 신앙심이 있다고 인정해서 된 것도 아니었다. 전혀 그렇지 않다. "사랑은 여기 있으니 우리가 하나님을 사랑한 것이 아니요 (우리가 하나님을 사랑하지 않은 상황에서 그리고 우리에게는 깊이 스며들어 있는 불경건함으로 하나님의 비난과 파멸을 일으킬 것밖에는 아무 것도 없었는데) 하나님이 우리를 사랑하사 우리 죄를 속하기 위하여 화목 제물로 그 아들을 보내셨음이라"(요일 4:10). 이러한 신적 주도권에 의해, 우리가 본받아야만 하는 그 사랑의 의미와 척도가 알려지게 되었다고 요한은 말한다.

화목에서 하나님이 주도권을 쥐셨다는 사실에 대한 이 두 사도의 증거는 더 이상 명백할 수가 없다.

2. 화목은 예수 그리스도의 죽음에 의해 이루어졌다. 앞에서 암시한 대로 **피**란 옛 언약의 희생 제사에서 제물에게 가해진 죽음을 가리키는 단어다. 하나님은 직접 명령하심으로 이러한 희생 제사를 제정하셨다. 레위기 17:11에서 하나님은 그 이유를 말씀하신다. "육체의 생명은 피에 있음이라. 내가 이 피를 너희에게 주어 제단에 뿌려 너희의 생명을 위하여 속죄하게 하였나니…피가 죄를 속하느니라." 하나님이 예수님을 '그의 피로써' 화목 제물로 세우셨다고 바울이 말할 때, 그 말의 요점은 이것이다. 즉 하나님의 진노를 소멸시킴으로써 우리를 죽음으로부터 구속한 것은, 예수님의 삶이나 가르침 혹은 그분의 도덕적 완전함이나 성부 하나님에 대한 충성이 아니라, 예수님이 죽으심으로 자신의 피를 뿌리신 것이라는 점이다. 다른 신약 기자들과 마찬가지로, 바울도 언제나 예수님의 죽으심을 속죄의 사건으로 지적하며, 속죄를 **대리 속죄**(representative substitution; 죄 없는 분이 죄 있는 자를 위해 하나님의 공정한 응보를 받음으로 그들을 대신하는 것)로 설명한다. 이를 예증하기 위해 두 본문을 인용할 수 있다.

"그리스도께서 우리를 위하여 저주를 받은 바 되사 율법의 저주에서 우리를 속량하셨으니"(갈 3:13). 그리스도께서는 우리를 향한 율법의 저주를 지심으로 우리가 저주받지 않게 하셨다. 이것이 대리 속죄다.

"한 사람이 모든 사람을 대신하여 죽었은즉." 그리고 그리스도의 죽으심을 통해 하나님은 "세상을 자기와 화목하게 하셨다." 이 화목에는 무엇이 포함되는가? "그들의 죄를 그들에게 돌리지 아니하시고." 그들이 그리스도 안에서 '하나님의 의'가 되도록, 즉 하나님에 의해 의로운 자들로 받아들여지도록 하는 것이다. 우리 죄를 우리에게 돌리지 않는 일이 어떻게 일어났는가? 우리가 마땅히 져야 할 것을 대신 지신 그분에게 우리의 범죄를 전가함으로 그렇게 된 것이다. "하나님이 죄를 알지도 못하신 이를 우리를 대신하여 죄를 삼으셨다." 따라서 "한 사람이 모든 사람을 대신하여 죽은" 것은 죄인들 대신에 그들의 사형 죄를 지고 희생 제물로 죽었다는 의미다(고후 5:14, 18-21). 이것이 대리 속죄다.

속죄의 방법과 수단으로서 대리 속죄는 하나님이 제정하신 구약의 희생 제사 제도가 전형적인 형태로 가르친 것이다. 구약 희생 제사에서, 먼저 죄인은 속죄를 위해 바칠 온전한 짐승의 머리에 손을 얹었고 그럼으로써 짐승과 그가 동일시되었다. 그리고 짐승은 상징적으로 그의 **대리**로 지명되었다(레 4:4, 24, 29, 33). 그 다음에 짐승은 드리는 자의 **대속물**로서 죽임을 당했고, 그 사람은 진노를 피하고 교제를 회복하는 화목이 이루어졌음을 상징하기 위해 짐승의 피를 '여호와 앞'에 뿌리고 성소 안의 제단 한쪽 혹은 양쪽에 발랐다(레 4:6-7, 17-18, 25, 30).

매년 속죄일에는 두 마리의 염소가 사용되었다. 한 마리는 통상적인 방식으로 속죄제로 죽임을 당했으며, 다른 한 마리는 제사장이 그 머리에 안수하고 이스라엘의 죄를 고백함으로 그 죄를 "염소의 머리에 두어" "염소가 그들의 모든 불의를 지고 광야로" 내보내졌다(레 16:21-22). 이 두 가지 의식은 한 가지 교훈을 주었다. 즉 대리 속죄물의 희생을 통해 하나님의 진노를 피하게 되었으며, 죄가 눈에서 안 보이는 곳으로 사라져 다시는 하나님과 우리의 관계를 괴롭히지 않는다는 것이다. 두 번째 염소(속죄 염소)는 모형으로서 첫 번째 염소의 죽음에 의해 무슨 일이 일어났는가를 예시해 준다. 이 의식들은 화목에 대한 바울의 가르침에서 직접적인 배경이 된다. 바울이 선포하는 것은 구약의 희생 제사 유형이 완성되었다는 사실이다.

3. **화목은 하나님의 의를 나타내 보인다.** 화목의 진리는 하나님이 죄를 처리하는 방법에 나타난 도덕성에 의문을 제기하기는커녕, 도덕성을 확립하며, 명백히 그것을 확립하기 위해 세워진 것이라고 바울은 말한다. 하나님은 자신의 진노를 달래기 위해 아들을 세우셨다. "자기의 **의로우심**(정의)을 나타내려 하심이니…자기도 **의로우시며** 또한 예수 믿는 자를 의롭다 하려 하심"이다(롬 3:25-26). **나타내다**(declare)라는 말은 공적으로 선언하는 것을 의미한다. 바울은 십자가에서 화목이 공개적으로 드러나서 하나님의 의롭게 하시는 자비뿐 아니라 그 의롭게 하는 자비의 기초인 의와 공의를 공적으로 표현하였다는 점을 강조하고자 했다.

그러한 표현이 참으로 필요했다고 바울은 말한다. "이는 하나님께서 길이 참으시는 중에 전에 지은 죄를 간과하셨기" 때문이다. 여기서 요점은 이것이다. 곧 인간들은 태고부터 로마서 1장에서 묘사하는 대로 어느 모로나 악했지만, 하나님은 노아의 홍수 이래 그 어느 때에도 인류가 받아 마땅한 대로 공개적으로 처리하지 않으셨다는 것이다. 사람들은 홍수 이후에도 홍수 이전의 선조들보다 조금도 나을 것이 없었지만, 하나님은 그들의 회개하지 않음과 불경건함과 무법함에 공적인 심판으로 반응하지 않으셨다. 오히려 하나님은 "여러분에게 하늘로부터 비를 내리시며 결실기를 주시는 선한 일을 하사 음식과 기쁨으로 여러분의 마음에 만족하게 하셨다"(행 14:17).

이같이 "길이 참으시는" 중에 죄를 "간과"하신 것은 사실상 죄를 용서한 것이 아니라 심판을 연기한 것일 뿐이다. 그렇다 해도 여기서 의문이 생긴다. 만일 종종 그렇듯이 인간들이 악을 행하고 온 세상의 심판자이신 하나님이 계속해서 그들에게 선을 행하신다면, 하나님은 이전에 그렇게 보였고 완전한 정의가 요구하는 것처럼, 피조물의 삶에서 도덕과 경건함, 옳은 것과 그른 것의 구분에 그렇게 관심을 가지신 분이 될 수 있을까? 실로 하나님이 계속해서 죄인들이 벌을 받지 않도록 허용하신다면, 세상의 심판자로서의 직무를 완전히 수행하지 못하시는 것이 아닐까?

바울은 로마서 2:1-16에 나오는 "하나님의 진노의 날"과 "의로운 심판"에 대한 교리로써 이 질문의 두 번째 부분에 이미 대답했다. 여기서 바울은 사실상 다음과 같이 말함으로써 그 질문의 첫 번째 부분에 답한다. "하나님은 도덕적 문제들 및 악행에 대한 정당한 응보의 요구에 관심이 없으시기는커녕, 그러한 것들에 너무나 관심이 큰 나머지 응보로 드러나는 정의에 근거하지 않고서는 죄인들을 용서하거나 불경한 자들을 의롭다 하지 않으신다." 바울은 의롭게 할 수 없다고까지 말하려는 것 같다. 우리의 죄는 처벌을 **받았다**. 응보의 수레바퀴는 **돌려졌다**. 심판은 우리의 불경함에 **임했다**. 하지만 우리를 대신하신 하나님의 어린 양 예수님에게 임한 것이다. 이렇게 해서 하나님은 **의로우시며 또한** 예수님을 믿는 자들을 의롭다 하신다. 예수님은 "우리가 범죄한 것 때문에 내줌이 되고 또한 우리를 의롭다 하시기 위하여 살아나셨느니라"(롬 4:25).

이처럼 심판자이신 하나님의 의, 바울 서신서 처음에 나오는 신적 진노의 교리에서 그처럼 생생하게 설명된 의는 신적 진노가 어떻게 소멸되었는가에 관한 바울의 교리에서 다시 한 번 설명된다. 구원과 정죄가 똑같이 신적 성품에 속한 본질적이고도 내재적인 응보의 정의를 나타낸다는 진리를 보여 주는 것은 바울의 논증에서 매우 중요하다. 각각의 경우—구원받은 자들의 구원과 잃어버려진 자들의 정죄—응보가 임한다. 처벌이 가해진다. 하나님은 의로우시며, 정의가 시행된다.

그리스도의 죽음

지금까지 한 말은 다음과 같이 요약할 수 있다. 복음은 우리의 창조주가 또한 구속주가 되셨다고 말한다. 복음은 하나님의 아들이 '우리 인간과 우리의 구원을 위하여' 인간이 되셨으며, 우리를 영원한 심판으로부터 구원하려고 십자가에서 죽으셨다고 공포한다. 성경은 구원을 위한 그리스도의 죽으심을, 기본적으로 **화목 제물**, 즉 우리의 죄를 하나님 목전에서 없애 버림으로써 우리에 대한 하나님의 진노를 소멸시킨 것으로 묘사한다. 하나님의 진노는 불의에 반응하는 하나님의 의다. 하나님의 진노는 응보적 정의에서 나타난다. 하지만 예수 그리스도께서 하나님 아버지의 뜻에 따라 우리의 대리 속죄물이 되심으로, 그리고 우리 대신 우리 죄의 삯을 받으심으로 장차 닥칠 응보적 정의의 공포에서 우리를 보호해 주신다.

이로 인해 정의가 시행되었다. 용서받아야 할 모든 죄가 성자 하나님 안에서 심판받고 처벌되었으며, 바로 이것을 기초로 우리 범죄자들이 지금 용서받고 있기 때문이다. 말하자면 구속의 사랑과 응보의 공의가 갈보리에서 서로 손을 잡았다. 갈보리에서 하나님은 자신이 '의로우며 또한 예수 믿는 자를 의롭다 하는' 분임을 보여 주셨다.

이 사실을 이해한다면 당신은 이제 복음의 핵심을 깨닫기 시작한 것이다. 하나님 앞에서 인간의 근본 문제는 하나님의 진노를 유발하는 인간의 죄이며, 인간을 위해 하나님이 기본적으로 마련해 주신 것은 진노를 평화로 바꾸어 주는 화목 제물이라고 선포하는 것이 복음의 가장 심오한 메시지다. 이러한 수준에 이르지 않는 내용의 복음들은 참으로 비난받아 마땅하다.

우리는 복음이 인간의 문제들―우리 자신과 동료들 그리고 환경과의 관계 면에서 드러나는 문제들―에 대해 하나님이 거두신 승리의 대답으로 제시되는 것을 들었다. 복음이 실제로 우리의 이러한 문제들에 해결책을 제공한다는 사실은 의심의 여지가 없다. 하지만 먼저 더 깊은 문제, 곧 인간의 모든 문제 중 가장 심오한 문제인 인간과 조물주의 관계의 문제를 해결함으로써 그러한 대답을 제시한다. 전자의 문제들에 대한 해결책이 후자의 문제를 해결하는 것에 달려 있음을 분명히 하지 않는다면, 우리는 그 메시지를 잘못 설명하는 셈이며 하나님에 대한 거짓 증인이 되는 것이다. 전체 진리인 양 전해진 반쪽 진리는 바로 그 때문에 잘못된 것이 되기 때문이다. 신약 성경을 읽는 사람이라면 누구나 신약 성경이 우리 인간의 문제들―두려움, 도덕적 비겁함, 신체와 정신의 질병, 외로움, 불안정, 절망, 좌절, 잔인함, 권세의 남용 등―을 모두 알고 있다는 사실을 분명하게 깨닫는다. 하지만 이와 마찬가지로 신약 성경이 이 모든 문제를 하나님에 대한 죄라는 근본 문제와 이러저러한 식으로 결부시킨다는 것도 분명하게 깨닫는다. 신약에서 말하는 죄란 우선적으로 사회적 오류 혹은 실패가 아니라, 창조주 하나님에 대한 반역,

하나님에 대한 도전, 하나님으로부터의 도피, 그리고 그에 따른 죄책이다. 그리고 신약 성경은 죄란 근본악으로서 우리는 그것으로부터 구원받아야 하며 그로 인해 그리스도께서 우리를 위해 죽으셨다고 말한다. 인간의 삶에서 발생하는 모든 문제는 궁극적으로 죄로 인한 것이며, 자신이나 동료들과 잘못된 관계에 있는 우리의 현재 상태는 우리가 하나님과 잘못된 관계에 있는 한 치유될 수 없다.

지면상 여기서 죄, 화목, 죄의 용서라는 주제가 신약 복음의 기본적·구조적 특징들이라는 것을 보여 주기는 어렵다. 하지만 로마서 1-5장; 갈라디아서 3장; 에베소서 1-2장; 히브리서 8-10장; 요한일서 1-3장과 사도행전에 나오는 설교들을 주의 깊게 검토해 본다면, 이 점에서 의심의 여지가 전혀 없음을 발견하게 될 것이다. '화목'이라는 **단어**가 신약에 단지 네 번만 나온다는 것을 근거로 의문을 제기한다면, 화목 **사상**이 지속적으로 나타난다고 대답해야만 하겠다.

때로 그리스도의 죽으심은 **화해**(reconciliation) 즉 증오와 전쟁 이후에 오는 화목으로 묘사된다(롬 5:10-11; 고후 5:18-20; 골 1:20-22). 때로 그리스도의 죽으심은 **구속** 즉 위험과 속박으로부터 속전을 주고 구조하는 것으로 묘사된다(롬 3:24; 갈 3:13; 4:5; 벧전 1:18; 계 5:9). 때로 그 죽으심은 **희생 제사**(엡 5:2; 히 9:1-10:18), **자신을 주는** 행위(갈 1:4; 2:20; 딤전 2:6), **죄를 짊어지는 것**(요 1:29; 히 9:28; 벧전 2:24), **피 흘림**(막 14:24; 히 9:14; 계 1:5)으로 묘사된다. 앞에서 언급한 본문들을 살펴보면 알겠지만, 이 모든 개념은 죄를 제거하고 인간과 하나님 사이에 해맑은 교제를 회복하는 것과 관계 있다. 그리고 이 모든 것은 예수님의 죽음으로 인해 피하게 된 신적 심판의 위협을 배경으로 한다. 다시 말해, 그것들은 서로 다른 관점에서 수많은 방식으로 화목의 실재를 묘사하고 설명한다. 불행하게도 많은 학자가 그렇듯이, 이 같은 다양한 언어가 반드시 다양한 개념을 의미한다고 생각하는 것은 피상적이며 잘못된 생각이다.

이제 또 한 가지 사항을 말해야만 하겠다. 화목의 진리는 신약 복음의 핵심으로 이끌 뿐만 아니라 다른 많은 것의 핵심까지도 볼 수 있게 한다. 웨일즈에 있는 스노든 산 정상에 서면 국립공원 전체가 산 주위에 펼쳐 있는 것을 보게 되며, 그 지역의 다른 어느 곳보다 넓은 시야를 갖게 된다. 마찬가지로 화목의 진리라는 정상에 서면, 성경 전체를 올바른 관점에서 볼 수 있으며, 다른 면에서 제대로 파악할 수 없는 중요한 문제들을 이해할 수 있게 된다. 아래에서는 이 가운데 다섯 가지를 간단히 언급할 것이다. 그것은 예수님의 삶의 추진력, 하나님을 거부하는 사람들의 운명, 하나님이 주시는 평화라는 선물, 하나님의 사랑의 여러 차원 그리고 하나님의 영광의 의미다. 이러한 문제들이 기독교에서 매우 중요하다는 것에 대해서는 반론의 여지가 없을 것이다. 이들을 화목의 진리에 비추어서만 이해할 수 있다는 것도 부인할 수 없다고 생각한다.

예수님의 삶의 추진력

그러면 먼저 **예수님의 삶의 추진력**에 대해 생각해 보자.

한 시간 동안 앉아서 마가복음을 통독해 보라(이는 매우 유익한 훈련이다. 독자들에게 지금 바로 그렇게 해 볼 것을 촉구한다). 예수님에 대해 적어도 네 가지가 인상 깊을 것이다.

당신이 기본적으로 받는 인상은 예수님이 행동의 사람이라는 점일 것이다. 예수님은 언제나 활동하시면서 상황을 바꾸고 일을 촉진하셨다. 그분은 기적을 일으키고, 제자들을 부르고 훈련하시며, 진리로 통용되는 오류와 경건함으로 통용되는 불경함을 타도하고, 배신과 정죄와 십자가 처형(너무나 기묘한 방식으로 진행되어 예수님이 내내 그 과정을 주관하고 있다고 느끼게 된다)에 정면으로 대처하셨다.

또한 예수님은 자신이 메시아적 역할(인자)을 수행하는 신적 위격(하나님의 아들)임을 알고 있었다는 인상을 받을 것이다. 마가는 예수님이 자신을 제자들에게 내어주면 줄수록, 제자들은 예수님이 더욱 경외스럽고 불가해한 분임을 발견했다는 것을 분명히 밝힌다. 그들은 예수님께 가까이 가면 갈수록, 예수님을 점점 더 이해하기 어려웠다. 이것은 역설적인 것처럼 들린다. 하지만 그것은 맞는 말이었다. 제자들은 예수님과 친분이 깊어짐에 따라 예수님이 자신에 대해 이해하는 바, 곧 그분이 하나님과 구세주라는 사실을 깊이 깨달았으나 그것이 도대체 무엇인지 전혀 알 수 없었기 때문이다. 하지만 예수님의 독특한 이중적인 자의식, 곧 예수님이 세례를 받으실 때와 변화산에서 변화되실 때 하늘에서 들려온 하나님 아버지의 음성에 의해 확증된(막 1:11; 9:7) 자의식은 끊임없이 나타났다. 한편으로 예수님 자신이 말씀하시고 행하신 모든 것에서 절대적인 권세를 가지신다고 깜짝 놀랄 만큼 자연스럽게 추정하시는 것(막 1:22, 27; 11:27-33을 보라), 그리고 다른 한편으로는 예수님이 재판받으실 때 대제사장이 던진 이중적 질문 "네가 찬송받을 이(초자연적이고 신적인 인물)의 아들 그리스도(메시아, 하나님의 구원자,

왕)냐"에 대해 명확하게 "내가 그니라"고 대답하셨다(막 14:61-62)
는 점을 생각해 보기만 해도 알 수 있다.

이에서 더 나아가 예수님의 메시아적 사명의 핵심은 곧 죽임을 당하시는 것이었다는 인상을 받게 될 것이다. 그분은 다른 누군가가 고난받는 메시아에 대한 개념을 갖기 오래 전부터 의식적으로 또한 한마음으로 죽을 준비를 하고 계셨다. 베드로가 가이사랴 빌립보에서 예수님을 그리스도라고 고백한 뒤에, 예수님은 적어도 네 번에 걸쳐 자신이 죽임을 당하고 부활할 것이라고 예언하셨다. 비록 제자들은 예수님이 하신 말씀의 의미를 이해하지 못했지만 말이다(8:31; 비교. 8:34-35; 9:9; 9:31; 10:33-34). 또 예수님은 자신이 죽임을 당하는 것을, 확실한 사실이며(12:8; 14:18, 24), 성경에 예언되어 있고(14:21, 49), 많은 사람을 하나님과 획기적으로 새로운 관계를 맺도록 하기 위한 것으로 말씀하셨다. "인자의 온 것은… 자기 목숨을 많은 사람의 대속물로 주려 함이니라"(10:45). "이것은 많은 사람을 위하여 흘리는 나의 피 곧 언약의 피니라"(14:24).

마지막으로 예수님은 이러한 죽음을 가장 두려운 체험으로 여기셨다는 인상을 받게 될 것이다. 겟세마네에서 "공포와 낙담이 엄습하사 말씀하시되…내 마음이 금방이라도 슬픔으로 터질 것 같다"(14:34, NEB)고 하시며 예수님이 기도드릴 때 보이셨던 진지함(그 기도를 하기 위해 예수님은 무릎을 꿇거나 서 있는 대신에 '땅에 엎드렸다')은, 장차 닥칠 일을 곰곰이 생각할 때 느꼈던 내적 격변과 외로움을 나타내는 표시였다. "이 잔을 내게서 옮기시옵소서"라고 하신 다음에, "그러나 나의 원대로 마시옵고 아버지의 원대로 하옵소서"라는 말 대신 "아멘"이라고 말하고 싶은 유혹이 예수님에게 얼마나 강했을지(14:36) 우리는 결코 짐작할 수 없을 것이다. 그러고는 예수님은 십자가에서 "나의 하나님 나의 하나님 어찌하여 나를 버리셨나이까"(15:34)라는 버림받았다는 부르짖음으로 외적 어두움에 필적하는 내적 어두움을 증거하셨다.

자신의 죽음의 필연성에 대한 예수님의 믿음을 어떻게 설명해야 할까? 네 복음서가 다 증거하듯이, 예수님의 공적 사역을 처음부터 끝까지 이끌어 나간 것은 자신이 죽임을 당해야 한다는 확신이라는 사실을 어떻게 설명해야 할까? 그리고 스데반과 같은 순교자들이 기쁨으로 죽음에 직면했고, 심지어 이교도 철학자인 소크라테스까지도 독약을 마시고는 떨지도 않고 죽어 갔는데, 하나님의 완전한 종이신 예수님, 이전에는 인간적 두려움이나 고통 혹은 상실감을 조금도 보인 적이 없던 예수님이 겟네마네에서는 겁쟁이 같은 모습을 드러내고, 십자가에서는 자신이 하나님께 버림을 받았다고 선포하셨다는 사실을 어떻게 설명해야 하는가? "어떤 사람도 이 사람처럼 죽음을 두려워한 사람은 없었다"고 루터는 말했다. 왜 그런가? 그것은 무엇을 의미했는가?

예수님의 죽음을, 본질적으로 잘못 판결받은 선한 사람의 죽음과 아무런 차이가 없는 비극적인 사건에 불과한 것으로 보는 사람은 이러한 사실을 전혀 이해할 수 없다. 그들이 생각할 수 있는 유일한 대답은, 예수님에게는 때때로 그분을 의기소침하게 만드는 병적인 소심함—먼저 예수님 안에서 일종의 죽음을 바라는 마음을 일으키고 나서 죽음이 가까이 다가왔을 때 공포와 절망으로 그를 압도하는—이 있었다고 가정하는 것이다. 하지만 예수님은 죽은 자 가운데서 살아나셨으며, 부활하신 생명의 권세를 가지고 여전히 제자들에게 자신의 죽음이 필요한 것이었다고 가르치셨으므로(눅 24:26-27), 이 같은 설명은 곤란할 뿐만 아니라 터무니없다. 하지만 속죄의 진리를 부인하는 사람들은 그 외에 아무런 할 말이 없다.

앞서 말한 사실들을 화목에 대한 사도들의 가르침과 연관시켜 보면, 모든 것이 즉시 명백해진다. 제임스 데니는 이렇게 묻는다. "우리는 이러한 격렬한 두려움과 버림 받음의 체험들을, 예수님이 세상 죄의 짐을 지고 계셨다는 사실과 연결되는 것이라고 주장할 수는 없을까? 예수님은 하나님 아버지께서 자신에게 마시라고 주신 잔으로 받아들인 죽으심과 동산의 고뇌를 경험하시면서 범죄자들과 같이 되기로 동의하고 실제로 그렇게 되면서 그 짐을 지신 것이다"(*The Death of Christ*, 1911 ed., p. 46).

바울이나 요한에게 이러한 질문을 던져 보았다면 그들이 무엇이라고 대답했을지는 의심의 여지가 없다. 예수님이 동산에서 떠신 것은, 그분이 죄가 되셨고, 죄에 대한 하나님의 심판을 지셨기 때문이다. 예수님이 십자가에서 하나님의 버림을 받았다고 단언하신 것은 자신이 실제로 그 심판을 당하고 있었기 때문이다. 예수님의 삶의 추진력은 "죽기까지 복종하셨으니 곧 십자가에 죽으심이라"(빌 2:8)는 것이었으며, 예수님의 죽으심이 독특하게 지닌 무서움은 그분이 갈보리에서 우리가 받아야 할 하나님의 진노를 맛보셨고 그럼으로써 우리 죄를 위해 화목 제물이 되셨다는 데 있다.

수십 세기 전에, 이사야는 다음과 같이 명확하게 설명했다. "우리는 생각하기를 그는…하나님께 맞으며…그가 징계를 받으므로 우리는 평화를 누리고…여호와께서는 우리 모두의 죄악을 그에게 담당시키셨도다.…마땅히 형벌받을 내 백성의 허물 때문이라.…여호와께서 그에게 상함을 받게 하시기를 원하사…그의 영혼을 속건 제물로 드리기에 이르면"(사 53:4-10).

> 오 그리스도여! 어떠한 무거운 짐이 당신의 머리를 수그러뜨렸는지요!
>   우리의 짐이 당신에게 지워졌나이다.
> 당신이 죄인들을 대신하시고
>   나를 위해 모든 죄악을 지셨나이다.
> 희생자로 끌려가 당신의 피가 뿌려졌고,
>   이제 내가 져야 할 짐은 없습니다.
>
> 거룩하신 하나님이 그 얼굴을 감추셨나이다.
>   그 얼굴이 당신에게서 감춰었나이다.
> 나로 인한 어두움,
>   침묵의 어두움이 당신의 영혼을 둘러쌌나이다.
> 그리하여 이제 빛나는 은혜의 얼굴이
>   내게 빛을 비추나이다.

우리는 이에 대해 충분히 살펴보았다. 그것은 기독교의 기본적인 사실들을 이해하는 데 매우 중요하기 때문이다. 다음 부분은 이보다 짧게 설명할 수 있을 것이다.

하나님을 거부하는 사람들은 어떻게 되는가?

두 번째로, 이제 하나님을 거부하는 사람들의 운명에 대해 생각해 보자.

만인구원론을 주장하는 사람들은 하나님을 거부하는 사람이 한 명도 없을 것이라고 생각하지만, 성경은 다르게 말한다. 이생에서 내린 결정은 영원한 결과를 가져오게 될 것이다. "스스로 속이지 말라(만인구원론자들의 말에 귀를 기울인다면 그것은 스스로 속이는 것이다). 하나님은 업신여김을 받지 아니하시나니 사람이 무엇으로 심든지 그대로 거두리라"(갈 6:7). 이생에서 하나님을 거부하는 사람들은 하나님께 영원토록 거부당할 것이다. 만인구원론은 무엇보다도 가룟 유다가 구원을 받을 것이라는 교리다. 하지만 예수님은 유다가 구원받을 것이라고 생각하지 않으셨다. "인자는 자기에 대하여 기록된 대로 가거니와 인자를 파는 그 사람에게는 화가 있으리로다. 그 사람은 차라리 나지 아니하였더라면 자기에게 좋을 뻔하였느니라"(막 14:21). 유다가 결국에는 구원받을 것이라고 예상하셨다면 예수님이 어떻게 이렇게 최종적인 말씀을 하실 수 있었겠는가?

그렇다면 어떤 사람들은 영원히 거부당할 것이다. 그들이 스스로 초래한 그것을 우리는 어떻게 이해해야 하는가? 물론 우리는 하늘나라에 대해서와 마찬가지로, 지옥에 대해서도 완전히 알 수는 없으며, 분명 그것이 오히려 다행이다. 하지만 우리가 알 수 있는 가장 분명한 개념은 십자가를 묵상함으로써 이끌어낼 수 있을 것이다.

십자가에서 하나님은 자기 아들을 통해 우리 죄를 심판하셨으며, 예수님은 우리의 죄악으로 인한 응분의 벌을 담당하셨다. 그러므로 십자가를 보면 인간의 죄에 대한 하나님의 사법적 반응이 마침내 어떤 형태를 띠게 될지 알 수 있다. 그것은 어떤 형태인가? 한마디로 말해, 선을 거두어들이고 박탈하는 것이다. 예수님은 십자가에서 전에 가지셨던 선한 것을 다 잃으셨다. 곧 아버지 하나님의 임재와 사랑에 대한 느낌, 육체적·정신적·영적 행복감, 하나님과 피조물을 누리는 기쁨, 우정이 주는 편안함과 위안 등이 모두 거두어졌으며, 그 대신에 외로움, 고통, 인간의 악의와 냉담함, 엄청난 영적 암흑의 공포만 남았다.

육체적 고통이 크긴 해도(십자가형은 가장 잔인한 처형 방법이었다) 그것이 전부는 아니었다. 예수님의 주된 고통은 정신적이고 영적인 것이었으며, 400분이 채 안 되는 시간 속에 영원의 고뇌―정신적 고뇌를 당해 본 사람은 알 수 있는 것처럼, 1분 1분 자체가 곧 영원인 그런 고뇌―가 집약되어 있었다.

하나님을 거부하는 사람들 역시 모든 선을 잃는 상황에 직면하게 될 것이다. 영원한 죽음에 대해 이해하는 가장 좋은 방법은 다음의 것들을 곰곰이 생각해 보는 것이다. 우리는 일상 생활에서 하나님의 일반 은총을 통해 얼마나 많은 선을 누리는지, 그 선이 우리에게서 없어질 때까지는 결코 깨닫지 못한다. 우리는 건강, 안정된 환경, 우정, 다른 사람들의 존경 등을 잃어버릴 때까지 그것들을 마땅히 그래야 할 만큼 소중히 여기지 않는다. 갈보리는, 하나님이 최후 심판을 하실 때는 어떤 사람이 귀중히 여기던 혹은 귀중히 여길 수 있는 어떤 것도, 우리가 선하다고 말할 수 있는 어떤 것도 남지 않는다는 것을 보여 준다. 그것은 무시무시한 것이다. 하지만 실상은 이보다 더 무시무시할 것이라고 확신할 수 있다. "그 사람은 차라리 나지 아니하였더라면 자기에게 좋을 뻔하였느니라." 하나님은 우리가 이러한 사실을 배우도록 도와주신다. 이것은 십자가에서 우리의 벌을 대신한 화목 제물의 광경이 명백하게 가르치는 교훈이다.

그리고 이로써 마침내 우리 각자가 그리스도 안에서 발견되어, 우리 죄가 그리스도의 피로 가려질 것이다.

평화란 무엇인가?

세 번째로, **하나님이 주시는 평화라는 선물**에 대해 생각해 보자.

하나님의 복음은 우리에게 무엇을 제공하는가? 이에 대해 '하나님의 평화'라고 말한다면, 아무도 이의를 제기하지 않을 것이다. 하지만 모든 사람이 이 말을 이해할 수 있을까? 올바른 단어를 사용한다고 해서 반드시 올바른 개념을 갖게 되는 것은 아니다! 하나님의 평화는, 본질적으로 하나님이 어떤 사람을 삶의 가장 힘겨운 재난에서 보호해 주실 것을 아는 데서 생겨나는 행복하고 걱정 없는 내적 평온으로 생각되는 경우가 많다. 하지만 이는 잘못된 설명이다. 한편으로 하나님은 이런 식으로 자녀들의 응석을 받아 주시지 않기 때문이다. 따라서 하나님이 그렇게 하신다고 생각하는 사람은 충격을 받는다. 다른 한편으로, 하나님의 진정한 평화가 지닌 기본적이고 본질적인 의미는 그러한 개념과 전혀 다르기 때문이다.

하나님의 평화에 대한 이러한 설명은(앞에서 말했듯이 그것은 하나님의 평화를 잘못 설명하는 것이다) 하나님의 평화가 우리에게 두 가지를 가져다준다고 말하는 것으로 이어진다. 그것은 곧 우리 자신의 악함과 실패에 직면하여 그것을 받아들이는 힘과, '잔혹한 운명의 일격과 화살'(이에 대해 그리스도인들은 하나님의 지혜로운 섭리라는 이름을 붙인다) 아래서도 만족하는 것이다. 그러나 이 설명은, 하나님의 평화에서 기본적인 요소, 곧 그것 없이는 안식이 있을 수 없는 요소인 죄 용서와 언약 안에 받아들여지는 것, 즉 하나님의 양자가 되는 것이라는 진리를 무시하고 있다. 적대감에서 우정으로, 진노에서 충만한 사랑으로, 정죄에서 의롭다 함으로 하나님과의 관계가 변화하는 것이 설명되지 않으면 평화의 복음도 진정으로 설명되지 않는다.

하나님**의** 평화는 우선 무엇보다도 하나님**과의** 평화다. 그것은 하나님이 우리에게 **적대적인** 존재가 되는 대신 우리를 **위하시는** 분이 되는 상태다. 하나님의 평화에 대한 설명이 여기서 출발하지 않는다면 그것은 판단을 그르치게 할 뿐이다. 우리 시대의 비극적인 역설 가운데 하나는, 자유주의적이고 급진적인 신학자들이 오늘날을 위해 복음을 재진술한다고 하면서, 대체로 하나님의 진노, 죄책, 정죄, 적의 등을 거부한 것이다. 이로써 복음을 제시하는 일이 불가능하도록 만들어 버렸다. 그들은 평화의 복음이 해결해 주는 기본 문제를 진술할 수 없기 때문이다.

그렇다면 하나님의 평화는 우선적으로 그리고 근본적으로 용서와 용납이라는 새로운 관계다. 그리고 그 평화의 원천은 화목이다. 예수님은 부활하신 날 다락방에 있는 제자들에게 오셔서 "너희에게 평강이 있을지어다"라고 말씀하셨으며, 그렇게 말씀하시면서 "손과 옆구리를 보이셨다"(요 20:19-20). 왜 그렇게 하셨는가? 단지 예수님의 신분을 확실히 밝히기 위해서만이 아니라, 예수님이 십자가에서 화목을 위해 죽은 것, 그들을 위해 하나님 아버지와의 평화를 이룬 그 죽음을 상기시켜 주시기 위해서였다. 예수님은 그들 대신, 그들을 대표하여, 그들을 위해 평화를 이루기 위해 고난받으셨고, 이제 그 평화를 그들에게 가져다주기 위해 부활의 권능으로 오셨다.

"보라, 세상 죄를 지고 가는 하나님의 어린 양이로다"(요 1:29). 우리는 본래 하나님과 반목하였고 하나님도 우리와 반목하고 계셨지만, 예수님이 "십자가의 피로 화평을 이루셨다"(골 1:20)는 것을 인식할 때 하나님의 평화에 대한 참된 지식이 생겨나기 시작한다.

하나님의 사랑의 여러 차원

네 번째로, **하나님의 사랑의 여러 차원**에 대해 생각해 보자.

바울은 에베소서를 읽는 독자들이 "능히 모든 성도와 함께 지식에 넘치는 그리스도의 사랑을 알고 그 너비와 길이와 높이와 깊이가 어떠함을 깨달아 하나님의 모든 충만하신 것으로 너희에게 충만하게 하시기를" 기도했다(엡 3:18-19). 바울의 언어가 일관되지 않고 앞뒤가 맞지 않는 듯이 보이는 것은 신적 사랑의 실체가 말로 형언할 수 없을 정도로 크다는 바울의 느낌 때문이다. 그럼에도 불구하고 바울은 그 사랑을 어느 정도는 파악할 수 있다고 생각한다. 어떻게 그렇게 할 수 있는가?

에베소서의 대답은, 화목을 전후 문맥에 맞추어 숙고할 때, 즉 서신서의 처음 두 장에 설명된 전체적인 은혜의 계획(선택, 구속, 중생, 보존, 영화인데 그 계획 중에서 그리스도의 속죄의 희생이 가장 중요한 부분을 이룬다)을 검토해 볼 때 그렇게 할 수 있다는 것이다. 그리스도의 **피**를 통해 구속과 '죄사함'이 이루어지고, 멀리 있던 사람들이 하나님께 가까워졌다고 말하는 핵심 구절들을 보라(1:7; 2:13). 또한 5장의 가르침을 보라. 거기서는 그리스도께서 우리를 위해 자신을 화목 제물로 드린 것이 우리에 대한 그리스도의 사랑, 우리가 다른 사람을 대할 때 본받아야 하는 사랑의 표현이며 척도라고 두 번에 걸쳐 지적한다. "그리스도께서 너희를 사랑하신 것같이 너희도 사랑 가운데서 행하라. 그는 우리를 위하여 자신을 버리사 향기로운 제물과 희생 제물로 하나님께 드리셨느니라"(5:2). "남편들아, 아내 사랑하기를 그리스도께서 교회를 사랑하시고 그 교회를 위하여 자신을 주심같이 하라"(5:25).

그리스도의 사랑은 우리 안에 있는 어떤 선으로 말미암은 것이 아니라 **값없이** 주신 것이다(2:1-5). 그 사랑은 하나님 아버지께서 "창세 전에"(1:4) 구원할 죄인들을 택하신 것과 마찬가지로 **영원하다**. 그 사랑은 **무조건적이다**. 그것은 갈보리에서 예수님을, 깊은 굴욕과 실로 지옥에까지 내려가도록 했기 때문이다. 그리고 그 사랑은 **주권적이었다**. 그 사랑은 목적을 이루었기 때문이다. 예수님의 사랑의 결실로서 구속받은 자들의 최종적인 영광, 그들의 완전한 거룩함과 행복(5:26-27)이 이제 보장되고 확보되었다(1:14; 2:7-10; 4:11-16; 4:30). 신적 사랑의 위대함과 영광을 아주 희미하게라도 보려 한다면 이러한 것들을 곰곰이 묵상해 보라고 바울은 촉구한다. "그의 은혜의 영광"(1:6)을 구성하는 것은 이러한 것들이다. 그것을 아는 사람만이 삼위 여호와의 이름을 합당하게 찬양할 수 있다. 이것은 우리를 마지막 요점으로 이끈다.

하나님의 영광

마지막으로, **하나님의 영광의 의미**를 생각해 보자.

밤에 유다가 자신을 배신하러 나가자, 예수님은 다락방에서 말씀하셨다. "지금 인자가 영광을 받았고 하나님도 인자로 말미암아 영광을 받으셨도다"(요 13:31). 예수님이 하신 말씀의 의미는 무엇인가? '인자'란 보좌에 오르기 전에 반드시 이사야 53장을 성취해야만 하는 구세주 곧 왕이신 예수님의 이름이었다. 그리고 예수님은 인자가 현재 영광을 받고 자신 안에서 하나님이 현재 영광을 받는 것에 대해 말씀하시면서, 특별히 속죄의 죽음, 십자가에서의 '들리심'에 대해 생각하고 계셨다. 가룟 유다는 바로 그것을 촉진하러 나간 것이다. 당신은 하나님의 지혜, 권능, 의, 진리, 사랑 안에서 하나님의 은혜의 영광을 보는가? 특히 갈보리에서 예수님이 우리 죄에 대한 화목 제물이 되실 때 최고로 드러나는 하나님의 영광을 보는가? 성경은 그것을 본다. 또한 죄의 무게로 부담과 압박을 느낀다면 당신 역시 그럴 것이라고 감히 덧붙이고 싶다.

이러한 사실을 더 잘 이해할 수 있는 하늘 나라에서는 천사들과 사람들이 한 목소리로 "죽임을 당하신 어린 양"(계 5:12; 7:9-12)을 찬양한다. 여기 이 땅에서 은혜로 말미암아 영적 현실주의자가 된 사람들도 똑같이 그렇게 한다.

수치와 무례한 조롱을 지시고
나를 대신하여 예수님이 정죄받으셨네.
내 죄의 용서를 예수님의 피로 인치셨네.
할렐루야, 얼마나 좋은 구세주신지!

위에 있는 하나님 아버지의 보좌를 떠나신
참으로 값없고, 참으로 무한한 주님의 은혜!
사랑을 제외하고는 모든 것을 비우사
무력한 인류를 위해 피 흘리셨네.

놀라운 그 사랑! 어찌 말할 수 있으랴?
그 사랑이 나를 발견했도다!

당신이 나의 죄를 사하셨고
값없이 나를 대신하여
하나님의 진노를 견디어 내셨으니,
다시 정죄함은 없으리.
나를 보증하신 그리스도가 피 흘리셨으니
내게 피 흘리라 요구함 없네.

내 영혼이여, 안식을 누리라.
위대하신 대제사장의 공로가
나의 자유를 샀으니.
능력 있는 그 피를 믿으라.
하나님으로부터 내쫓길까 두려워하지도 말라.
예수님이 그대를 위해 죽으셨으니!

이것이 바로 하늘의 상속자, "예수 그리스도의 얼굴(즉 인격, 직무, 업적)에 있는 하나님의 영광을 아는 빛"(고후 4:6)을 본 사람들의 노래다. 복음의 핵심인 구속의 사랑과 화목의 자비라는 기쁜 소식은 그들로 하여금 끝없는 찬양을 부르게 한다. 당신도 그들 가운데 있는가?

19 하나님의 자녀

그리스도인이란 무엇인가? 이 질문에 대해서는 여러 가지로 대답할 수 있다. 하지만 내가 아는 가장 의미심장한 대답은 그리스도인은 하나님을 아버지로 모신 사람이라는 것이다.

이 말은 그리스도인이건 아니건 모든 사람에게 해당되는 것이 아닐까? 결코 그렇지 않다! 모든 사람이 하나님의 자녀라는 개념은 성경 어디에서도 찾아볼 수 없다. 구약은 하나님이 모든 사람의 아버지가 아니라 하나님 자신의 백성, 아브라함의 씨의 아버지임을 보여 준다. "이스라엘은 내 아들 내 장자라.…내 아들을 보내 주어"(출 4:22-23). 신약은 세계적인 비전을 펼치고 있다. 하지만 신약 역시 하나님은 모든 사람의 아버지가 아니라, 자신이 죄인임을 알고 예수 그리스도를 자신의 죄를 지신 분과 주님으로 믿으며, 그럼으로써 아브라함의 영적인 씨가 된 사람들의 아버지임을 보여 준다. "너희가 다 믿음으로 말미암아 그리스도 예수 안에서 하나님의 아들이 되었으니…너희는…다 그리스도 예수 안에서 하나이니라. 너희가 그리스도의 것이면 곧 아브라함의 자손이요"(갈 3:26-29). 그러므로 하나님의 아들됨은 모든 사람이 자연적 탄생을 통해 들어갈 수 있는 보편적인 지위가 아니다. 그것은 예수님을 받아들임으로써 받는 초자연적인 선물이다. "나로 말미암지 않고는 아버지께로 올—다시 말해 하나님에 의해 아들로 인정될—자가 없느니라"(요 14:6).

하나님의 아들됨이라는 선물은 태어남으로써가 아니라 중생함으로써 우리의 것이 된다. **"영접하는 자** 곧 그 이름을 믿는 자들에게는 하나님의 자녀가 되는 권세를 주셨으니 이는 혈통으로나 육정으로나 사람의 뜻으로 나지 아니하고 오직 하나님께로서 난 자들이니라"(요 1:12-13).

그렇다면 하나님의 아들됨은 은혜의 선물이다. 그것은 자연적인 아들됨이 아니라 **양자로 받아들여진** 아들됨이다. 그리고 신약은 명백히 입양으로서의 아들됨으로 묘사한다. 로마 법에서는 가족의 성을 이어나갈 상속자를 원할 때, 오늘날처럼 아기가 아니라 성년에 달한 남자를 아들로 입양하는 것이 널리 인정된 관습이었다. 사도들은, 하나님이 십자가에서 구속하신 사람들을 너무나 사랑하셔서 그들을 모두 입양하셨고 하나님의 독생자가 이미 누리는 그 영광을 보고 함께 나누도록 하셨다고 선언한다. "하나님이 그 아들을 보내사…율법 아래에 있는 자들을 속량하시고 우리로 아들(양자)의 명분을 얻게 하려 하심이라"(갈 4:4-5). 즉 "예정하사 예수 그리스도로 말미암아 자기의 아들들이 되게 하신" 우리를 그렇게 하셨다는 것이다(엡 1:5). "보라, 아버지께서 어떠한 사랑을 우리에게 베푸사 하나님의 자녀라 일컬음을 받게 하셨는가. 우리가 그러하도다.…그가 나타나시면 우리가 그와 같을 줄을 아는 것은 그의 참 모습 그대로 볼 것이기 때문이니"(요일 3:1-2).

몇 년 전에 나는 다음과 같이 쓴 적이 있다.

> 신약의 가르침 전체를 한 문장으로 거룩하신 창조주 하나님의 아버지 되심에 대한 계시라고 말한다면, 그것을 잘 요약한 것이다. 마찬가지로 신약적 종교 전체가 우리의 거룩하신 아버지 하나님에 대한 지식이라고 묘사한다면, 그것을 잘 요약한 것이다. 어떤 사람이 기독교를 얼마나 잘 이해하는지 판단하려면, 자신이 하나님의 자녀라는 생각과 하나님을 아버지로 모신다는 생각을 얼마나 중시하는지 보라. 그것이 예배와 기도와 인생에 대한 그의 전체 견해를 촉진하고 주관하는 생각이 아니라면, 이는 기독교를 그리 잘 이해하지 못했다는 증거다. 그리스도께서 가르치신 모든 것, 신약을 새로운 언약으로, 곧 구약보다 더 나은 것으로 만드는 모든 것, 유대적인 것과는 반대되는 모든 기독교적인 것은 하나님의 아버지 되심에 대한 지식에 요약되어 있기 때문이다. '아버지'라는 말은 하나님을 나타내는 그리스도인의 호칭이다(*Evangelical Magazine* 7, pp. 19-20).

이것은 내가 보기에 여전히 전적으로 참되며 매우 중요한 지적이다. 기독교에 대한 우리의 이해는 양자됨에 대한 이해의 범위를 넘어갈 수 없다. 이 장은 그 양자됨을 더 잘 이해하도록 돕기 위해 쓴 것이다.

신자에게 주신 바 하나님이 아버지라는 계시는 어떤 의미에서 성경의 절정이다. 그것은 성경이 기록하는 계시 과정에서 최종 단계다. 앞에서 살펴보았듯이, 구약 시대의 하나님은 백성들에게 그분에 대해 말할 수 있고 그분을 부를 수 있는 언약의 이름을 주셨다. 그것은 야웨라는 이름('여호와', '주님')이었다. 이 이름으로 하나님은 자신을 '스스로 있는 위대한 자'(great I AM) 곧 완전하고 일관되게 자기 자신인 분이라고 알리셨다. 하나님은 **그러하시다**. 그리고 하나님이 바로 그런 분이기 때문에 다른 모든 것도 지금과 같은 모습을 유지한다.

하나님은 모든 실재의 배후에 있는 실재, 모든 원인과 사건의 기초가 되는 원인이시다. 그 이름은 하나님이 자존하시며, 주권적이시고, 외부의 어떤 것으로부터도 제약받지 않으시고, 어떤 것에도 의지하지 않으시는 분이라고 선포한다. 야웨는 하나님의 언약 이름이긴 하지만, 그 이름은 이스라엘에게 하나님이 그들과 관련해서 어떤 분이 될 것인가보다는 그 하나님이 **본래** 어떤 분이신가를 말해 주었다. 그것은 이스라엘 왕의 공식 이름이었으며, 왕적인 의미가 담겨 있었다. 그것은 이해를 넘어서는 이름이며, 다른 어떤 것보다 신적 존재의 신비 앞에 겸손과 경외심을 불러일으키는 이름이었다.

이것과 완전히 일치하게도, 구약에서 하나님이 가장 강조하신 성품은 거룩하심이었다. 이사야가 성전에서 들은 바, "**거룩하다. 거룩하다. 거룩하다.** 만군의 여호와여"(사 6:3)라고 강조되는 천사들의 노래는 구약 전체의 주제를 요약하는 좌우명적인 본문으로 사용될 수 있다. **거룩**이라는 단어가 표현하는 기본 개념은 분리 혹은 분리됨이다. 하나님이 **거룩하시다**고 선포될 때, 그 개념은 하나님을 분리시키는 것 그리고 하나님을 모든 피조물로부터 떼어놓고 피조물과 다르게 만드는 것과 관련된다. 곧 하나님의 **위대하심**("높은 곳에 계신 **위엄**", 히 1:3; 8:1, 개역 한글)과 **순결하심**("주께서는 눈이 정결하시므로 악을 차마 보지 못하시며 패역을 차마 보지 못하시거늘", 합 1:13)이다.

구약 종교의 전체 정신은 하나님의 거룩하심이라는 개념에 의해 결정되었다. 구약은, 인간에게 피조물로서의 연약함과 죄악으로 인한 더러움 때문에 하나님 앞에서 자신을 낮추고 하나님을 경외하는 법을 배워야 한다고 계속해서 강조한다. 이는 '여호와를 경외함' 즉 자신의 하찮음을 알고, 자신의 잘못을 고백하며, 하나님의 임재 앞에서 자신을 낮추는 것, 감사함으로 하나님의 자비의 약속 아래 피하는 것 그리고 무엇보다도 주제넘은 죄를 주의 깊게 피하는 것이다. 거룩하신 하나님의 임재 앞에서 우리의 위치와 거리를 지켜야 한다는 것은 거듭 강조되며, 이것은 다른 모든 것보다 중요하다.

새로운 관계

하지만 신약에서 우리는 상황이 변화된 것을 알게 된다. 하나님과 종교가 이전보다 덜 중요한 것은 아니다. 하나님의 거룩하심에 대한 구약의 계시 그리고 그것이 인간에게 요구하는 겸손은 여전히 전제된다. 하지만 무엇인가가 더해졌다. 새로운 요소가 들어왔다. 신약의 신자들은 하나님을 자신의 아버지로 여긴다. 그들은 하나님을 **아버지**라 부른다. **아버지**라는 것이 이제는 하나님의 언약 이름이 되었다. 하나님을 그분의 백성과 결속시켜 주는 언약이 이제는 가족 언약으로 계시되었기 때문이다. 그리스도인들은 하나님의 자녀,

하나님의 아들과 딸, 하나님의 상속자다. 그리고 신약은 거룩하신 하나님께 가까이 가는 것이 위험하고 어려운 일이 아니라, 신자들이 담대함과 확신을 가지고 하나님께 다가갈 수 있다고 강조한다. 이는 그리스도에 대한 믿음과 그리스도의 구원 사역을 아는 지식에서 직접 생겨나는 담대함이다. "우리가 그 안에서 **그를 믿음으로 말미암아** 담대함과 확신을 가지고 하나님께 나아감을 얻느니라"(엡 3:12). "우리가 **예수의 피를 힘입어** 성소에 들어갈 담력을 얻었나니 그 길은 **우리를 위하여…열어 놓으신** 새로운 살 길이요…참 마음과 온전한 믿음으로 하나님께 나아가자"(히 10:19-22). 그리스도께 속한 사람들에게, 거룩하신 하나님은 사랑이 많으신 아버지시다. 그들은 하나님의 가족에 속해 있다. 그들은 두려움 없이 하나님께 나아갈 수 있으며, 그분이 아버지로서 관심을 갖고 돌보실 것임을 언제나 확신할 수 있다. 이것이 신약 메시지의 핵심이다.

누가 이러한 진리를 파악할 수 있는가? 나는, 아버지로서 부적격한 아버지 혹은 지혜나 애정이 결핍된 인간 아버지를 둔 사람들, 또한 불행하게도 아버지 없이 자라난 사람들에게는 하나님이 아버지 되신다는 개념이 아무것도 의미할 수 없다고 심각하게 주장하는 것을 들은 적이 있다. 또 로빈슨(Robinson) 주교가 「신에게 솔직히」(*Honest to God*, 대한기독교서회)에서 하나님의 아버지 되심에 대해 아무 말도 하지 않은 것이, 이러한 근거에서 가정 생활이 대부분 붕괴되어 버린 세대에게 믿음을 권하는 명민한 조처로 변호되는 것을 들은 적이 있다.

하지만 이는 어리석은 일이다. 왜냐하면, 우선 여기에 암시된 것처럼 인간 관계의 영역에서 대조에 의해서는 긍정적인 개념들이 형성될 수 없다고 주장하는 것은 타당하지 않기 때문이다. 많은 젊은이가 자기 부모처럼 결혼 생활을 망쳐 버리지 않겠다는 결심을 하고 결혼을 한다. 이것을 긍정적인 이상이라 할 수 없는가? 당연히 그것은 긍정적인 이상이 될 수 있다. 마찬가지로 우리 모두는 조물주가 우리의 완전한 부모가 되신다는 생각을 할 수 있다. 그분은 신실하게 사랑하고 돌보시며, 인자하고 사려 깊으며, 우리가 하는 모든 것에 관심이 있으시고, 우리의 개성을 존중하시며, 숙련된 솜씨로 우리를 훈련하시고, 지혜롭게 인도하시며, 언제나 만날 수 있고, 우리가 성숙하고 고결하며 성실하도록 도우시는 분이다. "내게는 훌륭한 아버지가 계셔. 그리고 나는 하나님이 그와 같으시다는 것, 그 이상이라는 것을 알아"라고 말하면서 그런 생각을 하든, 아니면 "나의 아버지는 이런저런 점에서, 그리고 이 점에서 나를 실망시켰어. 하지만 하나님은—그의 이름을 찬양하라—아주 다르실 거야"라고 말하면서 그런 생각을 하든, 심지어 "나는 이 세상에서 아버지가 있다는 것이 어떤 것인지 전혀 아는 바 없어. 하지만 감사하게도 이제 하늘 아버지를 갖게 되었어"라고 말하든 간에, 이것은 모든 사람에게 의미를 지닐 수 있다. 사실상 우리 모두는 아버지됨에 대한 하나의 명확한 이상을 가지고 우리의 아버지와 다른 사람의 아버지를 판단한다. 그리고 하나님이 완전한 아버지가 되신다는 점을 무의미하거나 불쾌하게 여기는 사람은 존재하지 않는다고 말해도 과언이 아니다.

  하지만 어떤 경우든(그리고 이것이 두 번째 요점이다), 하나님은 우리가 인간 아버지로부터 유추해서만 하나님의 아버지 되심이 어떠한 것인지 상상하도록 내버려두지 않으셨다. 하나님은 성육신

하신 아들 주 예수 그리스도를 통해 이 관계의 완전한 의미를 영단번에 계시해 주셨다. "하나님으로부터 하늘과 땅에 있는 모든 아버지 되심이 그 이름을 얻는"(엡 3:14, 필립스역) 것과 마찬가지로, "하나님 곧 우리 주 예수 그리스도의 아버지"(엡 1:3)이신 하나님의 드러난 활동을 통해, 우리는 그리스도께 속한 우리에 대해 하나님이 아버지로서 갖는 관계가 진정 무엇을 의미하는지 배우게 된다. 하나님은 신자들의 삶이 예수님과 하나님의 교제를 반영하고 재현하는 것이 되길 바라시기 때문이다.

어디서 이것에 대해 배울 수 있는가? 주로 요한복음과 요한일서에서 배울 수 있다. 요한복음에서 처음으로 거론되는 복음의 복은 양자됨이고(1:12), 부활 후 첫 번째 출현에서 절정은 예수님이 "내 아버지 곧 너희 아버지, 내 하나님 곧 너희 하나님께로"(20:17) 올라간다고 말씀하신 것이다. 요한일서에서 중심이 되는 사상은 하나님이 사랑으로 주시는 최고의 선물인 아들됨(요일 3:1), 아들됨의 도리인 하나님 아버지에 대한 사랑(2:15; 5:1-3)과 그리스도인 형제 자매들에 대한 사랑(2:9-11; 3:10-17; 4:7, 21), 아들됨의 특권인 하나님 아버지와의 교제(2:13, 23-24), 아들됨의 증거로서 의와 죄를 피하는 것(2:29; 3:9-10; 5:18), 아들됨의 소망인 예수님을 보고 예수님과 같이 되는 것(3:3) 등이다. 두 책 모두에서 우리는 하나님의 아버지 되심이 예수님에게 어떤 의미였으며, 그것이 이제 그리스도인들에게 의미하는 것이 무엇인지 매우 분명하게 배우게 된다.

요한복음에 나온 주님의 증거에 따르면, 주님에게 하나님이 아버지 되신다는 것은 다음 네 가지를 의미했다.

첫째로, 아버지 되심은 **권위**를 의미했다. 아버지는 명령하시고 처리하신다. 하나님이 아들에게 행사하도록 명하신 주도권은 아버지의 뜻에 단호하게 순종하는 주도권이다. "내가 하늘로서 내려온 것은 내 뜻을 행하려 함이 아니요 나를 보내신 이의 뜻을 행하려 함이니라." "아버지께서 내게 하라고 주신 일을 내가 이루어." "아들이…아무것도 스스로 할 수 없나니." "나의 양식은 나를 보내신 이의 뜻을 행하…는 이것이니라"(6:38-39; 17:4; 5:19; 4:34).

둘째로, 아버지 되심은 **애정**을 의미했다. "아버지께서 아들을 사랑하사." "아버지께서 나를 사랑하신 것같이…내가 아버지의 계명을 지켜 그의 사랑 안에 거하는 것같이"(5:20; 15:9-10).

셋째로, 아버지 되심은 **교제**를 의미했다. "그러나 내가 혼자 있는 것이 아니라 아버지께서 나와 함께 계시느니라." "나를 보내신 이가 나와 함께하시도다. 나는 항상 그가 기뻐하시는 일을 행하므로 나를 혼자 두지 아니하셨느니라"(16:32; 8:29).

넷째로, 아버지 되심은 **영광**을 의미했다. 하나님은 아들을 높이려 하신다. "아버지여…아들을 영화롭게 하사." "아버지께서…심판을 다 아들에게 맡기셨으니 이는 모든 사람으로 아버지를 공경하는 것같이 아들을 공경하게 하려 하심이라"(17:1; 5:22-23).

이 모든 것은 하나님이 양자로 택하신 자녀들에게까지 확대된다. 주님이신 예수 그리스도 안에서, 그리스도를 통해, 그리스도 아래에서 하나님의 자녀들은 하늘 아버지께 통치를 받고, 사랑을 받고, 그분과 교제를 나누고, 영광을 받는다. 예수님이 하나님께 순종했던 것처럼, 그들도 순종해야만 한다. "하나님-'낳으신' 하나님-을 사랑하는 것은 이것이니 우리가 그의 계명들을 지키는 것이라"(요일 5:1, 3). 자기 독생자를 사랑하신 것처럼, 하나님은 입양하신 아들들도 사랑하신다. "아버지께서 친히 너희를 사랑하심이라"(요 16:27). 하나님이 예수님과 교제를 나누셨던 것처럼, 하나님은 우리와도 교제를 나누신다. "우리의 사귐은 아버지와 그의 아들 예수 그리스도와 더불어 누림이라"(요일 1:3). 예수님을 높이신 것처럼, 하나님은 한 가족 안에서 형제로서 예수님을 따르는 자들을 높이신다. "사람이 나를 섬기면 내 아버지께서 그를 귀히 여기시리라"(요 12:26). 이것은 "아버지여 내게 주신 자도 나 있는 곳에 나와 함께 있어"(요 17:24) 예수님이 누리시는 영광을 보고 나누기 위해서다. 이런 말로써 성경은 예수님의 아버지와 예수님의 종을 한데 결합시켜 주는 부모 자식 관계가 어떤 형태와 내용을 지니는지 이해하도록 가르쳐 준다.

여기에서 양자됨이 의미하는 것이 무엇인가를 공식적인 정의와 분석을 통해 살펴보자. 웨스트민스터 소요리 문답(12장)에 나오는 훌륭한 정의는 다음과 같다.

> 하나님은 의롭다 함을 받은 모든 자를 독생자 예수 그리스도 안에서 그리고 그리스도를 위해 양자됨의 은혜에 참여하도록 해주신다. 이로써 그들은 하나님의 자녀에 포함되며, 자녀로서 자유와 특권을 누린다. 그들은 하나님의 이름을 지니며, 양자의 영을 받는다. 담대함으로 은혜의 보좌에 나아간다. 아바 아버지라고 부르짖을 수 있다. 아버지가 그러시는 것처럼, 하나님의 불쌍히 여김을 받고 그분의 보호를 받으며, 공급받고 연단된다. 하지만 결코 버림받지 않으며 구속의 날까지 인치심을 받는다. 그리고 영원한 구원의 상속자로서 약속을 유업으로 받는다.

이것이 바로 신자들에게 주어지는 신적 아들됨의 특성이다. 그것에 대해 이제부터 살펴보겠다.

양자됨: 최고의 특권

양자됨에 대해 첫 번째로 살펴볼 사항은 그것이 **복음이 제시하는 최고의 특권**이라는 것이다. 그것은 심지어 의롭다 함보다 더 높다. 이 말을 들으면 의심쩍다는 듯이 눈살을 찌푸릴 사람도 있을 것이다. 의롭다 함은 루터 이래로 복음주의자들이 가장 강조한 하나님의 선물이며, 우리는 습관적으로 값없이 의롭다 함을 받는 것이야말로 하나님이 죄인들에게 주시는 최고의 복이라고 말하는 데 익숙하기 때문이다. 그럼에도 불구하고 주의 깊게 생각해 보면 우리가 방금 한 말이 사실임을 알게 될 것이다.

의롭다 함은 하나님이 이미 우리를 용서하셨을 뿐 아니라 미래에 우리를 받아들이시는 것을 의미한다. 의롭다 함이 복음의 **일차적이고 근본적인** 복이라는 것은 의문의 여지가 없다. 의롭다 함은 **일차적인** 복이다. 그것은 우리의 일차적인 영적 필요를 채워 주기 때문이다. 우리는 원래 하나님의 심판 아래 서 있다. 하나님의 율법은 우리를 정죄한다. 죄책감이 우리를 안식하지 못하게 하고 불행하게 하며, 우리를 두렵게 하고 괴롭힌다. 우리의 조물주와 평화를 누리지 못하기 때문에 우리 자신과도 평화를 누리지 못한다. 그러므로 이 세상의 다른 어떤 것보다도 우리 죄를 용서받을 필요가 있으며, 하나님과 회복된 관계를 갖게 되었다는 확신을 가질 필요가 있다. 그리고 이것이 바로 복음이 다른 어떤 것을 제공하기에 앞서 우리에게 제공하는 것이다. 사도행전에 기록된 최초의 복음 설교들은, 결국은 회개하고 예수님을 자신의 구세주와 주님으로 받아들이는 모든 자에게 죄의 용서를 약속한다(행 2:38; 3:19; 10:43; 13:38-39을 보라; 비교. 5:31; 17:30-31; 20:21; 22:16; 26:18; 눅 24:47).

복음에 대한 바울의 가장 충실한 해설인 로마서—루터가 생각하기에는 "모든 것 중 가장 분명한 복음"—에는 그리스도의 십자가를 통한 의롭다 함이 제일 먼저 설명되며(1-5장), 그것이 다른 모든 것의 기초가 된다. 바울은 일상적으로 의, 죄사함, 칭의를 예수님의 죽으심이 우리에게 초래한 최초이자 즉각적인 결과라고 말한다(롬 3:22-26; 고후 5:18-21; 갈 3:13-14; 엡 1:7 등). 그리고 칭의는 **일차적인** 복이면서 동시에 **근본적인** 복이다. 우리 구원의 모든 요소(양자됨을 포함해서)가 칭의를 전제로 하며 그것에 의지하기 때문이다.

하지만 이것은 칭의가, 복음이 가져다주는 **최고의** 복이라는 말은 아니다. 실은 양자됨이 더 높은 복이다. 양자됨은 하나님과의 더 풍성한 관계를 포함하기 때문이다. 벌코프(Berkhof)의 책을 비롯한 기독교 교리에 대한 몇몇 교과서는 양자됨을 단지 칭의의 한 부분인 것처럼 다루는데, 이것은 부적절하다. 이 두 개념은 서로 별개의 것이며, 양자됨이 더 높은 차원의 개념이다. 칭의는 **율법**의 관점에서 나왔으며 하나님을 **심판자**로 보는 **법정** 개념이다. 칭의의 관점에서 하나님은 회개하는 신자들에게, 그들의 대리자이자 희생 제물인 예수 그리스도가 십자가에서 그들 대신 죽음을 맛보셨기 때문에, 그들은 죄로 인해 마땅히 받아야 하는 죽음을 결코 당하지 않으며 앞으로도 당하지 않을 것이라고 선포하신다.

갈보리에서 치른 희생으로 인해 우리에게 값없이 주어진 이 죄사함과 평화는 정말로 놀라운 선물임이 틀림없다. 하지만 칭의 자체는 심판자 하나님과의 친밀하거나 깊은 관계를 전혀 의미하지 않는다. 어쨌든 개념적으로는, 칭의로 인해 하나님과 친밀한 교제를 누리지 않고서도, 칭의의 실체를 소유할 수는 있을 것이다.

하지만 이제 이것을 양자됨과 대조해 보라. 양자됨은 **사랑**이라는 관점에서 나왔고 하나님을 **아버지**로 보는 **가족**의 개념이다. 하나님은 양자됨을 통하여 우리를 하나님의 가족과 그 안에서의 친교라는 세계로 이끌어들이신다. 즉 우리를 그분의 자녀요 상속자가 되게 하신다. 친밀함, 애정, 자비로움이 이 관계의 핵심이다. 심판자 하나님과 올바른 관계를 맺는 것은 대단한 일이지만, 하나님 아버지에게 사랑받고 보살핌을 받는 것은 더욱 대단한 일이다.

이러한 개념은 제임스 뷰캐넌(James Buchanan)의 「칭의의 교리」(*The Doctrine of Justification*, pp. 276-277)에서 뽑은 다음 인용문에 가장 잘 표현되어 있다.

성경에 따르면, 죄사함, 받아들여짐, 양자됨은 서로 다른 특권이며, 양자됨이 순서상 다른 두 개보다 더 높이 여겨진다. 처음 두 가지는 똑같이 통치자와 신하의 관계에 근거하며 (죄인의) 칭의에 속해 있는 것이 적절한 반면, 세 번째 것은 그것들과는 철저하게 다르며 더욱 가깝고 온유하며 애정이 깃든 아버지와 아들의 관계에 근거한다.…종의 입장과 친구의 입장은 명백하게 다르다. 종과 아들의 입장도 마찬가지다. 그리스도와 그분의 백성은 주인과 종보다 더 밀접하고 사랑이 깃든 관계를 갖고 있다고 나와 있다. "이제부터는 너희를 종이라 하지 아니하리니 종은 주인이 하는 것을 알지 못함이라. 너희를 친구라 하였노니"(요 15:15). 그리고 양자됨의 결과는 그보다 더 밀접하고 애정에 찬 관계라고 나와 있다. 왜냐하면 "그러므로 네가 이후로는 종이 아니요 아들이니, 아들이면 하나님으로 말미암아 유업을 받을 자"(갈 4:7)이기 때문이다. 양자됨의 특권은 죄사함과 받아들여짐을 전제로 하지만, 그 둘보다 더 높은 것이다. "영접하는 자 곧 그 이름을 믿는 자들에게는 하나님의 자녀가 되는 권세—내적인 힘이 아니라, 권세, 권리 혹은 특권—를 주셨으니"(요 1:12). 이것은 칭의보다 더 높은 특권이다. 더 친밀하고 더 애정에 찬 관계에 근거하기 때문이다. "보라, 아버지께서 어떠한 사랑을 우리에게 베푸사 하나님의 자녀라 일컬음을 받게 하셨는가"(요일 3:1).

거듭남을 통해 일어나는, 죽음에서 생명에 이르는 사건을 단순히 정죄로부터 받아들여짐으로의 변화가 아니라, 속박과 궁핍으로부터 하나님의 가족의 '안전함과 확실함 그리고 누림'으로의 변화로 보아야지만, 그 사건의 경이를 충분히 느꼈다고 할 수 있다. 이것이 바울이 갈라디아서 4:1-7에서 설명하는 위대한 변화다. 바울은 노예적인 율법주의와 종교에 대한 미신으로 가득 차 있던 독자들의 이전 삶(3, 5, 8절)과 그들의 창조주를 아버지로(6절), 보증인이요 후원자로 아는(7절) 현재의 지식을 대비시킨다. 바울은 그리스도에 대한 믿음이 바로 이러한 위치로 데리고 왔다고 말한다. 너희는 "아들의 명분"(5절)을 받았다. "네가 이후로는 종이 아니요 아들이니 아들이면…유업을 받을 자니라"(7절).

찰스 웨슬리가 1738년 성령 강림 축일에 그리스도를 발견했을 때, 그는 자신의 벅찬 경험을 몇몇 놀라운 찬송가에 담았다("웨슬리의 회심의 찬송", *Methodist Hymn Book*, #361). 그 찬송가들의 주요 주제는 종의 신분에서 아들의 신분으로 바뀌는 것에 대한 것이다.

> 나의 경탄은 어디서 시작될까?
> > 내가 어떻게 하늘 나라를 갈망할까?
>
> 종이 죽음과 죄로부터 구속받았고,
> > 타다 남은 나무가 영원한 불에서 건져졌네.
>
> 내가 어떻게 승리의 찬가를 부를까?
> > 나의 위대한 구원자를 찬양할까?
>
> 오, 그 선하심을 어찌 다 말할까?
> > 아버지시여, 당신은 내게 무엇을 보이셨나이까?
>
> 진노와 지옥의 자식인 내가
> > 하나님의 자녀라 불리다니.
>
> 이제 내 죄가 용서받은 것을 아노라.
> > 천국을 미리 맛보는 복을 누리는 것을.

찰스는 일기에서, 사흘 후에 형 존이 자기도 이제는 신자라는 것을 알리기 위해 "한 무리의 친구"와 함께 뛰어 들어왔고, "우리는 큰 기쁨으로 그 찬송을 불렀다"고 말한다. 당신이 거기 있었다면, 진정 그들과 한마음으로 찬송을 부를 수 있었을까? 웨슬리의 말을 당신의 것으로 삼을 수 있는가? 당신이 진정으로 하나님의 자녀이고

'그의 아들의 영'이 당신 안에 있다면, 웨슬리의 말은 이미 당신의 마음속에서 메아리쳤을 것이다. 그리고 당신이 냉랭하게 느낀다면, 도대체 어떻게 당신이 그리스도인이라고 생각할 수 있겠는가!

양자됨의 복이 얼마나 큰지를 보여 주기 위해 한 가지를 덧붙여야겠다. 양자됨은 **지속되는** 복이라는 것이다. 사회 문제 전문가들은 오늘날 우리에게 귀가 따갑도록 말한다. 가족 단위는 안정되고 견고해야 하며, 부모 자녀의 관계에서 불안정한 요소는 무엇이든 자녀에게 중압감, 신경증, 발달 억제 등의 대가를 요구한다고 말이다. 결손 가정의 어린이들이 의기소침하고, 제멋대로 행동하며, 미성숙함을 보이는 것 등은 우리 모두가 익히 아는 바다. 하지만 하나님의 가정은 그렇지 않다. 절대적인 안정과 견고함이 존재한다. 부모는 완전히 지혜롭고 선하며, 자녀의 위치는 영구히 확보되어 있다. 양자됨이라는 개념 자체가 '성도의 견인'의 증거이며 보증이다. 심지어 성이 났을 때라 해도 나쁜 아버지들만이 자녀를 가족에서 내쫓아 버릴 터인데, 더욱이 하나님은 나쁜 아버지가 아니라 좋은 아버지다. 그렇다면 그리스도인들에게서 의기소침함, 제멋대로 구는 행동, 미성숙함을 볼 때, 그들이 과연 하나님의 참된 자녀로서 영속적인 안전함에 거하며, 건강한 습관을 배운 것인지 의심할 수밖에 없다.

양자됨: 우리 삶의 기초

양자됨에 대해 두 번째로 말하고자 하는 것은 **그리스도인의 삶 전체가 양자됨에 비추어 이해되어야 한다**는 점이다. 아들됨은 모든 점에서 지배적인 생각, 말하자면 규범적인 범주가 되어야 한다. 이는 이 문제의 본질상 당연한 결론이며, 주님이 늘 이러한 견지에서 그리스도인의 제자도에 대해 가르치셨다는 사실로 확증된다.

예수님이 언제나 자신을 독특한 의미에서 하나님의 아들로 생각하셨던 것과 마찬가지로, 또한 언제나 자신의 제자들을 하나님 아버지의 자녀들로 즉 예수님 자신과 마찬가지로 하나님 아버지의 가족의 일원으로 생각하셨다는 것은 분명하다. 사역 초기에 예수님은 "누구든지 하나님의 뜻대로 행하는 자는 내 형제요 자매요 어머니이니라"(막 3:35)라고 말씀하셨다. 그리고 두 명의 복음서 기자는 예수님이 부활하신 후에 제자들을 자기 형제라고 불렀던 것을 주목한다. "그 여자들이…빨리 무덤을 떠나 **제자들에게** 알리려고 달음질할새 예수께서 그들을 만나 이르시되…무서워하지 말라. 가서 내 **형제들에게** 갈릴리로 가라 하라. 거기서 나를 보리라"(마 28:8-10). "너는 내 **형제들에게** 가서 이르되 내가 내 아버지 곧 너희 아버지, 내 하나님 곧 너희 하나님께로 올라간다 하라 하시니 막달라 마리아가 가서 **제자들에게**…하고"(요 20:17-18). 히브리서 기자는, 주 예수님이 자신이 위해서 죽은 모든 사람 그리고 제자로 삼은 사람들을 자신의 형제로 여기신다는 것을 우리에게 확신시킨다. "그러므로 형제라 부르시기를 부끄러워하지 아니하시고 이르시되 내가 주의 이름을 내 형제들에게 선포하고…또다시 볼지어다, 나와 및 하나님께서 내게 주신 자녀라 하셨으니"(히 2:11-13). 우리가 하나님의 가족이 될 때, 우리의 조물주가 우리의 아버지이신 것처럼 우리의 구세주는 우리의 형제시다.

예수님은 자신의 독특한 아들됨에 대한 지식이 지상에서 그분의 삶을 주관했던 것처럼, 이제 우리가 하나님의 양자로서 아들 되었다는 것을 아는 것이 우리 삶 역시 주관해야 한다고 주장하신다. 이것은 예수님의 가르침에서 거듭 되풀이되지만, 특히 산상수훈에서 가장 분명하게 설명되었다. 이 설교는 종종 하나님 나라 헌장이라고 불리는 것으로, 왕족 규약이라고 묘사해도 무방할 것이다. 그리스도의 제자는 곧 하나님의 아들이라는 개념이 이 설교에서 다루는 바, 곧 그리스도인의 순종과 관계된 모든 주요 문제에 기초가 되기 때문이다. 이것은 자세히 다룰 만한 주제다. 특히 이 점은 성경 강해에서 적절히, 비중 있게 다루어지는 적이 거의 없기 때문에 더욱 그렇다.

그리스도인의 행동

먼저 산상수훈에서는 양자됨이 **그리스도인의 행동**의 기초로 나타난다. 산상수훈이 그리스도인의 행동에 대해 가르친다는 사실은 종종 주목되어 온 바다. 그것은 그리스도인들이 기계적으로 정확하게 따라야 하는 규칙들의 도식도, 시시콜콜하게 규범을 적어 둔 경전도 아니다. 그것은 그리스도인들이 향해 나가야 하는 정신, 방향과 목표, 지도 원리 및 이상을 광범위하고 보편적으로 보여 준다. 산상수훈은 우리 주님 시대에 유대 율법사와 서기관의 상투적이고 기계적이고 문자적인 유형의 교훈과는 아주 다른 윤리로서, 책임 있는 자유의 윤리라는 것도 종종 지적된다. 별로 주목받지 못하는 주장은 이것이 바로 부모가 자녀들에게 끊임없이 주입하려고 하는 그런 종류의 도덕적 교훈이라는 것이다. 즉 이 주장은 산상수훈을, 구체적이고, 상상력이 풍부하며, 특별한 예를 통해 일반적인 원리를 가르치며, 언제나 자녀들이 삶에 대한 부모의 태도와 견해를 인식하고 공유하게 하려고 애쓰는 것으로 본다. 산상수훈이 이러한 특질을 지니는 이유를 찾기란 어렵지 않다. 그것은 산상수훈이 사실상 하나님의 가족이라는 한 가족의 자녀들을 위한 교훈이기 때문이다. 이러한 기본 방침은 우리 주님이 규정하시는 세 개의 총괄적인 행동 원리에서 나타난다.

첫 번째 원리는 **하나님 아버지를 본받는** 원리다. "나는 너희에게 이르노니 너희 원수를 사랑하며…이같이 한즉 하늘에 계신 너희 아버지의 아들이 되리니…그러므로 하늘에 계신 너희 아버지의 온전하심과 같이 너희도 온전하라"(마 5:44-45, 48). 자녀들은 서로 닮은 모습으로 행동해야만 한다. 예수님은 "내가 거룩하니 너희도 거룩할지어다"라고 똑똑히 말씀하시며, 그것을 가족의 견지에서 말씀하신다.

두 번째는 **하나님 아버지를 영화롭게 하는** 원리다. "이같이 너희 빛이 사람 앞에 비치게 하여 그들로 너희 착한 행실을 보고 하늘에 계신 너희 아버지께 영광을 돌리게 하라"(마 5:16). 자녀들이 아버지를 자랑스럽게 여기고, 다른 사람들도 아버지가 얼마나 좋은 분인지를 알기 원하며, 공개 석상에서 아버지에게 영예가 되도록 행동하는 것은 좋은 일이다. 마찬가지로, 그리스도인들도 공개 석상에서 하늘에 계신 아버지께서 찬양받으시게끔 행동하도록 애써야 한다고 예수님은 말씀하신다. 그들은 기도할 때마다 맨 먼저 말하도록 배운 "우리 아버지…이름이 거룩히 여김을 받으시오며"(마 6:9)에 대해 끊임없이 관심을 가져야만 한다.

세 번째는 **하나님 아버지를 기쁘시게 하는** 원리다. 마태복음 6:1-18에서 예수님은 신앙 생활을 할 때 한마음으로 하나님을 기쁘시게 해야 한다는 것을 길게 논하면서, 그 원리를 다음과 같이 진술하신다. "사람에게 보이려고 그들 앞에서 너희 의를 행하지 않도록 주의하라. 그리하지 아니하면 하늘에 계신 너희 아버지께 상을 얻지 못하느니라"(마 6:1). 물론 여기서 '상'은 돈으로 환산할 수 있는 물질적인 것이 아니다. 그것은 가족 내에서의 보상, 곧 자녀들이 부모를 기쁘게 하려고 특별히 애썼을 때 부모가 자녀에게 갑자기 표현하는 사랑과 같이 특별한 사랑의 표시가 될 것이다. 우리 주님이 상을 약속하시는 목적(마 6:4, 6, 18)은, 우리가 대가와 응분의 보상이라는 견지에서 생각하도록 하려는 것이 아니다. 단지 하늘에 계신 아버지를 기쁘시게 하려고 노력할 때, 하나님이 그것을 알아주실 것이며, 특별히 기뻐하시리라는 사실을 상기시키는 것이다.

그리스도인의 기도

둘째로, 산상수훈에서 양자됨은 **그리스도인의 기도**의 기초로 나타난다. "그러므로 너희는 이렇게 기도하라.····우리 아버지여"(마 6:9). 예수님이 언제나 아버지이신 자신의 하나님(아람어로는 친밀한 가족 용어인 '아바')께 기도하신 것처럼, 예수님의 제자들도 그렇게 해야 한다. 예수님은 아버지께서 "항상 내 말을 들으신다"고 말할 수 있으셨으며(요 11:42), 또한 제자들도 하나님의 양자된 자녀로서 똑같다는 것을 알기 원하신다. 하나님 아버지는 언제나 자녀들이 다가갈 수 있는 분이며, 어떤 일에 몰두한 나머지 자녀들이 말하는 것을 듣지 못하는 경우가 결코 없는 분이다. 이것이 그리스도인의 기도의 기초다.

산상수훈에 따르면, 두 가지 사실을 알 수 있다. 첫째로, 압력을 가하지 않으면 당신의 말을 무시할 어떤 사람에게 압력을 가하는 비인격적이거나 기계적인 기술로 기도를 생각해서는 안 된다. "기도할 때에 이방인과 같이 중언부언하지 말라. 그들은 말을 많이 하여야 들으실 줄 생각하느니라. 그러므로 그들을 본받지 말라. 구하기 전에 너희에게 있어야 할 것을 하나님 너희 아버지께서 아시느니라"(마 6:7-8). 둘째로, 기도는 자유롭고 담대해야 한다. 우리는 부모에게 무엇이든지 망설이지 않고 요구하는 어린이의 터무니없는 '뻔뻔함'을 본받을 필요가 있다. 어린이는 부모의 사랑에 온전히 의지할 수 있다는 것을 알기에 그같이 행동할 수 있다. "구하라. 그리하면 너희에게 주실 것이요…구하는 이마다 받을 것이요…너희가 악한 자라도 좋은 것으로 자식에게 줄 줄 알거든 하물며 하늘에 계신 너희 아버지께서 구하는 자에게 좋은 것으로 주시지 않겠느냐"(마 7:7-11).

사실 하늘에 계신 아버지께서 자녀의 기도를 언제나 그들이 드리는 형태 그대로 응답하시는 것은 아니다. 때로 우리는 잘못된 것을 구한다! **좋은** 것들, 우리가 **필요로 하는** 것들을 주시는 것은 하나님의 특권이다. 그리고 우리가 어리석음으로 인해 이러한 범주에 속하지 않는 것을 구할 때, 하나님은 모든 훌륭한 부모와 마찬가지로 "아니, 그건 아니야. 그건 너한테 좋지 않아. 하지만 대신 이걸 가져라"라고 말할 권리가 있으시다. 훌륭한 부모는 결코 자녀들이 말하는 것을 무시하거나, 그들의 소망을 경시하지 않는다. 하나님도 마찬가지다. 하지만 종종 하나님은 우리가 실제로 구하는 것보다는 우리가 구했어야 하는 것을 주신다. 바울은 주 예수께 자비롭게 자기 육체의 가시를 제거해 달라고 구했으며, 주님은 자비롭게도 그것을 남겨 둔 채 바울이 그것을 지니고 살아갈 수 있도록 그를 강하게 해주셨다(고후 12:7-9). 주님은 무엇이 최선인지 아셨다! 그리고 바울의 기도가 이런 식으로 응답되었기 때문에 전혀 응답된 것이 아니라고 주장한다면, 전적으로 잘못된 생각일 것이다. 여기서 때로 '응답되지 않은 기도의 문제'라고 잘못 불리는 것에 대해 많은 것을 알 수 있다.

믿음의 삶

셋째로, 산상수훈에서 양자됨은 **믿음의 삶**, 즉 우리가 하나님 나라와 그 의를 구할 때 하나님이 우리의 물질적 필요를 채워 주실 것을 믿는 삶의 기초로 나타난다. 먼저, 보수가 괜찮은 현재의 직장을 떠나지 않고도 믿음의 삶을 살 수 있음을 지적할 필요가 있다. 물론 어떤 사람은 그런 직장을 떠나도록 부름받는다. 하지만 특별한 인도 없이 그렇게 하려는 것은 믿음이 아니라 무모함이며, 그 둘 사이에는 큰 차이가 있다! 모든 그리스도인은 사실상 어떤 대가를 치르든지 하나님의 뜻을 따르며 그 결과에 대해 하나님을 의지한다는 의미에서 믿음의 삶을 살도록 부름받는다. 하지만 사람들은 조만간에 인간적인 지위와 안정을 하나님의 부르심에 대한 충성보다 앞쪽에 놓고 싶은 유혹을 받는다. 그리고 그들이 이 시험에 저항한다면, 즉시 그 저항이 가져옴직한 결과에 대해 걱정한다. 이는 특히 산상수훈을 처음 들은 제자들이 겪었고 그 이래로 더욱 많은 사람이 겪고 있듯이, 예수님을 따르는 것이 그분을 따르지 않았으면 누렸을 만한 안정이나 번영의 수단을 빼앗기도록 강요할 때 더욱 그러하다. 믿음의 삶을 살면서 이렇게 유혹을 받는 사람들에 대해 예수님은 그들이 양자라는 진리에 관심을 집중시킨다.

주님은 이렇게 말씀하신다. "목숨을 위하여 무엇을 먹을까 무엇을 마실까 몸을 위하여 무엇을 입을까 염려하지 말라"(마 6:25). 하지만 어떤 사람은 이것은 현실적인 것이 아니라고 말한다. 어떻게 이러저러한 것에 직면할 때 염려하지 않을 수가 있는가? 그것에 대해 예수님은 이렇게 대답하신다. 너희의 믿음은 너무나 적다. 너희는 하나님이 너희의 아버지시라는 것을 잊었느냐? "공중의 새를 보라.…너희 하늘 아버지께서 기르시나니 너희는 이것들보다 귀하지 아니하냐"(26절). 하나님이 새들―하나님은 그들의 아버지가 아니시다―을 돌보신다면, 하나님이 너희들―하나님은 너희의 아버지시다―을 돌보실 것은 분명하지 않은가? 그 점은 31-33절에 확실하게 나와 있다. "그러므로 염려하여 이르기를 무엇을 먹을까 무엇을 마실까…하지 말라.…너희 하늘 아버지께서 이 모든 것이 너희에게 있어야 할 줄을 아시느니라. 그런즉 너희는 먼저 그(너희 아버지)의 나라와 그의 의를 구하라. 그리하면 이 모든 것을 너희에게 더하시리라."

어떤 가족을 태운 차가 혼잡한 차들 사이를 헤치고 나아갈 때, 어린 소녀가 걱정스럽다는 듯이 말했다. "우리는 부딪힐지도 몰라요." "아빠를 믿어라. 아빠는 훌륭한 운전사니까 말이야." 엄마가 말했다. 어린 소녀는 안심하고는 즉시 긴장을 풀었다. 당신은 하늘 아버지를 이렇게 신뢰하는가? 그렇지 않다면, 이유는 무엇인가? 이러한 신뢰는 매우 중요하다. 그것은 사실상 믿음의 삶의 원동력이다. 그것이 없다면 삶은, 적어도 부분적으로는 불신의 삶이 되고 만다.

우리의 양자됨이 보여 주는 것

앞 장에서, **화목**이라는 개념이 신약에서 문자적으로는 네 번 나오지만 그럼에도 불구하고 그리스도의 구원 사역에 대한 신약 전체 견해의 핵심이요 초점으로서 근본적으로 중요하다는 것을 살펴본 바 있다. 양자됨에서도 이와 비슷하게 말할 수 있다. **양자됨**이라는 단어(헬라어로 '아들로 임명한다'는 의미)는 겨우 다섯 번밖에는 나오지 않으며, 그 가운데 세 번만 그리스도인들이 그리스도 안에서 하나님과 갖는 관계를 나타낸다(롬 8:15; 갈 4:5; 엡 1:5). 하지만 그 개념은 그리스도인의 삶에 대한 신약 전체의 가르침의 핵심이며 초점이다. 이 두 개념은 서로 연결된다. 신약 메시지를 세 단어로 집약해 달라고 요청받는다면, 나는 **화목을 통한 양자됨**이라고 말할 것이며, 이보다 더 풍성하거나 더 함축적인 표현이 있으리라고는 생각하지 않는다.

또한 하나님이 우리에게 아들의 자격을 주셨다는 개념, 곧 존 오웬(John Owen)이 칭한 바 "우리의 원천적 특권"이라는 개념도 네 복음서에서만 지배적인 사상과 삶으로 나와 있는 것이 아니다. 서신서들도 그러한 개념으로 가득 차 있다. 이제 우리의 양자됨이라는 진리가 신약이 제기하는 다섯 가지 또 다른 문제를 가장 심오하게 꿰뚫어보고 있음을 살펴보면서, 주로 서신서들에서 그 증거를 찾아볼 것이다. 다섯 가지 문제란, 첫째로 하나님의 사랑의 위대함, 둘째로 그리스도인의 소망의 영광, 셋째로 성령의 사역, 넷째로 청교도들이 '복음의 거룩함'이라고 부르는 것의 의미와 동기, 다섯째로 그리스도인의 확신의 문제다.

하나님의 사랑

첫째로, **우리의 양자됨은 하나님의 사랑의 위대함을 우리에게 보여준다.**

신약은 하나님의 사랑을 측정하는 두 개의 척도를 제공한다. 첫 번째는 십자가다(롬 5:8; 요일 4:8-10). 두 번째는 아들됨이라는 선물이다. "보라, 아버지께서 어떠한 사랑을 우리에게 베푸사 하나님의 자녀라 일컬음을 받게 하셨는가"(요일 3:1). 은혜로 주어진 선물 중에 양자됨은 가장 고귀한 것이다. 또 과거에 받은 죄사함이라는 선물은 위대한 것이다.

> 수치와 무례한 조롱을
> 내 대신 지시고 예수님이 정죄받으셨네.
> 예수님의 피로 나의 죄사함을 인치셨네.

이 사실을 아는 것은 끝없는 놀라움과 기쁨의 원천이다.

> 구속받고, 치유받고, 회복되고, 죄사함받았으니
> 누가 나와 같이 예수님을 찬양하랴?

마찬가지로, 죄를 사함받고 현재와 미래에 받아들여지는 선물 역시 큰 것이다. 로마서 8장에 대한 찰스 웨슬리의 황홀한 요약이 일단 당신의 것이 될 때 말이다.

> 이제 나는 어떤 정죄함도 두려워하지 않으니

> 예수님과 그분 안의 모든 것이 내 것이로다.
> 예수님 안에서 나의 생명이 살아 있고
> 하나님의 의로 옷입었도다.
> 영원한 보좌에 나는 담대히 나아가나니
> 나의 그리스도로 말미암아 왕관을 구하도다.

이 장을 읽는 사람들은 분명 알겠지만, 당신의 영혼은 날개를 달고 날아간다. 하지만 하나님이 당신을, 말하자면 시궁창에서 끌어내사 하나님 집의 아들로 만드셨다는 사실을 깨달을 때, 더욱이 죄 있고 은혜를 모르며 반항하고 사악했지만, 기적적으로 죄사함받은 죄인인 당신을 그렇게 하셨다는 사실을 깨달을 때, 하나님의 '한없는 사랑'에 대한 인식은 도저히 말로 표현할 수 없다. 그 때 당신은 다음과 같은 찰스 웨슬리의 질문을 되뇌일 것이다.

> 오, 그 선하심을 어찌 다 말하리요.
> 아버지여, 어떤 선하심을 내게 보이셨나이까?
> 진노와 지옥의 자식인 내가
> 하나님의 자녀라 일컬음을 받다니요.

하지만 당신은 웨슬리와 마찬가지로, 무엇이 그 질문에 적절한 대답인지 모르겠다고 느낄 것이다.

고대 세계에서 입양은, 보통 자식이 없고 유복한 사람들만이 행하던 관습이었다. 앞에서 말했듯이, 그 대상은 오늘날과 같이 어린 아이들이 아니라, 가문의 이름을 합당하게 이어 갈 수 있는 능력이 있음을 보여 준 청년이었다. 하지만 하나님은 우리의 성품과 경력이 그분의 이름을 지니기에 합당하다는 것을 보셨기 때문이 아니라 오히려 그 반대임에도 불구하고, 값없이 주시는 사랑으로 우리를 양자로 택하신다. 우리는 하나님 가족의 일원이 되기에 적절하지 못하다. 하나님이 주 예수님을 사랑하시고 높이신 것처럼 우리 죄인들을 사랑하시고 높이신다는 생각은 우스꽝스럽고 엉뚱한 것처럼 들린다. 하지만 다름 아닌 바로 그것이 우리의 양자됨이 의미하는 바다.

양자됨이란 본질상 양자된 사람에 대해 값없이 주는 친절함이다. 당신이 아들이나 딸을 입양함으로 아버지가 되었다면, 당신은 그렇게 해야만 하기 때문이 아니라 그렇게 하기로 선택했기 때문에 그렇게 한다. 마찬가지로, 하나님은 그렇게 하기로 선택하셨기 때문에 우리를 양자로 삼으신다. 하나님이 우리를 양자로 삼아야 할 의무는 없다. 하나님은 우리가 당연히 받아야 할 벌을 주는 것 외에 우리 죄에 대해 어떤 것도 하실 필요가 없으시다. 하지만 하나님은 우리를 사랑하셨다. 그래서 우리를 구속하셨고 용서하셨고, 우리를 하나님의 아들과 딸로 삼으셨고, 아버지로서 우리에게 자신을 주셨다.

하나님의 은혜는 최초의 그 같은 행동으로 끝나지 않는다. 인간 부모의 사랑이 자식을 입양하는 법적 절차가 끝나면서 멈추지 않는 것과 마찬가지다. 아이의 신분을 가족의 일원으로 확정하는 것은 시작에 불과할 뿐이다. 진짜 할 일은 아직 남아 있다. 그것은 입양한 아이와 당신 사이에 진정한 부모 자식 관계를 확립하는 것이다. 다른 무엇보다도 이것이야말로 당신이 원하는 것이다. 따라서 당신은 그 아이를 사랑함으로써 그 아이의 사랑을 얻고자 애쓴다. 애정을 보여 줌으로써 애정을 얻고자 애쓴다. 하나님도 마찬가지다. 그리고 이생에서 우리가 사는 동안 처음부터 끝까지, 그 너머 영원에 이르기까지 하나님은 끊임없이 이러저러한 방법으로 그분의 사랑을 점점 더 많이 보여 주실 것이며, 그럼으로써 그분에 대한 우리의 사랑을 계속 증가시키실 것이다. 하나님의 양자된 자녀는 영원한 사랑을 누릴 것이다.

내가 아는 어느 가정의 맏아이는 그 부모가 아이를 가질 수 없다고 생각하던 때 입양한 아이였다. 후에 그들의 친자식이 태어났을 때, 부모는 친자식들에게만 애정을 쏟았으며, 입양된 맏아이는 아주 분명하게 '따돌림을 당했다.' 그것을 보니 매우 가슴이 아팠다. 그 맏아이의 얼굴에 나타난 표정으로 미루어 보건대 그것은 매우 고통스러운 경험이었다. 물론 그것은 비참하게도 부모가 실패한 경우다. 하지만 하나님의 가정에서는 그렇지 않다. 비유에 나오는 탕자처럼, 우리는 오직 "내가…죄를 지었사오니 지금부터는 아버지의 아들이라 일컬음을 감당하지 못하겠나이다. 나를 품꾼의 하나로 보소서"(눅 15:18-19)라고 말할 수 있을 뿐이다. 하지만 하나님은 우리를 아들로 받아들이시며, 자신의 독생자를 사랑하듯이 똑같이 불변하시는 사랑으로 우리를 사랑하신다. 하나님의 가정 안에서는 애정의 구분이 없다. 우리는 모두 예수님이 사랑받으신 것처럼 완전한 사랑을 받는다. 그것은 동화와도 같은 이야기다. 나라를 다스리는 군주가 부랑아를 입양해서 왕자로 삼는다. 하나님을 찬양하라. 이것은 동화가 아니다. 그것은 자유롭고 주권적인 은혜라는 기초에 근거한 견고하고 확실한 사실이다. 바로 이것이야말로 양자됨이 의미하는 바다. 요한이 "보라, 어떠한 사랑인가?"라고 외친 것도 놀라운 일이 아니다. 일단 양자됨에 대해 이해하고 나면, 당신의 마음속에서는 이와 똑같은 부르짖음이 흘러나올 것이다.

또 이것이 전부가 아니다.

소망

둘째로, **우리의 양자됨은 그리스도인의 소망의 영광을 우리에게 보여 준다.**

신약의 기독교는 소망의 종교요, 미래를 기대하는 신앙이다. 그리스도인에게 최선의 것은 언제나 아직 오지 않았다. 어떻게 하면 우리 여정의 끝에서 우리를 기다리는 것에 대해 조금이라도 알 수 있을까? 여기서도 입양의 교리가 도움이 된다. 우선 그것은 우리의 소망을 어떤 가능성이나 개연성이 아니라, 확실하게 보장된 것으로 생각하도록 가르친다. 그것은 **약속된 유업**이기 때문이다. 1세기 세계에서 입양을 하는 이유는 특별히 유산을 남길 상속인을 두기 위해서였다. 마찬가지로 하나님이 우리를 양자 삼으심으로 우리는 하나님의 상속인이 되며, 하나님이 우리를 위해 준비해 놓으신 유업을 우리의 권리(이렇게 말할 수 있을 것이다)로 보장받는다. "우리가…자녀인 것…자녀이면 또한 상속자 곧 하나님의 상속자요 그리스도와 함께한 상속자니"(롬 8:16-17). "그러므로 네가 이후로는 종이 아니요 아들이니 아들이면 하나님으로 말미암아 유업을 받을 자니라"(갈 4:7). 우리 아버지의 재산은 측량할 수 없이 많으며, 우리는 그 재산 전체를 유업으로 받는다.

그 다음으로, 양자됨의 교리는 우리 유업의 핵심이 **그리스도의 영광을 나누는 것**이라는 점을 말해 준다. 우리는 모든 점에서 맏형이신 분과 같이 될 것이며, 도덕적·영적 영역에서 하나님의 선한 사역을 타락시킨 죄와 죽음은 이제 과거의 일이 될 것이다. "그리스도와 함께한 상속자니 우리가 그와 함께 영광을 받기 위하여…"(롬 8:17). "우리가 지금은 하나님의 자녀라. 장래에 어떻게 될지는 아직 나타나지 아니하였으나 그가 나타나시면 우리가 그와 같을 줄을 아는 것은"(요일 3:2).

이러한 닮은꼴은 우리의 마음과 성품뿐만 아니라 육체적 존재로까지 확대된다. 실로 로마서 8:23은 양자된 우리에게 유업이 전달되는 것을 의미하는 단어를 분명하게 사용하여, 육체적 측면이 그리스도와 같아지는 것 자체가 우리의 양자됨이라고 말한다. "우리 곧 성령의 처음 익은 열매를 받은 우리까지도 속으로 탄식하여 양자될 것 곧 우리 몸의 속량을 기다리느니라." 이것은 부활의 날에 누리게 될 복으로, 양자 관계에 암시되어 있던 것 모두를 실제로 누리게 해줄 것이다. 우리의 맏형 예수님이 지금 누리시는 하늘 나라의 삶을 완전히 경험하도록 할 것이기 때문이다.

바울은 우리에게 모든 피조물은 희미하게 그러나 진정으로 "하나님의 아들들이 나타나는 것…피조물도 썩어짐의 종노릇한 데서 해방되어 하나님의 자녀들의 영광의 자유에 이르는 것"(롬 8:19-21)을 바라고 고대한다고 확신시키면서, 이 사건의 장려함을 길게 논한다. 이 본문이 다른 무엇을 의미하든 간에(그리고 이 본문은 자연과학자들의 호기심을 충족시키기 위해 쓰인 것이 아니라는 점을 기억하도록 하자), 하나님의 선하신 계획 안에서 우리에게 다가올 탁월한 장관을 분명하게 강조한다.

예수님이 십자가에서 참으신 것으로 인해 기쁨이 충만하여 영광 가운데 높이 들리신 것을 생각하며(이는 그리스도인들이 자주 생각해야만 하는 사실임을 말해 두자), 우리는 언제나 예수님이 가진 모든 것을 언젠가 함께 나누게 되리라는 것을 기억해야만 한다. 그것은 예수님의 유업이며 동시에 우리의 유업이기 때문이다. 우리는 하나님이 영광으로 이끌고 가시는 "많은 아들"(히 2:10) 가운데 속해 있으며, 우리에게 하신 하나님의 약속과 우리 안에서 일하시는 하나님의 역사는 실패하지 않을 것이다.

마지막으로, 양자됨의 교리는 엄청나게 많은 구속받은 자들이 하늘 나라에서 아버지 하나님과 형 예수님과 얼굴을 맞대고 교제하는 가족 모임을 갖게 되리라는 것을 말해 준다. 이것이 성경이 우리에게 제시하는 하늘 나라에 대한 가장 심오하고 분명한 개념이다. 성경의 많은 부분이 그것을 시사한다. "아버지여 내게 주신 자도 나 있는 곳에 나와 함께 있어…나의 영광을 그들로 보게 하시기를 원하옵나이다"(요 17:24). "마음이 청결한 자는 복이 있나니 그들이 하나님을 볼 것임이요"(마 5:8). "우리가…그의 참모습 그대로 볼 것이기 때문이니"(요일 3:2). "그의 얼굴을 볼 터이요"(계 22:4). "그 때에는 얼굴과 얼굴을 대하여 볼 것이요"(고전 13:12). "그리하여 우리가 항상 주와 함께 있으리라"(살전 4:17).

그것은 병든 어린아이가 마침내 병원을 떠나, 아버지와 온 가족이 그를 맞이하기 위해 바깥에서 기다리는 것을 발견하는 날과도 같을 것이다. 극히 드물게 벌어지는 가족 축제인 것이다. 번연의 작품에 나오는 '확고부동 씨'는 요단강을 반쯤 지나가면서 말했다. "나는 내가 이제 여정의 끝에 서 있는 것을 본다. 고된 나날은 끝났다. 내가 가는 곳 그리고 저 건너편에서 나를 기다리는 안내자를 생각하면, 내 마음은 타오르는 숯불처럼 작열한다.…나는 전에는 소문과 믿음으로 살았지만, 이제 눈으로 보면서 살게 될 곳으로 간다. 그리고 그분과 함께 있게 될 것이고 나는 큰 기쁨을 느끼며 살 것이다."

하늘 나라를 하늘 나라답게 만드는 것은 예수님의 임재와 우리와 화목한 하늘 아버지의 임재일 것이다. 하나님은 예수님으로 인해서 예수님 못지않게 우리를 사랑하신다. 하나님의 광대한 가족의 다른 일원과 함께 성부와 성자를 보고, 알고, 사랑하고, 사랑받는 것은 그리스도인의 소망의 진수다. 리처드 백스터가 하나님과의 언약을 시적으로 표현한 것―그의 아내가 될 사람은 1660년 4월 10일에 "기꺼운 마음으로 동의의 서명을 했다"―처럼 말이다.

> 그 삶에 대해 내가 아는 것은 적지만
> 믿음의 눈은 희미하지만
> 그리스도께서 모든 것을 아신다는 것으로 충분하다.
> 그리고 나는 그분과 함께 있으리니.

당신이 신자라면 그리고 양자라면, 이러한 기대는 당신을 온전히 만족시킬 것이다. 이것이 당신을 만족시키지 못한다면, 아마 당신은 신자도 양자도 아니리라.

성령

셋째로, **양자됨은 우리에게 성령의 사역을 이해할 수 있는 열쇠를 제공한다.**

오늘날 그리스도인들에게는 성령의 사역에 대한 함정과 혼란이 많다. 문제는 올바른 호칭을 찾는 것이 아니라, 경험 속에서 그 호칭이 말하는 하나님의 사역이 무엇인가를 아는 것이다. 우리는 성경을 통해 성령이 하나님의 마음을 가르치며, 하나님의 아들을 영화롭게 한다는 것을 안다. 또한 성령이 우리에게 하나님을 알도록 하는 이해력과 하나님께 순종할 수 있는 새로운 마음을 주시는 신생(新生)의 대행자임을 안다. 또한 성령은 그리스도인들의 순례 여정을 위해 그들에게 내주하시고, 그들을 성화시키시며, 기운을 북돋우신다는 것 그리고 확신, 기쁨, 평강, 능력이 성령님의 특별한 선물임을 안다. 하지만 많은 사람은 이러한 진술이 그들의 삶에서 인식할 수 있는 어떤 것과도 상응하지 않는 상투적 표현일 뿐이라고 말하며 불평을 토한다.

당연히 그런 그리스도인들은 뭔가 매우 중요한 것이 빠져 있다고 느끼며, 신약에 나오는 성령 안에서의 삶과 그들이 날마다 체험하는 메마름의 간격을 어떻게 메울 수 있는지를 근심에 차서 물어본다. 그러고는 아마도 필사적으로 그들을 변화시킬 만한 단 한 번의 획기적 사건을 추구하여 그들의 '비영성의 장벽'을 단번에 깨고 싶어한다. 그 사건은 '케직 경험', '완전한 굴복', '성령 세례', '전적인 성화', '성령의 인치심', 방언의 은사, (개신교보다는 가톨릭의 영향을 받는다면) '두 번째 회심', 조용한 기도, 연합의 기도 등으로 생각할 수 있다. 하지만 자신이 찾던 바로 그것이라고 느낄 수 있는 무엇인가가 일어난다 해도, 곧 '비영성의 장벽'이 전혀 무너지지 않았다는 것을 알게 되며, 그래서 끊임없이 새로운 어떤 것으로 옮겨간다.

많은 사람이 오늘날 이러한 수고를 거듭한다. 이 점에서 어떻게 사람들을 도울 수 있을까? 양자됨의 진리가 성령의 사역에 대해 던져 주는 빛이 그 대답을 제공한다.

우리가 묘사한 그러한 수고들의 원인은 마술적인 유형의 잘못된 초자연주의다. 그런 초자연주의는 사람들로 하여금 자신 및 다른 사람들과 함께 사는 부담과 속박으로부터 완전히 자유롭다고 느끼기 위해 자극적이고 비인격적인 능력으로부터 오는 변화를 갈망하도록 만든다. 그들은 이것을 진정한 영적 체험의 진수라고 생각한다. 그들은 성령의 역사를 환각제처럼 자극적인 체험을 주는 것이라고 생각한다(복음 전도자들이 실제로 이것을 약속하는 것과, 마약 복용자들이 그들의 환상적 체험을 종교적 체험과 동일시하는 것은 얼마나 해로운가! 우리 시대는 서로 다른 것들을 구별하는 법을 결코 배우지 못할 것인가?). 하지만 이렇게 내적 교통보다는 내적 폭발을 추구하는 태도는 성령의 사역에 대해 깊은 오해가 있음을 보여 준다.

중요한 진리는 성령이 그리스도인들에게 '**양자의 영**'으로 주어지며, 그리스도인과 관련된 모든 사역에서 양자의 영으로 활동하신다는 것이다. 따라서 성령의 과업과 목적은 그리스도인들이 그리스도 안에서 하나님과 갖는 부모-자식 관계의 의미를 점차 더 분명하게 인식하도록 하고, 그들이 이 관계 내에서 하나님께 점차 더 깊이 반응하도록 이끄는 것이다. 바울은 다음과 같이 쓰면서 이 진리를 지적한다. "너희는…양자의 영을 받았으므로…아빠 아버지라고 부르짖느니라"(롬 8:15). "하나님이 그 아들의 영을 우리 마음 가운데 보내사 아빠 아버지라 부르게 하셨느니라"(갈 4:6).

양자됨 자체가 그리스도인의 삶에 대한 신약의 견해를 파악하게 하는 핵심 개념인 것과 마찬가지로, 성령이 우리에게 양자의 영으로 오신다는 것은 신약이 그리스도인들에 대한 성령의 사역에 대해 말하는 모든 것을 열고 통합하는 핵심 개념이다.

이러한 핵심 개념이 제공하는 관점에서 볼 때, 성령의 사역이 세 가지 측면을 지닌다는 것을 알게 된다. 우선, 성령은 우리가 예수 그리스도를 통해 값없이 받은 은혜에 의해 하나님의 자녀라는 것을 의식하도록, 그것도 계속해서 의식하도록 해준다. 그분 덕분에 이 사실을 생생하게 의식하며, 우리의 왜곡된 부분이 이러한 의식을 부인할 때도 어느 정도는 의식하게 된다. 이것이 믿음과 확신과 기쁨을 주는 성령의 사역이다.

둘째로, 성령은 우리가 존경심에서 나오는 담대함과 무한한 신뢰로 아버지 하나님을 의지하도록 하신다. 이런 태도는 사랑하는 아버지의 사랑 안에 확고히 자리잡은 자녀들에게 자연스런 것이다. 이것이 우리로 하여금 '아빠 아버지'라 부르짖게 하시는—이 태도는 그 부르짖음이 표현하는 내용이다—성령의 사역이다.

셋째로, 성령은 우리가 가족끼리 닮았다는 것을 보여 주고(그리스도를 닮음), 가족의 복지를 촉진하며(형제 사랑), 가족의 영예를 유지하면서(하나님의 영광을 구함), 왕의 자녀라는 지위에 걸맞게 행동하도록 촉구하신다. 이것이 성령의 성화의 사역이다. 이같이 부모 자식이라는 의식 및 특성이 점차 심화되는 과정과, 하나님이 좋아하는 것을 추구하고 그분이 싫어하는 것을 피하는 행동을 통해, "우리가…그와 같은 형상으로 변화하여 영광에서 영광에 이르니 곧 주의 영으로 말미암음이니라"(고후 3:18).

그러므로 성령의 사역이 우리 삶에서 눈에 보이게 되는 때는 우리가 감정과 체험을 찾아 열중하는 때가 아니라, 하나님을 우리 아버지로 의지하며 그분과의 교제를 소중히 여기며 우리 안에 그분을 알고 기쁘시게 하려는 관심이 점차 더 커지는 것을 발견하면서 그분을 추구할 때다. 이것은 오늘날 수많은 사람이 빠져 허우적거리는, 성령에 대한 비(非)영적인 견해라는 진창에서 우리를 건져올릴 수 있는 꼭 필요한 진리다.

거룩함

넷째로, 우리가 방금 말한 것의 결과로서, **우리의 양자됨은 우리에게 '복음적 거룩함'의 의미와 동기를 보여 준다.**

'복음적 거룩함'이란 분명 어떤 사람들에게는 낯선 문구다. 이는 청교도들이 진정한 그리스도인의 삶을 요약한 것이다. 그것은 '율법적 거룩함', 곧 형식과 상투적인 말과 외양만으로 구성되며 이기적인 동기로 유지되는 겉치레 식의 율법적 거룩함과는 대조되어, 하나님에 대한 사랑과 감사로부터 솟아나는 거룩함이다. 여기서는 '복음적 거룩함'에 대해 두 가지만 간단하게 살펴보고자 한다.

첫째로, 앞에서 이미 말한 내용은 복음적 거룩함의 본질적인 특성을 보여 준다. 복음적 거룩함은 간단히 말해 복음이 우리에게 선사한, 하나님의 자녀 신분에 합당하게 사는 것이다. 복음적 거룩함은 단지 하나님의 자녀가 본분에 충실한 것, 즉 아버지 하나님과 구세주와 자신에게 충실한 것이다. 복음적 거룩함은 삶에서 우리가 양자되었음을 표현하는 것이다. 복음적 거룩함은 왕족 가문의 탕자 혹은 말썽꾸러기와는 다른 착한 아들과 딸이 되는 것이다.

둘째로, 하나님의 은혜를 분명하게 보여 주는 양자 관계 자체가 진정으로 거룩한 삶을 살려는 동기를 제공한다. 그리스도인들은 하나님이 "우리를 예정하사 예수 그리스도로 말미암아 자기의 아들들이 되게 하신" 것과, 여기에는 "우리로 사랑 안에서 그 앞에 거룩하고 흠이 없게 하시려는" 하나님의 영원한 의도가 포함되어 있음을 안다(엡 1:4-5). 그들은 이러한 운명이 완전하고 궁극적으로 실현될 그 날을 향해서 나아가고 있음을 스스로 안다. "그가 나타나시면 우리가 그와 같을 줄을 아는 것은 그의 참모습 그대로 볼 것이기 때문이니"(요일 3:2).

그러한 사실을 앎으로써 어떤 일이 일어나는가? 바로 이것이다. "주를 향하여 이 소망을 가진 자마다 그의 깨끗하심과 같이 자기를 깨끗하게 하느니라"(요일 3:3). 자녀들은 거룩함이 그들을 향한 아버지의 뜻이며, 금세에서나 내세에서나 행복의 수단이요 조건이요 구성 요소임을 안다. 그리고 그들은 아버지를 사랑하기 때문에 아버지의 자비로운 목적을 성취하려고 애쓴다. 외적인 압력과 시련을 통한 아버지의 징계가 그 과정을 돕는다. 문제에 깊이 빠져 있는 그리스도인은, 하나님의 친절한 계획 안에서는 모든 것이 성화를 촉진하려는 긍정적인 목적을 갖고 있다는 것을 앎으로써 위안을 얻을 수 있다.

이 세상에서 왕의 자녀들은 그들의 고귀한 운명에 걸맞는 자가 되기 위해 다른 이들은 겪지 않아도 되는 훈련과 징계를 추가로 겪어야만 한다. 왕의 왕이신 하나님의 자녀들도 마찬가지다. 하나님이 그들을 다루시는 모든 손길을 이해하는 열쇠는, 하나님이 삶을 통해 그들을 장차 닥칠 운명에 걸맞도록 훈련하고 계시며, 그리스도의 형상으로 만들고 계심을 기억하는 것이다. 때로 이같이 다듬어지는 과정은 고통스러우며, 징계는 진력이 난다. 하지만 성경은 다음 사실을 상기시킨다. "주께서 **그 사랑하시는 자**를 징계하시고 **그가 받아들이시는 아들**마다 채찍질하심이라 하였으니 **너희가 참음은 징계를 받기 위함이라. 하나님이 아들과 같이 너희를 대우하시나니**…무릇 징계가 당시에는 즐거워 보이지 않고 슬퍼 보이나 후에 그로 말미암아 연단받은 자들은 의의 평강의 열매를 맺느니라"(히 12:6-7, 11).

이것을 파악한 사람들만이 로마서 8:28의 "하나님을 사랑하는 자…에게는 모든 것이 합력하여 선을 이루느니라"라는 말을 이해할 수 있다. 마찬가지로, 오직 그 사람만이 일이 잘못될 때 사탄의 공격에 대항해 자신이 하나님의 아들이라는 확신을 가질 수 있다. 양자됨의 진리에 정통한 사람은 환난의 날에 확신을 보유하며 또한 복을 받는다. 이것이 믿음으로 세상을 이기는 것의 한 측면이다. 하지만 그 와중에도 거룩한 삶을 살려는 그리스도인의 일차 동기는 소극적인 것 곧 그런 삶을 살면 징벌을 피할 수 있을지 모른다는 (헛된!) 소망이 아니라, 적극적인 것 곧 자신에 대한 하나님 아버지의 뜻에 헌신함으로써 자신을 양자 삼으신 하나님에 대한 사랑과 감사를 보여 주려는 충동이라는 점은 변함없다.

이것은 그리스도인의 삶에서 하나님의 율법이 차지하는 위치를 즉시 조명해 준다. 대부분의 사람은 율법이 그리스도인의 삶에서 어떤 위치에 있는지 깨닫기 어렵다고 생각한다. 그런 사람들은 우리가 율법으로부터 자유롭다고 말한다. 우리의 구원은 율법 준수에 달려 있는 것이 아니다. 우리는 예수 그리스도의 피와 의를 통해 의롭다 함을 받는다. 그렇다면 율법을 지키는가 아닌가 하는 것이 어떻게 중요할 수 있으며, 혹은 무엇이 달라진단 말인가? 그리고 칭의란 과거와 현재와 미래의 모든 죄를 용서하는 것이며, 영원토록 완전히 받아들여지는 것을 의미하는데, 왜 우리가 죄를 짓는가 안 짓는가에 관심을 가져야 하는가? 왜 우리는 하나님이 그 문제에 관심을 가진다고 생각해야 하는가? 그리스도인이 날마다 저지르는 죄를 문제 삼고 그것을 슬퍼하면서 시간을 보내며 그 죄들을 용서받고자 애쓰는 것은, 칭의를 제대로 이해하지 못했음을 나타내는 것이 아닌가? 율법에서 교훈을 얻으려 하는 것을 거부하거나 날마다 나타나는 결점들에 마음 쓰기를 거부하는 것이야말로 의롭다 하는 믿음으로 인한 참된 담대함이 아닌가?

청교도들은 이 같은 '도덕률 폐기론적' 개념에 직면해야 했으며, 때로는 그러한 문제들에 대답해야 했다. 어떤 사람이 칭의야말로 구원의 선물의 모든 것, 모든 목적이라고 추정한다면, 그 사람은 언제나 그런 논증에 대답해야 할 것이다. 사실상 이러한 개념들은 칭의의 관점에서가 아니라 양자됨—이는 청교도들이 결코 충분히 강조하지 못했던 사실이다—의 관점에서 답변해야 한다. 일단 구원의 선물의 이 두 요소를 구분하고 나면, 올바른 대답이 무엇인가 하는 것은 자명해진다.

올바른 대답은 무엇인가? 바로 다음과 같다. 칭의가 **생명을 얻는 수단으로서** 율법을 지키거나 지키려고 애쓸 필요를 영원토록 없애 주는 것은 분명 사실이지만, 양자됨이 **그가 새로 발견한 아버지를 기쁘시게 하는 수단으로서** 율법을 계속 지킬 의무를 부과한다는 것도 마찬가지로 사실이다. 율법을 준수하는 것은 하나님의 자녀 모두가 해야 하는 것이다. 예수님은 모든 의를 성취하셨으며, 하나님은 우리에게도 그와 같이 하라고 명하신다. 양자됨은 율법 준수에 새로운 기반을 부여한다. 하나님의 자녀인 우리는 율법의 권위를 우리 삶의 규칙으로 인정한다. 우리는 그것이 하나님 아버지께서 원하는 것이라는 점을 알기 때문이다. 죄를 범하면 우리는 우리의 허물을 고백하고, 예수님이 우리에게 가르치신 대로―"아버지여…우리 죄도 사하여 주시옵고"(눅 11:2, 4)―가족 관계에 근거해서 아버지의 용서를 구한다. 하나님의 자녀가 지은 죄들은 칭의를 망가뜨리거나 양자됨을 무효로 하지는 않지만, 아버지와의 교제를 손상시킨다. "내가 거룩하니 너희도 거룩할지어다"라는 말씀은 우리에게 주시는 아버지의 말씀이다. 왕이신 하나님이 왕족 자녀들에게 부자 관계와 지위에 합당한 삶을 살기 원하신다는 사실을 잊어버리는 것은 의롭다 함을 받은 믿음이 보일 행동이 아니다.

확신

다섯째로, **우리의 양자됨은 확신의 문제에 대해 우리에게 필요한 단서를 제공한다.**

헝클어진 실타래. 바로 여기에 그것이 있다! 이 문제는 종교개혁 이래 계속해서 교회 내에서 논란이 되어 왔다. 종교개혁가들, 특히 루터는 '역사적 믿음', 즉 틴데일(Tyndale)이 '이야기 믿음'이라 부른 것, 반응이나 헌신 없이 기독교의 사실들을 믿는 것과, 참으로 구원받는 믿음을 구분하곤 했다. 이들은 참으로 구원받는 믿음이란 본질적으로 확신이라고 말한다. 이들은 그것을 '피두키아' (*fiducia*), 즉 '확신'이라고 불렀다. 이는 하나님이 믿는 죄인들에게 죄사함과 생명을 주겠다고 약속하신 진리에 대한 그리고 그것이 신자인 자신에게 적용된다는 것에 대한 확신이다. 루터는 단언했다. "믿음이란 하나님의 은혜에 대한 생생하고 신중한 확신으로, 너무나 확실해서 그것을 위해서는 백 번, 천 번이라도 죽을 수 있는 것이며 그러한 확신은…우리를 하나님과 모든 피조물에 대하여 즐겁고 대담무쌍하고 유쾌하게 만들어 준다." 그리고 루터는 "어느 누구도 자신이 하나님의 은총 안에 있는지 아닌지 확실히 알 수 없다고 가르친 가톨릭 교도들의 파괴적인 교리"를 공격했다. "그럼으로써 그들은 믿음의 교리를 완전히 손상시켰으며, 인간의 양심을 괴롭혔고, 그리스도를 교회 밖으로 내쫓아 버렸으며, 성령이 주시는 모든 유익을 부인했다."

동시에 종교개혁가들은 '피두키아' 곧 믿음의 확신이, 시험을 받아 그러한 확신이 자신 안에는 존재하지 않으며 하나님 안에서 전혀 소망이 없다고 생각하는 사람 안에도 존재할 수 있다는 사실을 인정했다. 이것이 역설적인 것처럼 들린다면, 당신 영혼을 실제로 이런 상태에 빠뜨리는 시험에 결코 노출된 적이 없었다는 것에 감사하라. 루터나 그 당시의 많은 사람은 이따금 실제로 그런 상태에 있었기 때문이다.

로마 가톨릭 교도들은 이 점을 전혀 이해할 수 없을 것이다. 그들은 종교개혁가들에 답하여, 믿음은 하늘 나라를 소망하기는 하지만 거기에 도달한다는 확신을 가질 수는 없으며, 그러한 확신을 가질 수 있다고 주장하는 것은 주제넘은 짓이라는 전통적인 중세의 견해를 재차 단언했다.

그 다음 세기의 청교도들은 믿음에서 본질적인 것은 현재나 미래의 구원에 대한 확신이 아니라, (지극히 중요한) 회개와 예수 그리스도에 대한 헌신임을 강조해서 가르쳤다. 청교도들은 종종 확신을, 믿음과는 다른 것으로, 신자들이 특별히 추구하지 않는다면 보통은 경험하지 못할 것인 양 말했다.

18세기에 웨슬리는 성령의 증거 및 그에 따르는 확신은 믿음의 본질이라는 루터의 주장을 되풀이했다. 비록 후에 확신을 가지지 못한 **종**의 믿음과, 확신을 가진 **아들**의 믿음을 구분함으로써 자신의 말을 제한하기는 했지만 말이다. 웨슬리는 엘더스게이트 가(街) 이전의 체험을 종의 믿음으로 생각하게 된 듯하다. 그것은 그리스도인이 되기에 충분한 체험을 하기 시작한 단계로서, 구원을 추구하고 계속해서 주님을 알아 가지만 아직 은혜 안에 있음을 확신하지는 못하는 상태다. 하지만 모든 후기 루터주의자들과 마찬가지로ㅡ루터는 달랐지만!ㅡ웨슬리는 확신이 현재 하나님께 받아들여지는 것에만 관련되며, 견인에 대한 확신은 가질 수 없다고 주장했다.

확신에 대한 논쟁은 복음주의자들 사이에서 계속되고 있으며, 또한 계속해서 사람들을 당황하게 하고 있다. 도대체 확신이란 무엇인가? 하나님은 누구를 확신시켜 주시는가? 모든 신자인가? 일부 신자들인가? 아니면 아무도 아닌가? 또 하나님은 무엇을 확신시키시는가? 그리고 확신이 주어진다는 것은 무슨 의미인가? 그 문제는 엄청나게 복잡하게 얽혀 있는 듯하다. 하지만 양자됨의 진리는 그 엉클어진 것을 푸는 데 도움이 될 수 있다.

만일 하나님이 사랑 가운데 그리스도인들을 자녀로 삼으셨고 하나님이 온전하신 아버지라면, 본질상 두 가지 결론에 이르게 된다.

첫째로, 그 가족 관계는 영원히 계속되어야만 한다. 온전한 부모는 자녀들과 인연을 끊지 않는다. 그리스도인들이 탕자 노릇을 할지는 모르지만, 하나님은 계속해서 탕자의 아버지 노릇을 하실 것이다.

둘째로, 하나님은 자녀들이 자신의 사랑을 느끼며, 하나님 가족의 일원으로서 그들이 확보한 특권과 안정을 알도록 각별히 노력하실 것이다. 입양된 자녀들은 소속되어 있다는 확신을 필요로 하며, 온전한 부모라면 그러한 확신을 억제하지 않을 것이다.

확신에 대한 전형적인 신약 본문인 로마서 8장에서, 바울은 이 두 가지를 모두 확증해 준다. 첫째로, 바울은 하나님이 "그 아들의 형상을 본받게 하기 위하여 미리 정하셨으니 이는 그로 많은 형제 중에서 맏아들이 되게 하려 하신" 그런 자들, 다시 말해 하나님이 독생자와 함께 가족 안에 아들로 받아들이기로 영원토록 결정하신 자들을 "부르시고…의롭다 하시고…영화롭게 하셨다"고 말한다 (롬 8:29-30). 우리는 **영화롭게 하셨다**는 것이 사건 자체는 미래인데도 과거 시제로 되어 있다는 데 주목하게 된다. 이는 바울이 생각하기에 그 사건은 하나님의 판결 속에 확정된 것으로 이미 이루어진 일이나 진배없음을 보여 준다. 그래서 다음과 같이 확신 있게 선포하는 것이다. "내가 확신하노니 사망이나 생명이나 천사들이나 권세자들이나 현재 일이나 장래 일이나 능력이나 높음이나 깊음이나 다른 어떤 피조물이라도 우리를 우리 주 그리스도 예수 안에 있는 하나님의 사랑─택하시고 구속하시는 아버지의 사랑─에서 끊을 수 없으리라"(38-39절).

둘째로, 바울은 지금 여기서 "성령이 친히 우리의 영과 더불어 우리가 하나님의 자녀인 것을 증언하시나니"(16절)라고 말한다. 더 나아가 우리가 "자녀이면 또한 상속자"(17절)라고 말한다. 그 진술은 총괄적이다. 즉 바울은 로마 교인들을 한 번도 만난 적이 없지만, 당연하게도 그들이 그리스도인이라면 성령이 내적으로 증언하시는 대로, 자신이 하나님의 아들과 후사라는 사실, 그 복된 지위를 알 것이라고 생각했다. 확신은 로마 가톨릭에서는 죄이고, 개신교에서는 의무인 반면 신약에서는 단순히 하나의 사실이라고 한 제임스 데니의 말은 옳다.

이 구절에서 우리가 양자되었다는 증거는 두 가지 서로 다른 근거에서 나온 것임을 알게 된다. 그것은 우리의 영(즉, 우리의 의식적인 자아)과 하나님의 영—우리의 영과 **더불어** 그래서 우리의 영**에게** 증거하시는—이다. (RSV에서처럼 재강조하여 "우리가 아빠 아버지라 부르짖을 때 우리 영과 더불어 우리가 하나님의 자녀인 것을 증언하시는 분은 바로 성령님이다"라고 번역한다 해도 이 점이 영향을 받지는 않는다. 이것이 의미하는 바는, 자식으로서의 부르짖음과 그 부르짖음이 표현하는 자식으로서의 태도는 이 이중적 증거가 마음속에 실재한다는 증거라는 것이다.)

이러한 이중적 증거의 본질은 무엇인가? 2세기가 넘는 복음주의적 해설의 진수를 걸러 놓은 로버트 할데인(Robert Haldane)의 분석은 개선의 여지가 없을 정도로 완벽하다. 그는 우리 영의 증거는, "성령으로 말미암아 우리가 중생한 상태의 참된 표지를 의식하고 우리 안에서 그 표지를 발견함으로써 아들됨을 확인할 수 있을" 때 실재가 된다고 쓴다. 이는 어떤 사람이 복음을 알고, 그리스도를 믿으며, 회개에 적합한 열매를 맺고, 중생한 사람의 본성들을 보여 준다는 사실로부터 이끌어낸 결론으로 **추론적인** 확신이다. 계속해서 그는 다음과 같이 말한다.

하지만 이것이 성령의 증거라는 말이 의미하는 모든 것이라고 말한다면, 이 본문에서 단언하는 것에 미치지 못하는 것이다. 이 경우에 성령은 양심이 증거가 되도록 도우실 뿐이며, 성령님 자신이 증거가 된다고 말할 수는 없기 때문이다.…성령은 우리의 영에 독특하고도 직접적으로 증언하시며, 또한 우리 영과 더불어 공동으로 증언하신다. 이러한 증언은 설명할 수는 없지만, 그럼에도 불구하고 신자들이 느끼는 것이다. 또한 신자들은 그것을 갖가지 정도로, 즉 때로는 더 강하고 더 명백하게 느끼며, 때로는 더 약하고 덜 분명하게 느낀다.…그것의 실상은 성경에 다양한 표현으로 나와 있는데, 성부와 성자가 우리에게로 와서 우리와 **거처를 함께하신다**는 것—그리스도께서 자신을 우리에게 **나타내시며**, 우리와 함께 **마시면서**—그리스도께서 우리에게 **감추어진 만나**를 주신다는 것, 우리가 죄로부터 면제받았음을 알려 주는 **흰 돌**, 그것을 받는 사람 외에는 아무도 모르는 **새 이름**이 쓰인다는 것 등이다. "하나님의 사랑은 우리에게 주어진 성령에 의해 우리 마음속에 널리 퍼진다"(*Romans*, p. 363).

이는 **직접적인** 확신으로서 중생한 자의 마음에 성령이 직접 역사하시는 것이며, 하나님으로 말미암아 우리 자신의 영(즉, 신자로서의 자의식 및 자기 지식)이 하게 되는 증언을 보충해 주려고 찾아오는 것이다. 이러한 이중적 증거는 하나님의 억제와 사탄의 공격을 통해 일시적으로 흐려질 수 있다. 그러나 불성실함으로 성령을 근심하게 하거나 소멸시키지 않은 모든 진실한 그리스도인은 이 증거의 두 측면 모두를 어느 정도 지속적으로 체험할 수 있다. 이는 바울이 사용한 현재 시제("우리 영과 더불어…증언하시나니")에서 분명히 알 수 있다.

그러므로 확신에 대한 진리는 다음과 같이 나타난다. 곧 하늘에 계신 우리 아버지는, 자녀들이 그들에 대한 하나님의 사랑과 하나님의 가족으로서 그들이 안전하다는 것을 알기 원하신다. 하나님이 그것을 원하지 않으시고 그것을 위해 실제로 행동하지 않으신다면, 하나님은 온전한 아버지가 아닐 것이다. 하나님은 우리가 묘사한 그 이중적 증거가 자녀들의 통상적인 경험의 일부가 되게끔 행동하신다. 그래서 그들이 하나님의 사랑 안에서 기뻐하도록 이끄신다. 이중적 증거 자체가 선물이다. 곧 이는 믿음이라는 복합적인 선물의 대미를 장식하는 요소로서 이것에 의해 신자들은 믿음, 양자됨, 하늘 나라의 소망, 그들에 대한 하나님의 무한하신 주권적 사랑이 모두 '정말로 진정한 것'이라는 '감동적인 지식'을 얻게 된다. 믿음의 체험에 속한 이 측면에 대해서는, 스퀴어즈(Squeers)가 자연에 대해 말했듯이, "묘사하기보다는 이해하기가 더 쉽다"—스코틀랜드의 부인이라면 다소 더 문법적이면서 별나게, "말하기보다 느끼기가 더 쉽다"고 말했을 것이다—고 표현할 수밖에 없을 것이다. 그리스도인은 모두 통상적으로 그것을 어느 정도 누리고 있다. 그것은 사실상 그들의 생득권의 일부이기 때문이다.

하지만 우리는 자기 기만에 빠지기 쉽기 때문에, 바로 이를 위해 요한일서에서 제공하는 교리적·윤리적 기준을 적용하여 우리의 확신을 시험해 보는 것이 좋다(요일 2:3, 29; 3:6-10, 14, 18-21; 4:7-8, 15-16; 5:1-4, 18을 보라). 그리고 이러한 시험 수단에 의해 우리의 확신에서 추론적인 요소는 강화되며, 확신은 전체적으로 아주 생생해질 것이다. 하지만 확신의 근거는 우리의 추론이 아니라 성령의 역사다. 성령의 역사는 우리의 추론을 통해 생기는 것일 뿐 아니라 또한 그것과 별개의 것이다. 그것은 우리가 하나님의 자녀라는 사실과 하나님의 구원하시는 사랑과 약속이 우리에게 직접 적용된다는 사실을 확신시켜 준다.

그렇다면 역사적 논란들은 어떻게 된 것인가? 로마 가톨릭 교도들의 생각은 잘못된 것이다. 양자됨 및 하나님의 아버지 되심에 비추어 볼 때, 그들이 견인과 확신 둘 다를 부인하는 것은 바보 같을 정도로 기괴하다. 자녀에게 개별적으로 그들을 사랑한다는 말을 전혀 하지 않으면서, 제대로 행동하지 않으면 가족에서 내쫓아 버리겠다고 하는 아버지가 있다면 도대체 어떤 아버지일까? 웨슬리주의자들과 루터주의자들이 견인을 부인하는 것 역시 이와 마찬가지로 잘못되었다. 하나님은 이렇게 부인하기에는 너무나 좋은 아버지시다. 하나님은 믿음과 은혜 안에 있는 자녀들을 **지키시며**, 그들이 자기 손에서 빠져 나가도록 내버려두지 않으실 것이다. 확신은 믿음에 필수적인 구성 요소라고 한 종교개혁주의자들과 웨슬리의 말은 옳았다. 하지만 청교도들의 생각 또한 옳았다. 그들은 죄로 인해 성령을 슬프게 하며 전심을 다해 하나님을 찾지 않는 그리스도인들은, 이중적 증거라는 최고의 선물을 온전히 받지 못할 것이라는 점을 믿음과 확신보다 더 강조했다. 부주의하고 장난이 심한 자녀에게 부모가 미소를 거두고 인상을 쓰게 되는 것과 마찬가지다. 부주의하고 장난이 심한 자녀들에게 주기에는 너무나 값진 선물! 하늘에 계신 우리 아버지께서 우리에게 주시는 선물이 바로 그와 같은 것이다. 우리가 이 선물을 받고도 거룩한 삶을 살든 그렇지 않든 하나님 아버지께서 신경 쓰지 않는다고 생각하여 버릇이 없어진 모습을 그분이 보신다면, 적어도 어느 정도까지는 이 선물을 주는 것을 보류하실 것이다.

위대한 비결

양자됨의 진리가 기독교 역사에서 거의 주의를 끌지 못했다는 것은 이상한 일이다. 현재는 거의 알려지지 않은 19세기에 나온 두 권의 책 캔들리쉬(R. S. Candlish)의 「하나님의 아버지 되심」(*The Fatherhood of God*)과 웹(R. A. Webb)의 「양자됨에 대한 개혁주의 교리」(*The Reformed Doctrine of Adoption*)를 제외하고는 이 주제에 대해 복음주의자들이 쓴 저서는 없으며, 이는 종교개혁 이전이나 이후나 마찬가지다. 양자됨에 대한 루터의 이해는 칭의에 대한 이해만큼이나 강력하고 분명한 것이었지만, 그의 제자들은 칭의에 집착하여 양자됨은 무시했다. 그리스도인의 삶에 대한 청교도의 가르침은 다른 면에서는 매우 강력한데도, 이 점에서는 매우 불충분하다. 바로 이 때문에 양자됨에 대한 율법주의적 관점이 그처럼 쉽게 생겨난 것이다. 아마도 초기 감리교도들과 빌리 브레이—그는 자신을 '왕의 아들'로 여기고 '아버지께 이것에 대해 이야기해야겠어'라고 생각하며 기도를 드렸다—와 같은 후기 감리교 신도들이 신약이 묘사하는 아들됨의 삶에 가장 가깝게 접근했을 것이다. 오늘날 기독교는 분명 양자됨에 대해 더 많은 것을 가르쳐야 한다.

이 장에서 공부한 내용이 우리 마음에 던지는 메시지는 분명 이와 같다. 나는 그리스도인으로서 나 자신을 이해하고 있는가? 나는 자신의 진정한 신분을 아는가? 나 자신의 진정한 운명을 아는가? **나는 하나님의 자녀다. 하나님이 나의 아버지다. 하늘 나라가 나의 집**

이다. **나는 매일 거기에 가까이 간다. 나의 구세주는 나의 형제다. 모든 그리스도인 역시 나의 형제다.** 이 말을 아침에 일어나자마자, 밤에 잠자리에 들 때, 버스를 기다릴 때, 마음이 한가할 때 등 언제나 되풀이해서 스스로에게 말하라. 그리고 이것이 전적으로 완전히 사실임을 아는 사람으로 살 수 있게 해 달라고 구하라. 이것이 행복한 삶을 사는 그리스도인의 비결이기 때문이다. 분명 그렇다. 하지만 또한 더 고귀하고 심오한 것을 말할 수 있다. 이것이 **그리스도인의 삶과 하나님을 경외하는** 삶을 사는 그리스도인의 비결이며, 이는 정말로 중요하다는 것이다. 독자들과 나 자신이 이러한 비결을 완전히 지니기를 바란다.

우리가 하나님의 자녀로서 어떤 사람들이며 어떤 일을 하도록 부르심받았는지 좀더 제대로 이해하도록 돕기 위해, 거듭 검토하면 좋을 몇 가지 질문이 있다.

나는 나의 양자됨을 이해하는가? 나는 그것을 귀중히 여기는가? 나는 날마다 하나님의 자녀로서 내가 갖는 특권을 기억하는가?

나는 나의 양자됨을 완전히 확신할 수 있기를 구했는가? 나는 날마다 나에 대한 하나님의 사랑을 곰곰이 생각하는가?

나는 하나님을 하늘에 계신 나의 아버지처럼 대하는가? 즉 인간 부모가 자녀에게 원하듯이, 하나님을 사랑하고 존중하고 순종하며, 하나님과의 교제를 구하고 환영하고, 모든 것에서 하나님을 기쁘시게 하려고 애쓰는가?

나는 나의 구세주이며 주님이신 예수 그리스도를 신적인 권위를 가진 분일 뿐만 아니라 참 사람으로서 내게 공감하시는 형제로 생각하는가? 나는 예수님이 내게 얼마나 가까우시며, 나를 얼마나 완전히 이해하시며, 나의 혈족이자 구속자로서 나를 얼마나 많이 돌보시는지를 날마다 생각하는가?

나는 나의 아버지를 기쁘시게 하지 않는 것들을 미워하는 법을 배웠는가? 나는 하나님이 민감하게 느끼시는 그런 악한 일들에 대해 민감한가? 나는 하나님을 슬프게 하지 않기 위해 그것들을 반드시 피하는가?

나는 하나님의 자녀들이 마침내 하늘 나라에서 아버지이신 하나님 앞과, 그들의 형제이자 주님이신 어린 양의 보좌 앞에 모일 저 위대한 가족 모임을 날마다 고대하는가? 나는 이러한 소망으로 인해 짜릿한 기쁨을 느껴 본 적이 있는가?

나는 날마다 함께 사는 그리스도인 형제 자매들을, 내가 하늘에서 다시 생각해 볼 때 부끄럽지 않을 만큼 사랑하는가?

나는 나의 하나님 아버지와, 하나님의 은혜로 속하게 된 하나님의 가족을 자랑스럽게 여기는가?

나에게는 가족을 닮은 모습이 나타나는가? 그렇지 않다면, 왜 그런가?

하나님은 우리를 겸손하게 하신다. 하나님은 우리를 훈육하신다. 하나님은 우리를 참된 자녀로 만드신다.

20. 우리의 인도자 하나님

많은 그리스도인에게 하나님의 인도는 고질적인 문제다. 왜 그런가? 하나님이 정말 우리를 인도하시는지 의심하기 때문이 아니라, 분명 그것이 사실이라고 믿기 때문이다. 우리는 하나님이 모든 그리스도인을 인도하실 수 있으며 인도하겠다고 약속하셨음을 안다. 책을 읽어 보거나 친구들의 말을 들어 보거나 강연자들의 말을 들어 보면, 어떻게 사람들이 삶에서 하나님의 인도를 받았는지 알게 된다. 그러므로 사람들이 두려워하는 것은 인도를 받지 못할 것 같다는 것 때문이 아니라, 자신의 잘못으로 인해 하나님이 인도하시는 바를 깨닫지 못할지도 모른다는 점 때문이다.

오! 위대하신 여호와여, 나를 인도하소서.
이 황무지를 지나는 순례자.

나는 연약하오나 주는 강하시니
당신의 강한 손으로 나를 붙드소서.
하늘의 떡으로 지금 그리고 언제나 나를 먹이소서.

그리스도인들은 이렇게 노래할 때, 그들이 구한 대로 하나님이 인도하시며 또한 먹이실 수 있음을 의심하지 않는다. 하지만 여전히 염려한다. 자신이 하나님의 인도를 제대로 받아들이고 있는지 확신하지 못하기 때문이다.

하지만 모든 사람이 이런 데까지 이른 것은 아니다. 이미 여러 번 살펴보았듯이, 현 시대에는 하나님에 대한 개념이 왜곡되어서 하나님을 아는 지식이 흐려졌다. 아니 사실상 하나님에 대한 지식이 무지로 바뀌었다. 그래서 하나님의 통치, 하나님의 말씀, 하나님의 독자성, 하나님의 도덕적 선하심, 심지어 하나님의 인격마저 교회 밖에서뿐 아니라 교회 안에서도 의심을 받는다. 이로 인해 사람들은 하나님의 인도라는 것이 존재한다는 사실 자체를 믿기 어려워한다. 만일 하나님이 우리를 인도하실 수 있거나 인도하시려는 분이 아니라면, 어떻게 인도라는 것이 존재할 수 있는가? 이 모든 제안은 이러저러한 방식으로 바로 그 점을 함축한다. 그러므로 이 시점에서 하나님의 인도가 전제하는 몇 가지 기본 진리를 다시 상기해 보는 것이 좋을 것이다.

하나님은 계획을 가지고 계시다

하나님의 인도가 실재한다는 믿음은 두 가지 기초적인 사실에 의거한다. 첫째는 우리를 위한 하나님의 **계획**이 실재한다는 것이며, 둘째는 하나님이 우리와 **의사 소통**하실 수 있다는 것이다. 성경은 이 두 사실 모두에 대해 많은 것을 말해 준다.

하나님은 개개인에 대한 계획을 가지고 계시는가? 확실히 그렇다. 하나님은 "영원부터…예정하신 뜻"(문자적으로는 '오랜 세월의 계획') 곧 "모든 일을 그의 뜻의 결정대로 일하시는" 것에 따라, "때가 찬 경륜"을 세우셨다(엡 3:11; 1:9-11). 하나님이 낮에는 구름 기둥으로 밤에는 불 기둥으로 바다와 사막에서 백성들을 인도하셨을 때, 그분은 자기 백성을 애굽의 속박으로부터 구속해 내려는 계획을 가지고 계셨다. 하나님은 고레스를 보좌에 앉히시고 그의 마음을 감동시켜(스 1:1) 유대인들을 고향으로 돌려보내 성전을 짓도록 하셨을 때, 백성들을 바벨론 포로에서 귀환시키려는 계획을 가지고 계셨다. 또한 예수님을 위한 계획을 가지고 계셨다(눅 18:31; 22:22 등을 보라). 예수님의 지상 사역 모두는 하나님 아버지의 뜻을 행하는 것이었다(요 4:34; 히 10:7, 9). 하나님은 바울을 위한 계획을 가지고 계셨다(행 21:14; 22:14; 26:16-19; 딤전 1:16을 보라). 바울은 그가 쓴 서신서 중 다섯 개에서 자신이 "하나님의 뜻으로 말미암아" 사도가 되었다고 말한다. 하나님은 자녀들 각자에 대한 계획을 가지고 계신다.

하지만 하나님은 그 계획을 우리에게 전달하실 수 있는가? 확실히 그렇다. 인간이 의사 소통을 할 수 있는 동물이듯이, 인간을 만드신 조물주 역시 의사 소통을 하실 수 있는 하나님이다. 하나님은 구약 선지자들에게 그리고 그들을 통해 자신의 뜻을 알리셨다. 하나님은 예수님과 바울을 인도하셨다. 사도행전은 서너 번에 걸쳐 상세한 인도하심에 대해 기록한다[빌립은 광야로 보내심을 받아

에디오피아 내시를 만난다(8:26, 29). 베드로는 고넬료의 초청을 받아들이라는 지시를 받는다(10:19-20). 안디옥 교회는 바울과 바나바를 선교사로 보내라는 명령을 받는다(13:2). 바울과 실라는 유럽으로 가라는 부르심을 받는다(16:6-10). 바울은 그의 고린도 사역을 계속해 나가라는 가르침을 받는다(18:9-10)]. 꿈과 환상과 직접적인 말을 통한 인도는 사도들과 당시 사람들에게조차 예외적인 사건이며 통상적인 것은 아니라고 여겨졌지만, 이 사건들은 적어도 하나님이 종들에게 자신의 뜻을 알리시는 데 어려움이 없다는 것을 보여 준다.

더욱이 성경에는 하나님의 인도에 대한 명백한 약속들이 담겨 있다. 이 약속들로 인해 우리는 우리의 행동에 대한 하나님의 계획을 알 수 있다. 하나님은 다윗에게 말씀하신다. "내가 네 갈 길을 가르쳐 보이고 너를 주목하여 훈계하리로다"(시 32:8). 이사야 58:11에는 만일 백성들이 회개하고 순종하면 "여호와가 너를 항상 인도하시리라"는 확신이 담겨 있다. 인도는 시편 25편의 주제다. 거기서 우리는 "여호와는 선하시고 정직하시니 그러므로 그의 도로 죄인들을 교훈하시리로다. 온유한 자를 정의로 지도하심이여. 온유한 자에게 그의 도를 가르치시리로다.…여호와를 경외하는 자 누구냐? 그가 택할 길을 그에게 가르치시리로다"(8-9, 12절)라는 말을 본다. 잠언 3:6에서도 마찬가지다. "너는 범사에 그를 인정하라. 그리하면 네 길을 지도하시리라."

신약에서도 하나님이 인도하시리라는 똑같은 기대가 나온다. 골로새인들이 "모든 신령한 지혜와 총명에 하나님의 뜻을 아는 것으로" 채워지게 해 달라는 바울의 기도와, 그들이 "하나님의 모든 뜻

가운데서 완전하고 확신 있게 서기를" 구하는 에바브라디도의 기도(골 1:9; 4:12)는 하나님이 자신의 뜻을 알릴 준비가 되어 있으며 기꺼이 알리신다는 것을 분명하게 드러낸다. 성경에서 **지혜**라는 말은 언제나 하나님을 기쁘시게 하고 삶을 안정되게 하는 행동에 대한 지식을 의미한다. 그러므로 "너희 중에 누구든지 지혜가 부족하거든 모든 사람에게 후히 주시고 꾸짖지 아니하시는 하나님께 구하라. 그리하면 주시리라"는 야고보서 1:5의 약속은 사실상 인도에 대한 약속이다. "너희는…마음을 새롭게 함으로 변화를 받으라"고 바울은 조언한다. 그러면 "하나님의 선하시고 기뻐하시고 온전하신 뜻이 무엇인지 분별할" 수 있을 것이다(롬 12:2).

여기서 하나님이 인도하실 것이라는 이러한 확신을 확증하기 위해 다른 성경 진리들을 살펴보자. 첫째로, 그리스도인들은 하나님의 아들이다. 자녀들이 무지와 무능으로 인해 위험에 빠질 수 있는 문제들에 대해 그들을 인도해 줄 책임이 인간 부모에게 있다면, 하나님의 가족 내에서도 똑같은 것이 적용된다는 사실을 의심해서는 안 된다. "너희가 악한 자라도 좋은 것으로 자식에게 줄 줄 알거든 하물며 하늘에 계신 너희 아버지께서 구하는 자에게 좋은 것으로 주시지 않겠느냐"(마 7:11).

또한 성경은 "교훈과 책망과 바르게 함과 의로 교육하기에 유익"하며, "하나님의 사람으로 온전하게 하며 모든 선한 일을 행할 능력을 갖추게 하려는" 하나님의 말씀이다(딤후 3:16-17). "교훈"이란 교리와 윤리, 하나님의 역사와 뜻에 대한 포괄적인 가르침을 의미한다. "책망", "바르게 함", "의로 교육함"이란 이 교훈을 우리의 무질서한 삶에 적용하는 것을 의미한다. "모든 선한 일을 행할 능력을 갖추게 하려 함" 즉, 하나님의 길로 갈 준비가 되어 있는 삶은 약속된 결과다.

또 그리스도인들은 내주하시는 교사인 성령을 모시고 있다. "너희는 거룩하신 자에게서 기름부음을 받고…주께 받은 바 기름부음이 너희 안에 거하나니…오직 그의 기름부음이 모든 것을 너희에게 가르치며 또 참되고 거짓이 없으니"(요일 2:20, 27). 인도를 받을 수 있을까 하는 의심은 성령께서 신실하게 사역을 수행하시리라는 사실을 의심하는 것이다. 사도행전 8:29; 10:19; 13:2; 16:6 그리고 가장 두드러지게는 예루살렘 회의의 판결에—"성령과 우리는…옳은 줄 알았노니"(15:28)—특별히 성령께서 인도하시는 것으로 나와 있는 점은 주목할 만하다.

또한 하나님은 우리 삶에서 하나님의 영광을 구하시고, 우리가 그 뜻에 순종할 때만 우리 안에서 영광을 받으신다. 따라서 하나님은 자신의 목적에 대한 수단으로서, 우리에게 그 길을 가르치시고 우리로 하여금 그 길로 행하게 하실 준비가 되어 있음이 틀림없다. 하나님이 순종하고자 하는 자들을 기꺼이 가르치신다는 확신은 시편 119편 전체의 기초다. 시편 23:3에서 다윗은 자신의 영광을 위하여 인도하시는 하나님의 실재를 선포한다. "**자기 이름을 위하여 의의 길로 인도하시는도다.**"

이렇게 이야기하자면 한이 없다. 하지만 요점은 충분히 설명되었다. 인도가 하나님의 모든 자녀에게 예정되어 있고 약속된 실재라는 사실은 도저히 의심할 수 없다. 그것을 깨닫지 못하는 그리스도인들은 마땅히 해야 할 만큼 하나님의 인도를 구하지 않았다는 것을 보여 줄 뿐이다. 그러므로 자신이 인도를 받아들일 준비가 되어 있는지에 관심을 가지며, 어떻게 인도를 구해야 하는지 연구하는 것이 옳다.

어떻게 인도를 받는가?

진지하게 인도를 구하는 그리스도인들이 종종 잘못되는 경우가 있다. 왜 그런가? 하나님의 인도의 본질과 방법에 대해 왜곡된 개념을 갖고 있기 때문이다. 그들은 그들을 홀리는 도깨비불 같은 것을 찾는다. 그들은 가까이에 있는 인도는 간과하고, 온갖 종류의 망상에 사로잡힌다. 그들의 기본적인 잘못은, 인도를 본질적으로 **기록된 말씀과는 별개로 성령이 주시는 내적 충동**으로 생각하는 것이다. 멀게는 구약의 거짓 선지자들, 가깝게는 옥스퍼드 그룹(도덕 재무장 운동의 전신—역주)과 도덕 재무장 운동 등이 공통적으로 갖고 있는 이러한 생각은 모든 종류의 광신적 행동과 어리석음이 자라는 온상이다.

사려 깊은 그리스도인들이 어떻게 이러한 실수를 저지르게 되는가? 아마도 다음과 같은 과정을 밟는 것 같다. 그들은 인도라는 말을 들으면 즉시 특별한 종류의 '인도 문제들'을 생각한다. 아마도 그들이 읽은 책과 간증은 계속해서 그 문제에 대해 말하는 경향이 있었을 것이다. 이것은 우리가 '소명을 위한 선택'(vocational choices)이라고 부를 수 있는 것—즉 모두 적법하고 선한 것처럼 보이는 여러 가지 선택 사항 중 하나를 택하는 것—과 관련되어 있다. 결혼을 생각해야 하는가 말아야 하는가? 이 사람과 결혼해야 하는가, 아닌가? 아이를 하나 더 가져야 하는가? 이 교회에 다녀야 하는가, 저 교회에 다녀야 하는가? 조국에서 하나님을 섬겨야 하는가 아니면 해외에서 섬겨야 하는가? 내게 주어진 여러 직업의 기회 중 어떤 직업을 택해야 하는가? 나의 직업 분야에서 어떤 직장을 택해야 하는가? 내가 현재 일하는 영역에 계속 머물러 있어야 하는가? 이 사람 혹은 이 대의명분에 내가 얼마만큼 신경과 힘을 쓰고 관대함을 보여야 하는가? 내가 자발적으로 봉사할 수 있는 시간에는 어떤 것에 우선순위를 두어야 하는가?

당연히 '소명을 위한 선택'은 우리 삶의 틀을 규정짓고 너무나 많은 기쁨과 슬픔을 가져오기 때문에, 우리는 그것들에 대해 많은 생각을 하게 된다. 또 그렇게 하는 것이 옳다. 하지만 결국 모든 인도의 문제는 바로 이러한 한 가지 유형이라는 결론으로 비약하는 것은 옳지 않다. 여기에 잘못의 뿌리가 있는 듯하다.

'소명을 위한 선택'의 경우, 하나님의 인도에서 두 가지 특징이 두드러지게 나타난다. 둘 다 상황 자체의 성격으로부터 나오는 것이다. 먼저, 이러한 문제들은 성경의 가르침을 직접 적용해서 해결할 수 없다. 성경으로부터 할 수 있는 것이라고는 선택이 어떠한 적법한 가능성 가운데서 이루어져야 하는지에 대한 경계를 정하는 것뿐이다. (예를 들어, 어떤 성경 본문도 나에게 현재 나의 아내에게 청혼하라고 하거나, 목사 안수를 받으라고 하거나, 영국에서 사역을 시작하라고 하거나, 내가 타고 다니는 크고 낡은 차를 사라고 말한 바 없다.)

둘째로, 성경이 어떤 사람의 선택을 직접 지도해 줄 수 없다는 바로 그 점 때문에, 하나님이 주시는 충동과 기호와 성향이라는 요소—어떤 한 책임보다는 다른 책임에 더 헌신하고 싶은 마음이 들고, 그것을 묵상할 때 마음이 평안해지는 것—가 결정적인 것이 된다. 우리가 찾아내려는 잘못의 근저에는 첫째, 근본적으로 모든 인도의 문제가 이와 똑같은 두 가지 특징을 지니고 있다는 추정이 있으며, 둘째, 모든 사람의 삶을 이런 종류의 인도를 추구해야 하는 영역으로 다루는 면이 있다.

진지한 그리스도인들이 저지르는 이러한 실수의 결과는 희극적이기도 하고 비극적이기도 하다. 성령의 내적 음성이 모든 것을 결정하고 지시하는 삶, 이는 매우 매력적으로 들린다. 그것은 성령의 사역을 높이고 하나님과 매우 친밀한 관계를 약속하는 듯이 보이기 때문이다. 하지만 이러한 초(超)영성을 추구하면 사실상 엄청난 혼란이나 광기를 초래할 뿐이다.

예민하고 상식적인 퀘이커 교도인 해나 윗톨 스미스(Hannah Whitall Smith)는 이 사실을 잘 알았으며, "광신주의에 관한 논문" [저자 사후에 먼저 *Religious Fanaticism*(1928)으로, 그 다음에는 *Group Movements of the Past and Experiments of Guidance* (1934)로 Ray Strachey에 의해 출판되었다]에서 교훈적인 글을 남겼다. 거기서 그녀는 한 여인에 대해 말한다. 그 여인은 매일 아침 눈을 뜨자마자 그 날을 주님께 봉헌한 다음 '주님께 자신이 일어나야 하는지 말아야 하는지' 묻고, '그 음성'이 그녀에게 옷을 입으라고 말하기까지는 움직이려 하지 않았다. "그녀는 각각의 옷가지들을 걸칠 때마다 자기가 그것을 걸쳐야 하는지 주님께 물어 보았으며, 종종 주님은 그녀에게 오른쪽 신발은 신고 왼쪽은 신지 말라고 말씀하시곤 했다. 때로 그녀는 양말을 두 쪽 다 신고 신발은 안 신어야 했으며, 때로는 신발은 다 신고 스타킹은 안 신어야 했다. 그녀가 걸치는 모든 옷가지가 다 그런 식이었다."

그 다음에는 한 병자의 이야기가 나온다. 그녀는 여주인이 그녀를 찾아왔다가 실수로 화장대 위에 돈을 놓고 가자 "주님이 '모든 것이 네 것이라'는 본문이 사실임을 보여 주기 위해 그 돈을 가지라고 하신다는 인상"을 받았다. 그녀는 그 돈을 베개 아래 감추었다. 여주인이 돈을 찾으러 다시 왔을 때 그녀는 거짓말로 속였으며, 마침내는 도둑으로 몰려 내쫓겼다.

또한 이 책에서 우리는 '중년이 넘은 상당히 세련된 숙녀'가 "때로 주님이 나의 친구들이 성령 세례를 받도록 돕기 위해, 그들과 함께 잠옷을 전혀 걸치지 않은 채 침대에 들어가 등을 맞대고 눕도록 이끄시는 것을 느낀 적이 있다"고 설명하는 대목을 만나게 된다 (*Group Movement*, pp. 184, 245, 198). 이러한 애처로운 이야기들은 일단 인도에 대해 근본적인 잘못을 저지르고 나면 잇따라 일어나는 전형적인 실수를 보여 주는 슬픈 기록이다.

이런 종류의 행동은 다음 사실을 파악하지 못했음을 보여 준다. 곧 우리의 이성적인 창조주가 그분이 지으신 이성적인 피조물을 인도하시는 근본적인 방식은, 그분의 기록된 말씀을 이성적으로 이해하고 적용하는 것으로 이루어진다는 사실이다. 이런 인도 방식은 근본적인 것이다. 이것이 바로 '소명을 위한' 인도가 요구되고 주어지는 영역을 제한하기 때문이다. 또한 그러한 인도에 자신을 맞춤으로써 올바른 태도를 갖는 사람들만이 '소명을 위한' 인도가 올 때 그것을 인식할 수 있기 때문에 그렇다. 앞에서 언급한 여인들은 비이성적이고 초도덕적인 충동을 성령으로부터 오는 것이라고 무비판적으로 받아들임으로써, 성경이 이미 품위 있고 점잖은 옷차림, 재산에 대한 존중을 이야기하고, 육욕은 영적인 것이 아님을 언급하고 있다는 사실을 잊고 있었다(딤전 2:9; 벧전 4:15; 엡 4:19-22).

성령을 우리의 인도자로 존중하는 참된 방법은 성령께서 우리를 인도하시는 수단인 성경을 존중하는 것이다. 하나님이 우리 삶을 위해 해주시는 기본적인 인도, 즉 우리가 그것에 따르며 살아야 하는 기본적인 확신, 태도, 이상, 가치 판단을 가르치시는 일은 하나님의 말씀과 별개인 어떤 내적 충동이 아니다. 그것은 하나님의 말씀 안에 있는 그분의 성품과 뜻을 올바로 인식하도록 우리 양심에 압력을 가하는 것이다. 이 때 성령은 우리로 하여금 그분의 성품과 뜻을 이해하고 우리 자신에게 적용하도록 하신다.

그러므로 하나님의 인도의 기본 형태는 우리의 삶에 대한 지침으로서 긍정적인 이상들을 제시하는 것이다. "예수님과 같은 종류의 사람이 되라." "이러한 것 그리고 이러한 미덕을 구하라. 그리고 그 미덕을 힘 닿는 데까지 실천하라." "너의 책임, 곧 남편은 아내에 대한, 아내는 남편에 대한, 부모는 자식에 대한 책임을 알라. 모든 동료 그리스도인과 인간에 대한 책임을 알라. 그것들을 알고, 그것들을 이행하기 위한 힘을 끊임없이 구하라." 하나님은 성경을 통해 바로 이렇게 우리를 인도하신다. 시편, 잠언, 선지서, 산상수훈, 서신서들의 윤리 부분을 연구한 사람이라면 곧 그것을 발견하게 될 것이다. "악을 버리고 선을 행하며"(시 34:14; 37:27). 성경은 우리를 이러한 길을 따라 이끌고 가기를 원하며, 성경에 나오는 모든 훈계는 우리로 그 길에 머물도록 하는 데 관심이 있다. 로마서 8:14에 나오는 "하나님의 영으로 인도함을 받는" 것은 내적 '음성'이나 그러한 체험과 관계된 것이 아니라 알려진 죄를 억제하고 육신에 따라 살지 않는 것과 관련되어 있는 데 주목하라!

이러한 인도의 제한 내에서만 하나님은 '소명을 위한' 결정이라는 문제에 대해 우리에게 내적 충동을 주신다. 그러므로 고린도전서 7:39과 제7계명이 있는 한, 불신자와 결혼하거나 결혼한 사람과 눈이 맞는 것을 합리화할 생각을 하지 말라! 나는 이 두 가지 행동 모두에 대해 하나님의 인도를 받았다고 주장하는 사람들을 본 적이 있다. 마음은 분명 그리로 기울었지만, 그것은 분명 하나님의 영으로부터 온 것이 아니었다. 그것은 하나님의 말씀과 대치되었기 때문이다. 성령께서는 하나님의 말씀을 초월해서가 아니라 그 말씀이 정하는 한도 내에서 인도하신다. "그가…**의의 길**로 인도하시는도다"(시 23:3). 하나님은 다른 어떤 길로도 인도하지 않으신다.

여섯 가지 흔한 함정

하지만 일반적으로 인도에 대해 올바른 개념을 갖고 있다 할지라도, 여전히 잘못되기가 쉽다. 특히 '소명을 위한' 선택의 경우 더욱 그렇다. 삶에서 인간 성품—심지어 중생한 인간의 성품이라 해도—의 연약함을 이보다 더 분명하게 증거하는 분야는 없다. 이 경우에 하나님은, 먼저 우리가 판단력을 발휘하고 그 다음에는 우리 전 존재를 다해 모든 대안 중에서 하나님이 우리를 위해 그리고 우리를 통한 그분의 영광과 다른 사람들의 유익을 위해 가장 적합하다고 택한 길을 걷도록 역사하신다. 하지만 성령은 소멸될 수 있으며, 우리는 너무나도 쉽게 이 인도가 완수되지 못하는 방향으로 행동하기 쉽다. 몇 가지 주요 함정을 열거해 보는 것이 좋을 것이다.

첫째로, **생각하기를 내켜하지 않음**. 어떤 합리적인 근거도 없는 내적 느낌을 요구하며 '**생각하라**'는 끊임없는 성경의 권고를 무시하는 것은, 불건전하고 유해한 종류의 거짓 경건, 초(超)자연주의다. 하나님은 우리를 생각하는 존재로 만드셨으며, 우리가 하나님의 임재 안에서 매사를 잘 생각할 때 우리의 지성을 인도하신다. "그들이 **지혜가 있어…분별하였으리라**"(신 32:29).

둘째로, **미리 생각하는 것을 내켜하지 않음**. 서로 다른 행동 경로의 장기적인 결과를 생각하지 않는 것. '미리 생각'하는 것이 길을 갈 때 인간이 지켜야 하는 규칙인 것과 마찬가지로, 하나님이 원하시는 삶의 규칙이다. 종종 우리는 어떤 일이 장기적으로 가져올 문제들을 곰곰이 생각해 볼 때에만 무엇이 지혜롭고 옳은지(그리고 무엇이 어리석고 잘못된 것인지) 깨달을 수 있다. "그들이 **지혜가 있어…자기의 종말**을 분별하였으리라"(신 32:29).

셋째로, **충고받는 것을 내켜하지 않음**. 성경은 충고의 필요성을 강조한다. "미련한 자는 자기 행위를 바른 줄로 여기나 지혜로운 자는 권고를 듣느니라"(잠 12:15). 주요한 결정을 내릴 때 조언을 받지 않고 내리는 것은 자만과 미성숙의 표시다. 성경과 인간의 성품과 우리 자신의 은사와 한계를 우리보다 더 잘 아는 사람들이 있게 마련이다. 그들의 조언을 완전히 받아들일 수 없다 할지라도, 그들의 말을 주의 깊게 검토해 보면 유익이 있다.

넷째로, **자신을 의심하는 것을 내켜하지 않음**. 우리는 우리 자신에 대해 현실적으로 생각하기를 싫어하며, 우리 자신을 도대체 잘 모른다. 우리는 다른 사람이 자신을 합리화하는 것은 잘 알아챌 수 있지만 자신 안에 있는 그런 성향은 간과해 버린다. 우리는 자아를 부추기거나 도피주의적이거나 방종하거나 자기를 과장하는 것과 관련된 '느낌들'을 하나님의 인도로 잘못 생각할 것이 아니라, 그런 느낌들을 간파하여 믿지 않도록 해야 한다. 이는 성적(性的)인 느낌들이나 성과 관련된 느낌들의 경우 특히 더 그렇다. 한 생물학자이자 신학자는 다음과 같이 썼다.

> 종종(항상 그런 것은 아니지만) '사랑에 빠진' 것에 수반되는 기쁨과 일반적인 행복감은 쉽사리 양심을 침묵시키고 비판적 사고를 억제할 수 있다. 얼마나 많은 사람이 자신들이 결혼하도록 '이끌림받는 것을 느낀다'고(아마도 그들은 '주님이 아주 분명하게 인도해 주셨다'고 말할 것이다) 말하는가! 하지만 사실상 그들이 묘사하는 것은 호르몬의 신비로운 균형 상태로서 이것이 그들로 하여금 극도로 쾌활하고 행복하게 느끼도록 만든다(R. Barclay, *Guidance*, pp. 29-30).

우리는 **왜** 우리가 특정한 행동을 옳다고 '느끼는지' 물어 보아야 하며, 스스로 이유를 대 보아야 한다. 그리고 우리가 신뢰할 수 있는 다른 사람에게 그 이유들을 말해 그것들을 판단하도록 하는 것이 지혜로울 것이다. "하나님이여 나를 살피사 내 마음을 아시며 나를 시험하사 내 뜻을 아옵소서. 내게 무슨 악한 행위가 있나 보시고 나를 영원한 길로 인도하소서"(시 139:23-24). 우리 자신을 아무리 불신해도 지나치지 않다.

다섯째로, **개인적 호감을 억제하는 것을 내켜하지 않음**. 자신의 교만과 자기 기만을 깊이 인식해 본 적이 없는 사람은 다른 사람에게도 이런 것들이 있음을 간파하지 못한다. 이 때문에 때로 선의이기는 하지만 자신을 그럴듯하게 설명하는 재주를 가진 기만적인 사람들은 다른 사람들의 정신과 양심을 놀랄 만큼 깊이 지배할 수 있다.

사람들은 이 기만적인 사람들에게 홀려서 통상적인 기준으로 그들을 판단하려 하지 않는다. 심지어 재능 있고 매력적인 어떤 사람이 그 위험을 알고 그것을 피하려 애쓴다 해도, 다른 그리스도인들이 그를 천사나 선지자로 취급하여 그의 말을 그들을 위한 지침으로 여기지 않게 하고 그를 맹목적으로 따르지 못하게 막기는 어렵다. 하지만 이것은 하나님에게 이끌림을 받는 것이 아니다. 실로 탁월한 사람들이 반드시 잘못된 것이 아니지만, 그들이 반드시 옳은 것 또한 아니다! 그들과 그들의 견해를 존중해야 하지만 우상화해서는 안 된다. "범사에 헤아려 좋은 것을 취하고"(살전 5:21).

여섯째로, **기다리는 것을 내켜하지 않음**. "여호와를 기다리라"는 것은 시편에 계속해서 나오는 후렴구이며, 필요한 말이다. 하나님은 종종 우리로 하여금 기다리도록 하시기 때문이다. 하나님은 우리처럼 서두르지 않으신다. 그리고 우리가 현재 행동하기 위해 필요한 것 이상으로 미래에 대해 알려 주신다거나, 한 번에 한 걸음 이상을 인도하시는 것은 하나님의 방법이 아니다. 의심이 가거든 아무것도 하지 말고 계속해서 하나님을 기다리라. 행동이 필요할 때면, 그것에 대해 알 수 있을 것이다.

간단한 대답은 없다

올바른 인도를 받으면 이후로는 아무런 어려움 없이 평탄한 길을 걷게 되어 그 인도 자체가 옳다고 입증되는 것은 아니다. 여기에 그리스도인들이 매우 당혹해하는 또 하나의 이유가 있다. 그들은 인도를 구해 왔으며, 인도가 주어졌다고 믿는다. 그래서 하나님이 지시하시는 것으로 보이는 길을 따라왔다. 그리고 이제 그 직접적인 결과로서, 그 길을 따르지 않았으면 생겨나지 않았을 많은 새로운 문제들에 빠졌다. 고립, 비난, 친구들로부터 버림받음, 온갖 종류의 좌절 등. 그들은 즉시 염려한다. 그들은 선지자 요나를 떠올린다. 요나는 동쪽으로 가서 니느웨에 하나님의 말씀을 전하라는 명령을 받자, "여호와의 얼굴을 피하여"(욘 1:3) 배를 타고 북쪽 다시스로 갔으며, 폭풍우를 만나 불신자들 앞에서 굴욕을 당하고, 물 속으로 던져지고, 큰 고기에게 먹혔다. 이 모든 일은 요나의 잘못을 깨우쳐 주기 위해 일어난 것이다. 그들은 '현재 내가 험난한 인생길을 체험하는 것은 요나처럼 길을 잘못 들어 하나님의 길 대신 자기의 길을 가고 있음을 나타내는가?'라고 자문한다.

그럴 수도 있다. 그리고 지혜로운 사람은 새로 겪는 어려움을 보고 자신이 받은 인도가 맞는지 주의 깊게 검토할 것이다. 어려움은 언제나 우리의 앞길을 검토해 보라는 부르심으로 여겨야 한다. 하지만 문제가 있다는 것이 반드시 곁길로 벗어나 있다는 표시는 아니다. 성경은 "의인은 고난이 많다"(시 34:19)고 단언할 뿐 아니라, 특별히 하나님의 인도를 따르게 되면 통상 그렇지 않았을 때는 피할 수 있을 혼란들과 걱정거리들이 생겨난다고 가르치기 때문이다. 그러한 예는 많다. 하나님은 앞에서 불 기둥과 구름 기둥으로 이스라엘 백성을 인도하셨다(출 13:21-22). 하지만 하나님이 그들을 인도하신 길에는 홍해를 건너는 것과 같이 신경을 곤두세우고 손에 땀을 쥐게 하는 일, "크고 두려운 광야"(신 1:19)에서 물도 고기도 없이 오랜 기간을 보내는 것, 그리고 아말렉, 시혼, 옥과의 피비린내 나는 전투(출 17:8; 민 21:21-23) 등이 있었다. 그리고 우리는 이스라엘 백성이 끊임없이 투덜댄 것을 너그러이 보아 줄 수는 없다 해도 이해할 수는 있다(출 14:10-12;16:3; 민 11:4-6; 14:2-3; 20:2-5; 21:4-5).

또한 예수님의 제자들은 두 번에 걸쳐 밤중에 갈릴리 바다에서 악천후를 만났는데(막 4:37; 6:48), 두 번 다 그들이 거기에 있었던 것은 예수님의 명령 때문이었다(막 4:35; 6:45).

또 사도 바울은 마게도냐 사람에 대한 꿈을 꾸고는 "하나님이 저 사람들에게 복음을 전하라고 우리를 부르신 줄로 인정하고" 그리스로 건너갔는데(행 16:10), 머지않아 빌립보 감옥에 갇혔다. 후에 바울은 "성령 안에서…예루살렘에 가기로 결심했다"(19:21, RSV). 그러고는 도중에 만난 에베소 장로들에게 "보라, 이제 나는 성령에 매여 예루살렘으로 가는데 거기서 무슨 일을 당할는지 알지 못하노라. 오직 성령이 각 성에서 내게 증언하여 결박과 환난이 나를 기다린다 하시나"(20:22-23)라고 말했다. 그리고 실제로 그러했다. 바울은 하나님의 인도를 따르다 커다란 어려움을 만났다.

이것만이 아니다. 하나님의 인도를 따르면 환난을 만난다는 진리에 대한 최종적인 예와 증거로, 주 예수님의 삶을 보라. 어떤 인간도 그처럼 완벽하게 하나님의 인도를 받은 적이 없으며, 어떤 인간의 삶도 '슬픔의 사람'이라는 묘사에 그처럼 포괄적으로 해당된 적이 없었다. 하나님의 인도를 따라 예수님은 가족 및 마을 사람들과 거리를 두었고, 국가, 종교, 시의 모든 지도자와 갈등을 겪었으며, 마침내는 배신과 체포와 십자가로 이끌렸다. 그리스도인들이 하나님의 뜻 안에 남아 있을 때, 더 이상 어떤 것을 기대할 수 있겠는가? "제자가 그 선생보다 또는 종이 그 상전보다 높지 못하나니…집 주인을 바알세불이라 하였거든 하물며 그 집 사람들이랴"

(마 10:24-25).

인간적인 계산으로는 아무리 보아도 십자가는 **낭비**다. 그것은 한 젊은 생명, 한 선지자의 영향력, 한 지도자의 잠재력의 낭비였다. 우리는 하나님의 말씀을 통해서만 그 의미와 성취의 비밀을 알 수 있다. 마찬가지로, 하나님의 인도를 받는 그리스도인의 삶은 일종의 낭비처럼 보일 수도 있다. 그 동안에 유럽을 복음화할 수도 있었을 텐데 예루살렘으로 가라는 하나님의 인도를 따랐기 때문에 수년을 감옥에서 보낸 바울을 보라. 또한 인도받는 삶의 본질적인 부분인 좌절과 손실이 왜, 무엇 때문에 생기는지 하나님이 항상 말씀해 주시는 것도 아니다.

순교한 선교사의 아내이자 전기 작가인 엘리자베스 엘리엇(Elisabeth Elliot)은 이것을 두드러지게 보여 준다. 그녀는 하나님의 인도를 확신하고서 에콰도르 한 부족의 언어를 정리하고 그것으로 성경을 번역하기 위해 그들에게로 갔다. 그녀를 도울 수 있는 혹은 도울 만한 유일한 사람은 그 부족과 함께 살고 있던 스페인어를 구사하는 그리스도인이었다. 하지만 한 달도 안 되어 그는 싸움을 하다가 총에 맞아 죽었다. 그녀는 여덟 달 동안 아무런 도움도 받지 못한 채 고군분투했다. 그 다음에 그녀는 언어학적 자료들을 모은 서류철을 전부 동료에게 넘기고 자신이 중단한 부분부터 계속 일해 나가도록 하고는 다른 지역으로 옮겨 갔다. 2주도 안 되어 그녀는 그 서류철을 도둑맞았다는 소식을 들었다. 사본도 없었다. 그녀의 작업은 전부 허사가 되어 버렸다. 인간적으로 말하면, 그것으로 이야기는 끝이었다. 그러나 그녀는 이렇게 말했다.

우리는 하나님이 친히 해석자가 되심을 알고, 단지 엎드려 경배할 수밖에 없었다.…우리는 하나님이 하고자 하시는 일을 하도록 해야 한다. 당신이 당신의 삶에 대한 하나님의 뜻을 안다고 생각하며 그것을 행하고자 열망한다면, 아마도 큰 환멸을 느끼게 될 것이다. 어느 누구도 자신의 생애 전체에 대한 하나님의 뜻을 알지 못하기 때문이다(*Eternity*, January 1969, p. 18).

이 말은 옳다. 우리를 어둠에서 빛으로 이끌고 나온 하나님의 인도는 조만간에 우리를 빛에서 어둠으로 이끌고 갈 것이다. 그것은 십자가의 길의 일부다.

그 길을 놓쳤을 때

차를 몰고 가다가 수렁에 빠졌다면, 길을 잘못 들었다는 것을 알아야 한다. 하지만 그러고 나서 차가 가라앉아 사라지는 것을 바라보며 무력하게 서 있어야 한다면, 길을 잘못 들었다는 사실을 안다는 것이 그리 위안이 되지는 않을 것이다. 이미 차는 손상되었을 것이며, 그것으로 끝이다. 그리스도인이 자신이 하나님의 인도를 놓쳤으며 잘못된 길로 들어섰다는 것을 깨닫게 되었을 때도 마찬가지인가? 그 손상은 회복 불가능한가? 그는 이제 인생 행로를 포기해야 하는가? 감사하게도, 그렇지 않다. 우리 하나님은 회복시키실 뿐만 아니라, 우리의 실수와 어리석은 행동을 우리를 위한 그분의 계획 가운데 녹아들게 하시며, 그것으로부터 선을 끌어내신다.

이것이 하나님의 자비로운 주권에서 나오는 경이의 일부다. "내가…메뚜기…가 먹은 햇수대로 너희에게 갚아 주리니 너희는 먹되

풍족히 먹고 너희에게 놀라운 일을 행하신 너희 하나님 여호와의 이름을 찬송할 것이라"(욜 2:25-26). 베드로가 부인한 후에도 그를 회복시켜 주시고, 그 이후에도 한 번 이상 그의 행로를 바로잡아 주신 예수님(행 10장; 갈 2:11-14을 보라)이 오늘날 우리의 구세주시다. 그분은 변하지 않으셨다. 하나님은 인간의 분노를 하나님에 대한 찬양으로 바꾸어 놓으실 뿐만 아니라, 그리스도인들의 불행 역시 하나님에 대한 찬양으로 바꾸어 놓으신다.

나는 최근에 한 목사에게서 편지를 받은 적이 있다. 그는 자신의 회중과 교파를 떠나야 한다고 느꼈으며 아브라함과 같이 갈 바를 알지 못한 채 나가야 한다고 느꼈다. 그는 편지에서 하나님의 인도의 주권과 안전함에 대한 찰스 웨슬리의 찬송을 인용했다. 그 찬송은 이 장의 결론부에 나와 있다.

인도는 은혜의 언약 아래서 하나님이 주시는 모든 복과 마찬가지로 주권적인 행위다. 하나님은 자신의 길을 보여 주셔서 우리가 밟고 가도록 하신다는 의미에서만 우리를 인도하시는 것이 아니다. 하나님은 무슨 일이 일어나든지, 우리가 어떤 실수를 저지르든지, 안전하게 집으로 돌아가도록 보장한다는 더 근본적인 의미에서도 우리를 인도하실 것이다. 분명 우리는 발을 헛디디기도 하고 딴 길로 빗나가기도 할 것이다. 하지만 영원하신 팔이 우리를 받치고 있다. 우리는 붙잡힌 바 되고, 구조되고, 회복될 것이다. 이것이 하나님의 약속이다. 하나님은 이처럼 선한 분이다.

따라서 인도를 논하는 올바른 문맥은 우리 영혼을 망치도록 놓아두지 않으실 하나님에 대한 신뢰라는 문맥인 듯하다. 그러므로 이 논의의 관심사는 우리의 안전보다는 하나님의 영광을 위한 것이어야 할 것이다. 우리의 안전은 이미 해결되었기 때문이다. 그리고 우리의 자기 불신이 우리를 겸손하게 하기는 하지만, 그것이 '보호자 되시는 여호와' 우리의 신실하신 언약의 하나님께 기대는 기쁨을 희미하게 만들어서는 안 된다. 여기에 웨슬리의 찬송이 있다.

> 이스라엘의 대장이며 인도자시여.
>   위에 있는 것을 추구하는 모든 자의 대장이며 인도자시여.
> 당신의 그늘 아래 우리는 머무나이다.
>   당신의 보호하시는 사랑의 구름.
> 우리의 힘은 당신의 은혜며, 우리의 통치자는 당신의 말씀이니이다.
> 우리의 목적은 여호와의 영광이로소이다.

그리고 여기에 조셉 하트(Joseph Hart)가 표현한 이 문제의 결론이 있다.

> 처음이요 마지막이신 예수님,
>   그분의 영이 우리를 안전하게 집으로 인도하시도다.
> 우리는 과거의 모든 것을 인하여 예수님을 찬양하며
>   앞으로 올 모든 것을 인하여 예수님을 신뢰하나이다.

21 내적 시련

어떤 종류의 복음 사역은 **잔인하다**. 그렇게 하려고 한 것은 아니지만 실제로는 그러하다. 은혜를 확대하는 것을 목적으로 하지만, 실제로는 오히려 그와 정반대가 된다. 죄의 문제를 축소해 버리며, 하나님의 목적에 이르지 못하기 때문이다.

결과는 이중적이다. 첫째로, 은혜의 사역을 실제보다 못한 것으로 묘사한다. 둘째로, 사람들에게 그들의 모든 필요를 포괄할 만큼 충분하지 못한 복음을 전한다. 이사야는 충분하지 못한 자원으로 인한 비참함을 짧은 침상과 좁은 이불—이는 심각한 질병과 장기간의 불안과 불만족을 일으키는 확실한 원인이다—이라는 말로 묘사한 바 있다(사 28:20). 영적인 영역에서 보면 이런 종류의 사역은 그것을 진지하게 받아들이는 모든 사람을 그러한 불행에 빠뜨린다. 현재 널리 퍼져 있는 그런 종류의 사역은 하나님을 아는 지식과 은혜 안에서 자라 가는 것을 치명적으로 방해한다. 우리는 그것을 폭로하고 그것의 부족한 점을 보여 주어서 일부에게나마 도움이 되기를 바란다.

그것은 어떤 종류의 사역인가? 첫 번째로 해야 할 말은, 슬프게도 그것이 **복음적인** 사역이라는 것이다. 그 사역의 기초는 성경을 하나님의 약속으로, 그리고 그 약속들을 하나님의 보증으로 받아들이는 것이다. 거기서 통상적으로 등장하는 주제는 십자가를 통해 믿음으로 의롭게 되는 것, 성령을 통한 새로운 탄생, 그리스도의 부활의 능력 안에서 얻는 새로운 삶 등이다. 그것의 목적은 사람들을 거듭나게 하고, 그들이 최대한 충분히 부활의 삶을 체험하도록 이끄는 것이다. 이는 어느 모로 보나 복음 사역이다. 그것의 오류는 복음의 중심 메시지에서 벗어난 사역을 하는 사람들이 저지르는 오류들과 다르다. 그것은 복음적인 사역만이 저지를 수 있는 오류다. 처음부터 이 점을 강조해야만 한다.

하지만 교리적으로 건전한 복음적인 사역이라면, 도대체 무엇이 잘못될 수 있단 말인가? 메시지와 목적이 그처럼 성경적이라면, 어떻게 심각하게 잘못될 수 있단 말인가? 대답은 복음 진리에 전적으로 관심을 갖는 사역이라도 그 진리들을 **부적절하게 적용할 경우** 잘못될 수 있다는 것이다. 성경은 영혼을 치유할 수 있는 진리로 가득 차 있다. 약국에 육체의 질병을 고칠 수 있는 치료약들이 비축되어 있는 것과 마찬가지다. 하지만 두 경우 모두, 제대로 사용하면 병을 고칠 수 있을지라도 오용하면 비참한 결과를 가져올 것이다. 만일 소독약을 상처에 바르는 대신 마신다면, 결과는 병을 치료하는 것이 아니라 그 반대가 될 것이다! 새로운 탄생과 새 생명의 교리 역시 오용된다면 불행한 결과를 초래할 수 있다. 이제 알게 되겠지만, 이것이 바로 우리가 논의하고자 하는 현상이다.

잘못 적용된 교리들

여기서 염두에 두고 있는 사역 유형은 먼저, 복음 전도적 맥락에서 그리스도인이 된 이후의 변화를 강조한다. 우리는 그리스도인이 됨으로써 죄사함, 양심의 평화, 우리 아버지이신 하나님과의 교제만을 체험하는 것이 아니다. 또한 내주하시는 성령의 권능으로 전에 우리를 지배하던 죄들을 극복할 수 있게 될 것이며, 하나님이 우리에게 주실 빛과 이끄심으로 인해 인도, 자기 성취, 인간 관계, 마음의 소원 등에서 지금까지 우리를 완전히 좌절시켰던 문제들을 뚫고 나갈 수 있는 길을 찾게 될 것이다.

일반적으로 말하면, 이러한 위대한 확신들은 성경적이며 참되다. 하나님을 찬양하라. 사실상 그러하다! 하지만 이것을 지나치게 강조하고, 그리스도인의 삶의 힘겨운 측면, 곧 날마다 주어지는 단련, 죄와 사탄과의 끝없는 전쟁, 주기적으로 어둠에 거하게 되는 것 등을 가볍게 다룰 수 있다. 그리하여 정상적인 그리스도인의 삶은 완벽한 꽃밭으로 보이게 되어, 정원에 있는 모든 것이 언제나 사랑스러우며 문제는 더 이상 존재하지 않는, 혹 문제가 닥치더라도 그 문제를 은혜의 보좌 위로 가져가기만 하면 즉시 사라져 버리는 상태라는 인상을 줄 수 있다. 이것은 우리가 그리스도인이 되기만 하면 세상과 육신과 사탄이 우리에게 어떤 심각한 문제도 일으키지 않을 것이며, 환경과 인간 관계도 결코 우리를 곤란하게 하지 않을 것이고, 우리 역시 자신에게 결코 문제가 되지 않을 것이라고 주장하는 것이다. 하지만 이러한 주장은 해롭다. 잘못된 주장이기 때문이다.

물론 그와 정반대로 치우칠 수도 있다. 그리스도인의 삶의 거친 측면만을 강조하고 밝은 면을 너무 가볍게 다룸으로써, 그리스도인의 삶은 비통하고 우울한 것, 내세에 가게 될 하늘 나라만을 소망하며 지상의 지옥에서 사는 것이라는 인상을 줄 수도 있다! 물론 기독교는 때때로 이런 인상을 풍겼다. 분명 여기서 우리가 검토하고 있는 사역은 부분적으로 그에 대한 반작용으로 나온 것이다. 하지만 이러한 두 극단적 오류 중에서 첫 번째 오류가 더 나쁘다는 것을 말해야만 하겠다. 그릇된 희망이 그릇된 두려움보다 더 큰 악인 것과 마찬가지다. 두 번째 오류는 하나님의 자비 안에서 그리스도인들이 슬픔뿐 아니라 기쁨 역시 가지고 있다는 것을 놀랍게 발견하는 길로 이끌기만 하면 된다. 하지만 첫 번째 오류, 곧 정상적인 그리스도인의 삶은 아무 문제도 없는 삶이라고 묘사하는 것은 반드시 조만간에 비통한 환멸로 끝나고 만다.

우리가 주장하는 바는 다음과 같다. 곧 우리가 검토하고 있는 이런 유형의 사역은, 사람들의 동경을 이끌어내기 위해 하나님이 이 세상에서 수행하겠다고 약속하신 것 이상을 감히 약속한다는 것이다. 이것이 이런 유의 사역을 잔인한 것으로 만드는 첫 번째 특징이라고 주장하는 바다. 그것은 그릇된 소망을 불러일으킨다. 분명, 그 잔인함은 악의에서 나온 것은 아니다. 그것은 오히려 무책임한 친절에서 촉발된 것이다. 설교자는 회중을 그리스도께로 이끌기 원한다. 따라서 설교자는 회중을 꾀기 위해, 그리스도인의 삶을 가능한 한 행복하고 아무 걱정 없는 것처럼 말함으로써 그 삶을 황홀한 것으로 만든다. 하지만 나쁜 동기가 아니라 좋은 동기를 가지고 있다 해도 설교자의 과장된 표현이 빚어 내는 해악을 어떤 식으로든 줄여 주는 것은 아니다.

목사라면 잘 알듯이, 실제로는 다음과 같은 일이 일어나기 때문이다. 이전에 이런 종류의 이야기를 들어 본 적이 있는 현실적인 사람들은 그 설교자의 약속을 비판적으로 받아들이지만, 일부 진지한 추구자들은 그의 말을 절대적으로 믿을 것이다. 그들은 이에 근거해서 회심한다. 그들은 신생을 경험한다. 그리고 이전의 모든 고민과 마음의 고통은 이제 떠나 버렸다고 확신하면서 기쁘게 새로운 삶으로 전진한다. 그러고 나서 그 삶이 전혀 그렇지 못하다는 것을 발견한다. 오랫동안 지속되어 온 기질의 문제, 인간 관계, 절실한 요구들, 늘 괴롭히는 시험의 문제는 여전히 남아 있다. 사실상 때로는 더 격렬해진다. 하나님은 그들의 환경을 특별히 더 쉽게 만들어 주지 않으신다. 오히려 그 반대다. 아내나 남편, 부모, 시댁이나 처가 식구들, 자녀, 동료, 이웃들에 대한 불만족이 계속 생긴다. 회심 체험과 더불어 영원히 사라진 듯했던 기질과 나쁜 습관의 문제가 다시 나타난다. 그리스도인이 된 첫 몇 주 동안 큰 기쁨의 파도가 그들을 휩쓸 때는 진정으로 모든 문제가 다 해결되었다고 느꼈다. 하지만 이제 그렇지 않았다는 것 그리고 그들이 약속받았던 아무 문제 없는 삶은 실현되지 않았다는 것을 깨닫는다. 그리스도인이 되기 전에 그들을 넘어뜨렸던 것이 다시 그들을 넘어뜨리려고 위협하고 있다. 그들은 이제 어떻게 생각해야 하는가?

사실 "그는 목자같이 양떼를 먹이시며 어린 양을 그 팔로 모아 품에 안으시며"(사 40:11)라고 묘사된 하나님은, 아주 어린 그리스도인들에게는 매우 온유한 분이다. 어머니가 아주 어린 아기들한테 온유한 것과 마찬가지다. 종종 그리스도인으로서 그들 삶의 출발은 큰 정서적 기쁨, 인상적인 섭리들, 놀라운 기도 응답, 최초의 전도에 대한 즉각적인 결실 등으로 이루어져 있다. 이처럼 하나님은 그들을 격려하시며, 그들 안에 '생명'을 넣어 주시고 확립하신다. 하지만 그들이 강해짐에 따라, 그리고 더 많은 것을 견뎌 낼 수 있게 됨에 따라, 그들을 더욱 힘든 학교에서 훈련시키신다. 하나님은 적대적이고 낙심시키는 영향력을 사용하여 그들이 견딜 수 있을 만큼—그 이상도 아니고(고전 10:13의 약속을 보라) 그 이하도 아니다(행 14:22의 권고를 보라)—시험하신다. 이처럼 하나님은 우리의 성품을 굳게 세워 나가시고, 믿음을 강하게 하시며, 우리로 다른 사람들을 돕도록 준비시키신다. 이렇게 그분은 우리의 가치관을 견고하게 만드신다. 이렇게 하나님은 우리가 연약한 가운데 그분의 힘이 온전해지도록 하심으로 우리 삶에서 영광을 받으신다.

그러므로 그리스도인들이 하나님과 동행해 나갈 때 유혹과 갈등과 압력이 증가하는 것은 전혀 이상하지 않다. 그런 일이 일어나지 않는다면 뭔가 잘못된 것이다. 하지만 정상적인 그리스도인의 삶은 아무런 그늘도 문제도 없는 삶이라고 들은 사람들은 자신이 모자라고 불완전하게 느껴지는 경험이 쌓일 때, 옆길로 빠진 것이 분명하다는 결론을 내리고 만다. 그런 사람은 "뭔가 잘못되었어. 더 이상 제대로 돌아가지가 않아!"라고 말할 것이다. 그리고 "어떻게 다시 '제대로 돌아가게' 만들 것인가?" 하고 물을 것이다.

잘못된 치료책

우리가 염두에 두고 있는 사역의 두 번째 잔인한 특징은 이 지점에서 나타난다. 그 사역은 어린 그리스도인이 좌절과 당혹스런 경험을 열등한 신앙의 표시로 간주하도록 만듦으로써 속박 상태―그것이 바로 속박 상태이므로―로 빠뜨렸다. 그리고 이제는 이러한 경험들을 일소하겠다고 나서면서 더 큰 속박을 불러일으킨다. 그 사역은 어린 그리스도인의 '고투들'을 '패배'와 동일시하며, 그것을 '헌신'과 '믿음'을 유지하는 데 실패해서 생긴 병의 재발이라고 단호하게 진단한다. 처음에(그들은 그렇게 주장한다) 회심자는 새로 발견한 구세주께 전적으로 굴복했다. 그래서 기쁨이 있었다. 하지만 이후로 냉랭해지거나 부주의하게 되거나 아니면 어느 모로든 타협하여 순종치 않거나, 더 이상 주 예수를 순간순간 신뢰하지 않았다. 그래서 이제 그와 같은 경험들을 하게 되는 것이다.

그러므로 치료책은 자신의 태만했던 점을 찾아내어 그것을 고백하고 버리는 것이다. 곧 자신을 그리스도께 재봉헌하고 날마다 그 봉헌을 유지하는 것이다. 그리고 문제와 시험이 닥칠 때 그리스도께 맡겨서 그분이 문제를 처리하시도록 하는 것이다. 그렇게 한다면(그들은 주장한다) 다시 한 번 비유적인 의미에서뿐만 아니라 신학적인 의미에서 성공의 절정에 이르게 될 것이다.

그리스도인들이 하나님을 개의치 않고 의도적인 죄의 길로 빠져들어간다면, 내적 기쁨과 마음의 안식이 점점 줄어들며, 영적인 불만이 점차 더 두드러지는 것이 사실이다. 그리스도와 연합함으로 "죄에 대하여 죽은"(롬 6:2), 즉 삶의 지배 원리가 되었던 죄를 해결한 사람들은, 비록 죄를 짓더라도 중생하기 전에 느꼈던 제한된 정도의 쾌락도 느끼지 못한다. 또한 그들이 잘못된 것을 탐닉하면 반드시 하나님의 은총을 누리는 일이 위태롭게 된다. 하나님은 조치를 취하실 것이다! "그의 탐심의 죄악으로 말미암아 내가 노하여 그를 쳤으며 또 내 얼굴을 가리고 노하였으나 그가 아직도 패역하여 자기 마음의 길로 걸어가도다"(사 57:17). 하나님은 자녀들이 잘못된 길로 빠져 들어갈 때 바로 그렇게 반응하신다. 중생하지 않은 배교자들이야 즐겁게 지낼 수 있지만, 타락한 그리스도인들은 언제나 비참하다. 그러므로 스스로 이렇게 묻고 있지 않은지 돌아보라.

> 내가 처음 주님을 만났을 때
> 알았던 복은 어디에 있는가?

그렇다면 한걸음이라도 더 나아가기 전에 물어 보라.

> 주님을 슬프시게 하고
> 주님을 내 마음속에서 몰아내 버린 죄.

특정한 고의적 죄가 있는지 물어 보라. 만일 그러한 죄가 있다면, 위에 나오는 치유책은 적어도 광범위한 원리로서 올바른 것이다.

하지만 그렇지 않을 수도 있다. 그리고 조만간에 모든 그리스도인에게는 그렇지 않을 때가 올 것이다. 욥과 몇몇 시편 기자를 단련하신 것처럼 그리고 히브리서에 나오는 말씀처럼, 하나님은 조만간에 자녀들을 세상과 육신과 사탄의 강한 공격에 노출하실 것이다.

그리하여 그들의 저항력이 강해지며 하나님의 백성으로서 그들의 성품이 더 견고해지게 하실 때가 올 것이다. 그리하여 그분은 장성한 자의 경건함을 이루도록 자녀들, 하나님께 헌신된 자녀들을 연단하실 것이다. 앞에서 말했듯이, 하나님의 모든 자녀는 이러한 일을 경험한다. 그것은 "주의 징계하심"(히 12:5; 이는 욥 5:17; 잠 3:11을 되풀이하는 구절이다)의 일부로서, 하나님은 사랑하는 자녀 하나하나가 그러한 징계를 받도록 하신다. 그리고 당혹해하는 그리스도인에게 일어나는 일이 바로 **이런 것**이라면, 앞에서 제안된 치료책은 비참한 것이 될 것이다.

그 치료책은 어떤 일을 초래하는가? 그것은 헌신된 그리스도인들에게, 그들의 실패를 고백하고 버리기만 한다면 영적 유아 시절—하나님이 이제는 그들이 벗어나길 원하시는—을 회복할 수 있다는 논리로 있지도 않은 실패를 날마다 열심히 찾아 헤매도록 명한다. 따라서 이는 영적 퇴보와 비현실성을 낳을 뿐 아니라 사람들을 하나님의 뜻에 어긋나도록 만든다. 하나님은 큰 소리로 깔깔거리고 만족한 가운데 아무런 근심 걱정 없이 기분 좋아하는 영적 유아 상태에서 그들을 벗어나도록 하셨다. 그들을 더 어른스럽고 성숙한 경험으로 인도하시기 위해서였다. 세상 부모도 자기 아이들을 보면서 즐거워한다. 하지만 한창 자라는 자녀들이 다시 아기가 되기를 원한다면, 부모는 슬퍼할 것이며 아기 같은 행동을 하도록 놓아두지도 않을 것이다. 하늘에 계신 아버지도 마찬가지다. 하나님은 우리가 그리스도 안에서 자라기를 원하시지 아기로 머물러 있기를 원하지 않으신다. 하지만 우리가 검토하는 가르침은, 최고의 선은 아기 시절로 돌아가는 것이라고 주장함으로써 우리를 하나님과 대치시킨다.

다시 말하거니와 이것은 **잔인한** 것이다. 이는 여자 아이들의 발을 묶어서 그 발이 영구히 제 모양을 찾지 못하도록 하는 중국의 옛 관습이 잔인한 것과 마찬가지다. 그리고 친절이 그 동기라는 사실은 여기에 해당하지 않는다. 앞에서 제안된 치료책을 받아들인다면, **최소한의** 결과는 영적 발전의 억제—유치하고, 그저 웃기나 하며, 무책임하고, 자기 일에만 열중하는 복음적 어른의 모습—가 될 것이다. 그리고 **최악의** 결과는 진지하고 정직한 그리스도인들이 병적인 자기 분석, 히스테리, 신경쇠약, 믿음의 상실—어쨌든 복음적 형태의—등을 겪는 것이다.

은혜를 잊어버림

기본적으로 이러한 가르침에서 무엇이 잘못되었는가? 그것은 여러 각도에서 비난을 면할 수 없다. 그 가르침은 성화와 그리스도인의 투쟁에 대한 신약의 가르침을 이해하지 못한다. 은혜 안에서 자라 가는 것의 의미를 이해하지 못한다. 내주하는 죄의 작용도 이해하지 못한다. 지상에서 그리스도인의 삶을 하늘 나라에서의 삶과 혼동한다. 또 그리스도인의 순종(성령이 촉구하시는 수동성이 **아니라** 성령이 촉구하시는 능동적인 행위)의 심리학을 오해한다. 하지만 기본적으로 그 가르침은 **은혜의 방법과 목적**을 잊어버린다는 이유로 비판받아야 한다. 이 점을 설명해 보도록 하자.

은혜란 무엇인가? 신약에서 은혜는 사랑과는 정반대되는 것을 받아 마땅한 사람들을 향해 하나님이 행동으로 베푸시는 사랑을 의미한다. 은혜란 자신을 구원하고 싶어도 손가락 하나 까딱할 수 없는 죄인들을 향해 하나님이 하늘과 땅을 움직이시는 것을 의미한다. 은혜란 우리 죄인들이 하나님과 화목을 이루고 하늘 나라에 받아들여지게 하기 위해, 하나님이 자신의 독생자를 십자가로 보내셔서 지옥에까지 내려가도록 하신 것을 의미한다. "하나님이 죄를 알지도 못하신 이를 우리를 대신하여 죄로 삼으신 것은 우리로 하여금 그 안에서 하나님의 의가 되게 하려 하심이라"(고후 5:21).

신약은 은혜의 뜻과 은혜의 역사 둘 다에 대해 말한다. 은혜의 뜻은 구원하시고자 하는 하나님의 영원한 계획이다. 은혜의 역사는 하나님이 시작하신 "너희 안에서 [행하신] 착한 일"(빌 1:6)이다. 이를 통해 하나님은 당신을 그리스도와의 살아 있는 교제로 부르시며(고전 1:9), 죽음에서 생명으로 살리시고(엡 2:1-6), 하나님의 영을 선물로 주사 당신을 하나님의 것으로 인치시며(엡 1:13-14), 당신을 그리스도의 형상으로 변화시키시며(고후 3:18), 마침내 영광 중에서 당신의 몸을 살리실 것이다(롬 8:30; 고전 15:47-54).

수년 전 개신교 학자들 사이에서는 은혜가 하나님의 사랑의 역사와는 별개로서 하나님이 사랑하시는 태도를 의미한다고 말하는 것이 유행이었다. 하지만 그것은 비성경적 구분이다. 예를 들어, 고린도전서 15:10을 보라. "그러나 내가 나 된 것은 하나님의 **은혜**로 된 것이니 내게 주신 그의 **은혜**가 헛되지 아니하여 내가 모든 사도보다 더 많이 수고하였으나 내가 한 것이 아니요 오직 나와 함께하신 하나님의 **은혜**로라." **은혜**라는 말은 분명 바울 안에 역사하신 하나님의 사랑의 역사를 나타낸다. 하나님은 그 사랑의 역사로 바울을 먼저는 그리스도인으로, 그 다음에는 사역자로 만드셨다.

은혜의 **목적**은 무엇인가? 일차적으로, 우리와 하나님의 관계를 회복시키는 것이다. 우리가 하나님의 아들을 믿음으로써 하나님이 우리 죄를 용서해 주시고 그리하여 이 회복된 관계의 기초를 놓으시는 것은, 이후로는 우리가 그분과 교제하면서 살도록 하기 위해서다. 그리고 하나님이 우리 본성을 새롭게 하시는 이유는, 우리가 그분을 향해서 사랑과 신뢰와 기쁨과 소망과 순종을 보여 드릴 수 있도록 만들며, 사실상 그러한 행동으로 우리를 이끄시기 위해서다. 우리 편에서 보았을 때 그러한 행동들은 우리가 계속해서 자신을 알리시는 하나님과 교제하고 있음을 보여 주는 것이다. 하나님에 대한 더욱 깊어지는 지식 그리고 하나님과 계속 친밀해지는 교제야말로 모든 은혜의 역사가 목표로 하는 것이다. 은혜는 하나님이 우리 죄인을 그분께로 점점 더 가까이 끌어당기는 것이다.

하나님은 은혜 안에서 어떻게 이러한 목적을 수행하시는가? 그분은 우리를 세상과 육신과 사탄의 공격으로부터 막아 주시거나, 부담스럽고 좌절되는 환경들로부터 보호해 주시거나, 우리 자신의 기질과 심리로 인해 생겨나는 문젯거리들을 막아 주시지는 않는다. 오히려 우리를 이 모든 것에 노출되도록 하신다. 그래서 자신의 부족함을 깊이 인식하고, 하나님께 더욱 매달리게 하신다. 이것이 바로 우리의 관점에서 볼 때, 하나님이 우리 삶을 이러저러한 괴로움들과 당혹스러운 일로 채우시는 궁극적인 이유다. 곧 **우리가 하나님을 꼭 붙잡는 법을 확실히 배우도록 하기 위한 것이다.** 성경에서 하나님이 강력한 반석이시며, 견고한 방어물이시고, 확실한 피난처시며, 연약한 자들의 도움이시라고 반복해서 말하는 데 그처럼 많은 시간을 소비하는 이유는, 우리는 정신적으로나 도덕적으로 연약하다는 것과, 옳은 길을 찾거나 따르기 위해 감히 우리 자신을 의지하지 말라는 것을 확실하게 하기 위해 하나님이 많은 시간을 소비하시기 때문이다.

기분 좋게 거칠 것 없는 길을 따라가는데 누군가가 우리를 돕겠다고 팔을 잡아 준다면, 우리는 성급하게 그 사람을 뿌리쳐 버릴지도 모른다. 하지만 폭풍우가 점차 거세지고 힘은 다 빠져 가는 가운데 어둠 속에서 거친 시골길을 걸어가는데 누군가가 우리를 돕기 위해 팔을 잡아 준다면, 우리는 감사하는 마음으로 그에게 기댈 것이다. 그리고 하나님은 우리의 인생길이 험하고 혼동스러울 때 감사하는 마음으로 하나님께 의지하는 법을 배우기를 원하신다. 그러므로 하나님은 우리가 자기 확신에서 벗어나 하나님을 믿도록 하기 위해, 경건한 삶의 비결을 가르쳐 주는 전형적인 성경의 문구를 빌린다면 '여호와를 앙망하도록' 하기 위해, 조처를 취하신다.

회복시키시는 하나님

이 진리는 여러 모로 적용된다. 가장 놀라운 적용 중 하나는 하나님이 사실상 이러한 목적을 위해 우리 죄와 실수를 사용하신다는 것이다. 하나님은 실패와 실수라는 교육적 징계 수단을 매우 자주 사용하신다. 성경의 얼마나 많은 부분이 경건한 사람들이 저지르는 실수와, 그로 인해 하나님이 그들을 연단하시는 것에 대해 다루는가!

아브라함은 아들을 약속받았으나, 그 아들을 갖기까지 기다려야 했고, 참지 못하여 섣불리 스스로 하나님의 섭리를 시행하려는 실수를 저질렀으며, 이스마엘을 낳았다. 그리고 하나님이 다시 그에게 말씀하시기까지 13년을 기다려야 했다(창 16:16-17:1). 모세는 권력을 휘두르고, 애굽인을 죽이며, 이스라엘 사람들을 위해 그들의 사사로운 문제까지 해결하려 하면서, 주제넘게 나서서 자기 백성을 구원하려 애쓰는 실수를 저질렀다. 그러고는 자부심과 허영심이 사라질 때까지 수십 년 동안 광야의 뒷전으로 추방당해 있었다. 다윗은 밧세바를 유혹하고, 우리아를 죽였으며, 자기 가족을 소홀히 하고, 자신의 명성을 위해 인구 조사를 하는 등 연달아 실수를 저질렀다. 그리고 각각의 경우에 호된 연단을 받았다. 요나는 하나님의 부르심을 받고는 도망치는 실수를 저질렀다. 그리고 큰 물고기 뱃속에 들어가게 되었다.

이런 예를 들자면 한이 없을 것이다. 하지만 요점은 인간의 실수에 이어 하나님이 즉시 불쾌함을 보이신 것이 결코 이야기의 끝은 아니라는 것이다. 아브라함은 하나님의 때를 기다리는 법을 배웠다. 모세는 그의 자신감을 치유받았다(실로 그 이후 모세는 너무 심하게 바뀌어 그의 태도는 거의 죄에 가까웠다! 출 4:10-14을 보라). 다윗은 실수를 저지른 후에 회개했으며, 처음보다 마지막에 가서 하나님께 더 가까이 가게 되었다. 요나는 물고기 뱃속에서 기도했으며, 살아난 뒤 니느웨에서 자신의 사명을 완수했다.

하나님은 우리의 심각한 어리석음에서도 선을 이끌어내실 수 있다. 하나님은 메뚜기가 먹어 버린 수년의 시절을 회복하실 수 있다. 실수를 하지 않는 사람은 아무것도 할 수 없다고 한다. 분명 이 사람들은 실수를 저질렀지만, 하나님은 실수를 통해 그들이 하나님의 은혜를 알고 하나님께 매달리도록 가르치셨다. 그런 실수가 없었다면 그들은 결코 그렇게 하나님께 매달리지 않았을 것이다. 당신은 실패감으로 인해 괴로움을 겪고 있는가? 무시무시한 실수를 했다는 것을 알게 되어 괴로워하는가? 하나님께로 돌아가라. 하나님의 회복시키시는 은혜가 당신을 기다리고 있다.

   종교에서 비현실성은 불행한 것이다. 비현실성은 우리가 이 장에서 비판해 온 그런 종류의 가르침에서 나온 저주다. 하나님에 대한 비현실성은 현대 기독교의 고질병이다. 우리 자신과 하나님 모두에 대해 현실주의자가 되기 위해서는 하나님이 필요하다. 아마도 존 뉴턴(John Newton)의 다음과 같은 유명한 찬송가는 우리에게도 해당될 것이다. 이 찬송가에서 뉴턴은 자신이 현실주의로 나아가는 모습을 묘사한다. 우리는 이 장에서 바로 그러한 현실주의를 유발하고자 애써 왔다.

나는 주님께 구했네.
   믿음과 사랑과 모든 은혜에서 자라게 해 달라고.
주님의 구원을 더욱 알게 해 달라고.
   그리고 더욱 진지하게 주님의 얼굴을 구하게 해 달라고.

나는 어떤 은총의 시간에
   주님이 즉시 나의 요청에 응답해 주시기를 바랐네.
그리고 주님의 사랑의 억제력으로
   나의 죄를 진압하고, 내게 안식을 주시기를 바랐네.

그러나 그 대신에 주님은
   마음속에 감추어진 죄를 느끼게 하셨네.
그리고 지옥의 성난 세력이
   내 영혼의 전부를 공격하도록 하셨네.

그뿐 아니라 주님 자신의 손으로

   나의 비통함을 더 깊게 하시느라 애쓰셨네.

내가 세운 모든 훌륭한 계획을 방해하셨고

   나의 모든 희망을 사라지게 하셨으며 나를 쓰러뜨리셨네.

나는 떨면서 울부짖었네.

  "주님 왜 이런 일이 일어나게 하세요?"

"벌레 같은 저를 죽이려 하십니까?"

  주님은 대답하셨네.

"바로 이것이 은혜와 믿음을 구하는 기도에 대한 나의 응답이니라."

"이 내적 시련들을 사용해서

   나는 너를 자아와 교만으로부터 자유롭게 하려 한다.

그리고 지상의 기쁨을 위한 너의 계획들을 무산시켜

   네가 내 안에서 모든 것을 구하게 하려는 것이다."

22 하나님의 충족성

바울이 쓴 로마서는 어느 모로 보나 성경의 정점이다. 루터는 로마서를 "가장 분명한 복음"이라고 불렀다. 칼뱅은 "로마서를 이해한다면 그에게는 성경 전체를 이해하는 확실한 길이 열린 것이다"라고 썼다. 틴데일은 로마서 서문에서 이 두 개념을 연결하면서, 로마서를 "신약의 주요하고 가장 탁월한 부분 그리고 가장 순수한 '유앙겔리온', 즉 우리가 복음이라고 부르는 기쁜 소식, 또한 전체 성경에 이르는 빛이요 길"이라고 불렀다. 성경 안의 모든 길은 로마서로 통하며, 성경에서 제시하는 모든 관점은 로마서에서 가장 분명하게 볼 수 있고, 로마서의 메시지가 어떤 사람의 마음을 사로잡을 때 무슨 일이 일어날지는 아무도 예측할 수 없다.

로마서: 풍성함의 책

당신은 성경에서 무엇을 찾는가? 우리가 지혜롭다면 몇 가지 사항을 주목할 것이며, 로마서에는 그 모든 것이 가장 잘 나와 있다.

당신이 찾는 것이 하나님에 대한 그리고 하나님이 가르치신 진리인 **교리**인가? 그렇다면 로마서는 모든 주된 주제를 한데 통합해서 제시해 줄 것이다. 하나님, 인간, 죄, 율법, 심판, 믿음, 행위, 은혜, 창조, 구속, 칭의, 성화, 구원의 계획, 선택, 영벌, 그리스도의 인격과 사역, 성령의 사역, 그리스도인의 소망, 교회의 본질, 하나님의 목적 안에서 유대인과 이방인의 위치, 교회와 세계사에 대한 철학, 구약의 의미와 메시지, 세례의 중요성, 개인 경건과 윤리에 대한 원칙들, 시민으로서 그리스도인의 의무 등.

하지만 지혜로운 사람이라면 또한 성경을 **생명**의 책으로, 곧 자신을 섬기는 것이 아니라 하나님을 섬기는 것, 인간이 실제적인 경험 속에서 자신을 찾는 것과 잃어버리는 것이 무엇을 의미하는가를 해설하고 그 본을 보여 주는 책으로 읽는다. 이 점에서 로마서는 무엇을 제시해 주는가? 대답은, 로마서가 성경이 제시하는 죄의 삶과 은혜의 삶에 대한 가장 온전한 단면도이며 믿음의 도에 대한 가장 심오한 분석이라는 것이다(죄에 대해서는 1-3, 5-7, 9장을 보라. 은혜에 대해서는 3-15장을 보라. 믿음에 대해서는 4, 10, 14장을 보라).

또 다르게 성경을 읽는 방식은 현대 신학자들이 많이 권하는 것으로, 성경을 **교회**의 책으로 보는 것이다. 곧 성경을, 하나님이 주신 믿음 그리고 믿는 자들의 교제에 대한 자기 이해가 표현되어 있는 책으로 읽는 것이다. 이런 관점에서 보면, 로마서는 복음—교회는 복음에 의해 살아간다—에 대한 전형적인 진술이라는 바로 그 점 때문에 교회의 정체성에 대한 전형적인 서술이 된다. 교회란 무엇인가? 교회는 하나님의 택함을 받고, 믿음을 통해 의롭다 함을 받았으며, 개인적 의와 상호 사역이라는 새로운 삶을 위해 죄로부터 자유롭게 된 자들로, 유대인과 이방인이 함께 모여 이루어진 아브라함의 신실하고 참된 씨다. 교회는 하나님의 전 재산을 유업으로 받으려는 소망 가운데 살고 있는, 사랑 많으신 하나님 아버지의 가족이다. 교회는 그리스도의 역사적 죽으심의 능력과 하늘에서의 삶이 이미 효력을 발휘하는 부활의 공동체다. 그리고 로마서만큼 이것이 충분하게 제시되는 곳은 없다.

지혜로운 사람은 또한 성경을 하나님이 영적 자녀 한사람 한사람에게 보내신 **개인적 편지**로 읽는다. 로마서를 이런 식으로 읽으면, 당신은 이 책이 당신의 삶에서 매우 많은 부분을 차지하면서도 보통은 별로 생각하지 않는 것들—죄된 습관과 태도들, 위선적인 모습, 자기 의와 자기 의존, 끊임없는 불신, 도덕적 천박함과 회개의 피상성, 내키지 않아하는 마음, 세속성, 두려워함, 의기소침, 영적 자만과 무감각—을 찾아내서 다루는 독특한 능력이 있음을 발견할 것이다. 또한 우리 마음을 뒤흔드는 이 서신서에, 하나님이 자기를 사랑하는 자들에게 요구하시면서 동시에 주시는 기쁨, 확신, 담대함, 자유, 마음의 열정 등을 불러일으키는 독특한 능력이 있음을 발견할 것이다.

사람들은 조나단 에드워즈에 대해, 그의 교리는 모두 적용이며 그의 적용은 모두 교리라고 말한다. 로마서는 더없이 그러하다.

로마서는 아무리 자주 읽어도 또 아무리 열심히 연구해도 부족하다(고틴데일은 썼다). 로마서는 연구할수록 쉬워지며, 기초까지 (더 깊이) 탐구할수록 그 안에서 더 값진 것들이 발견되기 때문이다. 너무나 위대한 영적 보물들이 거기 숨겨져 있다.…그러므로 이에 비추어서, 한 사람도 빠짐없이 그것을 완전히 잘 알게 될 때까지 부지런히 읽으며 밤이나 낮이나 계속해서 기록(기억)하도록 하자.

하지만 모든 그리스도인이 로마서의 장대함을 인식하는 것은 아니며, 거기에는 이유가 있다. 헬리콥터를 타고 에베레스트 산 정상에 착륙하는 사람은(그런 일이 있을 수 있다면), 그 순간에 힐러리나 텐싱이 **산을 등반한 후에** 똑같은 자리에 섰을 때 느꼈던 것과 같은 기분은 느끼지 못할 것이다. 마찬가지로, 로마서가 당신에게 끼치는 영향은 당신의 이전 경험에 따라 좌우된다. 일반적인 법칙은 다음과 같다. 성경의 나머지 부분을 더 열심히 공부했을수록, 그리스도인이 된다는 것이 의미하는 지적·도덕적 문제들로 더 많이 단련되었을수록, 그리고 그리스도인으로 살면서 연약함으로 인한 부담과 신실함에서 오는 긴장을 더 많이 느꼈을수록, 로마서가 당신에게 적절하다는 것을 더 많이 발견할 것이다. 존 크리소스톰(John Chrysostom)은 일주일에 한 번씩 로마서를 큰 소리로 읽었다. 우리는 그만큼은 못해도, 로마서를 어느 정도 읽을 수는 있을 것이다.

이렇듯 로마서가 성경의 최고 정점인 것과 마찬가지로, 8장은 로마서의 최고 정점이다. 청교도 주석가인 에드워드 엘튼(Edward Elton)은 이렇게 말했다.

로마서 8장은 꿀벌집과도 같이 하늘의 달콤한 것과 영혼의 위안으로 가득 차 있다.…위안에 대한 우리의 의견과 견해들은, 우리에 대한 하나님의 사랑—그리스도 예수 안에서 우리에게 부어졌으며, 우리에게 주어진 성령에 의해 우리 마음에 널리 퍼진—을 참으로 느낄 수 있기까지는 꿈에 불과하다. 일단 그런 느낌을 갖게 되면 그것은 말할 수 없이 영광스러운 기쁨으로 우리 마음을 채우며, 우리로 넉넉히 이기도록 한다.…그리고 이러한 위안의 근거를 이 장에서보다 더 명백하고 함축성 있게 해설한 것을 발견할 수 있겠는가?(*The Triumph of a True Christian Described*, 로마서 8장에 대한 엘튼의 강해 앞에 나오는 서신 봉헌사)

물론 여기서 **위안**이라는 말은 진정시키고 힘을 빼는 것과 같은 현대적인 의미로 쓰인 것이 아니라, 격려하고 용기를 북돋운다는 전통적이고 강한 의미로 사용되었다. 현대적 의미에서 '위안'을 추구하는 것은 제멋대로 굴고 감상적이며 비현실적인 것이다. 또한 현대인들에게서 나타나는, "나는 위안을 찾으러 교회에 간다"는 식의 종교는 기독교가 아니다. 이와 반대로 엘튼은 그리스도인의 확신에 대해 말하며, 이는 다른 것이다.

하지만 여기서 또다시 에베레스트 산의 원리가 적용된다. 로마서 8장 자체만을 연구해서는 그 장의 비밀을 꿰뚫지 못할 것이다. 로마서 8장에 이르는 길은 로마서 1-7장이며, 로마서 8장의 영향력은 로마서 1-7장이 말하는 것을 당신이 얼마만큼 깨달았는가에 좌우될 것이다. 다음과 같은 때를 생각해 보자. 당신이 자신을, 잃어버린 바 된 무력한 죄인으로 알게 되었을 때(1-3장), 아브라함처럼 믿을 수 없을 만큼 좋은 하나님의 약속, 곧 언약의 머리이며 죽으셨다가 살아나신 예수님 때문에 당신을 받아들이신다는 약속을 믿을 때(4-5장), 그리스도 안에 있는 새로운 피조물로서 전적으로 거룩하게 살고 당신 안에서 육신이 성령과 싸우는 것을 발견할 때, 그래서 당신이 목표로 삼은 선을 결코 완전히 이루지도 못하고 당신이 내던진 악을 다 피하지도 못한 채 모순 가운데 사는 것을 발견할 때(6-7장), 그리고 이 모든 것 외에 '상실감과 무거운 십자가들'이 당신을 억누를 때(질병, 긴장, 사고, 충격, 실망, 부당한 취급, 8:18-23, 35-39), 오직 그런 때에 로마서 8장은 풍성함을 발휘하며, 위대한 능력을 알려 준다.

바울은 로마서 5:1-11에서 이미 말한 것을 로마서 8장에서 매우 확대된 형태로 재진술한다. 바울은 통상적으로는 말을 되풀이하는 사람이 아니다. 그런데 왜 여기서 앞으로 되돌아가는가?

바울은 도대체 왜 로마서 8장을 썼는가? 간단한 대답은 로마서 7장을 썼기 때문이라는 것이다!(이는 생각만큼 어리석은 대답은 아니다) 로마서 7:7에서 바울은 '율법이 죄인가?'라는 질문을 제기했다. 그리고 바울이 제공한 대답은 '아니다!'였다. 하지만 율법은 죄를 짓는 것의 원천이다. 율법은 그것이 금하는 것을 사실상 조장하며, 따라서 불순종하고자 하는 충동을 자극해서 율법을 지키려 하면 할수록 더욱더 그것을 범하게 하기 때문이다.

이것을 가장 생생하게 보여 주기 위해 바울은 자신의 경험을 묘사했다. 그는 그리스도인이 되기 전에 어떻게 "죄가 기회를 타서 계명으로 말미암아 나를 속이고 그것으로 나를 죽였는지"(7:11)를 말했다. 그리고 계속해서(14-25절) 현재 상태를 검토했다. 현재 그는 그리스도인이며 사도지만 "원함은 내게 있으나 선을 행하는 것은 없노라.…내 속사람으로는 하나님의 법을 즐거워하되 내 지체 속에서 한 다른 법이 내 마음의 법과 싸워 내 지체 속에 있는 죄의 법으로 나를 사로잡는 것을 보는도다"(18, 22-23절)라고 고백한다.

바울은 이 경험을 묘사할 때 무의식중에 다음과 같은 반응을 보였다. "오호라, 나는 곤고한 사람이로다. 이 사망의 몸에서 누가 나를 건져내랴"(24절). 이 질문은 수사적인 것이다. 그리스도를 통해 죄로부터 완전히 해방되는 날이 언젠가 "몸의 속량"(8:23)을 통해 확실히 오리라는 것을 알기 때문이다. 하지만 계속해서 말하듯이, 그는 현재로서는 자신이 추구한 완전함에 도달할 수 없다는 쓰라린 체험을 견뎌내야 했다. 왜냐하면 완전함을 요구한 율법―바울이 중생한 사람으로서 즐거워한 율법(22절)―은 완전함을 이루도록 하는 데는 아무런 능력을 발휘할 수 없기 때문이다. "그런즉 내 자신이 마음으로는(가장 깊은 자아, 진정한 '나') 하나님의 법(명령)을, 육신으로는 죄의 법을 섬기노라"(25절).

바울은 자신의 의견을 피력했다. 이제 그는 잠시 멈춘다. 무엇을 했는가? 율법이 자신에 대해 무엇이라고 말하는가를 독자들과 나누었으며, 그럼으로써 율법이 그들에 대해 말하는 바를 상기시켜 주었다. 율법은 특권과 성취에 대해서가 아니라, 실패와 죄책에 대해서만 말한다. 그러므로 하나님이 죄를 얼마나 싫어하시는가를 아는 민감한 그리스도인들에게는 율법으로 진단을 받는 것이 비참하고도 침울한 경험이다. 이 구절들을 쓰면서 바울의 기쁨은 흐려졌다. 그리고 자신의 말의 결과에 대해 항상 생각하는 훌륭한 목회자였던 그는 읽는 사람들 역시 그러한 우울함을 느끼리라는 것을 알

왔다. 하지만 로마의 그리스도인들이 그들 경험의 슬픈 측면을 심사숙고하다가 자기들이 율법 아래로 되돌아간 것처럼 느끼도록 놓아두는 것이 옳다고 생각하지는 않는다. 그 대신에 그들에게 결정적인 것은 **율법**이 그들에 대해 말하는 것이 아니라, **복음**이 그들에 대해 말하는 것이라는 사실을 즉시 환기시킬 필요가 있다고 생각한다. 그래서 복음적이면서도 목회적인 논리로ㅡ복음이 최종적인 결론이 되어야 하기 때문에 복음적이며, 목회자들은 언제나 "너희 기쁨을 돕는"(고후 1:24) 자가 되어야 하기 때문에 목회적인ㅡ이제 그리스도인의 확신이라는 주제를 다시 채택해서, '정죄가 없음'으로부터 시작해서 마지막에는 '끊어짐이 없음'까지 가능한 한 강력하게 전개한다.

로마서 8장이 '그리스도인들을 로마서 7장에서 벗어나도록' 해주지는 않는다. 현재 우리가 율법이 지적하는 불완전함에서 완전히 해방될 것을 약속하지는 않기 때문이다. 이것이 바로 알렉산더 화이트(Alexander Whyte)가 그의 회중에게 "여러분은 제가 여러분의 목사인 동안은 로마서 7장에서 벗어나지 못할 것입니다"라고 말하면서 지적한 점이다. 그리고 그 점은 맞다. 하지만 하나님이 복음 안에서 주신 확신으로 그리스도인들을 이끈다는 의미에서 그리고 율법에 의해 측량된 비참함에 대한 대책으로서 '넘치는 죄에 대한 주권적 은혜' 안에서 즐거워하도록 가르친다는 의미에서, 로마서 8장은 매우 철저한 방식으로 '그리스도인들을 로마서 7장에서 벗어나도록' 한다.

로마서 8장은 무엇을 포함하는가? 이 장은 서로 다른 길이의 두 부분으로 구분된다. 처음 30절은 일련의 곤경 전체, 곧 죄책과 죄의 권세(1-9절), 사망이라는 사실(6-13절), 하나님의 거룩하심을 대면하는 두려움(15절), 고난에 직면하여 느끼는 연약함과 절망(17-25절), 기도할 때의 무력함(26-27절), 삶이 무의미하고 절망적이라는 느낌(28-30절)을 다루면서, **하나님 은혜의 충족성**을 설명한다.

바울은 하나님이 믿음으로 "그리스도 예수 안에" 있는 모든 사람에게 주신 네 가지 선물을 강조함으로써 그의 주장을 강조한다. 첫 번째는 **의** 곧 "정죄함이 없는" 것(1절)이다. 두 번째는 **성령**이다(4-27절). 세 번째는 **아들됨**, 곧 주 예수님이 장자 되시는 신적 가족으로 입양됨(14-17, 29절)이다. 네 번째는 지금 그리고 영원토록 이어지는 **안전함**이다(28-30절). 이 복합적인 선물―지위와 여기에 덧붙여진 역동성과 여기에 덧붙여진 신원과 안전함―은 그리스도인이 어떤 괴로움을 겪고 있든 그를 충분히 지원하고도 남는다.

그리고 나서 31-39절에서 바울은 독자들에게 자신이 말한 것에 반응하도록 요청한다. "그런즉 이 일에 대하여 우리가 무슨 말 하리요"(31절). 바울은 계속해서 그의 반응이자 우리의 반응이 되어야 하는 것을 똑똑히 설명한다. 그렇게 할 때 주제는 약간 바뀌어 **은혜의 하나님의 충족성**이 부각된다. 흥미롭게도 선물에서 그 선물을 주시는 분인 하나님으로, 악에서의 해방에서 하나님이 그리스도인 각자에게 아브라함에게 말씀하신 그것, 곧 "네 방패요 너의 지극히 큰 상급"(창 15:1)이 되신다는 생각으로 이동하는 것이다. 1-30절이 "주의 교훈으로 나를 인도하시고 후에는 영광으로 나를 영접하시리니"(시 73:24)라고 말한다면, 31-39절은 "하늘에서는 주 외에 누가 내게 있으리요 땅에서는 주밖에 나의 사모할 이 없나이다. 내 육체와 마음은 쇠약하나 하나님은 내 마음의 반석이시요 영원한 분깃이시라"(시 73:25-26)고 말한다. 이제 바로 이러한 반응에 대해 탐구해 보겠다.

적용된 교리들

"그런즉 이 일에 대하여 우리가 무슨 말 하리요." 여기서 **우리**라는 말은 국왕의 공식 문서에 나오는 '우리'도, 문학적인 '우리'도 아니다. 신약에는 이 두 용례 모두 나오지 않는다. 그보다는 기독교 설교의 포괄적, 권고적 **우리**로서 '나 그리고 바라기는 너희 그리고 우리와 더불어 모든 신자'라는 의미다. "우리가 무슨 말 하리요?"라는 말 배후에 있는 생각은 "나는 내가 무슨 말을 해야 하는지 안다. 너희도 그것을 말하겠는가?"이다.

바울은 독자들에게 말하도록 요청함으로써, 그들에게 먼저 생각하도록 청한다. 바울은 그들이 그와 함께 어떻게 '이 일'이 그들의 현재 상태와 관계 있는지 이해하기를, 다시 말해 그 사실들을 자신에게 적용하기를 원한다. 바울은 로마에 있는 독자들을 개인적으로 알지 못하지만(바울은 20세기에 그의 글을 읽고 있는 우리 역시 개인적으로 알지 못한다), 그들의 상태를 결정하는 것은 모든 시대, 모든 곳에 있는 진정한 그리스도인에게 공통되는 두 요소라는 것을 안다. 첫 번째는 **전면적인 의에 대한 헌신**이다. 로마서 8:31-39은 독자들이 '의의 종'(6:13, 18)으로 하나님께 굴복했으며, 온전히 하나님의 뜻을 행하려 하고 있다고 추정한다.

두 번째 요소는 **전면적인 압력들**에 노출되는 것이다. 로마서 8:31-39은 물리적 곤경과 인간의 적의를 그리스도인들에게 흔히 닥치는 운명으로 취급한다. 환난, 곤고, 핍박, 기근, 적신(궁극적인 박탈), 위험, 칼 등에 직면하는 것은 바울만이 아니라 '우리'다(35절). 바울이 제1차 전도 여행 때 회심한 사람들에게 가르쳤듯이, "우리가 하나님의 나라에 들어가려면 많은 환난을 겪어야 할 것"(행 14:22)이다. 어떤 괴로움들(모두 그런 것은 아니지만)은 우리의 영적 돛을 잘 조정함으로써 당장은(영원히가 아니라) 살짝 피해 갈 수도 있을 것이다. 하지만 바울은 청교도들이 '보편적인 순종'이라고 부른 것에 마음을 쏟는 사람들은 내내 세상의 조류를 거슬러 헤엄쳐야 하며, 계속해서 세상의 조류를 느끼게 된다는 것을 알고 있었다.

바울은 독자들을 바로 그런 사람들로 묘사한다. 그리고 우리는 바울의 말에 비추어 우리 자신을 인식한다. 여기에 도덕적 타락을 기억하면서 괴로워하는 그리스도인 개개인들이 있다. 도덕적 고결함으로 인해 친구나 직업을 잃어버린 그리스도인들, 자녀로 인해 실망하는 그리스도인 부모들, 심각한 건강 문제나 육체적 한계에 직면해 있는 그리스도인들, 믿음 때문에 집에서나 직장에서 이방인처럼 느끼게 된 그리스도인들, 살았어야만 한다고 생각하는 어떤 사람의 죽음, 혹은 죽었어야만 한다고 생각하는 노쇠한 친척 혹은 고난받는 어린이가 삶을 지속하고 있는 것으로 인해 부담을 느끼는 그리스도인들, 하나님이 자신을 돌보아 주실 수 없다고 느끼거나 자신의 삶이 좀 덜 힘겨울 수도 있었으리라고 생각하는 그리스도인들 등이 있다. 하지만 바울은 바로 이러한 사람들, 다시 말해 우리와 같은 사람들에게 도전한다. "이 일에 대하여 우리가 무슨 말 하리요. 생각하라. 생각하라. **생각하라!**"

바울은 우리에게 어떤 일이 일어나기를 원하는가? 바울은 우리가 (때때로 남용되는 문구를 사용한다면) 우리의 소유물을 소유하기 원한다. 우리의 소유물이지만 우리가 소유하지 않은 것은, 때로 사람들이 생각하듯이 죄가 없어지는 기술이 아니라 그리스도인들의 천부적 권리인 하나님의 사랑 안에서 얻는 평강, 소망, 기쁨이다. 바울은 인생에 여러 압력이 닥칠 때 '감정적 사고' 즉 반응의 합리화가 이러한 소유물들을 빼앗아 가는 것을 안다. 그래서 이제 그 일들이 아니라 1-30절에 설명된 **'이 일들'**에 대해 반응하도록 요구하는 것이다.

바울은 복음을 통해 하나님에 대해 알게 된 것을 생각해 보고 그것을 적용해 보라고 말한다. 당신의 느낌을 거슬러서 생각해 보라. 그 느낌들이 퍼뜨려 놓은 우울함에서 벗어나 보라. 그것들이 조장해 온 불신의 가면을 벗겨 버리라. 자신을 훈련하고, 자신에게 말하고, 자신의 문제들로부터 눈을 돌려 복음의 하나님을 바라보도록 하라. **복음적** 사고가 **감정적** 사고를 교정하도록 하라. 이 말은 내주하시는 성령—성령의 사역은 우리가 하나님이 사랑하시는 자녀이며 후사라는 것을 확신시키는 것이다(15-16절)—께서 바울의 최종적인 승리의 결론 곧 "내가 확신하노니 사망이나 생명이나…다른 어떤 피조물이라도 우리를 우리 주 그리스도 예수 안에 있는 하나님의 사랑에서 끊을 수 없으리라"(38-39절)가 "나 역시 그러하다! 할렐루야!"라는 반응을 불러일으키기까지 우리를 이끄실 것이라는 의미다(라고 바울은 생각한다). 왜냐하면 바울이 알듯이 이러한 반응이야말로 '넉넉히 이기는' 비결이기 때문이다. 그러한 경험은 세상을 정복하는 승리이며, 지상에 그리스도인의 천국을 세우는 것이다.

"그런즉 이 일에 대하여 우리가 무슨 말 하리요?" 바울의 모범 답안은 네 가지 개념으로 되어 있는데, 각각의 개념은 또 다른 질문 안에 집중적으로 나와 있다(결국 질문들은 사람들로 하여금 생각하도록 만드는 것이다!). "만일 하나님이 우리를 위하시면 누가 우리를 대적하리요…어찌 그 아들(그리스도)과 함께 모든 것을 우리에게 주시지 아니하시겠느냐. 누가 능히 하나님께서 택하신 자들을 고발하리요…누가 우리를 그리스도의 사랑에서 끊으리요"(31-35절). 처음 세 개념에서 되풀이되는 핵심 단어는 **위하다**[헬라어로는 '휘페르'(*hyper*); '…을 위하여']라는 것이다. 하나님이 우리를 **위하시면**…하나님은 우리 모두를 **위하여** 자신의 아들을 내어 주셨다.…그리스도께서 우리를 **위하여** 간구하신다. 네 번째 개념은 처음 세 개념 전체에서 나온 결론이다. 그것은 어느 것도 그리스도 예수 우리 주 안에서 우리에게 오는 하나님의 사랑으로부터 우리를 끊을 수 없다는 것이다. 이러한 개념들을 순서대로 살펴보도록 하자.

만일 하나님이 우리를 위하시면

첫째: "만일 하나님이 우리를 위하시면 누가 우리를 대적하리요?"

여기 나와 있는 개념은 **어떠한 반대도 궁극적으로 우리를 꺾을 수 없다**는 것이다. 이러한 개념을 전달하기 위해, 바울은 **주권적인 보호자**이신 하나님의 충족성과 우리에 대한 하나님의 **언약적 헌신**의 단호함을 제시한다.

"만일 **하나님이** 우리를 위하시면…" 하나님은 누구인가? 바울은 성경의 하나님 그리고 복음의 하나님, 곧 주 여호와 "자비롭고 은혜롭고 노하기를 더디 하고 인자와 진실이 많은"(출 34:6) 분, "아버지 품 속에 있는 독생하신 하나님이 나타내신"(요 1:18) 그 하나님에 대해 말한다. 이 분이 바로 자신의 주권을 알리기 위해 말씀하신 하나님이다. "나는 하나님이라. 나 외에 다른 이가 없느니라. 나는 하나님이라. 나 같은 이가 없느니라. 내가 시초부터 종말을 알리며 아직 이루지 아니한 일을 옛적부터 보이고 이르기를 나의 뜻이 설 것이니 내가 나의 모든 기뻐하는 것을 이루리라 하였노라"(사 46:9-10).

이 분이 바로 아브라함을 우르에서, 이스라엘을 애굽의 포로 생활에서 그리고 후에는 바벨론에서, 예수님을 무덤에서 이끌어내심으로 주권을 보이신 하나님이며, 지금도 죄인을 영적 사망에서 영적 생명으로 일으키실 때마다 똑같은 주권을 보이시는 분이다. 이 분은 로마서의 하나님, 곧 그 진노가 "사람들의 모든 경건하지 않음과 불의에 대하여 하늘로부터 나타나지만"(1:18) "우리가 아직 죄인 되었을 때에 그리스도께서 우리를 위하여 죽으심으로…우리에 대한 자기의 사랑을 확증하신"(5:8) 하나님이다.

이 분이 바로 영원부터 "그 아들의 형상을 본받게 하기 위하여 미리 정하신"(8:29) 사람들을 부르시고, 의롭다 하시고, 영화롭게 하시는 하나님이다. 이 분이 바로 영국 국교회의 교리 제1조항에 나오는 "한 분의 살아 계시고 참되신 하나님, 영원하시고…무한한 권능과 지혜와 선하심을 지니셨으며, 보이는 것들과 보이지 않는 모든 것을 만드시고 보존하시는 분"이다. (덧붙이자면) 우리는 이 책에서 지금까지 바로 이 하나님의 도를 공부해 온 것이다.

"만일 하나님이—이 하나님이—**우리를 위하시면.**" 이는 무슨 의미인가? "**우리를 위하시면**"이라는 단어는 **언약에 대한 헌신**을 표명한다. 앞에서 살펴본 대로, 은혜의 목표는 하나님과 우리 믿는 자들 사이에 사랑의 관계, 우리가 최초에 지어질 때 의도된 관계를 형성하는 것이다. 그리고 하나님과 우리의 교제를 이끌어내는 것은 하나님의 언약이다. 하나님은 약속과 명령으로 일방적으로 언약을 부과하신다. 우리는 하나님이 창세기 17장에서 아브라함에게 말씀으로 언약을 부과하시는 것을 본다. "나는 전능한 하나님이라.…내가 내 언약을 나와 너 사이에 두어…너와 네 후손의 하나님이 되리라.…나는 그들의 하나님이 되리라.…너는 내 언약을 지키고"(1-2, 7-9절).

갈라디아서 3장과 4장은 그리스도를 믿는 사람은 유대인이나 이방인이나 할 것 없이 누구나 그리스도를 통해 언약 집단인 아브라함의 씨의 일원이 된다는 것을 보여 준다. 언약은 일단 성립되면 지속된다. 하나님이 그것을 계속 유지하시기 때문이다. 하나님은 아버지와 남편과 왕으로서(하나님의 언약 관계는 이러한 인간 모델의 관점에서 제시된다), 자신의 약속과 목적에 신실하시다. 그리고 그 약속 자체인 '너의 하나님'이 되리라는 약속은, 풀어 보면 하나님이 우리의 필요를 채우겠다고 맹세하시는 '대단히 위대하고 값진 약속들'을 모두 담은 포괄적인 약속이다. 이 언약 관계는 모든 성경적 종교의 기초다. 즉 예배하는 자들이 "**나의** 하나님"이라고 말하고 하나님이 "**내** 백성"이라고 말씀하실 때, '언약의 언어'가 말해지는 것이다.

그리고 "하나님이 우리를 위하신다"는 말 또한 언약의 언어다. 즉 여기서 선포되는 것은, 사람들과 환경이 우리를 위협할 때 우리를 지지하시고 보호하시며, 지상에서의 순례 여정이 계속되는 한 우리에게 필요한 것을 공급하시고, 현재 아무리 많은 장애물이 방해하는 것처럼 보일지라도 마침내 하나님을 온전히 즐기도록 이끄시겠다는 하나님의 보증이다. "하나님이 우리를 위하신다"는 간단한 진술은, 사실 성경에 담겨 있는 가장 풍성하고 중대한 말 중 하나다.

내가 "하나님이 나를 위하신다"고 말할 때 그것은 무슨 의미인가? 그 답은 시편 56편에서 볼 수 있다. 거기에 나오는 "하나님이 내 편이심"(God is for us, 9절)이라는 선포는 다른 모든 것을 좌우하는 돌쩌귀와도 같다. 시편 기자는 진퇴유곡에 빠져 있다["내 원수가 종일 나를 삼키려 하며 나를 교만하게 치는 자 많사오니"(2절), 또한 5-6절과 비교해 보라]. 하지만 하나님이 그의 편이라는 것을 앎으로 인해 그의 기도는 승리의 어조를 띤다. 첫째로, 그 점을 알면 하나님이 그의 필요를 잊어버리거나 간과하지 않으셨다는 것을 확신하게 된다. "나의 유리함을 주께서 계수하셨사오니 나의 눈물을 주의 병에 (보존하기 위해) 담으소서. 이것이 주의 책에 (영원토록) 기록되지 아니하였나이까"(8절). 둘째로, 그에게 "내가 아뢰는 날에 내 원수들이 물러가리니"(9절)라는 확신이 생긴다. 셋째로, 공포를 가라앉히는 신뢰의 기초를 제공받는다. "내가 두려워하는 날에는 내가 주를 의지하리이다.···내가 하나님을 의지하였은즉 두려워하지 아니하리니 혈육을 가진 사람이 내게 어찌하리이까"(3-4절). '혈육', 즉 11절에 표현된 대로 '사람'이 외부에서 그 시편 기자에게 어떤 일을 행하든 간에, 말하자면 가장 깊은 의미에서는 아무것도 그를 건드릴 수 없다. 그의 진정한 생명은 사랑 많으신 하나님과의 교제가 있는 내적 생명이며, 그를 사랑하시는 하나님은 무슨 일이 일어나든지 그 생명을 보존할 것이기 때문이다.

부수적으로, 시편 56편은 또한 하나님이 '위하시는' '우리'가 누구인가 하는 질문에 대답하도록 도와준다. 시편 기자는 참된 신자의 세 가지 특징을 보여 준다. 첫째로, 그는 **찬송한다**. 그리고 그가 찬송하는 것은 하나님의 **말씀**이다(4, 10절). 즉 자신의 점검되지 않은 신학적 공상들을 만족시키는 대신 하나님의 계시에 유의하며, 그 계시 안에서, 그것에 따라 하나님을 공경한다. 둘째로, 그는 **기도한다**. 그리고 그로 하여금 기도하도록 촉구하는 열망은 삶의 목표와 목적으로서 하나님과 교통하는 것—"나로 하나님 앞…에 다니게 하시려고"(13절)—이다. 셋째로, 그는 **갚는다**. 자신의 서원들, 즉 신실함과 감사의 서원들(12-13절)을 갚는 것이다. 찬송하고, 기도하며, 감사하고, 신실한 사람은 하나님의 자녀라는 표식을 지니고 있는 것이다.

그러면 바울이 그러한 질문을 던진 목적은 무엇이었는가? 바울은 **두려움**—소심한 그리스도인이 자기에게 집중되어 있다고 느끼는 세력들, 우리가 **그의** 혹은 **그녀의** 혹은 **그들의** 세력이라고 말할 수 있는 세력들에 대한 두려움—에 반격을 가하고 있었다(그리고 지금도 가하고 있다). 바울은 그리스도인들에게 도저히 견딜 수 없는 조롱, 불만, 적대적인 반응을 퍼붓는 사람들이 언제나 있음을 안다. 바울은 조만간에 이것이 모든 그리스도인—회심 이전에는 자신에 대해 말하거나 생각하는 것에 신경 쓰지 않던 사람들을 포함해서—의 문제가 된다는 것을 알며, 그러한 두려움이 얼마나 우리를 억제하고 황폐하게 하는가를 안다. 하지만 바울은 그것에 어떻게 대답해야 하는지에 대해서도 안다.

생각하라! 바울은 사실상 그렇게 말한다. 하나님이 너희를 위하신다. 너희는 그것이 무슨 의미인지 안다. 이제 누가 너희를 대적하는지 판단해 보라. 그리고 이 두 측면이 어떻게 비교되는지 자문해 보라("누가 우리를 대적**하리요**"라는 번역은 잘못된 것이며, 바울의 요점을 깨닫지 못하는 것이라는 점을 주목하라. 바울이 요청하는 것은, 대적이 존재하지 않는다는 낭만적인 거짓에 대한 재검토가 아니라, 인간적이고 마귀적인 대적에 대한 현실적인 재검토다. 반대가 있는 것은 사실이다. 자신이 반대를 당하고 있음을 의식하지 못하는 그리스도인은 주의해야 한다. 그는 위험에 처해 있기 때문이다. 그러한 비현실주의는 제자도의 필요 조건이 아니라 오히려 제자도에 결핍이 있다는 표시다).

"너희는 '그들'을 두려워하느냐?"고 바울은 묻는다. 너희는 그렇게 할 필요가 없다. 하나님이 모세에게 "내가 반드시 너와 함께 있으리라"(출 3:12)고 말씀하신 이후로 모세가 두려워할 필요가 없었던 것과 마찬가지다. 바울은 독자들에게 히스기야가 했던 것처럼 다음과 같이 깊이 생각해 보라고 요청한다. "너희는…앗수르 왕과 그를 따르는 온 무리로 말미암아 두려워하지 말며 놀라지 말라. 우리와 함께하시는 이가 그와 함께하는 자보다 크니…우리와 함께하시는 이는 우리의 하나님 여호와시라. 반드시 우리를 도우시고 우리를 대신하여 싸우시리라"(대하 32:7-8). 왓츠가 하나님의 주권을 노래하는 시인이고, 찰스 웨슬리가 새 창조를 노래하는 시인이듯이, 그리스도인의 확신을 노래하는 시인인 토플레디는 바울의 질문이 우리로 하여금 깨닫게 하고자 애쓰는 것을 다음과 같이 표현한다.

내게는 주권적 보호자가 계시네.
　보이지는 않지만, 영원토록 바로 가까이에 계시는 분.
변함없이 신실하게 구원하시는
　전능하신 통치자요 명령자.
주님이 미소 지으시면 나의 위안이 넘치네.
　아침 이슬 같은 주님의 은혜가 내리리니.
구원의 벽이
　주님이 기뻐하며 보호해 주시는 그 영혼을 두르네.

이것을 깨달으라고 바울은 말한다. 그것을 의지하라. 이러한 확신이 바로 이 순간 당신이 직면하는 것에 영향을 끼치도록 하라. 이처럼 하나님을 우리의 주권적 보호자로 알면, 우리는 은혜의 언약 안에 두려움으로부터의 자유 그리고 싸울 수 있는 새 힘 둘 다가 확고히 약속되어 있음을 발견하게 될 것이다.

어떤 좋은 것도 아끼지 않고 주심

둘째: "자기 아들을 아끼지 아니하시고 우리 모든 사람을 위하여 내주신 이가 어찌 그 아들과 함께 모든 것을 우리에게 주시지 아니하시겠느냐?"

바울의 두 번째 질문에 표현되어 있는 개념은 **궁극적으로 어떤 좋은 것도 우리에게 아끼시지 않는다**는 것이다. 바울은 **주권적 시혜자**이신 하나님의 충족성과 우리를 위한 **하나님의 구속 사역**의 단호함을 지적함으로 이러한 생각을 전달한다.

세 가지 사항을 언급하면 바울의 논증이 설득력이 있음을 분명히 알 수 있을 것이다.

먼저, 바울이 우리의 구속이 **큰 희생을 치른 것**이라는 점에 대해 시사하는 바를 주목해 보라. "자기 아들을 아끼지 아니하시고." 하나님은 우리를 구원하면서 할 수 있는 일은 다하셨다. 하나님이 더 이상 어떤 것을 주실 수 있겠는가? 하나님이 더 이상 무엇을 가지고 계시겠는가? 우리는 갈보리 사건이 성부 하나님께 어떠한 희생을 요구하는지 알 수 없다. 예수님이 우리 죄로 인한 형벌을 맛보셨을 때 무엇을 느끼셨는지 알 수 없는 것과 마찬가지다. "우리는 예수님이 어떤 고통을 당하셨는지 알 수도 없으며, 깨달을 수도 없다." 하지만 이것은 말할 수 있다. 사랑의 깊이를 무엇을 주는가로 측량할 수 있다면, 하나님이 갈보리에서 죄인들에게 주신 사랑보다 깊은 것은 결코 없었으며, 그 이후에 우리에게 주시는 어떤 사랑의 선물도 하나님께 그만큼의 대가를 요구하지 않을 것이다. 그러므로 우리가 아직 죄인 되었을 때에 그리스도께서 우리를 위해 죽으신 것에서 하나님이 우리를 향하신 사랑을 이미 보여 주셨다면(5:8), 계속해서 그 외의 '모든' 것을 우리에게 주시리라는 것은 믿을 만하다. 대부분의 그리스도인은 이미 받은 것 외에는 하나님이 그들에게 아무것도 주시지 않으리라는 두려운 감정을 가져 본 적이 있을 것이다. 하지만 갈보리를 사려 깊게 바라본다면 이런 기분이 사라질 것이다.

하지만 이것이 전부가 아니다. 둘째로, 바울이 우리 구속의 **유효성**에 대해 시사하는 바를 주목해 보라. 바울은 '하나님이' 자기 아들을 '**우리 모든 사람을 위하여** 내주셨다'고 말한다. 그리고 이 사실 자체가 '모든 것'이 우리에게 주어지리라는 보증이다. 그것은 모두 그리스도의 죽으심의 직접적인 결과로서 우리에게 오는 것이기 때문이다. 우리는 방금 하나님이 십자가에서 큰 것을 주셨기 때문에 우리에게 다른 것을 더 주시는 것(이런 말을 허용할 수 있다면)은 자연스럽고도 가능한 일이라고 말했다. 하지만 이제 주목해야 하는 것은, 하나님의 구원이 목적상 일관성을 지니기 때문에 하나님이 우리에게 다른 것을 더 주시는 것은 필요하며 또한 확실하다는 점이다.

이 점에서 십자가에 대한 신약의 견해는 때로 사람들이 인식하는 것 이상을 포함한다. 사도들이 그리스도의 죽으심을 하나님이 죄사함을 주시는 근거와 이유로 제시한다는 것, 그리고 우리가 회개하고 그리스도를 믿음으로 죄사함을 받는다는 것에는 논란의 여지가 없다. 하지만 이것은 마치 장전된 총에는 발사될 수 있는 잠재성이 있을 뿐이며 총알이 발사되기 위해서는 방아쇠를 당기는 행동이 필요한 것처럼, 그리스도의 죽으심은 구원의 가능성만을 이룩한 것으로 방아쇠를 당겨서 실제로 효력을 발휘하기 위해서는 우리 편에서 믿음을 발휘해야 한다는 의미인가?

만일 그렇다면, 우리 모두를 구원하는 것은 엄밀히 말해서 그리스도의 죽음이 아니다. 총에 탄환을 장전한다고 해서 곧 발사되지는 않는 것과 마찬가지다. 엄밀하게 말해서, 믿음으로 우리 자신을 구원하는 것이며, 우리가 아는 모든 것에도 불구하고 그리스도의 죽음은 아무도 구원하지 못했을 수도 있다. 사실상 아무도 복음을 믿지 않았을 수도 있기 때문이다. 하지만 신약은 그렇게 보지 않는다. 신약의 견해는, 그리스도의 죽으심이 '우리 모든 사람' 즉, 하나님이 미리 아시고 부르셨고 의롭다 하셨으며 적당한 때가 되면 영화롭게 하실 모든 사람을 실제로 구원했다는 것이다. 인간의 관점에서 보면 구원의 수단인 믿음이 하나님의 관점에서 보면 구원의 일부이며, 믿음으로 얻게 되는 죄사함과 평화와 마찬가지로, 하나님이 우리에게 직접 완전히 주신 선물이다.

심리학적으로 보면 믿음은 우리 자신의 행동이다. 하지만 믿음에 대한 신학적 진리는 그것이 우리 안에서 이루어지는 하나님의 역사라는 것이다. 우리의 믿음, 신자로서 하나님과 맺는 새로운 관계, 그리고 이러한 관계 안에서 누리는 하나님의 모든 선물은 한결같이 예수님이 십자가에서 죽으심으로 우리가 확보하게 된 것이다. 십자가는 어떤 고립된 사건이 아니었기 때문이다. 오히려 십자가 사건은 택하신 자를 구원하려는 하나님의 영원하신 계획의 핵심이며, 그리스도께서 특별히 개인적으로 대신 죽어 주신 모든 사람을 부르시고(지성으로 복음을 이해하는 것과, 마음속에 성령이 역사하시는 것을 통해 믿음을 가져다줌), 그 다음으로 의롭다 하시고, 마지막으로 영화롭게 하시는 것을 확보하고 보증해 주었다.

이제 이 절의 헬라어가 문자적으로(KJV에서는 그렇게 번역한다) **어찌 우리에게** 예수님과 함께 모든 것을 주지 **아니하시겠는가**라고 말하는 이유를 알게 된다. 하나님이 도저히 그렇게 하시지 않을 수는 없다. 그리스도와 '모든 것'은 영원한 생명과 영광이라는 하나의 선물을 구성하는 요소로서 공존하는 것이기 때문이다. 또 우리를 위해 대리 속죄로 '죄의 장벽'을 제거하려고 그리스도를 주신 것은 사실상 우리에게 나머지 모든 것을 주시기 위한 문을 연 셈이기 때문이다. 영원한 선택부터 최종적인 영광에 이르는 하나님의 구원의 목적은 하나이며, 그 여러 단계와 부분을 한데 묶어 주는 연결고리를 잊지 않는 것은 우리가 이해하고 확신하기 위해 매우 중요하다. 이것으로 인해 우리는 다음 사항을 생각하게 된다.

셋째로, 바울이 우리의 구속의 결과들에 대해 시사하는 바를 주목해 보라. 바울은 하나님이 그리스도와 함께 '모든 것'을 우리에게 주실 것이라고 말한다. 거기에는 무엇이 포함되는가? 부르심, 의롭다 함, 영화(이는 30절에서 새로운 탄생으로부터 몸의 부활에 이르기까지 모든 것을 포함한다)는 이미 언급되었으며, 성령의 다양한 사역 역시 로마서 8장 전체에 걸쳐 언급되었다. 실로 여기에 그 내용이 풍성하게 나와 있으며, 성경의 다른 부분에서 또 다른 것을 더할 수도 있을 것이다.

예를 들어, 우리는 먼저 "그의 나라와 그의 의"를 구할 때 "이 모든 것"(물질적 필수품)이 섭리적으로 공급될 것이라는 우리 주님의 확신(마 6:33)을 곰곰이 생각해 볼 수 있다. 이것은 놀랍게도 예수님이 "나와 복음을 위하여 집이나 형제나 자매나 어머니나 아버지나 자식이나 전토를 버린 자는 현세에 있어 집과 형제와 자매와 어머니와 자식과 전토를 백 배나 받되 박해를 겸하여 받고(!) 내세에 영생을 받지 못할 자가 없느니라"(막 10:29-30)고 말씀하셨을 때 다시 지적하신 진리다.

아니면 '모든 것'이 우리가 생각할 수 있는 모든 좋은 것이 아니라, 무한한 지혜와 능력으로 관대하게 행하시는 **하나님이** 생각할 수 있는 좋은 것들을 의미한다는 점을 곰곰이 묵상해 볼 수도 있을 것이다.

하지만 우리가 이 문구를 1절의 '그러므로'라는 말과 마찬가지로 바울 특유의 목회적 논리로서, 독자들이 가질 수도 있는 잘못된 추론을 미리 선수쳐서 반격하는 것이라고 이해한다면, 그의 마음에 가장 근접하게 다가가는 셈일 것이다. 바울이 1절에서 반격하는(그리고 33절에서 다시 그것에 반격하는 것을 보게 될 것이다) 잘못된 추론은 그리스도인이 연약해서 죄를 지으면 하나님이 계속해서 그를 받아들이는 일이 위태로울 수 있다는 것이다. 바울이 여기서 반격하는 잘못된 추론은, 그리스도를 따른다는 것은 어떠한 이득으로도 보상할 수 없는 값진 것을 상실하게 됨을 의미한다는 것이다. 만일 이것이 사실이라면 기독교의 제자도는 「1066과 모든 것」(*1066 and All That*)에서 라운드헤즈(Roundheads)가 말하듯이 "옳기는 하지만 불쾌한" 것이 되고 말 것이다. 그리스도와 함께 하나님이 우리에게 '모든 것'을 주신다는 바울의 확신은 이러한 추론을 미리 교정해 준다. 그 말은 우리의 주권적 시혜자이신 하나님의 충족성을 선포하기 때문이다. 하나님은 종들을 다루시면서 어떤 단계에서도 그들이 조금이라도 개인적 빈궁함을 느끼거나 그런 빈궁함에 대해 조금이라도 두려워할 만한 근거를 남겨 놓지 않으신다. 한번 생각해 보자.

그리스도인은 시내산에서의 이스라엘 민족처럼 제1계명의 배타적인 주장에 직면하게 된다. 하나님은 이스라엘 민족에게 "나는 너를 애굽 땅, 종 되었던 집에서 인도하여 낸 네 하나님 여호와니라. **너는 나 외에는 다른 신들을 네게 두지 말라**"(출 20:2-3)고 말씀하셨다.

이 명령은 십계명 모두와 마찬가지로 부정적인 형태로 표현되어 있다. 그것은 옛 방식으로 사는 것을 중단하고 새로운 출발을 명령하는 형태로 나와 있기 때문이다. 그 명령의 배경은 이스라엘이 이미 알고 있던 애굽의 다신주의와 그들이 곧 대면하게 될 가나안의 다신주의였다. 다신론, 곧 많은 신을 예배하는 것은 사실상 고대 근동에서는 보편적이었다. 그 배후에 있는 개념은, 모든 신의 능력은 동료 신의 능력에 의해 제한되어 있다는 것이다. 예를 들어, 옥수수 신이나 다산의 신은 폭풍의 신 혹은 바다의 신이 지닌 기능을 결코 행사할 수 없었다. 어떤 특정한 신전 혹은 신성한 숲이나 나무에 사는 신은 자신의 본거지에서만 사람들을 도울 수 있었다. 그 외 다른 곳에서는 다른 신들이 패권을 가지고 있었다.

그러므로 한 신을 예배하는 것만으로는 충분하지 않았다. 사람들은 가능한 한 모든 신과 다 잘 지내야 했다. 그렇지 않으면 그들이 소홀히 여긴 신들이 끊임없이 그들에게 악한 뜻을 품을 것이고, 따라서 소홀히 여김을 받은 신들이 주는 특전을 상실하게 되었다. 훗날 이스라엘 사람들이 '다른 신들'을 섬기고자 하는 유혹을 강하게 느끼게 되었던 것은 바로 이러한 개념이 주는 압력 때문이었다. 분명 그들은 애굽에서 다신론적 사고방식—얼마나 많이 혹은 적게 애굽의 신들에게 경배했든지—을 당연한 것으로 여기게 되었을 것이다. 하지만 제1계명은 이러한 사고방식과 행위를 강력하게 단속한다. "나 외에는 다른 신들을 네게 두지 말라."

이제 하나님이 자기 자신과 '다른 신들'에게 같이 충성을 바치는 문제를 어떻게 다루시는가를 주목해 보라. 하나님은 그것을 신학적 문제가 아니라 충성의 문제로 말씀하신다. 지성만의 문제가 아니라 마음의 문제라는 것이다. 성경 다른 곳, 그 중에서도 특히 시편과 이사야에서, 우리는 하나님이 자기 백성에게 이방 신들을 숭배하는 것은 미친 짓이라고 분명하게 말씀하시는 것을 보게 된다. 그것들은 사실상 신이 아니기 때문이다. 하지만 하나님은 여기서 그것을 강조하시지 않는다. 다른 신들이 실존하는가 아닌가 하는 문제를 지금 그냥 미해결의 상태로 놓아두신다. 하나님은 그 문제를 해결하기 위해서가 아니라, 충성의 문제를 해결하기 위해 제1계명을 말씀하시는 것이다. 하나님은 "너희에게는 나 외에는 신이 아무도 없다"고 말씀하시지 않는다. 단지 "너는 나 외에는 다른 신들을 네게 두지 말라"고 말씀하신다. 그리고 자신이 그들을 애굽에서 인도하여 낸 그들의 하나님이라는 사실에 근거해서 이것을 주장하신다. 그분은 이렇게 말씀하시는 듯하다. "너희를 나의 능한 손과 뻗은 팔로, 기사와 이적으로, 유월절을 제정하고 홍해를 건너게 함으로써, 바로와 그의 군대에게서 구해 냄으로써, 나는 내가 너희를 위해 할 수 있는 것이 무엇인지 보여 주었고, 어디에서나 언제나 어떤 원수에 대항해서나 어떤 종류의 고난에서도 내가 너희를 보호할 수 있고, 너희에게 필요한 것을 공급할 수 있으며, 참된 삶을 위해 필요한 모든 것을 줄 수 있다는 것을 분명하게 보여 주었다. 너희에게는 나 외에는 다른 신이 필요 없다. 그러므로 너희는 나 외에 다른 어떤 신을 기대하는 모습을 드러내서는 안 된다. 너희는 나를, 나만을 섬겨야 한다."

다시 말해, 제1계명에서 하나님은 이스라엘에게 오로지 하나님만을 섬기라고 말씀하셨다. 그들이 하나님에 대해 그러한 의무를 갖고 있기 때문이 아니라, 하나님은 그들의 전적이고도 독점적인 신뢰를 받기에 합당하신 분이기 때문이다. 그들은 하나님이 그들에게 완전히 충족하신 분이라는 확신에 근거해서, 그분의 절대적인 권위에 굴복해야 했다. 그리고 분명 이 두 가지는 한데 결합되어 있다. 자신들이 필요로 하는 것이면 무엇이든 공급하실 수 있는 하나님의 충족성을 의심했다면, 다른 신들을 배제하고 하나님을 전심으로 섬기기란 어려웠을 것이기 때문이다.

그리스도인이라면, 당신 역시 이와 똑같은 요구를 받는다는 사실을 알 것이다. 하나님은 자기 아들을 아끼지 아니하고 당신을 위해 내주셨다. 그리스도는 당신을 사랑하셔서 자신을 주심으로 죄와 사탄의 속박이라는 영적 애굽으로부터 구해 주셨다. 제1계명을 긍정적인 형태로 바꾸어 보면, 그리스도가 말씀하신 바 "네 마음을 다하고 목숨을 다하고 뜻을 다하여 주 너의 하나님을 사랑하라 하셨으니 이것이 크고 첫째 되는 계명이요"(마 22:37-38)라는 것이다. 이 주장은 창조와 구속의 권리 둘 다에 의거하며, 회피할 수 없다.

당신은 그리스도께서 제자인 당신에게 요구하신 삶이 어떠한 것인지 안다. 복음서들에 나오는 예수님의 모범과 가르침(하나님의 책에서 더 이상 찾아보지 않아도)은 그런 삶을 매우 분명하게 보여 준다. 당신은 순례자, 곧 일시적인 거주인으로서 빛을 전달하며, 그리스도께서 지시하시는 대로 젊은 부자 관원이 행하기를 거부한 일—물질적 부와 그것이 제공하는 안정을 포기하고, 소유를 포기한 빈곤한 삶을 사는 것—을 기꺼이 행하면서 이 세상을 살아가도록 부름받았다. 당신은 하늘에 보물을 쌓아 놓았으므로 지상에 보물을 쌓으려고 계획을 세우거나, 높은 생활 수준을 누리려 해서는 안 된다. 지상의 보물, 높은 생활 수준과 무관하게 지내도록 요구받는 것이 당연하다. 당신은 당신의 십자가를 지고 그리스도를 따르도록 부름받았다.

이것은 무슨 의미인가? 고대 세계에서 십자가를 진 사람은 처형당하러 가는 정죄받은 범죄자뿐이었다. 그들은 우리 주님처럼 자신이 달릴 십자가를 지고 가야 했다. 따라서 그리스도께서 하신 말씀의 의미는, 스스로 그러한 처지가 되는 것을 받아들여야 한다는 것이다. 사회로부터 기대되는 바를 모두 포기하고, 주위 사람들이 냉대하며 이상한 사람으로 여겨 경멸과 혐오감을 가지고 대한다 해도 당연하게 받아들이는 법을 배운다는 의미에서 그렇다. 주 예수 그리스도께 충성하려 한다면, 자주 그런 식으로 취급받는다는 것을 알게 될 것이다.

다시 한 번 말하건대, 당신은 온유한 사람이 되도록 부르심받았다. 당신의 권리를 변호해서도, 보복하고 싶어해서도 안 된다. 냉대와 인격적인 멸시로 인해 괴로워해서도 안 되고(정상적이며 민감하다면 이러한 것들이 의식의 표면에서는 상처를 주게 되어 있지만), 하나님이 적절하다고 여기실 때 당신이 옳음을 입증해 주시도록 상황을 하나님께 맡겨야 한다. 그들이 선하건 악하건, 친절하건 심술궂건, 그리스도인이건 불신자건 간에 다른 사람들에 대한 당신의 태도는 수렁에 빠져 있는 유대인에 대한 선한 사마리아인의 태도가 되어야 한다. 즉 당신의 눈은 다른 사람들의 영적이고 물질적인 필요를 보기 위해 열려 있어야 하고, 당신의 마음은 궁핍한 사람들을 발견했을 때 돌볼 준비가 되어 있어야 하며, 당신의 지성은 그들을 도울 수 있는 최선의 방법들을 계획하는 데 민첩해야 하고, 당신의 의지는 우리 모두에게 매우 익숙한 책략—희생적인 도움이 요청될 때 그 궁핍한 상황에서 길 반대쪽으로 빠져나와서 '책임을 전가하는 것'—에 대항해야 한다.

물론 이 중 어떤 것도 우리 모두에게 낯설지 않다. 우리는 그리스도께서 어떠한 삶으로 우리를 부르시는지 안다. 우리는 종종 그것에 대해 설교하며 서로 이야기한다. 하지만 실제로 그렇게 사는가? 교회들을 한번 살펴보자. 사역자들과 선교사들의 부족, 그 중에서도 특히 남자 사역자의 부족, 그리스도인 가정의 호화로운 물건, 기독교 단체들이 기금 모금에 어려움을 겪는 것, 갖가지 직업을 가진 그리스도인들이 봉급을 받고는 거침없이 불평을 토하는 것, 나이 들고 외로운 사람들과 '건전한 신자들'의 범주에 들지 않는 사람들에 대한 무관심 등을 보라.

우리는 신약 시대의 그리스도인들과 다르다. 인생에 대한 우리의 관점은 인습적이고 정적이다. 신약 시대의 그리스도인들은 그렇지 않았다. '안전 제일'이라는 생각은 우리와 달리 그들이 선한 일을 할 때 장애가 되지 않았다. 그들은 복음에 의해 원기 왕성하고 비인습적이며 방해받지 않는 삶을 살아감으로써 그들이 사는 세상을 뒤엎어 놓았다. 하지만 20세기를 사는 그리스도인들은 조금이라도 그런 비슷한 일을 했다는 소리를 듣고 있지 않다. 우리는 왜 그렇게 다른가? 왜 우리는 그들과 비교할 때 어중간한 그리스도인들에 불과한 것처럼 보이는가? 우리의 제자도를 그처럼 손상시키는 소심하고 우유부단하며 모험을 회피하는 풍조는 어디서 오는 것인가? 왜 우리는 두려움과 염려에서 충분히 자유하여 최대한의 노력을 기울여 그리스도를 따르지 못하는가?

한 가지 이유는 마음 깊은 곳에서 그리스도인의 삶에 전력투구했을 때의 결과들을 두려워하기 때문인 듯하다. 우리는 다른 사람들에 대한 책임이라는 짐을 받아들이기를 회피한다. 그것을 질 만한 힘이 없을까 봐 두렵기 때문이다. 우리는 물질적 안정을 빼앗기는 생활 양식을 받아들이기를 회피한다. 궁지에 몰리게 될까 두렵기 때문이다. 우리는 온유한 삶을 사는 것을 회피한다. 자신을 옹호하지 않으면 짓밟히고 희생당하여 결국에는 인생이 재난과 실패로 끝나게 될까 봐 두렵기 때문이다. 우리는 그리스도를 섬기기 위해 사회의 인습들과 단절되는 것을 회피한다. 그렇게 하면 우리 인생의 기존 구조가 모조리 붕괴되어 어디에도 기반이 남아 있지 않게 될까 봐 두렵기 때문이다.

우리를 망설이게 하는 일부 이유는 그리스도를 따르는 대가에 직면하는 것을 의도적으로 거부하려는 마음이기보다는 무의식적인 두려움, 불안정에 대한 불안이다. 우리는 철저한 제자도가 초래할 위험이 우리가 감수하기에는 너무 크다고 생각한다. 다시 말해, 우리는 그리스도의 부르심에 순종하여, 인습에 얽매이지 않는 삶이라는 깊은 바다에 전심으로 배를 띄우는 사람들의 모든 필요를 공급해 주시는 하나님의 충족성을 믿지 않는다. 따라서 하나님을 섬기는 시간과 에너지의 일정 부분을 재물을 섬기는 데 돌림으로써, 제1계명을 약간은 범할 수밖에 없다고 생각한다. 본질적으로 바로 이것이 우리의 잘못이다. 우리는 하나님의 **권위**를 전면적으로 받아들이기를 두려워한다. 바로 그 때 하나님이 우리를 충분히 돌보아 주실 것이 마음의 은밀한 곳에서 불확실하게 여겨지기 때문이다.

자, 한번 솔직히 말해 보자. 우리가 참가하고 있는 경기의 이름은 **불신**이며, "그가 우리에게 **모든 것**을 주실 것이다"라는 바울의 말은 우리에게 주는 영원한 꾸짖음이다. 바울은 두려워할 만한 궁극적인 손실이나 만회할 수 없는 곤궁함은 없다고 말한다. 만일 하나님이 우리에게 어떤 것을 주지 않으신다면, 그것은 하나님이 염두에 두신 다른 것을 위한 자리를 마련하기 위해서일 뿐이다. 우리는 여전히 어떤 사람의 삶이, 어쨌든 부분적으로는 그가 소유한 것에 있다고 추정하지 않는가?

하지만 그러한 생각은 불만을 예정하며, 복을 가로막는다. 바울이 말하는 '모든 것'이란 과다 소유가 아니며, '모든 것'이 들어오도록 하기 위해서는 소유에 대한 욕구를 내버려야 하기 때문이다. 이 문구는 하나님을 알고 즐기는 것과 관련될 뿐 다른 무엇과 관련된 것이 아니기 때문이다. "그가 모든 것을 우리에게 주실 것이라"는 말의 의미는 이렇게 표현할 수 있다. 우리의 영원한 행복을 증진할 수 있을 만한 모든 것이 우리에게 주어져 있으며, 그 행복을 축소할 만한 어떤 것도 우리에게 있지 않다는 것을 언젠가 알게 될 것이다. 그 이상 강력한 확신을 원하는가?

하지만 그리스도를 섬기기 위해 기쁘게 자신을 포기하는 문제에 이르면, 우리는 벌벌 떨며 망설인다. 왜 그런가? 순전히 불신 때문에 그런 것이다.

하나님이 선포하신 목적을 수행하실 때 그분에게 **힘**이나 **지혜**가 부족할까 봐 두려운가? 세상을 만들고, 세상을 다스리시며, 바로와 느부갓네살의 운명으로부터 참새 한 마리가 떨어지는 것까지 모든 것이 일어나도록 명하시는 분은 바로 하나님이다.

아니면 하나님의 **목적이 견고하지 못할까 봐**, 그래서 선한 의도를 가진 사람들이 종종 친구를 실망시키듯이, 하나님도 그분의 의도를 수행하는 일에 실패하실까 봐 두려운가? 하지만 바울은 (롬 8:28에 따르면) "하나님을 사랑하는 자…에게는 **모든 것**이 합력하여 선을 이루느니라"는 것을 사실로 진술한다. 그렇다면 자신이 최초의 예외, 하나님이 약속을 지키는 일을 주저하고 실패할 최초의 인물이 되리라고 가정하는 당신은 도대체 어떤 사람인가? 당신은 그러한 두려움들이 얼마나 하나님을 모욕하는 것인지 모르는가?

아니면 하나님이 성경 시대와 우리 시대의 중간에 '등장' 혹은 '발전' 했거나 아니면 '죽은' 분이 아닌가 의심하면서(이런 개념들은 모두 현대에 들어와 탐구된 것이다), 그리고 하나님은 더 이상 성경의 성도들과 관계를 맺었던 그런 분이 아니지 않나 의심하면서 그분의 **불변성**을 의심하는가? 하지만 이 말씀들을 보라. "나 여호와는 변하지 아니하나니"(말 3:6). "예수 그리스도는 어제나 오늘이나 영원토록 동일하시니라"(히 13:8).

당신은 마음속으로 하나님이 당신을 부르신 것을 알았지만, 위험스럽고 많은 희생을 요구하는 길을 가는 것을 보류한 적이 있는가? 더 이상 보류하지 말라. 하나님은 당신에게 신실하시며, 또한 당신에게 충분하시다. 하나님이 공급하시는 것 이상은 절대로 필요하지 않을 것이며, 하나님이 물질적으로 영적으로 공급하시는 것은 그 때마다 언제나 충분할 것이다. "여호와 하나님은…정직하게 행하는 자에게 좋은 것을 아끼지 아니하실 것임이니이다"(시 84:11). "하나님은 미쁘사 너희가 감당하지 못할 시험당함을 허락하지 아니하시고 시험당할 즈음에 또한 피할 길을 내사 너희로 능히 감당하게 하시느니라"(고전 10:13). "내 은혜가 네게 족하도다. 이는 내 능력이 약한 데서 온전하여짐이라"(고후 12:9). 이러한 말씀들을 잘 생각해 보라! 그리고 이런 말씀들을 생각함으로 주님을 섬기지 못하게 하는 것들을 몰아내라.

누가 우리를 고발하리요?

셋째: "누가 능히 하나님께서 택하신 자들을 고발하리요? 의롭다 하신 이는 하나님이시니 누가 정죄하리요?"

바울의 세 번째 질문이 표현하는 바는 **어떤 죄목도 결코 우리의 상속권을 박탈할 수 없다는** 것이다. 바울은 우리의 **주권적 옹호자**이신 하나님의 충족성과 하나님이 우리를 **의롭다 하시는 판결**의 단호함을 지적함으로써 이러한 개념을 전달한다.

바울은 사람들의 **반대**와 **상실**에 대한 그리스도인의 두려움에 대응하기 위해 앞의 두 구절을 썼다. 이제 바울은 하나님께 **거부**당하는 두려움에 대응하기 위해 이 구절을 쓴다. 병든 양심에는 두 종류가 있다. 그것은 죄를 충분히 인식하지 못하는 양심과 죄사함을 충분히 인식하지 못하는 양심이다. 바울이 지금 살펴보는 것은 이 두 번째 종류의 병든 양심이다. 바울은 그리스도인이 양심의 압력을 받으면 얼마나 쉽게 불건전해질 수 있는지를 안다. 특히 로마서 7:24-25에서 보여 주듯이 그리스도인이 지속적으로 죄와 실패를 체험할 때 더욱 그렇다. 바울은 또한 어떤 사람이 자신이 과연 의롭다 함을 받은 신자로서 안전한 상태에 있는가를 의심하는 동안에는, 그리스도인이 가질 수 있는 소망으로 마음이 즐거워지는 것이 참으로 어렵다는 점을 안다. 그래서 그리스도인들이 '이 일'에 대해 무슨 말을 해야 하는가에 대한 요약의 다음 단계에서, 현재의 칭의가 잠정적인 것에 불과하다는, 그리스도인으로서 불완전하게 살면 잃어버릴 수도 있다는 두려움(그리스도인이라면 누구나 그런 두려움을 가져 본 적이 있을 것이다)에 대해 말한다.

바울은 그리스도인들이 때로는 통탄할 정도로 실패하고 타락한다는 것을 전혀 부인하지 않으며, 또한 그리스도인이 된 후에 저지른 죄들에 대한 기억은 이전에 지은 엄청난 도덕적 실수에 대한 기억보다 훨씬 더 고통스럽다는 것(모든 참된 그리스도인이 아는 것처럼, 그리고 로마서 7장에 나오는 바울의 말처럼)에도 이의를 제기하지 않는다. 하지만 어떤 실수를 저지르면 의롭다 함을 받은 우리의 지위가 위태로워질 수도 있다는 것은 단호하게 부인한다. 그 이유는 간단하다. 아무도 하나님의 판결을 재검토할 수 없기 때문이다! NEB의 번역은 바울의 요점을 잘 표현한다. "누가 하나님이 택하신 자들의 고발자가 되겠느냐?" 바울이 사용하는 어법은 그 점을 몇 가지로 강조한다.

첫째로, 바울은 하나님의 **택하심에 담긴 은혜**를 상기시키는 말을 한다. "누가 능히 **하나님께서 택하신 자들을** 고발하리요?" 바울은 하나님이 지금 의롭게 하신 자는 영원부터 최종적인 구원을 위해 택하심을 받은 자이며, 그들의 칭의가 어떤 단계에서든 무효가 된다면 그들에 대한 하나님의 계획이 완전히 뒤엎어짐을 기억하라고 말한다. 그렇기 때문에 칭의를 잃어버린다는 것은 생각조차 할 수 없다.

둘째로, 바울은 하나님의 **심판에서 그분의 주권**을 상기시킨다. "의롭다 하신 이는 하나님이시니 누가 정죄하리요?" 만일 의롭다 하는 판결을 내리시는 분—당신이 그분의 율법 및 그분과 바른 관계가 되었으며, 이제 죄 때문에 죽어야 하는 것이 아니라 그리스도 안에 받아들여졌다고 선포하시는 분—이 만물의 창조자시며 심판자이신 하나님이라면, 하나님이 명백한 근거에서 당신을 의롭다 하셨다면, 또 당신이 의롭지 않고 불경하다는 것을 아시면서(롬 4:5),

즉 당신의 단점을 다 고려하신 상태에서 이러한 판결을 내리셨다면, 그 누구도 심지어 '형제들을 참소하던 자'도 그 판결에 도전할 수 없다. 어느 누구도 하나님을 제쳐놓고 하나님의 결정을 바꿀 수 없으며―오직 한 분의 심판자가 있을 뿐이다!―어느 누구도 당신의 악행에 대한 새로운 증거를 만들어 내어 하나님의 마음을 바꿀 수 없다. 하나님은 (말하자면) 이 모든 것을 이미 알고서 당신을 의롭다 하셨기 때문이다. 하나님은 예수님 때문에 당신을 받아들이셨을 때, 당신에 대한 최악의 것들을 알고 계셨다. 그리고 하나님이 그 때 내리신 판결은 최종적이었으며, 또한 지금도 최종적이다.

성경 당시의 세계에서, 재판은 왕의 특전이었다. 입법, 사법, 행정의 권력을 모두 가진 왕 재판관은 일단 어떤 사람의 권리에 대해 결정하고 나면, 그 사람이 그 권리를 획득했는지 보기 위해 행동을 취하도록 되어 있었다. 이렇게 왕은 자신이 심판을 한 사람들의 옹호자요 보호자가 되었다. 이것이 바로 여기에 나오는 바울 사상의 배경이다. 곧 당신을 의롭다 하신 주권적인 주님이 당신에게 주신 지위가 유지되고 마음껏 누려지는지 보기 위해 적극적인 조치들을 취하시리라는 것이다. 그러므로 칭의를 상실한다는 것은 이러한 이유 때문에라도 생각할 수 없다.

셋째로, 바울은 그리스도의 **중보의 유효성**을 상기시킨다. 로마서 8:34에 나오는 그리스도에 대한 언급은 RSV에서처럼 질문으로 보는 것이 가장 좋다. "누가 정죄하리요? 죽으실 뿐 아니라 다시 살아나사, 하나님 우편에 계신 자요 우리를 위하여 간구하시는 자이신 그리스도 예수가 그러신다는 것인가?" 바울의 모든 말은, 그리스도께서 우리를 정죄하신다는 것은 도저히 말이 되지 않음을 보여 주는 데 도움이 된다. 그리스도께서는 **죽으셨다**. 우리의 대속자로서 우리 죄의 형벌을 지심으로 우리를 정죄에서 구해 주기 위해서다. 그리스도께서는 **다시 살아나셨고 높아지셨다**. "이스라엘에게 회개함과 죄사함을 주시려고…임금과 구주"(행 5:31)로서 그렇게 되신 것이다. 이제 그리스도께서는 하나님 아버지의 보좌 우편에 앉으심으로 우리를 위해 권위를 지니고 **간구하신다**. 즉 그리스도께서는 목숨을 바쳐 우리에게 주신 모든 것을 우리가 받았는지 확인하기 위해 개입하시는 것이다. 그 그리스도께서 이제 우리를 정죄하시겠는가? 우리를 사랑하사 우리를 위하여 자신을 주신 중보자, 그리고 하늘에서도 우리가 그분의 구속의 열매를 완전히 맛보는 것에 지속적으로 관심을 가지신 그분이? 그런 생각은 괴상하고도 불가능하다.

그러므로 칭의를 상실한다는 것은 다시 한 번 말하거니와 생각할 수도 없다. 근심하는 그리스도인은 하나님께로부터 온 이 말을 스스로에게 말해야 한다. 토플레디는 "되살아나는 믿음"이라는 찬송에서 올바른 말을 가르쳐 준다.

　이 두려움과 불신은 어디에서 오는가?
　하나님 아버지께서
　　그분의 흠없는 아들을 나를 위해 죽게 하지 않으셨는가?
　의로우신 재판장이신 하나님이
　주님에게 이미 부과하신
　　그 죄의 빚으로 나를 정죄하시겠는가?

　주님은 완전한 구속을 이루셨고

당신의 백성들이 빚진
　　마지막 한 닢까지 갚으셨으니
나에 대한 하나님의 진노는 일어날 수 없도다.
내가 그분의 의 안에 피하고
　　그분의 피로 뿌림받는다면.

주님이 나를 나의 죄로부터 해방시키셨고
내 대신 값없이
　　하나님의 진노를 전부 지셨다면,
하나님은 두 번 갚도록 요구하실 수 없으리니.
첫째는 피 흘리시는 나의 보증인의 손에서
　　그러고 나서는 다시 나의 손에서.

그렇다면 내 영혼아, 안식을 취하라.
위대한 대제사장의 공로가
　　너의 자유를 샀으니
그분의 효력 있는 피를 믿으라.
또한 네가 하나님 앞에서 내쫓길까 두려워 말라.
　　예수님이 너를 위해 죽으셨으니!

누가 우리를 끊으리요?

넷째: "누가 우리를 그리스도의 사랑에서 끊으리요?"

바울이 네 번째 질문에서 제기하는, 절정에 이르는 개념은 **그리스도의 사랑에서 단절되는 일은 우리에게 결코 일어날 수 없다**는 것이다. 바울은 성부와 성자 하나님을 우리의 **주권적인 파수꾼**으로 제시함으로, 그리고 우리의 운명을 정하실 때 **신적 사랑**의 확고함을 분명히 말함으로 이러한 개념을 전달한다.

우리는 앞에서 하나님의 사랑에 대해 공부했으므로 여기서 그것에 대해 길게 논할 필요는 없다. 바울의 추론이 의거하는 중요한 요점은 이미 우리에게 익숙하다. 즉 인간의 사랑은 다른 면에서는 매우 강력함에도 불구하고 사랑하는 사람을 위해 바라는 것이 실제로 일어나도록 보장할 수는 없는 반면(수많은 불행한 연인과 비통한 마음에 잠긴 부모들이 알듯이), 신적 사랑은 전능하며 그 사랑의 핵심에는 복을 주시려는 전능한 목적―이는 좌절될 수 없다―이 있다는 것이다. 이러한 주권적 결의는 여기서 "그리스도의 사랑"이자 "우리 주 그리스도 예수 안에 있는 하나님의 사랑"(35, 39절)으로 언급되어 있다. 이러한 이중적 묘사는 성부와 성자께서(8장의 앞부분이 보여 주었듯이 성령과 함께) 죄인들을 사랑함에서 하나임을 보여 준다. 또한 택하시고 의롭다 하시고 영화롭게 하시는 그 사랑은 '그리스도 예수 안에' 있는 사랑, 그리스도 예수가 '우리 주'이신 사람들만이 알 수 있는 사랑이라는 것을 상기시켜 준다.

바울이 말하는 사랑은 구원하는 사랑이며, 신약에 의하면 어떤 사람이 죄인으로서 예수님께 와서 도마처럼 "나의 주 나의 하나님"이라고 고백하지 않는다 할지라도 이러한 신적 사랑이 그를 포용할 것이라고 추정할 수는 없다. 하지만 어떤 사람이 일단 진정으로 자신을 주 예수께 드렸다면(이라고 바울은 우리에게 말한다), 결코 어떤 만화에 나오는 여자처럼―그녀는 엉겅퀴의 잎들을 하나씩 떼면서, "그는 날 사랑해", "그는 날 사랑하지 않아" 하고 중얼거린다—불확실함을 느낄 필요가 없다. 하나님이 우리를 변함없이 사랑하시며, 어떤 것도 어느 때라도 우리를 그 사랑에서 떼어놓거나 우리가 그 사랑의 열매를 최종적으로 즐기는 것을 가로막을 수 없다는 사실을 확실히 아는 것은 모든 그리스도인의 특권이기 때문이다.

이것이 바로 38-39절의 승리에 찬 선언에서 바울이 단언하는 점이다. 여기서 우리는 그리스도인의 확신의 핵심을 들을 수 있다. "내가 확신하노니—KJV에는 '설득되다'(persuaded), RSV에는 '확신하다'(sure), 필립스역에는 '절대적으로 확신하다'(absolutely convinced)라고 되어 있다—사망에나 생명에서, 영들의 영역에서나 초인간적 권세의 영역에서, 현재의 세상에서나 앞으로 올 세상에서, 우주의 세력들에서, 높음이나 깊음에서, 모든 피조물 중에서 어떤 것도 우리를 그리스도 예수 우리 주 안에 있는 하나님의 사랑에서 끊을 수 없다"(NEB). 여기에서 바울은 하나님의 충족성, 곧 옛 단어를 사용한다면 하나님의 '충분성'(all-sufficiency)을 적어도 두 가지 면에서 보여 준다.

첫째로, 하나님은 우리를 **지키시는 분**으로서 충족하신 분이다. "다른 어떤 피조물이라도…하나님의 사랑에서 끊을 수 없으리라." 하나님의 사랑이 우리를 굳게 붙잡고 있기 때문이다. 그리스도인들은 "구원을 얻기 위하여 믿음으로 말미암아 하나님의 능력으로 보호하심을 받으며"(벧전 1:5), 하나님의 능력은 그들이 믿음으로 말미암아 계속해서 안전하도록 지키실 뿐 아니라 그들이 계속해서 믿도록 해주신다. 하나님이 당신의 믿음을 유지시키시는 한, 그 믿음은 실패하지 않을 것이다. 하나님이 당신을 붙잡기로 결심하신 한, 당신은 거기서 떨어져 나갈 수 없다.

그 다음에 둘째로, 하나님은 우리의 **목적**으로서 충족하신 분이다. 자녀와 부모, 아내와 남편, 친구와 친구 등 인간의 애정 관계는 그 자체가 목적으로, 그 안에 가치와 기쁨을 지닌다. 우리를 사랑하시는 하나님, 예수님 안에서 그 사랑을 보여 주신 하나님을 아는 우리의 지식도 마찬가지다.

바울은 다음과 같이 말한다. 내가 "또한 모든 것을 해로 여김은 내 주 그리스도 예수를 아는 지식이 가장 고상하기 때문이라. 내가 그를 위하여 모든 것을 잃어버리고 배설물로 여김은 그리스도를 얻고 그 안에서 발견되려 함이니. 내가 가진 의는 율법에서 난 것이 아니요 오직 그리스도를 믿음으로 말미암은 것이니 곧 믿음으로 하나님께로부터 난 의라. 내가 그리스도와 그 부활의 권능과 그 고난에 참여함을 알고자 하여 그의 죽으심을 본받아 어떻게 해서든지 죽은 자 가운데서 부활에 이르려 하노니. 내가 이미 얻었다 함도 아니요 온전히 이루었다 함도 아니라. 오직 내가 그리스도 예수께 잡힌 바 된 그것을 잡으려고 달려가노라"(빌 3:8-14). 찬송가에서 말하듯이, "그리스도는 길이요 그리스도는 상급이다." 그리스도 안에서 하나님과 우리의 관계의 목적은 그 관계 자체를 완성하는 것이다. 그것이 사랑의 관계일진대, 다른 어떤 것이 목적이 될 수 있단 말인가? 그러므로 하나님은 이렇게 한걸음 더 나아간 의미에서도 충족하시다. 즉 우리는 하나님을 온전히 앎으로써 더 이상 무엇도 필요로 하거나 바라지 않은 채 완전히 만족하는 것을 알게 된다.

다시 한 번 바울은 두려움에 반격을 가한다. 이번에는 전례 없는 고난(35-36절)이건, 두려운 미래('장래 일')건, 측량하거나 지배할 수 없는 우주적 세력이건(39절에 나오는 **높음**과 **깊음**은 신비한 우주적 권세들을 나타내는 전문적인 점성학 용어다) 그것을 모르는 자의 두려움이다. 두려움의 초점은, 이성과 믿음 둘 다를 압도하고 건전함과 구원을 모두 파괴하면서, 우리와 하나님의 관계에 미칠 영향이다. 요즘 같은 시대에는(이 점에서는 바울이 살던 시대와 크게 다르지 않다!) 모든 그리스도인, 특별히 상상력이 풍부한 그리스도인들은 이러한 두려움을 어느 정도 안다. 그것은 개인의 멸망 가능성에 대한 그리스도인의 실존적 고뇌다. 하지만 우리는 이러한 두려움과 싸워야 한다고 바울은 말한다. 그러한 불안은 비현실적인 것이기 때문이다. 아무것도, 문자 그대로 아무것도 우리를 하나님의 사랑에서 끊을 수 없다. "이 모든 일에 우리를 사랑하시는 이로 말미암아 우리가 넉넉히 이기느니라"(37절). 바울과 실라가 빌립보 감옥에서 차꼬에 채워진 채 있었을 때, 그들은 너무나 기쁜 나머지 한밤중에 노래를 부르기 시작했다. 그리고 바로 이것이야말로 하나님의 주권적 사랑을 아는 사람들이 실제로 비참한 일이 닥쳤을 때 보이는 반응이다. 토플레디는 "완전한 확신"이라는 찬송에서 이 점을 잘 설명한다.

> 하나님의 선하심이 시작하신 일
> 하나님의 힘센 팔이 완성하시리니.
> 하나님의 약속은 예이고 아멘이라.
> 결코 상실된 적이 없도다.
> 미래의 일들도, 현재의 일들도
> 아래 있거나 위에 있는 모든 것도
> 그분의 목적을 포기하도록 하거나

나의 영혼을 하나님의 사랑에서 끊을 수 없도다.

하나님의 손 안에 있는 내 이름은
영원토록 지워지지 않으리니.
하나님의 마음속에
지워지지 않는 은혜의 표시로 날인되어 남아 있도다.
그렇다. 끝까지 나는 견디리니.
하늘의 영화된 영들도
나보다 안전하지는 않으리.

그리스도 안에서 하나님을 아는 것을 배움

방금 이 책의 절정에 이르렀다. 처음에 우리는 하나님을 아는 것이 무슨 의미인가를 살펴보기 시작했다. 우리는 우리가 알도록 '거기' 계신 하나님이 성경의 하나님, 로마서의 하나님, 예수님 안에 계시되신 하나님, 역사적인 기독교가 가르친 삼위일체 하나님이라는 것을 발견했다. 우리는 하나님을 아는 것이 하나님에 대해 아는 것으로부터 시작된다는 것을 깨달았다. 그래서 하나님의 계시와 도를 연구했으며, 하나님의 인자와 엄위, 진노와 은혜를 어느 정도 알게 되었다. 그렇게 하면서 우리 자신을 타락한 피조물로, 즉 한때 우리가 가정했던 것처럼 강하고 자기 충족적인 존재가 아니라, 연약하고 어리석으며 실로 악한 존재이며 은혜가 간섭하지 않는다면 유토피아가 아니라 지옥을 향해 가는 존재로 재평가하는 법을 배웠다.

또한 하나님을 아는 것은 자신을 우리에게 주시겠다는 하나님의 약속에 근거해서 우리 자신을 하나님께 드리는 인격적 관계를 포함한다는 것을 보았다. 하나님을 아는 것은 하나님의 자비를 구하며, 예수님 때문에 죄인들을 용서하시는 하나님의 약속에 의지하는 것을 의미한다.

더 나아가 그것은 예수님, 곧 육신으로 계시던 시절 갈릴리에서 하셨던 것처럼 궁핍한 자들을 자신에게로 부르시면서, 오늘날 '거기'에 계신 구세주의 제자가 되는 것을 의미한다. 다시 말해 하나님을 아는 것은 **믿음**—동의, 찬성, 헌신—을 포함하며, 믿음은 기도와 순종으로 표현된다. 오스왈드 챔버스(Oswald Chambers)는 이렇게 말했다. "영적 생활을 측량하는 최고의 척도는 그것이 주는 황홀경이 아니라 순종이다." 선한 왕 요시야는 "가난한 자와 궁핍한 자를 신원하고" 이에 대해 하나님은 말씀하신다. "…**이것이 나를 앎이 아니냐**. 여호와의 말이니라"(렘 22:16).

이제 마지막으로 그리고 이전에 말한 모든 것에 근거해서, 하나님을 아는 사람은 넉넉히 이길 것이며, 바울과 함께 하나님의 충족성 안에서 기뻐하면서 로마서 8장처럼 살 것이라는 것을 배웠다. 그리고 여기서 멈추어야 한다. 우리가 하나님을 아는 지식을 향해 올라갈 수 있는 최고의 높이까지 올라갔기 때문이다.

이 모든 것이 우리를 어디로 이끌었는가? 성경에 근거한 종교의 제일 핵심으로 이끌었다. 우리는 시편 16편에 나오는 다윗의 기도와 고백이 우리 자신의 것이 되는 데까지 도달했다. "하나님이여, 나를 지켜 주소서. 내가 주께 피하나이다. 내가 여호와께 아뢰되 주는 나의 주님이시오니 주밖에는 나의 복이 없다 하였나이다.…여호와는 나의 산업과 나의 잔의 소득이시니 나의 분깃을 지키시나이다.…나를 훈계하신 여호와를 송축할지라.…내가 여호와를 항상 내 앞에 모심이여, 그가 나의 오른쪽에 계시므로 내가 흔들리지 아니하리로다. 이러므로 나의 마음이 기쁘고…주께서 생명의 길을 내게 보이시리니 주의 앞에는 충만한 기쁨이 있고 주의 오른쪽에는 영원한 즐거움이 있나이다."

그러면 우리는 경제적 파산이나 다른 궁핍함에 직면해서도 하박국처럼 말할 수 있을 것이다. "비록 무화과나무가 무성하지 못하며 포도나무에 열매가 없으며 감람나무에 소출이 없으며 밭에 먹을 것이 없으며 우리에 양이 없으며 외양간에 소가 없을지라도 **나는 여호와로 말미암아 즐거워하며** 나의 구원의 하나님으로 말미암아 기뻐하리로다. 주 여호와는 나의 힘이시라"(합 3:17-19). 진정으로 이런 말을 할 수 있는 자들은 복되도다!

또한 우리는 '승리'와 '예수님으로 만족하는 인생'이라는 견지에서 그리스도인의 삶의 진리를 파악할 수 있는 시점에 이르렀다. 이 말은 고지식하게 사용한다면 오해를 불러일으킬 수 있다. '승리'는 아직 전쟁의 끝이 아니라는 사실에서 그러하고 삼위 하나님에 대한 믿음은 '예수 숭배'로 축소될 수도 없기 때문이다. 그럼에도 불구하고 이러한 문구는 귀하다. 그것은 한편으로 하나님을 아는 지식과 다른 한편으로 인간의 성취 사이의 연결점을 보여 주기 때문이다. 하나님의 충족성에 대해 말할 때 우리가 강조하는 것은 이러한 연결점이며, 이것은 기독교의 진수다. 그리스도 안에서 하나님을 아는 사람들은 참된 자유와 참된 인간성의 비결을 발견한 것이다. 하지만 그것에 대해 연구하려면 또 다른 책을 한 권 써야 할 것이다!

마지막으로 우리는 삶의 우선순위를 바로잡을 수 있고, 또 바로

잡아야만 하는 시점에 이르렀다. 현재 나오는 기독교 출판물들을 보면서, 오늘날 세상에 살고 있는 진정한 그리스도인들 혹은 그리스도인이 되려고 하는 사람들에게 가장 중요한 문제는, 교회의 연합 혹은 사회적 증거 혹은 다른 그리스도인들 및 다른 종교들과의 대화 혹은 이러저러한 주의(ism)를 논박하는 것 혹은 기독교 철학과 문화를 발전시키는 것이라고 생각할지도 모른다. 하지만 우리가 연구한 바에 따르면, 이러한 것들에 집중하는 현재의 풍조는 엄청나게 잘못된 음모처럼 보인다. 물론 그것 자체가 잘못된 것은 아니다. 그 문제들 자체는 실재하며 적절한 기회에 다루어야 한다. 하지만 그것들에 주의를 기울이기 때문에 오늘날 너무나 많은 사람이 모든 인간에게 참된 우선순위였던 것, 우선순위인 것, 또 항상 우선순위가 될 것—즉 그리스도 안에서 하나님을 아는 것을 배우는 것—에서 벗어나는데 이는 비극적인 일이다.

"너희는 내 얼굴을 찾으라 하실 때에 내가 마음으로 주께 말하되 여호와여 내가 주의 얼굴을 찾으리이다 하였나이다"(시 27:8). 이 책을 읽고 독자들 중 한 사람이라도 이 점에서 시편 기자의 마음에 더 가까워진다면 이 책은 헛되이 쓰인 것이 아닐 것이다.

해설
신학적 명료성과 열정,
개인적 경건으로 빚어낸 고전

송인규
합동신학대학원대학교, 조직신학

20세기 후반 복음주의 신앙의 형성에 크게 기여한 영국 출신의 지도자를 세 명만 들라고 한다면, 누구나 마틴 로이드 존스와 존 스토트 그리고 이 책의 저자인 제임스 패커를 거론할 것이다. 특히 패커는 신학자이자 교수요 저술가로서 왕성한 활동을 벌였는데, 그의 가르침은 성경관, 교리 일반, 거룩한 삶, 성령론, 영성, 부흥, 설교, 전도, 청교도 신앙 등 다양한 분야를 총망라했고, 무엇보다도 성경적 경건과 신학적 이해 사이에 조화와 통합을 추구한 인물로 알려져 있다. 아마 이런 특징들이 한꺼번에 가장 잘 드러난 작품이 「하나님을 아는 지식」이라고 할 수 있을 것이다.

패커의 신앙적·신학적 배경

패커의 기독교 신앙의 특징을 파악하려면 그의 글과 가르침에 고스란히 녹아 있는 세 가지 신앙 전통을 한 갈래씩 추출하는 작업이 필요하다. 그것들은 각각 성공회 전통, 복음주의 전통, 청교도 전통이다. 이 세 가지는 패커 안에서 독특한 형태로 일원화되어 그저 단일한 신앙 체계인 것처럼 보이지만, 실상 그 내용을 자세히 분석해 보면 세 가지 신앙 전통이 함께 어우러져 있음을 발견하게 된다.

패커는 무엇보다도 **성공회 소속의 목회자다**. 그는 성공회 전통에서 회심했고 자라났고 신앙을 형성했으며 그 전통의 신학 기관에서 목회자를 양성했다. 그의 부모는 성공회 소속이었지만 명목상의 신자에 불과해서 패커에게 신앙적 영향력을 끼치지는 못했다. 그러다가 1944년 옥스퍼드에 진학하면서 기독학생연합회(Oxford Inter-Collegiate Christian Union, OICCU)를 접하게 되었고, 그 회원들이 참여하던 성공회 소속의 성 올데이츠 교회의 어느 저녁 예배에서 무명의 성공회 목회자 얼 랭스턴의 설교를 들으며 회심을 경험하게 된다.

후에 패커는 목회에 대한 하나님의 부르심을 확인한 후 성공회의 목회자가 되기로 결심하고서, 1949년 9월부터 성공회 소속 신학 기관인 위클리프 홀에서 신학 공부를 시작했다. 그는 3년 후인 1952년 12월에 드디어 안수를 받았고 버밍엄 근교의 하본에서 부목사로 2년 간 봉사했다. 그 후 약 25년 동안 성공회 소속의 신학교 및 연구소—브리스톨의 틴데일 홀(1955-1961, 1970-1972년), 옥스퍼드의 라티머 하우스(1961-1970년), 브리스톨의 트리니티 칼리지(1972-1979년)—에서 신학을 가르치고 연구 활동을 벌였다. 1979년 이후에는 삶의 터전을 캐나다의 밴쿠버로 옮겨 리젠트 칼리지에서 가르치면서 동시에 그 지역의 성공회 교회에서 명예 부목사로 봉사했고, 1994년에는 "이센셜스 94"라는 캐나다 성공회 대회를 개최하는 데 참여함으로써 성공회 내에 쇄신과 부흥을 꾀하기도 했다.

또한 패커는 성공회 내에서도 **복음주의 전통을 이어받은 신학자**

다. 성공회 내에는 신학적 경향의 관점에서 볼 때 고교회(High Church), 광교회(Broad Church), 저교회(Low Church)의 세 가지 흐름이 있는데, 간략히 말해서 각각은 가톨릭 전통, 자유주의 전통, 복음주의 전통과 관련된다. 패커는 성공회 내의 이러한 복음주의 전통에 뿌리를 내리고 활동한 인물이었다. 그가 회심할 때 도움을 준 OICCU는 영국 IVF(현재는 UCCF) 소속의 캠퍼스 모임으로서, 이 선교 단체는 첫 출발부터 복음주의 전통에 기반을 두고 있었다. 패커의 초기 신앙은 주로 이 단체에서의 가르침과 경건 훈련에 의해 이루어졌다.

그가 관여한 신학 교육 기관들은 성공회 소속이기는 했지만 그 특징과 강조점 면에서는 철두철미하게 복음주의적이었다. 특히 옥스퍼드에 있는 라티머 하우스(Latimer House)는 영국 성공회 내에 복음주의 학자들이 적고 복음주의 색채가 너무 약하다는 판단 하에 설립된 연구소였다. 패커는 1961년부터 이 곳의 초대 연구소장으로 9년 간 일했는데, 이 기간 동안 성공회 내에서 복음주의적 영향력이 상당한 정도로 신장되었다.

패커가 성공회 내에서 복음주의 신학 활성화의 기폭제 역할을 한 것은 1967년 4월 전국 복음주의 성공회 대회(National Evangelical Anglican Congress, NEAC)에서였다. 소위 키일(Keel) 대회로 불리는 이 모임은 실상 라티머 하우스의 기획과 지원으로 이루어졌다. 이 대회로 말미암아 복음주의자들은 성공회 내에서 게토 멘탈리티를 벗어나 큰 영향력을 발휘하게 되었다. (그로부터 10년 뒤 1977년에 후속 대회가 노팅엄에서 열렸지만 이 때는 패커의 영향력이 전과 같지는 않았다.)

패커의 복음주의적 신앙 색채는 1979년 이후 리젠트 칼리지에서 가르치면서 더욱 다듬어지고 원숙해지고 광범위해졌다. 특히 복음주의 신학자로서 그의 위상은 1970-1980년대 미국의 신학계를 풍미했던 무오성 논쟁(inerrancy debate)에 참여하면서 빛을 발했다. 그는 1977년에 형성된 "성경의 무오성에 대한 국제 협의회"(International Council on Biblical Inerrancy)의 창립 회원으로서 60년대 말부터 80년대까지 이 논의에 관여했다. 중요한 것은, 패커가 한편으로 성경의 무오성 교리를 변호하고 그것을 위해 싸웠지만, 또 한편으로는 그 무오한 성경이 증거하고 가리키는 그리스도께서 개인과 교회의 삶 가운데 생생히 드러나도록 해야 함을 더욱 역설했다는 점이다.

마지막으로 패커는 성공회 내 복음주의자이면서도 **청교도 신앙 전통에 전적으로 헌신한 사상가**였다. 그는 회심한 후 얼마 안 되어 우연찮게 청교도 신학자인 존 오웬(John Owen)의 책을 접했고, 이것을 인연으로 하여 16-17세기 청교도들의 작품을 탐독하기 시작했다. 그가 쓴 옥스퍼드 박사 학위 논문도 청교도 지도자인 리처드 백스터(Richard Baxter)의 사상에 대한 것이었다.

1950년부터 패커는 마틴 로이드 존스를 의장으로 추대하여 청교도 연구 대회(Puritan Studies Conference)를 시작했고, 매해 청교도 신앙과 신학에 관한 다양한 논문 발표와 토론 모임을 주도했다. 이 모임은 1969년까지 계속되었고, 패커는 매해 청교도적 신앙과 삶에 대한 주제를 발표했다. (불행하게도 이 모임은 교회 연합에 관한 패커와 로이드 존스 사이의 입장 차이 때문에 1969년에 결렬되고 말았다.) 패커는 후에 자신의 신앙과 삶을 되돌아보면서, 청교도로부터 배운 점들을 다음과 같이 열거한다. 1) 내주성 죄악(indwelling sin)에 대한 대처 방안, 2) 속죄의 제한성, 3) 추론적 묵상법(discursive meditation : 성경에 나타난 진리를 자기 스스로에게 설교하듯 묵상하는 방식), 4) 목회자의 소명과 책임, 5) 인생의 덧없음, 6) 하나님의 통전적 역사, 7) 영성으로서의 신학 이해

몇 가지 잘 알려진 저술들

패커는 현재까지 약 30권 이상의 단행본을 저술했는데, 그 가운데 다섯 권을 뽑아서 간략히 내용을 소개하고자 한다. 이는 패커의 복음주의 사상을 또 다른 면에서 고찰하는 동시에 「하나님을 아는 지식」이 그의 가르침과 사역에서 어떤 위치를 차지하고 있는지 인식하기 위함이다. 첫 세 권은 초기 작품으로서 그를 복음주의의 기수로 올려놓은 작품이요, 그 후의 두 권은 캐나다의 밴쿠버로 삶의 터전을 옮긴 후 복음주의 지도자로서의 입지를 굳힌 다음에 출간된 작품이다.

패커가 복음주의 신학을 대변하는 신학자로 명망을 굳힌 것은 1958년의 첫 저술 「근본주의와 하나님의 말씀」(*Fundamentalism and the Word of God*)을 발표하고서였다. 영국 성공회에는 1940년도까지만 해도 신학적 자유주의가 기승을 부리고 있었다. 그러다가 빌리 그레이엄(Billy Graham)이 영국에서 전도 활동을 하던 1950년대, 특히 1955-1957년 사이에 소위 "근본주의 논쟁"이 발생했다. 영국 성공회 내에서 복음주의를 비판하던 이들은 복음주의 운동을 "근본주의"라고 폄하하곤 했는데, 이 당시 근본주의라는 단어는 "생각하지 않는, 독단적인, 속 좁은, 비학문적인"이라는 뜻을

가리켰다. 이것은 특히 복음주의자들의 성경관을 겨냥하여 하는 말이었다. 패커는 이 책자에서 영국의 복음주의가 근본주의와 차별화됨을 강조했고, 복음주의자들은 성경의 권위와 영감에 대해 조리 있고 신뢰할 만한 설명을 해줄 수 있음을 보여 주었다.

패커의 두 번째 책은 「복음 전도와 하나님의 주권」(*Evangelism and the Sovereignty of God*, IVP 역간)으로서 1961년에 출간되었다. 그의 관심사는 "하나님의 주권"과 "인간의 책임"과 "그리스도인의 복음 전파 의무"라는 삼자의 관계를 설명하는 데 있었다. 패커에 의하면 "복음을 전한다는 것은 성령의 능력 가운데 예수 그리스도를 제시하는 일로서, 이는 사람들이 그분을 통해 하나님께 신뢰를 두고, 그분을 구세주로 영접하며, 또 그분을 교회의 교제권 안에서 왕으로 섬기고자 나아오게 하는 일"이다. 이 책은 하나님의 주권에 관한 칼뱅주의적 교리가 전도의 책임과 얼마든지 양립할 수 있음을 보여 주었는데, 전능하신 하나님의 은혜를 믿는 신앙이야말로 역동적인 전도 사역의 전제임을 논변하고 있다.

세 번째로 소개하려는 작품은 바로 이 책 「하나님을 아는 지식」인데, 이는 성경과 복음에 나타난 하나님이 어떤 분이신지를 교리적 명료성과 개인적 경건의 차원에서 찬찬히 기술한, 그야말로 복음주의적 신앙 표현의 고전이다. 출간은 1973년에 이루어졌지만, 실제로 글이 쓰인 것은 수년에 걸친 각고의 결과였다. 패커는 1959년에 창간된 "복음주의"(Evangelical Magazine)라는 잡지의 편집인으로부터 기고 부탁을 받아 1년에 5회씩 '하나님'에 대해 쓰게 되었는데, 이 작업은 그 후 5년이나 지속되었다. 물론 잡지의 연재물을 단행본으로 출간하기 위해서는 내용과 틀을 손보는 일이 필요한 법이고, 이런 노력은 패커의 경우에도 마찬가지였다.

「하나님을 아는 지식」은 베스트셀러라는 측면뿐 아니라 내용(곧 하나님을 아는 것이 기독교 신앙의 본질임을 천명한) 면에서 위대한 업적을 남겼다. 하나님을 더 알고자 하고 하나님과의 더 깊은 관계를 추구하는 사람치고 이 책을 읽으며 존 스토트와 같이 느끼지 않을 수는 없을 것이다. "그가 다루는 진리는 마음에 불을 지른다. 적어도 그것은 내 마음에 불을 질렀다. 그리고 나로 하여금 하던 일을 제쳐 두고 하나님을 예배하고 그에게 기도하지 않으면 견딜 수 없게 했다."

다음 두 권의 책은 패커가 리젠트 칼리지로 옮긴 후 쓴 작품들인데, 그렇다고 해서 이 책이 그 이전 시기와 전혀 연관이 없는 것은 아니다. 사실 그 내용은 이미 영국에 있을 때부터 다루거나 논했던 주제들을 다시금 정리하고 보완한 것이 대부분이었다. 대표적인 예가 1984년에 출간된 「성령을 아는 지식」(*Keep in Step with the Spirit*, 홍성사 역간)으로서, 사실 이 책의 모판은 1960-1970년대 영국에서 은사주의자와 복음주의자 간에 발생한 성령론의 여러 이슈들(성령 세례, 방언과 치유 등 성령의 은사 및 성령 충만 등)이었다. 패커는 특유의 분석적인 필치로 은사주의자들의 교리적·경험적 면모를 해부하듯 날카로이 파고들었다. 그럼에도 그의 비판은 그들이 기독교계 전반에 기여한 점을 인정한 다음에 이루어졌다는 점에서 균형과 공정성을 잃지 않고 있다.

패커의 이름으로 된 작품 가운데 마지막으로 소개할 책은 1990년대에 출간된 「거룩의 추구」(*A Quest for Godliness*)다. "그리스도인의 삶에 대한 청교도적 비전"(The Purtian Vision of the

Christian Life)이라는 부제가 이 책이 청교도 신앙을 주제로 다루고 있음을 직감하게 해준다. 책의 내용은 청교도에 대한 간략한 소개로 시작하여, 청교도와 성경, 청교도와 복음, 청교도와 성령, 청교도와 그리스도인의 삶, 청교도와 그리스도인의 사역 등 다섯 분야로 구성되어 있다. 이 책은 청교도의 사상을 교회사적 발전의 맥락에서 체계적으로 서술했다는 점뿐 아니라 그들로부터 배운 교훈을 이 시대 그리스도인의 신앙 현장에 생생히 접목시켰다는 점에서 의의가 크다.

하나님을 아는 일의 중요성

패커의 신앙과 사역, 저술과 사상의 기초와 핵심일 뿐 아니라 이 모든 것을 꿰뚫고 있는 중심 개념은 하나님 알기(knowing God)다. 비록 「하나님을 아는 지식」이라는 별도의 단행본이 출간되었지만, 위에서 소개한 다른 모든 저술들도 궁극적으로는 "하나님을 아는 일"과 연관되어 있다. 그가 자신을 성공회 내 복음주의적 칼뱅주의자로 밝히는 것도 "하나님을 아는 일"이 만들어 낸 결과다.

「하나님을 아는 지식」의 시대적 배경이 되었던 1960년대 영국 교회의 상황은 복음주의적 관점에서 볼 때 그리 바람직한 것이 아니었다. 신학적으로 보아 자유주의 풍조가 판을 치고 있었으니, 무엇보다도 성경관(계시, 영감, 권위의 문제)이 든든한 신앙적 기초 위에 서 있지 못했고, 따라서 하나님이 어떤 분이시고 무슨 일을 하시며 우리에게 무엇을 원하시는지에 대한 생각이 불투명하거나 회의주의 색채를 띠고 있었다.

「하나님을 아는 지식」은 바로 이러한 시대적 요청에 놀랍게 부응한 작품이었다. 물론 패커 자신도 자신의 책이 이토록 그리스도인들의 애호를 받고 문서 출간의 면에서 이렇게 호황을 누리리라고는 생각조차 하지 않았다. 그러나 돌이켜 보면 그리스도인 대중은 그와 같은 작품을 목말라하고 있었던 것이다. 패커는 이 책의 첫 장에서 하나님을 아는 일의 기본 구도를 다음과 같이 다섯 가지 원리로 밝히고 있다.

1. 하나님은 성경을 통해 말씀하신다.
2. 하나님은 창조주로서 온 세상을 다스리신다.
3. 하나님은 구세주로서 믿는 자들에게 구원을 베푸신다.
4. 하나님은 삼위로 존재하신다.
5. 신앙이란 하나님의 계시에 대한 인격적 반응이다.

하나님을 아는 것과 관련해 이상의 원리를 전면에 내세우면, 마치 하나님에 대한 지식의 획득이 전부인 것 같은 인상을 주지만 실상은 그렇지 않다. 하나님을 아는 것은 근본적으로 하나님과의 인격적 관계―"영생은 곧 유일하신 참 하나님과 그의 보내신 자 예수 그리스도를 아는 것"(요 17:3)―가 전제된다. 그러므로 패커는 하나님을 아는 활동에 다음과 같은 네 가지 요소를 포함시키는데, 첫째 하나님의 말씀에 귀를 기울이고 성령께서 그것을 해석해 주시는 대로 자신에게 적용하는 일, 둘째 하나님의 말씀과 사역이 드러내는 하나님의 본질과 특성을 주목하는 일, 셋째 하나님의 초청을 받아들이고 하나님이 명하신 바를 행하는 일, 넷째 하나님이 이처럼 가까이 오셔서 신적 교제로 초대하신 일에 나타난 그 사랑을 인식하고 기뻐하는 일이다.

「하나님을 아는 지식」은 바로 이러한 원칙과 활동을 구체화한 작품이다. 이 책의 제1부 "여호와를 알라"는 크게 두 부분으로 구성되어 있다. 1-3장은 하나님을 아는 것의 의미가 무엇인지를 차근차근히 규명하고 있고, 4, 5, 6장은 각각 하나님, 예수 그리스도, 성령을 소개하고 있다. 제2부 "네 하나님을 보라"는 본격적으로 하나님이 어떤 분이신지(소위 "하나님의 속성"이라는 개념에 가깝다)에 대해 설명한다. 불변성, 엄위하심, 지혜로움, 말씀하심, 사랑, 은혜, 심판, 진노, 질투하심 등의 내용이 교리적 정확성 가운데 성경적 해설의 형태로 주어져 있다. 제3부 "하나님이 우리를 위하시면"은 다소 복합적인 구성을 띠고 있다. 18장 "복음의 핵심"과 19장 "하나님의 자녀"는 신학적 설명의 성격이 짙고, 20장 "우리의 인도자 하나님", 21장 "내적 시련", 22장 "하나님의 충족성"은 개인적 경건의 성격이 좀더 강조된다. 물론 패커의 글이 항시 그렇듯 이 두 가지는 떼려야 뗄 수 없이 밀접하게 연관되어 있고, 이 점은 여기서도 마찬가지다.

하나님을 아는 일은 이처럼 서구의 그리스도인들에게만 중요한 것이 아니고 오늘날 우리 한국의 그리스도인들에게도 매우 절실한 사항이다. 특히 오늘날 그리스도인들의 신앙 행태를 자세히 관찰하고 주목하면 할수록 더 그런 생각이 든다. 나는 이러한 행태 가운데 세 가지 서로 맞물린 사항이 개선되어야 한다고 믿는다.

첫째, 우리는 아직도 신앙의 본질을 하나님 알기와 연관짓지 않고 있다. 기독교 신앙의 핵심을 파악할 때에도 우리는 주로 "믿음", "헌신", "교회 출석", "구원" 등의 개념이나 활동을 내세우지 "하나님 알기"라는 표현을 쓰는 경우는 거의 존재하지 않는다. 이것은 우리가 신앙을 하나님과의 인격적 관계로 파악하지 않고 있다는 증거다. 종교 활동에서 인격적 관계에 관한 이러한 생경함은 아마도 궁극적 실재에 대한 동양적 신념이 범신론적 세계관에 기초하고 있고, 또 초자연적 존재들과의 관계도 주로 주술적이고 기복피화(祈福避禍)적 맥락에서 고려되었기 때문일 것이다.

둘째, 우리는 신앙의 이론적·학구적 측면을 여전히 비신앙적(혹은 반신앙적)인 것으로 치부하고 있다. 우리는 신앙의 핵심적 위치를 대부분 종교적 정서에서 찾는다. 은혜 받는다는 것은 정서적으로 만족스럽다는 뜻이기 때문에, 설교든 찬양이든 무엇이든 "마음에 와 닿아야 하고" 감성을 건드려야만 한다. 이러한 종교적 감정주의 혹은 감상주의는 곧 반지성주의를 낳았다. 이 말을 오해하지 말기 바란다. 나 역시 '감정'은 중요하고 종교적 정서(religious affection) 없이 온전한 신앙이 가능하다고는 생각지 않는다. 또 이론과 지성 일변도의 신앙 추구가 올바른 모습이라고 생각하지도 않는다. 실상 서양 그리스도인의 경우 후자에 대한 집착이 불건전한 신학을 낳은 것도 사실이다.

그러나 우리나라 그리스도인들의 경우에는 (적어도 당분간은) 신앙의 이론적·학구적 측면이 강조되어야 한다. 패커가 하나님에 대한 지식(knowledge about God)을 하나님을 아는 지식(knowledge of God)과 날카로이 대조한 것은 전자가 후자로 전화되지 않았기 때문이지, 전자 자체가 문제라고 보았기 때문은 아니다. 한국 그리스도인들의 경우에는 하나님에 대한 지식조차도 매우 피상적이고 파편적이다. 이렇게 된 근본 이유는 신앙의 이론적·학구적 측면을 무시하거나 경시하기 때문이다.

셋째, 우리는 교리와 경건이 물과 기름처럼 이원화된 기독교 신앙을 연출하고 있다. 대부분의 한국 그리스도인들은 신학적 자유주의자가 아니다. 성경의 권위를 받아들이고 복음주의적 신앙 고백의 조항들을 그대로 믿는다고 할 수 있다. 그러면서도 교리와 경건이 개인이나 공동체적 신앙의 모습에서 아름다운 어울림과 통합을 반영하는 경우를 찾기란 쉽지가 않다. 왜 그럴까? 그에 대한 한 가지 답변은 둘째 사항에서 지적했듯 신앙의 이론적·학구적 측면을 백안시함으로써 교리 공부가 실행되고 있지 않기 때문이다.

그러나 문제는 교리를 공부하는 이들에게서조차도 이러한 통합의 모습이 발견되지 않는다는 점이다. 대표적인 예가 신학생들과 교회의 지도자들이다. 그들은 분명 일반 그리스도인들보다 전문적 신학 지식을 더 많이 가진 이들이다. 교리와 관련해서도 다년간에 걸쳐 상당히 여러 분야를 배운 셈이다. 그러나 그들에게도 역시 교리와 경건의 통합은 낯선 의제요 어색한 '동거 생활'이다. 신학교에서 신론을 배우고 그 가운데는 분명 하나님의 속성에 관한 내용이 들어 있지만, 그것이 개인의 경건과 삶에 그리 큰 영향을 주지 못한다.

이상의 세 가지 사항들은 오늘날 한국을 살아가는 그리스도인이라면 누구나 외면할 수 없고 공감하지 않을 수 없는 약점들이다. 나는 「하나님을 아는 지식」이 이런 문제점을 뿌리 뽑는 데 일조할 수 있다고 생각한다. 우리의 성경(및 신학) 공부와 개인적 영성과 공동체의 예배가 따로 놀지 않으려면, 패커가 제시한 바 그대로의 "하나님 알기"가 우리의 경건 훈련 중심부에 자리잡도록 해야 할 것이다.

연구 및 토론 문제

패커의 「하나님을 아는 지식」은 하나님에 대한 기독교적 이해에 대해 풍성하고, 깊고, 즐겁고, 변혁적으로 논의한다. 아주 강렬하지만 탁월한 절제를 통해, 하나님이 누구신지와 인간이 어떻게 그분과 관계를 맺을 수 있는지에 대해 잘 해설해 준다. 이 책은 세 부분으로 되어 있는데, 첫 부분은 하나님을 아는 방법과 하나님을 알아야 할 이유에 대해 주의를 기울이게 하고, 둘째 부분은 하나님의 속성에 대해, 셋째 부분은 하나님의 자녀가 누릴 수 있는 주요한 혜택에 대해 다룬다. 패커의 책은 실로 여러 세대의 신자들을 양육할 수 있는 책이다.

저자에 따르면, 「하나님을 아는 지식」은 하나님에 대한 무지가 오늘날 교회의 연약함의 근저에 있다는 확신에서 나왔다. 이 연구 및 토론 문제의 목적은 기독교 세계의 '병든 나무'에 비타민 풍부한 식사를 공급하도록 돕기 위한 것이다. 다시 말해 그리스도인들로 하여금 성경 신학의 핵심 진리를 분명히 파악하고 적용하도록 돕기 위한 것이다.

이 질문들은 「하나님을 아는 지식」의 각 장에 맞게 22과로 되어 있다. 이는 책 전체를 차례차례 개관하는 데 사용할 수도 있고, 또 목적이나 관심사, 시간 제한에 따라 몇 장들을 골라서 사용할 수도 있다. 주일 학교 시간이나 캠퍼스의 소그룹에서는 두 가지 탁월한 11주 계획을 마련할 수 있는데, (1) 하나님의 속성 개관(7-17과)과 (2) 그리스도인의 삶의 특권과 문제 연구(1-6, 18-22과)가 그것이다.

각 과의 구조는 다음과 같이 되어 있다. 처음에 나오는 '목적'은 각 과의 목표를 알려 준다. 이는 참석자들이 지금 어디로 가고 있는지 알도록 도와준다. 그 다음에는 각 장에 나오는 내용들을 잘 개관할 수 있도록 해주는 질문들이 나온다. 마지막으로 나오는 요약 질문은 각 장의 핵심을 끌어내도록 도와준다.

각 과는 그룹의 구성원들이 나눔을 얼마나 하느냐에 따라 30-60분 정도 소요될 것이다. 요약 질문은 자유롭게 토론할 수 있는 질문으로, 계획한 시간보다 공부가 빨리 끝나야 한다면, 이 질문으로 조절할 수 있다. 좀 짧은 과들에는 참여자들이 중요한 요점을 파악하고 그것을 더 자세히 검토하도록 하는 선택 질문이 포함되어 있다(* 표시).

각 과에는 두세 개의 적용 질문이 나온다. 각 질문은 패커가 제시한 원리들에 대해 개인적인 답변과 인격적인 나눔을 하도록 마련되었다. 적용 질문에 답하는 데는 최소한 5분 정도(10분까지 걸릴 수도 있다) 걸릴 것이다. 따라서 적용 질문들에 대해 나누는 데 15-30분 정도 소용될 것이고 이는 각 과의 나눔의 4분의 1이나 절반을 차지할 것이다.

1장_하나님에 대한 연구

◎ 목적: 하나님에 대한 연구가 왜 중요한가를 아는 것.

❶ 저자는 누구를 위해 이 책을 쓰고 있는가?(15-17쪽) 그는 어떤 의미에서 **여행자**라는 말을 사용하는가?

❷ 이 책의 배후에는 어떠한 확신이 놓여 있는가?(17쪽)

❸ 어떤 면에서 '신성을 묵상하는 일'은 우리에게 영향을 끼치는가?

❹ 당신은 **신학**이라는 말을 들을 때 마음속에 무엇이 떠오르는가? 신학에 대한 당신의 태도는 어떠한가? 왜 저자는 "하나님의 본질과 성품을 연구하는 일이…가장 실제적인 연구 과제"라고 생각하는가?

❺ 저자는 어떤 사람이 우리에게 "하나님에 대한 지식으로 이르는 길은 없다"고 말할 때 우리가 어떤 태도를 취해야 한다고 말하는가?

❻ 27-28쪽에서 저자는 우리의 연구 행로를 정해 줄 다섯 가지 기본 진리를 나열한다. 그것들을 큰 소리로 읽어 보라. 여행을 해 나갈 때 어떤 주요 주제가 우리를 사로잡겠는가? 당신은 이 주제들에 대해 얼마나 편안하게 느끼는가?

❼ 신성을 연구하는 우리의 궁극적인 목표는 무엇이 되어야 하는가? 왜 신학적 지식은 그 자체를 추구할 때 "우리에게 나쁘게" 작용하는가?

❽ 왜 시편 119편 기자는 하나님을 알기를 원하는가? '적용된 지식'(30-32쪽)은 이 연구를 시도하는 **당신의** 동기에 대해 어떻게 말하는가?

❾ 어떻게 하면 하나님에 **대한** 지식을 하나님을 **아는** 지식으로 바꿀 수 있는가? **묵상한다**는 것은 무슨 의미인가? 묵상에 대한 저자의 서술에 대한 당신의 생각을 나누어 보라.

◎ 요약: 왜 하나님에 대한 연구가 중요한가? 이것을 아는 것은 이번 주 당신의 생활에 어떠한 영향을 끼치겠는가?

2장_자기의 하나님을 아는 사람들

◎ 목적: 우리가 하나님을 아는 사람들인가를 생각하는 것.

❶ 35-37쪽에서 저자는 복음주의자들에게 어떤 비난을 가하는가? 어떤 면이 당신에게도 해당되는가?

❷ 저자는 "우리는 하나님을 많이 알지 못하면서도 하나님에 대해서는 많은 것을 알 수 있다"고 말한다. 이 문장의 의미는 무엇인가?

❸ 다음 문장의 의미는 무엇인가? "우리는 하나님을 많이 알지 못하면서도 경건에 대해 많은 것을 알 수 있다."

❹ 하나님을 아는 사람들의 네 가지 특징은 무엇인가?

❺ 하나님의 사람들이 행동을 하도록 부추기는 것은 무엇인가? 어떤 점에서 "참으로 하나님을 아는 지식의 변치 않는 결과는…기도하는 열정"(42쪽)이라고 말할 수 있는가?

❻ 다니엘서에서 가르치는 하나님에 대한 중심 진리는 무엇인가?

❼ 어째서 우리의 기도는 우리가 하나님을 어떻게 생각하는가를 보여 주는 최고의 증거인가? 어제 혹은 지난 주에 당신이 기도한 내용을 회상해 보라. 그 기도는 하나님에 대한 어떤 견해를 보여 주는가?

❽ 당신은 다니엘과 그의 세 친구의 마음을 어떻게 묘사하겠는가? 무엇이 그러한 마음을 낳았는가?

❾ 어째서 하나님을 아는 것은 진정한 개인적 평화의 기초인가?

❿ 저자는 하나님을 알고자 한다면, 두 단계를 거쳐야 한다고 제언한다. 그것들은 무엇이며 어떻게 날마다 행할 수 있겠는가?

◎ 요약: 저자는 40-47쪽에 열거된 네 가지 특성이 하나님을 아는 지식의 '표시' 혹은 '시험 수단'이라고 말한다. 당신은 어떤 점에서 강하고, 어떤 점에서 약한가?

3장_아는 것과 아신 바 되는 것

◎ 목적: 하나님을 안다는 것이 무슨 의미인가를 이해하는 것.

❶ 51-52쪽의 시작 부분 다섯 단락을 큰 소리로 읽어 보라. 우리 삶의 목적은 무엇이 되어야 하는가?

❷ 52쪽 두 번째 단락을 살펴보라. 1번에서 읽었던 내용은 **당신에게** 어떤 영향을 끼쳤는가? 이것은 하나님 앞에서 당신의 위치에 대해 무엇을 나타내는가?

❸ 왜 그리스도인들은 고질적인 부조리와 앙투아네트 열병에서 면제되어 있는가?

❹ 어떤 사람을 **안다**는 것이 지니는 여러 의미를 이야기해 보라.

❺ 55-56쪽에서, 저자는 하나님과 우리의 관계를 어떻게 설명하는가? 당신은 그것이 훌륭한 유추라고 생각하는가? 왜 그런가? 혹은 왜 그렇지 않은가?

❻ 전능하신 창조주, '그 앞에서는 모든 나라가 물통 속의 물 한 방울'인 하나님이 한 개인에게 나타나사 그에게 개인적으로 말씀하실 때 어떤 일이 일어나는가? 당신은 하나님의 언약 상대자라는 데 감격을 느끼는가?

❼ 하나님을 아는 활동에 포함되는 네 가지는 무엇인가?

❽ 성경은 우리와 하나님의 관계를 묘사하기 위해 어떤 네 가지 유추를 사용하는가? 그것들의 공통된 점은 무엇인가?

❾ 현대 그리스도인들과 예수님의 관계는 예수님의 첫 제자들이 예수님과 가졌던 관계와 어떻게 다른가? 또 어떻게 같은가?

❿ 하나님을 아는 것이 '인격적인 교제', '인격적 관련', '은혜'의 문제라는 말은 무슨 의미인가?

⓫ 하나님이 우리를 아신다는 사실은 왜 우리가 하나님을 안다는 사실보다 중요한가?

◎ 요약: 하나님을 안다는 것은 무슨 의미인가?

4장_오직 참되신 하나님
◎ 목적: 우상 숭배의 의미를 이해하고 우상 숭배가 하나님을 아는 우리의 지식에 어떻게 영향을 끼치는지 아는 것.

❶ 제2계명은 우리에게 어떤 원리를 제시하는가? 68쪽에서 저자는 이 원리를 그리스도인들에게 어떻게 적용하는가?
❷ 형상들은 어떻게 하나님의 이름을 더럽히는가?
❸ 형상들은 어떻게 사람들을 호도하는가?
❹ 저자는 "심리학적으로 볼 때, 기도를 드릴 대상의 형상이나 그림에 습관적으로 초점을 맞추다 보면, 곧 그 형상이 묘사하는 대로 생각하고 그것에 기도하게 된다"고 말한다. 당신은 하나님의 어떤 형상에 집중하도록 훈련받거나 권장받은 적이 있는가? 그런 형상들로부터 자유로워지려면 어떤 단계들을 취할 수 있겠는가?
❺ 왜 잘못된 정신적 형상은 형상의 물리적 표현만큼이나 하나님을 아는 데 해가 되는가?
❻ 제2계명의 적극적인 목적은 무엇인가?
❼ 저자는 형상들에 주의를 집중하는 것과 하나님의 말씀에 주의를 기울이는 것이 어떤 관계가 있다고 말하는가? 유대인들의 시내산 경험은 이러한 주장을 어떻게 지지해 주는가?
❽ 저자는 이렇게 요약한다. "즉 인간이 만든 하나님의 모든 형상은 주물을 부어서 만든 것이건 정신적인 것이건 간에 모두 죄 많고 불경한 세상의 도구들로부터 빌려 온 것이며, 그렇기 때문에 하나님의 거룩하신 말씀과 조화를 이룰 수 없다." 당신은 이에 동의하는가? 그렇다면 저자의 논의

는 당신을 납득시키는가? 그렇지 않다면 그 이유를 설명해 보라.
❾ 저자는 당신의 하나님이 기독교의 하나님인가를 결정하기 위해 어떤 시험 수단을 제시하는가? 하나님에 대한 당신의 개념은 이러한 시험 수단에 어떻게 부합하는가?

* 이 장의 첫 부분에 나오는 저자의 논증은 기독교 미술에 대해 어떤 의미를 지니는가? 예를 들어, 저자의 견해는 미술가가 주제를 선택하는 데 어떻게 영향을 끼칠까?

◎ 요약: 형상들은 하나님을 아는 것을 어떻게 방해할 수 있는가?

5장_성육신하신 하나님
◎ 목적: 성육신의 신비를 묵상하는 것.

❶ "복음이 우리로 하여금 맞닥뜨리게 하는 최고의 신비"는 무엇인가?
❷ 성육신을 믿는 것이 어떻게 기독교 교리의 다른 난점들을 해결해 주는지 구체적인 예를 들어 설명해 보라.
❸ **베들레헴에서 태어난 그 아기는 하나님이었다.** 사도 요한은 **하나님의 아들**이라는 칭호가 의미하는 바를 분명하게 설명하기 위해 그의 복음서 서론을 어떻게 구성하고 있는가? 요한이 말한 바, 육신이 되신 말씀에 대한 일곱 가지 사실은 무엇인가?
❹ **베들레헴에서 태어난 그 아기는 인간이 되신 하나님이다.** 90쪽에서, 저자는 성육신의 '수학'을 어떻게 묘사하는가? 성육신은 예수님과 사탄의 관계를 어떻게 바꾸었는가?
❺ 왜 성육신은 우리 마음을 감동시켜 하나님의 겸손하심에 대해 그분을 찬

양하게 만드는가?
❻ 성육신의 **동기**는 무엇이었는가?
❼ **케노시스 이론**이란 무엇인가? 그것이 표현되는 방식들은 어떠한가? 왜 그 이론은 지속되지 못하겠는가?
❽ 다음 진술의 의미는 무엇인가? "우리는 신성이 줄어들었다는 인상을 받기보다는 신적 능력이 억제되는 듯한 인상을 받는다." 우리는 이러한 억제를 어떻게 설명할 수 있는가?
❾ '성탄절 정신'이란 무엇인지 당신의 말로 표현해 보라. 오늘날의 교회는 그 정신을 보여 주는 데 어떤 면에서 실패하고 있는가? 당신이 성탄절 정신을 나타내기 위해 취할 수 있는 구체적인 행동은 무엇인가?

◎ 요약: 왜 성육신은 복음의 제일가는 신비인가? 성육신을 아는 것은 우리 각자에게 어떠한 영향을 미치겠는가?

6장_그가 증언하실 것이요
◎ 목적: 성령의 사역의 본질과 중요성을 이해하는 것.

❶ 당신은 삼위일체 교리가 저자가 말하는 것처럼 그렇게 소홀히 여겨지고 있다고 느끼는가? 삼위일체 교리는 당신의 삶을 어떻게 달라지게 하는가?
❷ 요한복음은 삼위일체에 대해 무엇을 가르쳐 주는가?
❸ **보혜사**의 다른 번역은 무엇인가? 이 단어는 어떠한 개념을 전달하는가?
❹ 성령의 사역과 그리스도의 사역은 어떤 관계가 있는가?
❺ 구약은 하나님의 **말씀**과 하나님의 **영**에 대해 무엇을 말해 주는가?
❻ 106-107쪽에서 저자는 삼위일체 내의 관계들을 풀어 보인다. 저자는 어

떤 결론에 이르는가? 그것에 대한 저자의 증거는 무엇인가?
❼ 저자는 교회가 일관되게 성령의 사역을 무시한다고 주장한다. 당신은 이에 동의하는가? 성령의 사역에 대한 자각은 당신의 삶을 어떻게 변화시킬 수 있겠는가?
❽ 왜 성령이 없으면 복음도 신약도 없다고 말할 수 있는가?
❾ 왜 성령이 없으면 그리스도인도 없을까?
❿ '우리의 적절한 반응'은 우리의 믿음, 우리의 삶, 우리의 증거에서 성령을 영화롭게 할 수 있는 바에 대해 무엇을 말해 주는가?

* 로마서 8:1-30을 읽으라. 그리스도인이 성령과 맺어야 하는 관계에 대해 토론하라.

◎ 요약: 성령의 사역은 무엇이며, 왜 그것이 중요한가?

7장_변치 않으시는 하나님
◎ 목적: 하나님이 불변하신다는 사실과 그 의미를 파악하는 것.

❶ 저자는 118쪽에서 어떤 문제를 기술하는가? 당신은 이 문제에 어느 정도 공감하는가?
❷ 저자의 다음 질문에 대답해 보라. "성경에 나와 있는 것과 같은 하나님에 대한 체험과는 멀리 떨어져 있는 듯한 느낌을 어떻게 극복할 수 있을까?"
❸ 하나님은 변하지 않으신다는 말의 여섯 가지 측면을 진술해 보라.
❹ 하나님의 **생명**을 피조물의 생명과 비교해 보라.
❺ 창조주의 **성품**의 불변성을 인간의 성품의 불변성과 대비해 보라.
❻ 출애굽기에서 두 가지로 드러난 하나님의 이름은 어떻게 서로를 보완해

주는가?

❼ 하나님의 **말씀**과 사람들의 말을 대비해 보라.

❽ 하나님이 오늘날 **행하시는** 것 가운데 성경 시대에도 행하셨던 것 몇 가지는 무엇인가? (당신이 열거한 각각의 항목에 대해) 왜 하나님은 그런 일을 하시는가?

❾ 왜 하나님은 결코 후회할 필요가 없으신가? 저자는 하나님이 '후회하신다'(repent)는 구절을 어떻게 설명하는가? '하나님의 명령의 불변성'에 대한 자각은 우리에게 어떠한 영향을 끼쳐야 하는가?

❿ 왜 저자는 예수 그리스도께서 "어제나 오늘이나 영원토록 동일하시다"는 사실이 "하나님의 모든 백성에게 매우 커다란 위안"이라고 말할 수 있는가?

⓫ 어떤 근거에서 우리와 성경 시대의 신자들의 거리감이 제거될 수 있는가? 그들에게나 우리에게나 동일한 실재는 무엇인가? 이러한 생각은 어떤 면에서 우리를 위로해 주고 도전하는가?

* 다음 구절들을 각각 큰 소리로 읽어 보라. 시편 90:2; 102:26-27; 이사야 48:12; 예레미야 10:10; 로마서 1:22-23; 디모데전서 6:16 이 구절들을 읽으면서 느낀 바를 나누어 보라.

◎ 요약: 하나님이 변치 않으신다는 말은 무슨 의미인가? 그것은 당신에게 왜 중요한가?

8장_하나님의 위엄

◎ 목적 : 하나님의 위엄을 인식하는 것.

❶ 성경에서는 위엄이라는 단어를 어떻게 사용하는가? 이것은 하나님에 대한 현대의 생각과 어떤 점에서 대비되는가?

❷ 하나님이 인격적인 분이라는 사실을 강조할 때, 우리는 어떤 인상을 주지 않도록 주의해야 하는가?

❸ 창세기의 처음 몇 장에서 나타나는 하나님에 대한 '한 쌍의 진리'는 무엇인가? 각각의 진리는 어떤 사건을 통해 강조되는가?

❹ 하나님의 위대하심에 대한 올바른 개념을 형성하기 위해 우리가 취해야 할 두 가지 단계는 무엇인가?

❺ 132-134쪽에서, 저자는 시편 139편을 첫 번째 단계의 한 예로서 논한다. 이 시편은 하나님의 임재, 하나님의 지식, 하나님의 능력을 어떻게 강조하는가?

❻ 이사야 40장에서, 하나님은 어떤 강력한 세력들에 비교되는가? 이러한 비교에서 당신이 개인적으로 받게 되는 도전들은 무엇인가?

❼ 풀이 죽어 있는 이스라엘 사람들에게 던진 이사야의 세 가지 질문은 무엇인가? 각각의 질문은 무엇을 꾸짖는가? 우리는 어떻게 하면 그러한 꾸짖음을 받지 않을 수 있는가?

* 욥기 38-41장을 연극 대사처럼 읽어 보라. 하나님은 그분의 위엄을 어떻게 계시하시는가? 이것은 욥에게 어떤 영향을 끼치는가?(42:1-6)

◎ 요약: 당신은 하나님의 위엄에 대해 무엇을 배웠는가? 그것은 당신의 예배, 당신의 도덕적 행동이나 기도 생활에 어떠한 영향을 끼치겠는가?

9장_지혜로우신 하나님

◎ 목적: 하나님의 지혜를 인식하고 그 안에서 위안을 찾는 것.

❶ 지혜란 무엇인가?
❷ 왜 하나님은 우리의 완전한 신뢰를 받기에 합당하신가?
❸ 많은 사람들은 이 세상에 대한 하나님의 목적을 어떻게 잘못 생각하는가?
❹ 하나님의 궁극적인 목적은 무엇인가?
❺ 하나님의 당면한 목적은 무엇인가?
❻ 왜 예수님은 하나님이 세우신 목적의 각 부분을 성취하는 데 중심이 되시는가?
❼ 하나님이 아브라함에게 역사하셨을 때 아브라함은 어떤 상태였는가? 아브라함의 가장 큰 필요는 무엇이었는가? '하나님의 사람' 아브라함의 특징들은 무엇이었는가?
❽ 어떤 면에서 야곱은 변화될 필요가 있었는가? 하나님은 그를 어떻게 변화시키셨는가?
❾ 요셉은 어떤 '두 가지 목적'을 위해 고난받았는가?
❿ 하나님이 우리가 고난을 견디도록 허용하시는 이유들 중 일부는 무엇인가? 당신은 이 중 어떤 것을 경험해 보았는가?
⓫ 그리스도인이 하나님을 신뢰하는 것은 왜 중요한가?
⓬ 괴로운 상황 속에서 하나님의 목적을 볼 수 없을 때, 우리는 어떻게 그 상황에 대처해야 하는가?
⓭ 어떤 면에서 바울의 태도는 우리에게 본이 되는가?

* 하나님이 당신의 삶에 이루신 변화에 대해 나누라. 하나님은 어떻게 그 일을 하셨는가?

◎ 요약: 하나님이 인간을 다루실 때 하나님의 지혜는 어떻게 나타났는가? 그분의 지혜에 대한 확신은 어떻게 우리에게 위로를 줄 수 있는가?

10장_하나님의 지혜와 우리의 지혜
◎ 목적: 하나님이 주신 지혜의 은사를 이해하는 것.

❶ **비공유적** 속성과 **공유적** 속성의 차이는 무엇인가? 하나님의 속성 중 각각의 범주에 속하는 것을 몇 가지 말해 보라.
❷ 인간이 하나님의 형상으로 만들어졌다는 말이 의미하는 바를 당신 자신의 말로 진술해 보라.
❸ 다음 진술은 무엇을 의미하는가? "하나님이… 그리스도인들에게 이러한 속성들(공유적 속성들)을 새롭게 전이하심으로 손상된 하나님의 형상을 회복하기 위해 일하신다."
❹ 지혜에 대한 인용문들(156-157쪽)의 주된 취지는 무엇인가?
❺ 지혜의 은사를 획득하기 위해 사람이 취해야 할 두 가지 선행 조건은 무엇인가? 어떻게 그것을 날마다 행할 수 있겠는가?
❻ '지혜가 아닌 것' 부분에 나오는 저자의 유추에 따르면, 지혜의 은사를 갖는다는 것이 의미하지 **않는** 것은 무엇인가?
❾ 164-166쪽에 나오는, 전도서의 메시지에 대한 저자의 요약을 읽어 보라. 그리고 그 메시지를 당신의 말로 표현해 보라.
❿ 전도서의 권고는 어떻게 오늘날의 우리에게 도움이 될 수 있는가?
⓫ 왜 하나님은 "하나님이 교회 안에서와 우리 삶 속에서 수행하시는 섭리적 목적에 대해 우리가 알고 싶어하는 거의 모든 것을 감추시는가?"
⓬ 전도서에 따르면, 지혜란 무엇인가?
⓭ 하나님이 주신 지혜의 은사의 결과는 무엇인가?

❶ 이 장의 마지막 문단에 나오는 저자의 권고에 주의를 기울이기 위해 우리가 취할 수 있는 구체적인 조치들은 무엇인가?

◎ 요약: 하나님이 우리에게 주시는 지혜는 무엇인가?

11장_주의 말씀은 진리니이다
◎ 목적: 하나님의 말씀의 본질을 이해하고 그에 대한 적절한 반응이 무엇인지 생각하는 것.

❶ 모든 성경 본문에서 추정할 수 있는 두 가지 사실은 무엇인가?
❷ 하나님은 어떤 두 가지 이유 때문에 말씀하시는가?
❸ 하나님의 '토라'의 세 가지 특성은 무엇인가?(이 세 용어의 의미가 분명하지 않다면 176-177쪽에 나오는 예들을 보라.)
❹ 저자가 "하나님은 우리에게 정보를 주기 위해 그리고 우리를 권유하기 위해 자신의 말씀을 우리에게 보내신다"고 말할 때 그 말의 의미는 무엇인가? 왜 하나님은 이렇게 하시는가?
❺ 창세기 1-3장은 하나님의 창조의 말씀을 어떻게 묘사하는가? 하나님의 명령의 말씀, 선포의 말씀, 금지의 말씀, 약속의 말씀에 대해서는 어떻게 묘사하는가?
❻ 왜 하나님은 예레미야에게 그가 나라들을 세우기도 하고 멸망시키기도 할 것이라고 말씀하실 수 있었는가?
❼ 하나님은 이사야를 통해 자신의 말씀에 대해 무엇을 말씀하셨는가?
❽ 하나님의 말씀에 대한 적절한 반응과 불경한 반응은 무엇인가? 당신은 당신 자신의 반응을 어떻게 묘사하겠는가?
❾ 우리는 무엇보다도 하나님의 말씀이 진리의 말씀이기 때문에 그 말씀을

믿고 순종해야 한다. 성경에서 진리란 무엇인가?
❿ 왜 하나님의 계명은 진리라고 묘사되어 있는가? 하나님의 계명들에 불순종한 결과는 무엇인가?
⓫ 사무엘 클라크에 따르면, 하나님의 약속들이 참이라는 것을 아는 것의 몇 가지 실제적 결과는 무엇이 되어야 하는가? 하나님의 약속들이 주는 유익을 이용하기 위해 우리가 할 수 있는 일은 구체적으로 무엇인가?
⓬ '믿고 순종하라' 부분에서, 저자는 그리스도인들을 어떻게 정의하자고 제안하는가? 저자의 광범위한 묘사는 어느 정도 당신에게 부합하는가? 혹은 부합하지 않는가?

◎ 요약: 당신은 하나님의 말씀의 특징을 어떻게 묘사하겠는가?

12장_하나님의 사랑
◎ 목적: 하나님의 사랑을 헤아리는 것.

❶ 저자는 "하나님의 사랑을 아는 것은 지상 낙원을 얻은 것과 같다"고 말한다. 저자가 로마서 5:5을 통해 강조하는 하나님의 사랑의 세 가지 사항은 무엇인가?
❷ 187쪽에서, 저자는 현대의 그리스도인들에게 어떤 비난을 가하는가? 당신은 이러한 비난에 대해 어떻게 대답하겠는가?
❸ "하나님은 사랑이시라"는 요한의 진술을 오해하지 않도록 하기 위해, 우리는 어떤 다른 두 진술을 함께 살펴보아야 하는가? 이 각각의 진술은 우리가 하나님의 사랑을 더 잘 이해하는 것을 어떻게 돕는가?
❹ 저자는 "'하나님은 사랑이시다'라는 말은 **성경**에 근거해서 볼 때 하나님에 대한 완전한 진리가 **아니다**"라고 말했다. 그와 모순되는 것처럼 보이

는 "'하나님은 사랑이시다'라는 말은 **그리스도인과 관련해서는 완전한 진리다**"라는 진술의 의미는 무엇인가? 하나님의 사랑은 당신의 삶에서 날마다 어떤 변화를 일으키는가?

❺ 194-195쪽에 나오는 사랑에 대한 저자의 정의는 이렇다. "하나님의 사랑은 개개의 죄인들을 향한 하나님의 선하심이 발휘된 것으로서, 그들의 복지에 직접 참여하사, 자신의 아들을 보내셔서 그들의 구세주가 되도록 하시고, 이제 그들이 언약 관계 속에서 하나님을 알고 즐기도록 하신 것이다." 다음 말들의 의미는 무엇인가?

- 하나님의 사랑이 **하나님의 선하심의 발휘**라는 것.
- 하나님의 사랑이 **죄인들을 향한** 하나님의 선하심이 발휘된 것이라는 것.
- 하나님의 사랑이 **개개의 죄인들을** 향한 하나님의 선하심의 발휘된 것이라는 것.
- 죄인들에 대한 하나님의 사랑에는 하나님이 **그들의 복지에 직접 참여하는 것**이 포함된다는 것.
- 죄인들에 대한 하나님의 사랑은 자신의 **아들을 보내사 그들의 구세주가 되도록 하는 것**에서 표현된다는 것.
- 죄인들에 대한 하나님의 사랑은 **그들이 언약 관계 속에서 하나님을 알고 즐기도록 하는 것**에서 그 목적에 도달한다는 것.

❻ 201-202쪽에 나오는 '놀라운 사랑!' 부분을 속으로 읽어 보라. 하나님의 사랑은 당신의 삶 어디에서 완전히 영향을 발휘하지 못했는가?

◎ 요약: 하나님의 사랑이란 무엇인지 당신의 말로 표현해 보라. 당신의 경험에 따르면 하나님의 사랑이 의미하는 바는 무엇인가?

13장 _ 하나님의 은혜

◎ 목적: 은혜의 교리를 이해하는 것.

❶ 203-205쪽에서 은혜의 교리에 대비되는 두 가지 반응은 무엇인가?

❷ 은혜의 교리는 어떤 네 가지 중요한 진리를 전제하는가?

❸ 저자는 이 네 가지 진리를 논하면서, 도덕에 대한 현대 이교도들의 견해의 특징을 어떻게 묘사하는가? 저자는 하나님에 대한 현대 이교도들의 견해를 어떻게 묘사하는가? 하나님에 대한 그러한 개념은 어떻게 은혜의 교리를 방해하는가?

❹ 왜 어떤 사람에게는 은혜의 교리가 그처럼 큰 의미가 있다는 것을 알게 되는가?

❺ 은혜의 교리에 대한 당신의 '실제적인 개념'은 우리가 논의한 두 견해와 어떻게 비교되는가?

❻ **은혜**와 **구원**의 관계는 무엇인가?

❼ **칭의**란 무엇인가? 은혜는 칭의와 어떻게 관련되어 있는가?

❽ **구원 계획**이란 무엇인가? 은혜는 구원 계획과 어떻게 관련되는가?

❾ **성도의 견인**이란 무엇인가? 은혜는 성도의 견인과 어떻게 관련되는가?

❿ 다음 진술의 의미는 무엇인가? "신약에서 교리는 은혜이고, 윤리는 감사다." 당신은 당신의 삶에서 이것을 체험해 보았는가?

⓫ 당신은 왜 저자가 다음과 같이 말한다고 생각하는가? "하나님의 은혜의 교리가 도덕적 방종을 조장한다고 생각하는 사람들은…자신들이 무슨 말을 하는지 모른다"(217쪽).

* 이 장에 인용된 찬송가 중 하나를 불러 보라. 당신의 합당치 못함을 고백하고 하나님의 은혜를 찬양하면서 예배의 시간을 가지라.

◎ 요약: 하나님의 은혜란 무엇인가? 우리는 어떻게 하나님의 은혜를 체험할 수 있는가?

14장_심판자 하나님
◎ 목적: 하나님의 심판의 필요성을 깨닫고, 그 안에서 기뻐하는 것.

❶ 성경에서 하나님이 심판자로 언급되는 몇 가지 경우, 곧 하나님이 심판자 역할을 하시는 곳과 하나님을 심판자라고 가르치는 곳을 찾아보라.

❷ 하나님이 심판자라는 사실에는 어떤 네 가지 개념이 포함되어 있는가? 왜 하나님은 이 각각의 사법적 기능을 수행하실 수 있는가?

❸ 응보란 무엇인가? 왜 저자는 그것이 '창조의 불가피한 도덕법'이라고 말하는가?

❹ 226-227쪽에서 저자는 하나님이 사람들을 심판하는 일에 관여하시는 것은 그분의 도덕적 완전성을 나타내는 최종적 증거라고 주장한다. 저자의 논지는 무엇인가?

❺ 228쪽에서 저자는 신적 심판의 실재는 어떤 목적을 가지고 있다고 말하는가?

❻ 예수 그리스도와 하나님의 심판의 관계는 무엇인가?

❼ "최후 심판에서 행위의 중요성"(231-232쪽)은 무엇인가?

❽ 저자의 다음과 같은 질문에 대답해 보라. "값없이 주는 죄사함과 믿음으로 의롭게 되는 것은 행위에 따른 심판과 어떻게 조화를 이룰 수 있을까?"

❾ 고린도전서 3:12-15은 그리스도인들에게 무엇을 가르쳐 주는가? 우리가 이것을 아는 것은 우리의 일상 생활에 어떻게 영향을 끼치는가?

❿ 하나님에 대한 우리의 지식은 우리에 대한 하나님의 심판에 어떠한 영향을 끼치겠는가?

❶ 심판에 대한 두려움을 느끼는 때 우리가 할 수 있는 일은 무엇인가? 이렇게 하는 것은 최후의 심판에 대한 우리의 예상에 어떠한 영향을 끼치는지를 나누어 보라.

* 229쪽에 열거된 아홉 개의 성경 본문을 큰 소리로 읽어 보라. 이 본문들의 요점은 무엇인가?

◎ 요약: 왜 우리는 하나님이 심판자라는 사실로 인해 기뻐해야 하는가?

15장_하나님의 진노
◎ 목적: 하나님의 진노의 본질을 이해하는 것.

❶ 당신은 진노라는 말을 들을 때 무엇을 생각하는가? 진노라는 말의 의미는 무엇인가? 성경에서는 하나님의 진노에 대해 말하는 것이 억제되어 있는가?

❷ 왜 성경은 하나님에 대해 신인동형론적으로 말하는가? 이것은 하나님의 진노에 대해 우리가 어떤 오해를 하도록 하는가?

❸ 하나님의 진노가 잔인하다는 비난에 대처하는 두 가지 성경적 고찰은 무엇인가?

❹ 저자는 "지옥은 하나님이 부과하시는 것이기 이전에, 어떤 사람이 스스로 선택하는 상태"라는 주장을 지지하기 위해 어떤 성경 본문을 사용하는가?

❺ 저자는 '게헨나'를 어떻게 묘사하는가? 그것이 하나님과의 분리를 의미한다는 우리의 인식은 비그리스도인들에 대한 우리의 태도에 어떠한 영향을 끼쳐야 하는가? 또한 비그리스도인들에 대한 우리의 행위에는 어떤 영향을 끼쳐야 하는가?

❻ 로마서에 따르면, 하나님의 진노란 무엇인가?
❼ 하나님의 진노는 어떤 식으로 지속적이고 보편적으로 나타나는가?
❽ 어떻게 우리는 하나님의 진노에서 건짐을 받을 수 있는가?
❾ 우리가 하나님의 진노에 대한 진리에 직면하지 않는다면 결코 이해하지 못할 몇 가지 중요한 진리는 무엇인가?
❿ 핑크는 왜 우리가 하나님의 진노에 대해 자주 묵상해야 한다고 말하는가?
⓫ 당신은 '하나님의 진노를 기꺼이 묵상하려는 것'에 대한 시험에 어떻게 대처하는가?

* 237쪽에 인용된 성경 본문 일부 혹은 전부를 읽으라. 어떠한 인상을 받았는가? 하나님의 진노를 묘사하기 위해 어떠한 비유적 표현들이 사용되는가?

◎ 요약: 하나님의 진노란 무엇인가? 하나님의 진노를 인식하면 우리가 무엇을 하게 되는가?

16장_인자하심과 준엄하심
◎ 목적: 하나님의 인자를 하나님의 준엄하심과 연관시키는 법을 배우는 것.

❶ 로마서 11:22에서 '…과'라는 말은 왜 중요한 단어인가?
❷ 왜 사람들은 하나님에 대해 그처럼 혼란스러운 생각을 가지게 되었는가?
❸ '하나님의 인자'라는 개념을 하나님의 준엄하심이라는 개념과 분리시키는 습관'의 기원은 무엇인가? 이러한 습관은 기독교에 어떠한 영향을 끼치는가? 왜 그런가?
❹ 왜 산타클로스 신학은 그 안에 붕괴의 씨를 지니고 있는가?
❺ 어떤 속성들이 모여서 하나님의 **인자**를 이루는가?

❻ 하나님은 모세에게 어떤 속성들을 특히 강조하셨는가?
❼ 257-258쪽에 나오는 다음 진술의 의미는 무엇인가? "관대함은 하나님의 도덕적 완전함의 초점이다."
❽ 또 다음 진술의 의미는 무엇인가? "하나님은 어떤 점에서 모든 사람에게 인자하시고, 모든 점에서 어떤 사람에게 인자하시다"(258쪽).
❾ 시편 145편의 요점은 무엇인가?
❿ 하나님이 당신에게 주신 주된 복들은 무엇인가?
⓫ 시편 107편 기자는 어떤 네 가지 해방의 예로 하나님을 찬양하는가? (259-260쪽)
⓬ 하나님의 준엄하심이란 무엇인가? 다음 진술의 의미는 무엇인가? "하나님의 인자하심을 나타내는 모든 표현의 배후에는 만일 그 인자하심이 멸시를 당했을 때는 준엄한 심판이 있으리라는 위협이 담겨 있다."
⓭ 성경 전체는 하나님의 준엄하심의 본질에 대해 무엇을 강조하는가?
⓮ 저자는 하나님의 인자와 준엄하심에 대한 고찰에서 어떤 세 가지 교훈을 이끌어내는가? 우리는 그것을 어떻게 적용할 수 있는가?

◎ 요약: 하나님의 인자와 하나님의 준엄하심은 어떠한 관계인가?

17장_질투하시는 하나님
◎ 목적: 하나님의 질투의 본질을 이해하는 것.

❶ 하나님이 질투하신다는 것을 어떻게 알 수 있는가? 하나님은 이스라엘의 역사에서 언제 이것을 분명하게 보이셨는가?
❷ 성경에서 신인동형론을 사용한다는 것을 아는 것은, 하나님의 질투를 이해하는 데 어떤 영향을 끼치는가?

❸ 269-270쪽에서, 저자는 질투를 어떻게 두 종류로 구분하는가? 왜 두 번째 종류의 질투는 긍정적인 미덕인가?

❹ 하나님의 질투는 어떻게 하나님의 언약적 사랑의 한 측면이라 할 수 있는가?

❺ 하나님은 자신이 사랑하셨고 구속하신 자들에게서 무엇을 요구하시는가?

❻ 하나님의 언약적 사랑의 목표는 무엇인가?

❼ 이 세상에 대한 하나님의 삼중적인 목적은 무엇인가? 왜 저자는 "하나님이 질투하시는 이유는 궁극적으로는 이러한 목적을 달성하기 위한 것"이라고 말하는가?

❽ 이스라엘에 대한 하나님의 질투는 하나님이 어떤 일을 하도록 이끌었는가?

❾ 여호와의 백성이라고 고백하는 사람들을 위한 하나님의 질투의 실제적 결과 두 가지는 무엇인가?

❿ 열심이란 무엇인가? 왜 하나님을 위한 질투는 열심을 낳는가? 성경에서는 열심에 대해 무엇이라고 말하는가?

⓫ 277쪽의 첫 번째 문단을 큰 소리로 읽어 보라. 당신은 이 질문들에 대해 개인적으로 어떻게 반응하는가?

⓬ 하나님은 라오디게아 교회에게 무엇이라고 말씀하셨는가? 하나님은 우리의(당신의) 교회에도 그렇게 말씀하실까?

* 267쪽에 열거되어 있는 성경 구절들을 찾아 읽으라. 이 구절들은 하나님의 질투에 대해 무엇을 말해 주는가?

◎ 요약: 우리가 하나님은 질투하시는 분이라고 말할 때 그것은 무슨 의미인가? 이것은 우리의 개인적 행동과 관련하여 어떤 의미가 있는가? 우리의 공동체적 행동과 관련해서는 어떠한가?

* 7-17장에 나오는 하나님의 속성들에서 당신이 배운 주된 사항은 무엇인가?

18장 _ 복음의 핵심

◎ 목적: 복음의 핵심을 깨닫는 것.

❶ 성경적 종교는 이방 종교와 어떤 면에서 다르고, 어떤 면에서 같은가?

❷ 화목이란 무엇인가?

❸ 화목은 하나님이 죄인들을 의롭다 하시는 근본적인 이유와 어떻게 관련되어 있는가? 또한 성육신의 근본적인 이유, 예수님의 천상의 사역, 하나님의 사랑에 대한 요한의 정의와는 어떻게 관련되어 있는가?

❹ 화목과 속죄의 차이는 무엇인가?

❺ '신약에 나오는 화목 단어군'에 대한 도드의 해석은 무엇인가?(286쪽) 저자의 반응은 어떠한가?

❻ '하나님의 진노' 단락에서, 저자는 갈보리에서 달래어 진정된 진노를 어떻게 묘사하는가?

❼ 저자는 화목에 대한 어떤 세 가지 사실을 진술하는가? 어떤 이유로 각각의 사실은 중요한가?

❽ 복음이 해결해 주는 근본적인 문제는 무엇인가? 당신의 삶에서 이 중요한 문제를 해결하는 것은 주변 영역들에 어떠한 영향을 미치는지 구체적으로 말해 보라.

❾ 화목의 진리를 깨닫는 것은 예수님의 삶의 추진력을 이해하는 데 어떤 도움을 주는가? 하나님을 거부한 사람들의 운명과 하나님이 주시는 평화, 하나님의 사랑의 여러 차원, 하나님의 영광의 의미에 대해서는 각각 어떠한가?

* 어떤 중요한 구약 의식이 화목의 개념과 관련되어 있었는가? 성구 사전이나 성경 사전을 사용해서 이 관습들을 조사해 보라.

◎ 요약: 복음의 핵심은 무엇인가? 저자가 말하듯이, 화목이라는 단어가 당신의 신앙 안에 조금이라도 자리를 차지하고 있는가?

19장_하나님의 자녀
◎ 목적 : 양자됨의 엄청난 중요성을 파악하는 것.

❶ 하나님은 모든 사람의 아버지신가? 인간은 어떤 종류의 아들됨을 경험할 수 있는가?
❷ 저자는 어떤 구절로 신약의 가르침 전체를 요약하는가? 또 신약적 종교 전체를 요약하는가?
❸ 저자는 "신자에게 주신 바 하나님이 아버지라는 계시는 어떤 의미에서 성경의 절정이다"라고 말한다. 구약에 나온, 자신에 대한 하나님의 계시는 신약 계시와 어떻게 대비되는가?
❹ 저자는 하나님의 아버지 되심이 "부적격한 인간 아버지를 가진 사람들에게는 아무것도 의미할 수 없다"는 말을 어떻게 논박하는가?
❺ 하나님은 자신의 아버지 되심의 의미를 어떻게 분명하게 보이셨는가? 그것의 네 가지 필수적인 요소는 무엇인가?(323면)
❻ 저자가 말한 바 양자됨은 '복음이 제시하는 최고의 특권'이라는 말의 의미는 무엇인가?
❼ 저자는 그리스도인의 삶 전체를 양자됨에 비추어 이해해야 한다고 말한다. 산상수훈에서 양자됨은 어떤 세 가지 기초 역할을 하는가? 양자됨은 어떻게 그 기초를 제공하는가?

❽ 저자가 338면에서 사용하는 화목을 통한 양자됨이라는 문구는 왜 그처럼 의미심장한 복음의 요약인가?

❾ 우리의 양자됨은 어떻게 하나님의 은혜의 위대하심을 보여 주는가? 그리스도인의 소망의 영광은? 성령의 사역을 이해하는 열쇠는? '복음적 거룩함'의 의미와 동기는? 확신의 문제에 대한 해결책은?

❿ 이 장 마지막에 열거된 각각의 질문에 대해 예 혹은 아니오라는 대답을 생각해 보라(혹은 적어 보라). 당신은 양자됨 및 당신과 하늘에 계신 아버지와의 관계에 대해서 어떤 인상을 받게 되는가?

◎ 요약: 양자됨이란 무엇인가? 양자됨은 왜 중요한가?

20장 _ 우리의 인도자 하나님
◎ 목적: 어떻게 하나님이 그리스도인들을 인도하시는가를 배우는 것.

❶ 왜 많은 그리스도인에게 하나님의 인도는 고질적인 문제인가? 당신은 하나님의 뜻을 아는 것에 대해 염려를 느끼는가?

❷ 하나님의 인도에 대한 우리의 확신의 기초가 되는 두 가지 근본 사실을 열거해 보라.

❸ 성경에 나오는 하나님의 인도의 몇 가지 예는 무엇인가? 하나님이 인도하실 것이라는 성경의 약속들은 무엇인가?

❹ 하나님이 인도하시리라는 것을 확증해 주는 '성경 진리들'로는 무엇이 더 있는가?(369-370면)

❺ 그리스도인들이 인도에 대해 저지르는 기본적인 실수는 무엇인가? 이러한 실수의 뿌리는 무엇인가?

❼ '소명을 위한' 선택들에서 하나님은 어떻게 역사하시는가? 성령이 이렇

게 역사하시려 할 때 어떠한 실수가 성령을 소멸할 수 있는가? 이러한 함정을 피하기 위해 우리는 어떤 구체적인 조치를 취할 수 있는가?

❽ 우리가 믿음으로 발을 내디뎠는데 괴로움이 닥치면, 어떻게 반응해야 하는가? 저자가 하나님을 따르는 자들은 곤경을 겪을 수도 있다는 것을 보여 주기 위해 379-383면에서 인용하는 주된 예들은 무엇인가?

❾ 우리가 잘못된 길을 간다면, 그 피해는 회복할 수 없는 것인가? 우리는 왜 그렇지 않다고 확신할 수 있는가?

❿ 383-385면에서, 패커는 하나님의 인도에 대한 필수적인 진리로 무엇을 강조하는가? 이것은 당신에게 개인적으로 어떠한 위로가 되는가?

* '소명을 위한 선택'의 두 가지 특징은 무엇인가? 해나 윗톨 스미스는 모든 선택을 '소명을 위한' 것으로 간주하는 버릇을 어떻게 비웃는가?

◎ 요약: 하나님은 어떻게 인도하시는가? 이것을 아는 것은 당신의 삶에 어떠한 영향을 끼칠 것인가?

21장_내적 시련

◎ 목적: 특정한 유형의 복음 사역이 야기하는 해로움을 인식하는 것.

❶ 이 장에서 저자는 특정 종류의 복음 사역을 비판하고 있다. 이 사역은 왜 잔인한가? 무엇이 그것을 복음적인 사역으로 만드는가? 그렇다면 여기에서 잘못된 것은 무엇인가?

❷ '잘못 적용된 교리들' 부분에서, 이 사역은 그리스도인이 되는 것이 어떤 사람의 삶을 바꾸는 것에 대해 무엇을 강조하는가? 비록 이런 것들이 사실이라 해도, 이러한 강조에서 잘못된 것은 무엇인가?

❸ 다음 진술의 의미는 무엇인가? "우리가 검토하고 있는 이런 유형의 사역은, 사람들의 동경을 이끌어내기 위해 하나님이 이 세상에서 수행하겠다고 약속하신 것 이상을 감히 약속한다."
❹ 이 약속은 어떤 결과를 낳는가?
❺ 왜 아주 어린 그리스도인의 경험과 더 오래된 그리스도인의 경험은 통상적으로 다른가?
❻ 당신의 영적 연령은 어떠한가? 저자는 당신의 현재 상황을 이해하는 것을 어떻게 도와주는가?
❼ 여기에서 논의된 사역은 그리스도인의 삶의 갈등에 대해 어떤 치료책을 제시하는가?
❽ 이 치료책이 올바르거나 대실패인 경우는 언제인가? 왜 그런가?
❾ '은혜를 잊어버림' 부분에서, 저자가 제시하는 비난은 무엇인가?
❿ 은혜의 정의, 은혜의 목적, 하나님의 목적 수행 방법을 말해 보라.
⓫ 저자는 이런 종류의 가르침에 내포된 주된 저주는 비현실성이라고 말한다. 존 뉴턴의 찬송가는 어떤 현실을 묘사하는가?
⓬ 저자가 반대하는 이런 가르침을 접한 적이 있다면 나누어 보라.

◎ 요약: 저자가 비난하는 사역의 일차적으로 잘못된 점은 무엇인가?

22장 _ 하나님의 충족성
◎ 목적: 하나님의 충족성을 기뻐하는 것.

❶ '성경의 정점'인 로마서는 어떤 식으로 읽을 수 있는가?
❷ 왜 어떤 그리스도인들은 다른 그리스도인들보다 로마서를 더 잘 이해하는가?

❸ 왜 바울은 '로마서의 정점'인 로마서 8장을 썼는가?
❹ 로마서 8장의 구조는 어떠한가?
❺ 왜 바울은 31절에서 독자들에게 "그런즉 이 일에 대하여 우리가 무슨 말 하리요"라고 묻는가? 31절에 나오는 질문에 대한 바울의 대답은 또 다른 네 가지 질문에 집중적으로 나와 있다.
❻ 첫 번째 질문은 "만일 하나님이 우리를 위하시면 누가 우리를 대적하리요?"라는 것이다. 이것은 어떠한 개념을 표현하는가? '우리의 주권적인 보호자이신 하나님의 충족성', '우리에 대한 하나님의 언약적 헌신의 단호함'이라는 말은 무슨 의미인가? **하나님이 우리를 위하신다**는 말은 당신에게 어떤 의미가 있는가?
❼ 두 번째 질문은 "자기 아들을 아끼지 아니하시고 우리 모든 사람을 위하여 내주신 이가 어찌 그 아들과 함께 모든 것을 우리에게 주시지 아니하시겠느냐?"라는 것이다. 이것은 어떠한 개념을 표현하는가? '우리의 주권적 시혜자이신 하나님의 충족성', '우리를 위한 하나님의 구속 사역의 단호함'이라는 말은 무슨 의미인가? 우리에 대한 하나님의 주장은 우리의 생활 양식에 대해 무엇을 함축하는가?
❽ 세 번째 질문은 "누가 능히 하나님께서 택하신 자들을 고발하리요? 의롭다 하신 이는 하나님이시니 누가 정죄하리요?" 하는 것이다. 이것은 어떠한 개념을 표현하는가? '우리의 주권적 옹호자이신 하나님의 충족성', '하나님이 우리를 의롭다 하시는 판결의 단호함'이라는 말은 무슨 의미인가? 이러한 진리들은 우리에게 어떤 영향을 끼쳐야 하는가?
❾ 네 번째 질문은 "누가 우리를 그리스도의 사랑에서 끊으리요?"라는 것이다. 이것은 어떠한 개념을 표현하는가? '우리의 주권적인 파수꾼'으로서 하나님의 충족성과 '우리의 운명을 정하실 때 신적 사랑의 확고함'이라는 말은 무슨 의미인가? 이것은 당신의 삶에 있는 어떤 두려움들에 대해 말하는가?

⑩ 하나님을 아는 것에 대한 우리의 연구는 어떻게 우리를 "성경에 근거한 종교의 제일 핵심"으로 데려갔는가?

⑪ 이 장에서 깨달은 것이 당신의 삶의 우선순위에 어떠한 영향을 끼칠지를 나누어 보라.

◎ 요약: 저자는 하나님의 충족성을 묘사하면서, 신자의 삶에 나타난 하나님의 놀라우신 주권적 사역을 묘사하기 위해 네 가지 용어를 사용한다. 그것은 무엇인가? 당신은 그 가운데 어느 역할에 대해 가장 기뻐하는가?

성구 색인

창세기
1 *173*
1-2 *130*
1-3 *175*
1:2-3 *106*
1:3 *87, 173*
1:5 *174*
1:6 *174*
1:9 *174*
1:11 *174*
1:12 *174*
1:14 *174*
1:20 *174*
1:24 *174*
1:26 *130, 174*
1:26-27 *156*
1:28 *174*
1:29 *174*
2:17 *174*
2:19 *130*
3 *220, 237, 244*

3:8-9 *130*
3:11-13 *130*
3:15-19 *175*
3:17-24 *130*
4:9 *131*
6-8 *220*
6:3 *262*
6:5 *131*
6:6-7 *125, 130*
11:5 *130*
11:7-9 *131*
12:1-3 *131*
12:4 *145*
12:7 *145*
12:10-20 *143*
12:12-13 *143*
13:14-17 *131*
13:8-9 *145*
14:14-15 *145*
14:19-22 *131*
14:22-23 *145*

15:1 *144, 411*
15:5 *176*
15:13-21 *131*
15:14 *220*
16:5-6 *143*
16:7 *131*
16:8 *130*
16:16-17:1 *399*
17 *417*
17:1 *144, 417*
17:1-7 *200*
17:1-8 *176*
17:7-9 *417*
18-19 *220*
18:14 *131*
18:17 *143*
18:20-21 *225*
18:20-33 *130*
18:23-32 *145*
18:25 *207, 220*
19:24-25 *131*

성구 색인 491

20:11 *143*
21:5 *145*
22 *145*
25:9-10 *144*
25:29-34 *146*
27:1-40 *146*
28:13-15 *145*
29:15-30 *147*
30:25-31:55 *147*
31 *147*
31:3 *147*
31:11-13 *147*
32:1-2 *147*
32:9-10 *147*
32:24-30 *147*
32:25 *148*
32:26 *149*
32:28 *149*
33:14-17 *149*
45:7-8 *150*
48-49 *145*

출애굽기
3 *266*
3:7-10 *176*
3:12 *420*
3:14 *121*
3:15 *121*
4:10-14 *400*
4:22-23 *315*
6 *266*
7-12 *220*
13:21-22 *380*
14:10-12 *381*
16:3 *381*
17:8 *380*
17:9-13 *276*
20:2-3 *426*
20:4-5 *67*

20:5 *266*
31:18 *266*
32:5 *73*
32:26-35 *220*
33:17 *65*
33:19 *256*
34 *266*
34:6 *177, 257, 262, 416*
34:6-7 *122, 256, 260, 267*
34:14 *266*

레위기
4:1-6:7 *283*
4:4 *294*
4:6-7 *294*
4:17-18 *294*
4:24 *294*
4:25 *294*
4:29 *294*
4:30 *294*
4:33 *294*
10:1-3 *220*
16:1-34 *283*
16:21-22 *294*
17:11 *293*

민수기
5:11-31 *270*
11:4-6 *381*
14:2-3 *381*
14:18 *262*
16:41-50 *283*
16:46-48 *283*
20:2-5 *381*
21:4-5 *381*
21:21-23 *380*
23:19 *124, 178*

25:11 *267, 276*
25:13 *276*

신명기
1:19 *380*
4 *77*
4:24 *267*
6:14-15 *273*
6:15 *267*
7:7-8 *196*
7:21 *158*
10:17 *158*
29:20 *267*
32:16 *267*
32:21 *267*
32:29 *377*

여호수아
7 *221*
24:19 *267, 271*
24:19-20 *273*

사사기
2:11-15 *221*
3:5-8 *221*
4:1-3 *221*
11:27 *220*

사무엘상
15:11 *125*
15:29 *124, 178*

사무엘하
7:28 *177*
17 *140*
17:14 *140*
22:31 *257*
24:16 *125*

열왕기상
14:22 *267, 271*
19:10 *276*
19:14 *276*

열왕기하
17 *221*
22:15-17 *221*
23:26-27 *221*

역대하
5:13 *259*
7:3 *259*
32:7-8 *420*

에스라
1:1 *367*

느헤미야
1:5 *158*
4:14 *158*
9:17 *262*
9:32 *158*

욥
5:17 *395*
9:4 *140*
12:1 *140*
28:28 *158*
36:5 *140*
37:22 *134*
38-41 *134*
40:9-11 *134*

시편
16 *445*
18:30 *257*
23:3 *370, 376*
25 *368*

25:8-9 *368*
25:12 *368*
27:8 *447*
31:5 *177*
32:8 *368*
33:6 *87, 106, 174*
33:9 *87, 174*
33:11 *125*
34:8 *62*
34:14 *375*
34:19 *380*
36:5 *180*
37:27 *375*
48:1 *128*
50:8-13 *209*
51 *63*
56 *418*
56:2 *418*
56:3-4 *418*
56:4-10 *419*
56:5-6 *418*
56:8 *418*
56:9 *418*
56:12-13 *419*
56:13 *419*
57:10 *177*
62:12 *241*
73 *227*
73:24-26 *411*
73:25-26 *144*
75:7 *220*
78:58 *267, 271*
79:5 *267*
82:8 *220*
84:11 *434*
86:5 *259*
86:15 *262*
93:1-2 *127*
93:2 *120*

95:3 *128*
95:6 *128*
99:3 *158*
100:4-5 *259*
102:23 *149*
102:26-27 *120*
103:8 *262*
105:19 *150*
106:1 *259*
106:2 *259*
107 *259*
107:1 *259*
107:6 *259*
107:8 *260*
107:13 *259*
107:15 *260*
107:19 *259*
107:21 *260*
107:28 *259*
107:31 *260*
108:4 *177*
110 *94*
111:10 *158*
116:12-18 *263*
118:1 *259*
119 *370*
119:1-2 *32*
119:5 *32, 182*
119:10 *182*
119:12 *31*
119:18 *31*
119:26-27 *182*
119:32 *101*
119:36 *182*
119:68 *259*
119:71 *264*
119:80 *182*
119:89 *123*
119:90 *180*

119:97 *31*
119:98-99 *158*
119:103 *31*
119:125 *31*
119:136 *63*
119:151 *178*
119:151-152 *123*
119:160 *177*
136 *259*
136:1 *259*
139:1-4 *133, 173*
139:5-10 *132*
139:11-12 *132*
139:14 *133*
139:23-24 *378*
145 *258*
145:5 *127*
145:8 *262*
145:9 *195, 258*
145:15-16 *195, 258*
147:15-18 *175*
148:8 *175*

잠언
1:7 *158*
3:6 *368*
3:11 *395*
4:7 *157*
4:13 *157*
6:34 *270*
8:34-36 *157*
9:4 *157*
9:10 *158*
11:2 *158*
12:15 *377*
15:33 *158*
24:12 *241*
27:4 *270*

전도서
1-10 *162*
1:1 *162*
1:2 *163*
1:3 *165*
1:4-7 *164*
1:14 *165*
1:17-18 *165*
2:11 *165*
2:14 *164*
2:15-16 *165*
2:16 *164*
2:18-21 *165*
2:19 *165*
2:22 *165*
2:22-23 *265*
2:24 *168*
3:1-8 *164*
3:9 *165*
3:11 *164*
3:12 *167*
3:12-13 *168*
3:16 *164*
3:19-20 *164*
4:1 *164*
4:4 *165*
4:8 *165*
5:1-7 *167*
5:8 *164*
5:11 *165*
5:15-16 *165*
5:16 *165*
5:18-20 *168*
7:4-6 *168*
7:13-14 *164*
7:14 *168*
7:15 *164*
7:29 *156*
8:8 *164*

8:11 *164*
8:14 *164*
8:15 *168*
8:17 *164*
9:2-3 *164*
9:3 *164*
9:7-10 *168*
9:10 *168*
9:11-12 *164*
11:1-6 *168*
11:1-12:7 *162*
11:5 *165, 167*
11:9 *163, 167, 222*
11:9-10 *168*
12:1 *163*
12:8 *162*
12:12 *163*
12:13 *167*
12:14 *167, 222*

아가
8:6 *192*
8:7 *192*

이사야
6:3 *318*
9:6-7 *176*
9:7 *273*
11:1-2 *176*
28:20 *387*
37:32 *273*
40:6-8 *123*
40:11 *391*
40:12 *134*
40:15 *134*
40:17 *134*
40:18 *72*
40:22 *135*
40:23 *136*

40:25　*137*
40:26　*137, 140*
40:27　*138*
40:28　*138, 140*
42:8　*274*
44:9-20　*68*
46:6-7　*68*
46:9-10　*416*
48:11　*274*
48:12　*120*
53　*312*
53:4-10　*305*
55:8-9　*75*
55:10-11　*176*
57:17　*394*
58:11　*368*
65:16　*177*
66:2　*177*

예레미야
1:5　*65*
1:7　*175*
1:9　*176*
1:10　*175*
1:11-12　*176*
9:23-24　*51*
10:10　*120*
13:10　*177*
20:11　*158*
22:16　*445*
33:11　*259*

예레미야 애가
3:23　*180*

에스겔
5:13　*273*
8:3　*271*
8:3-5　*267*
16　*271*
16:38　*267, 271*
16:42　*267, 271*
23:25　*267, 271*
36:5-7　*267, 273*
38:19　*267*
39:25　*267, 273*

다니엘
1:8-16　*41*
2:20　*140*
2:20-22　*44*
2:44　*176*
3:15　*47*
3:16-18　*47*
3:25　*49*
4:5　*221*
4:25　*44*
4:26　*43*
4:27　*221*
4:34　*221*
4:34-37　*44*
5:5-6　*221*
5:18-23　*43*
5:21　*44*
5:23-28　*221*
5:30　*221*
6:10　*41*
6:22　*49*
6:25-27　*44*
7:13-14　*229*
7:14　*176*
9:2　*42*
9:3　*42*
9:4　*44*
9:7　*44*
9:9　*44*
9:14　*44*
10:21　*182*

11:21　*41*
11:31-32　*41*
11:32　*40*

호세아
6:6　*52*

요엘
2:13　*262*
2:13-14　*125*
2:18　*267, 273*
2:25-26　*384*

아모스
4:12　*230*

요나
1:3　*380*
3:10　*125*
4:2　*262*

나훔
1:2　*267, 273*
1:2-8　*237*

하박국
1:13　*319*
3:17-19　*446*

스바냐
1:18　*267, 273*
3:8　*267, 273*

스가랴
1:14　*267*
1:14-17　*273*
8:2　*267, 273*
13:1　*211*

말라기
3:6 *434*

마태복음
2:1-6 *85*
5:8 *345*
5:16 *333*
5:44-45 *333*
5:48 *192, 333*
6:1 *334*
6:1-18 *333*
6:4 *334*
6:6 *334*
6:7-8 *335*
6:9 *333, 334*
6:18 *334*
6:25 *337*
6:26 *337*
6:31-33 *337*
6:33 *425*
7:7-11 *335*
7:11 *369*
7:13-27 *229*
10:24-25 *382*
10:26-33 *229*
11:28 *211*
11:28-29 *60, 242*
12:33-34 *230*
12:36-37 *229, 230*
13:24-50 *229*
16:16 *59*
16:24-26 *243*
16:27 *226*
17:27 *97*
21:43-44 *221*
22:1-14 *229*
22:37-38 *429*
24:36-25:46 *229*
25:31-34 *229*
25:34-46 *231*
25:41 *229*
26:53-54 *98*
28:8-10 *331*
28:18 *95*
28:20 *95*

마가복음
1:11 *301*
1:22 *301*
1:27 *301*
3:14 *59*
3:35 *331*
4:35 *380*
4:37 *381*
5:30 *97*
6:38 *97*
6:45 *381*
6:48 *381*
8:31 *302*
8:34-35 *302*
9:7 *301*
9:9 *302*
9:31 *302*
9:47 *243*
9:48 *243*
10:29-30 *425*
10:33-34 *302*
10:45 *302*
11:27-33 *301*
12:8 *302*
13:32 *97, 99*
14:18 *202*
14:21 *302, 306*
14:24 *299, 302*
14:34 *302*
14:36 *302*
14:49 *302*
14:61-62 *302*
15:34 *302*

누가복음
6:35 *195*
11:2 *354*
11:4 *354*
12:47-48 *232, 241*
12:48 *232*
12:50 *99*
13:23-30 *229*
15:10 *198*
15:18-19 *342*
16:19-31 *229*
18:31 *367*
21:22-24 *237*
22:22 *367*
24:26-27 *304*
24:47 *326*

요한복음
1:1 *104*
1:1-18 *87*
1:12 *322, 328*
1:12-13 *316*
1:14 *83, 85, 92*
1:18 *85, 89, 416*
1:29 *299, 310*
2:17 *277*
3:3 *112*
3:5 *112*
3:11 *112*
3:16 *85, 200, 211*
3:18-19 *85, 242*
4:17-18 *97*
4:24 *190, 191*
4:34 *277, 323, 367*
5:19 *98, 323*
5:20 *323*
5:22 *223*

5:22-23 *229, 323*
5:22-30 *229*
5:23 *106*
5:24 *231*
5:23-24 *60*
5:26-27 *111*
5:26-29 *229*
5:27-29 *223*
5:30 *98*
5:43 *106*
6:35 *60*
6:38-39 *98, 323*
6:68 *59*
7:16 *96*
8:28 *96*
8:28-29 *98*
8:29 *323*
8:40 *96*
10:7 *60*
10:14-15 *60, 65*
10:25 *106*
10:27-28 *60, 65*
10:35 *123*
11:11-13 *97*
11:25 *60*
11:42 *334*
12:26 *324*
12:49-50 *96, 106*
13:31 *311*
14:6 *316*
14:6-9 *58*
14:16 *105*
14:17 *105*
14:26 *105, 110*
15:9-10 *323*
15:15 *328*
15:26 *107*
15:26-27 *111*
15:27 *110*

16:7 *107*
16:8 *113*
16:12-14 *111*
16:27 *324*
16:28 *107*
16:32 *323*
17:1 *323*
17:3 *51, 79*
17:4 *106, 323*
17:5 *94*
17:8 *111*
17:11 *106*
17:12 *106*
17:17 *177*
17:24 *324, 345*
20:17 *322*
20:17-18 *331*
20:19-20 *309*
20:22 *107*
20:31 *86*
21:17 *95*

사도행전
1:8 *110*
2:17-18 *186*
2:33 *186*
2:38 *326*
3:19 *326*
5:1-10 *221*
5:29 *45*
5:31 *326, 438*
8:26 *368*
8:29 *368, 370*
10 *384*
10:19 *470*
10:19-20 *368*
10:42 *223*
10:43 *326*
10:45 *186*

11:23 *63*
12:21-23 *221*
13:2 *368, 370*
13:8-11 *221*
13:38-39 *326*
14:17 *195, 258, 295*
14:22 *392, 413*
15:28 *370*
16:6 *370*
16:6-10 *368*
16:10 *381*
17:25 *209*
17:30 *176*
17:30-31 *326*
17:31 *223, 230*
18:9-10 *368*
19:21 *381*
20:21 *326*
20:22-23 *381*
20:24 *45, 277*
21:14 *367*
22:14 *367*
22:16 *326*
26:16-19 *367*
26:18 *326*

로마서
1 *287, 295*
1-3 *404, 407*
1-5 *299, 326*
1-7 *407*
1:18 *237, 246, 287, 416*
1:19-31 *247*
1:23 *68, 120*
1:24 *247, 287*
1:25 *68*
1:26 *247, 287*
1:28 *247, 287*

1:32 *246*
2:1-5 *261*
2:1-16 *287, 296*
2:5 *227, 237, 245, 246*
2:5-6 *241, 287*
2:6-11 *226*
2:8 *287*
2:12 *232*
2:16 *223, 287*
3 *287*
3-15 *404*
3:5 *245*
3:9 *287*
3:9-10 *247*
3:19 *247*
3:20 *208*
3:21-24 *291*
3:21-26 *284*
3:22-26 *326*
3:24 *299*
3:24-25 *213, 248*
3:25 *287*
3:25-26 *295*
4 *404*
4-5 *408*
4:5 *288, 436*
4:15 *245*
4:25 *296*
5-7 *404*
5:1 *46*
5:1-11 *408*
5:5 *186, 187*
5:8 *200, 211, 339, 416, 422*
5:9 *237, 245, 248, 288*
5:10 *288*
5:10-11 *299*
5:20 *245*
6-7 *408*

6:1 *393*
6:13 *412*
6:18 *412*
7 *408, 410*
7:7 *408*
7:7-13 *245*
7:11 *408*
7:14-25 *408*
7:18 *409*
7:22-23 *409*
7:24 *409*
7:24-25 *435*
8 *339, 406, 407, 410*
8:1 *46-47, 233, 411, 425*
8:1-9 *411*
8:1-30 *411, 414*
8:4-27 *411*
8:6-13 *411*
8:14 *375*
8:14-17 *411*
8:15 *338, 348, 411*
8:15-16 *414*
8:16 *344*
8:16-17 *46-47, 343*
8:17 *344*
8:17-25 *411*
8:18-23 *408*
8:19-21 *343*
8:22 *409*
8:23 *344, 409*
8:25 *409*
8:26-27 *411*
8:28 *46-47, 194, 352, 433*
8:28-30 *411*
8:29 *411, 416*
8:29-30 *214, 357*
8:30 *46-47, 397, 425*

8:31 *46-47, 411*
8:31-35 *415*
8:31-39 *411*
8:32 *199, 212*
8:33 *46-47, 426*
8:34 *437*
8:35 *46-47, 413, 440*
8:35-36 *442*
8:35-39 *192, 408*
8:37 *443*
8:38-39 *46-47, 357, 414, 441*
8:39 *440, 442*
9 *404*
9:16 *209*
9:22 *262*
10 *404*
10:14 *61*
11:20-21 *261*
11:22 *251, 259, 260*
11:33-34 *76*
12:2 *369*
12:19 *237*
13:4 *245*
13:4-5 *237*
13:5 *245*
14 *404*
16:26-27 *140*

고린도전서
1:9 *397*
1:21 *75*
1:24 *170*
1:30 *170*
2:1-5 *113*
2:10-13 *110*
3:9 *57*
3:12-15 *232*
3:18 *170*

7:39 *376*
8:1-2 *30*
10:13 *392*
10:22 *268, 271*
11:29-32 *221*
12:28-30 *187*
13:1-3 *187*
13:12 *64, 345*
15:10 *204, 397*
15:47 *83*
15:47-54 *397*

고린도후서
1:4 *151*
1:24 *410*
3:18 *156, 349, 397*
4:4 *112*
4:6 *313*
4:13 *20*
5:10 *225, 226, 231*
5:11 *232*
5:14 *294*
5:18-20 *299*
5:18-21 *294, 326*
5:21 *397*
7:11 *276*
8:9 *92, 101*
12:7-9 *153, 336*
12:9 *434*

갈라디아서
1:4 *299*
1:8 *285*
2:11-14 *384*
2:20 *194, 200, 299*
2:21 *204*
3 *299, 417*
3:13 *293, 299*
3:13-14 *326*
3:15-29 *200*
3:26-29 *316*
4 *417*
4:1-7 *328*
4:3 *328*
4:4-5 *316*
4:5 *299, 328, 338*
4:6 *328, 348*
4:7 *328, 343*
4:8 *328, 64*
4:9 *64*
5:22 *263*
6:7 *306*

에베소서
1-2 *299*
1:3 *214, 322*
1:3-2:10 *214*
1:4 *197, 311*
1:4-5 *215, 351*
1:5 *215, 317, 338*
1:6 *215, 311*
1:7 *213, 215, 310, 326*
1:9 *215*
1:9-11 *367*
1:11 *215*
1:11-12 *215*
1:12 *215*
1:13-14 *215, 397*
1:14 *215, 311*
1:19 *215*
1:19-20 *215*
2:1-5 *311*
2:1-6 *397*
2:3 *245*
2:4 *199, 215*
2:4-8 *215*
2:5 *210*
2:7 *215*
2:7-10 *311*
2:8 *210, 215*
2:8-10 *215*
2:10 *218*
2:13 *310*
3:11 *367*
3:12 *320*
3:14 *322*
3:14-16 *188*
3:18-19 *310*
3:19 *199*
4:2 *263*
4:10 *95*
4:11-16 *311*
4:19-22 *375*
4:30 *311*
5 *311*
5:2 *299, 311*
5:15-17 *157*
5:25 *311*
5:26-27 *311*

빌립보서
1:6 *397*
1:29 *216*
2:5 *101*
2:6-8 *91*
2:7 *93*
2:8 *304*
3:7-10 *37*
3:8-14 *442*

골로새서
1:9 *157, 369*
1:20 *310*
1:20-22 *299*
3:10 *156*
3:12 *263*
3:16 *158*

4:5 　157
4:12 　369

데살로니가전서
1:10 　237, 248, 250
2:14-16 　221
2:16 　237
4:17 　345
5:9 　237
5:21 　379

데살로니가후서
1:8-10 　237
2:12-13 　214
2:13 　197

디모데전서
1:16 　367
2:6 　299
2:9 　375
6:16 　120

디모데후서
3:15 　170
3:15-17 　158
3:16-17 　369
4:8 　223

디도서
1:2 　178
2:11 　210
2:11-12 　218
2:14 　276
3:6 　186
3:7 　213

히브리서
1:2 　84
1:3 　128, 319

2:10 　345
2:11-13 　331
2:17 　284
2:17-18 　90
4:15-16 　90
5:8-9 　152
6:17-18 　125
6:18 　178
7:16 　121
7:25 　126
8-10 　299
8:1 　128, 319
9:1-10:18 　299
9:14 　299
9:28 　299
10:7 　367
10:9 　367
10:19-22 　320
10:23 　180
10:30 　289
11:3 　174
12:5 　264, 395
12:6-7 　352
12:6-11 　193
12:11 　352
12:23 　220
12:28-29 　250
13:8 　126, 434

야고보서
1:5 　157, 369
1:17 　122, 191
1:20 　269
3:17 　169
4:5 　268
5:9 　222

베드로전서
1:5 　216, 441

1:8 　36, 63
1:16 　289
1:18 　299
2:24 　299
3:20 　262
4:5 　222
4:15 　375

베드로후서
1:16 　127
3:5 　174
3:9 　262

요한일서
1-3 　299
1:3 　324
1:5 　190, 192
1:6-7 　192
2:1-2 　284
2:2 　248
2:3 　360
2:4 　63
2:7-11 　192
2:9 　63
2:9-11 　322
2:11 　63
2:13 　322
2:15 　322
2:20 　370
2:23-24 　322
2:27 　370
2:29 　322, 360
3:1 　322, 328, 339
3:1-2 　317
3:2 　344, 345, 351
3:3 　322, 351
3:6 　63
3:6-10 　360
3:9-10 　322

3:10 *192*
3:10-17 *322*
3:11 *63*
3:14 *360*
3:18-21 *360*
3:23 *176*
4:7 *322*
4:7-8 *292, 360*
4:8 *185*
4:8-10 *141, 284, 339*
4:9 *292*
4:9-10 *199*
4:11 *202*
4:15-16 *360*
4:16 *185*

4:20 *63*
4:21 *322*
5:1 *324*
5:1-3 *322*
5:1-4 *360*
5:3 *324*
5:18 *322, 360*

유다서
23 *249*
24 *198*

요한계시록
1:5 *299*
2:5 *262*

3:15-16 *278*
3:19 *278*
5:9 *299*
5:12 *312*
6:16-17 *237*
7:9-12 *312*
16:19 *237*
17-18 *237*
20 *237*
20:11-15 *231*
20:12-13 *226*
22:4 *345*

저자 연보

1926년	7월 22일 영국 글로스터에서 출생.
1944	옥스퍼드 대학에 입학하다.
1949	신학을 공부하기 위해 옥스퍼드 위클리프 홀에 들어가다.
1952	신학 훈련을 마치고 부제(deacon)로 안수 받다.
1952-1954	버밍엄에 있는 Harborne에서 부목으로 일하다.
1953	정규 목사로 안수 받다.
1954	키트(Kit)와 결혼하다.
1955	박사 학위를 받다.
1955-1961	브리스톨 틴데일 홀의 강사로 일하다.
1958	*Fundamentalism and the Word of God* 출간.
1961	*Evangelism and the Sovereignty of God* 출간.
1961-1970	옥스퍼드 라티머 하우스의 연구소장으로 일하다.
1970	브리스톨 틴데일 홀의 학장이 되다.
1971-1979	브리스톨 트리니티 칼리지의 협동 학장으로 일하다.
1973	*Knowing God* 「하나님을 아는 지식」(IVP) 출간.
1979	캐나다 리젠트 칼리지에서 가르치기 시작하다.

1984	*Keep In Step With The Spirit: Finding Fullness In Our Walk With God* 「성령을 아는 지식」(홍성사) 출간.
1989	리젠트 칼리지에서 Sangwoo Youtong Chee Professor of Theology로 취임하다.
1994	*A Quest for Godliness: The Puritan Vision of the Christian Life* 출간.
1996	리젠트 칼리지에서 Board of Governor's Professor of Theology로 취임하다.
2001	*Concise Theology: A Guide to Historic Christian Beliefs* 출간.
2004	*One Faith: The Evangelical Consensus* (with Thomas Oden) 출간.
2006	*Praying: Finding Our Way Through Duty to Delight* (with Carolyn Nystrom) 「제임스 패커의 기도」(IVP) 출간.
2016	눈 질환으로 시력을 잃고 집필과 강의를 내려놓다.
2020	아흔네 번째 생일을 닷새 앞둔 7월 17일, 주님 곁으로 가다.

옮긴이 정옥배는 한국외국어대학교 서반아어학과를 졸업하고 IVP 간사를 역임했으며 미국 필라델피아에 위치한 웨스트민스터 신학교와 풀러 신학교에서 수학했다. 이후 오랫동안 번역을 통해 문서사역을 했다. 존 스토트의 「비교할 수 없는 그리스도」, 「진정한 기독교」, 「제임스 패커의 기도」 등과 BST 시리즈 중 「사도행전」, 「로마서」(이상 IVP) 등을 번역했다.

하나님을 아는 지식

초판 발행_ 1996년 12월 5일
초판 31쇄_ 2007년 3월 15일
개정판 발행_ 2008년 2월 11일
개정판 18쇄_ 2025년 2월 5일

지은이_ 제임스 패커
옮긴이_ 정옥배
펴낸이_ 정모세

펴낸곳_ 한국기독학생회출판부
등록번호_ 제2001-000198호(1978.6.1)
주소_ 04031 서울시 마포구 동교로 156-10
대표 전화_ (02)337-2257 팩스_ (02)337-2258
영업 전화_ (02)338-2282 팩스_ 080-915-1515
홈페이지_ http://www.ivp.co.kr 이메일_ ivp@ivp.co.kr
ISBN 978-89-328-1567-1
ISBN 978-89-328-4044-4(세트)

ⓒ 한국기독학생회출판부 2008

책값은 뒤표지에 있습니다.
무단 전재와 복제를 금합니다.